史記 的寫本時代

公元十世紀前《史記》的傳寫與閱讀

張宗品——著

本書爲
國家社科基金西部項目"《史記》寫本文獻及其傳寫與閱讀研究"
（批准號：15XTQ002）資助成果

目　　次

緒　論 ··· 1
  第一節　研究對象及意義 ······································· 1
  第二節　材料與方法 ··· 8
  第三節　相關研究的歷史回顧 ··································· 13

第一章　道勢背景下的《史記》文本問題 ··················· 29
  引言 ··· 29
  第一節　道統與治統 ··· 30
  第二節　太史公之意 ··· 35
  第三節　漢武治統與《史記》的文本問題 ······················· 41
  第四節　史書續改與史家道統的易位 ··························· 48
  第五節　作爲權力象徵的《史記》及其史書化 ··················· 54
  餘論 ··· 58

第二章　漢晉士人的抄讀與《史記》文本之變遷 ············ 60
  引言 ··· 60
  第一節　内廷本及其抄讀 ······································· 61
  第二節　家藏本及其抄讀 ······································· 68
  第三節　《史記》文本的層累與變遷 ··························· 75
  第四節　經典化與《史記》經典文本的形成 ····················· 93

第三章　從古寫本看漢唐之際《史記》的抄寫與閱讀 ······ 101
  第一節　《音隱》與寫本時代《史記》的抄讀特質 ············· 101

第二節　吐魯番《史記》寫本殘片與《史》《漢》對讀的風習……… 108
　　第三節　從《春秋後語》殘卷看晉唐史家的《史記》閱讀
　　　　　　——兼論《史記》的文本衍生現象……………………… 128

第四章　裴注八十卷集解本《史記》篇目考………………………… 144
　　引言　裴氏八十卷本之舊不可復見………………………………… 144
　　第一節　《二中歷·經史歷》所載八十卷集解本《史記目錄》…… 146
　　第二節　論《史記目錄》爲《集解》篇目之舊……………………… 159
　　第三節　《史記目錄》與古書篇卷的再認識………………………… 164
　　餘論………………………………………………………………… 166

第五章　從寫本到刻本——唐宋之際《史記》傳本的變遷………… 169
　　第一節　刻本時代與《史記》的文本規範………………………… 169
　　第二節　寫本與刻本的興替——刻本時代《史記》的形態轉變與文本校訂
　　　　　　……………………………………………………………… 176
　　第三節　從《史記目錄》看寫刻演變與《史記》篇名篇序之改易… 190
　　餘論　刻本時代與《史記》寫本的淡出…………………………… 204

第六章　《訂正史記真本》與《史記》真本問題……………………… 206
　　第一節　《訂正史記真本》與宋代《史記》刪本…………………… 206
　　第二節　洪氏"真本"之形貌………………………………………… 210
　　第三節　《史記》"真本"之遺音……………………………………… 216
　　餘論………………………………………………………………… 218

第七章　長安、西域與東瀛——大江家國寫本與日本平安時期的《史記》閱讀
　　……………………………………………………………………… 219
　　第一節　《史記》文本的傳入及其在平安時期的傳寫閱讀………… 219
　　第二節　大江家族與博士家的《史記》學…………………………… 226
　　第三節　大江家國寫本的傳寫特徵及其致誤規律…………………… 232

第四節　批注、師説與背隱義 …………………………………… 241
　餘論　長安、西域與東瀛：日藏古寫本的再思考 ………………… 250
　附録　日藏大江家國寫本《史記》所見中古佚注八種考述 ……… 252

第八章　餘論：《史記》閲讀的四個向度 ……………………………… 268
　引言 ……………………………………………………………………… 268
　第一節　政治性閲讀 …………………………………………………… 269
　第二節　應用性閲讀 …………………………………………………… 271
　第三節　文獻性閲讀 …………………………………………………… 275
　第四節　審美性閲讀 …………………………………………………… 277
　結語 ……………………………………………………………………… 279

附録　現存《史記》古寫本敍録 ………………………………………… 283
徵引文獻 …………………………………………………………………… 316
後記 ………………………………………………………………………… 331

緒　　論

第一節　研究對象及意義

一、研究對象及意義

《史記》從成書到初次刊刻已歷千年，從其初刻至今亦有千餘年①。其間，《史記》的文本傳播形態凡經數變：由簡牘至紙本，從抄寫到刊印。在宋淳化五年(994)以前，《史記》皆以寫本形態傳布，我們可稱這一時段爲"《史記》的寫本時代"。本書所關注的正是從公元前一世紀到公元十世紀左右，人們對《史記》的傳寫與閱讀。

關注"《史記》的寫本時代"有以下幾點原因：首先，《史記》文本最爲關鍵的變化發生於這一時期。在文本內容上，兩漢時期的删削與續補，晉唐之際注本的形成乃至唐代定型的"三家注"大致都出現在這一時段。在載體形態上，簡帛、卷子本乃至刊刻本漸次更迭，而每一次的載體轉變對《史記》文本內容及人們的閱讀方式俱有不可低估的影響。

其次，在這一時段內，讀者對《史記》的態度與閱讀方式有較大的差異，這種觀念上的變化也使得《史記》的際遇跌宕起伏。由傳揚續寫到貶抑删削，《史記》在漢代的遭際耐人尋味。這不僅取決於該書內容本身，更與人們的觀念密不可分。讀者不同，立場各異，他們眼中的《史記》也迥然有別。因此，本書也積極探尋在讀者

---

① 關於《史記》初次刊刻的時間，可參見《麟臺故事》卷二中"校讎"條（〔宋〕程俱撰，張富祥校證《麟臺故事校證》卷二中，北京：中華書局，2000 年，頁 281—284），《玉海》卷四三《藝文》"淳化校三史"條（〔宋〕王應麟輯《玉海》卷四三，南京：江蘇古籍出版社、上海：上海書店，1987 年影印浙江書局本，頁 813 下），《宋會要輯稿·崇儒四》"勘書"條等俱有記載而文字略異，其中又以《宋會要輯稿》最爲詳備。蓋初校於宋淳化五年七月，完工後隨即在杭州鏤版，而初版不佳，咸平(998—1003)以後又屢有校訂。(參〔清〕徐松輯《宋會要輯稿》，北京：中華書局，1957 年，頁 2230—2231)

的立場與視角轉變的背後，又有着何種知識與社會背景。

再次，千餘年間，《史記》已逐步完成經典化的過程。我們同樣想知道，該書在這一時段內，在何時去過何地，又見過何人，它對讀者知識體系的建構又起到何種作用，對漢宋之間社會生活產生了哪些影響。

清理寫本時代《史記》文本的變遷史和閱讀史，不僅能使我們對今本《史記》的局限有更明確的認識，在某種意義上，對我們認識有宋以前典籍的文本變遷也頗有裨益。因此，本書不僅是傳統意義上對文獻傳播與接受的考察，更是一種對古書流播進行重新認知的嘗試。古之學者多因人以究學，後之學者多因書以究學。因人之弊，往往過於信奉家法師説，而忽略文獻；因書之弊，徒見其書，不見其人，則易將典籍看作一個封閉的文本系統，難以窺見當時的社會歷史狀況。本書擬將二者俱置於社會歷史脈絡之中，考察人與學、書與世，乃至文本與作者、讀者以及社會的交互影響。

二、相關概念

爲便於討論，我們有必要對書中涉及的幾個核心概念略作説明。

1.《史記》

《史記》原名《太史公書》[①]。理論上，《太史公書》當是指太史公著作的原文，即不包括此後附其驥尾的補竄文字。但我們在考察《太史公書》原文時，勢必要涉及大量的補竄文字甚至注文。《史記》版本是《史記》一書的物質形態，雖然《史記》一書和《史記》版本是兩個不同的概念，但我們無法離開版本來討論《史記》[②]。因此，本書是通過《史記》的千億化身來追尋太史公的原文。

2. 寫本

"寫本"是文獻學尤其是敦煌學習用的概念，但作爲一個表示與刻本相對的版本樣態的名詞，它在北宋雕版繁興之際已開始活躍於文獻之中。該詞在唐五代時

[①]《史記》原名《太史公書》，爲便於討論，本書多徑稱《史記》。至於何時始稱《史記》，可參見楊明照《太史公書稱史記考》(《燕京學報》第 26 期，1939 年 12 月)、陳直《太史公書名考》(《文史哲》1956 年第 6 期)。

[②] 關於書和版本的相關討論，井上進認爲書在英文中類似"book"，版本爲"edition"，見(日)井上進《書林の眺望：伝統中国の書物世界》第一章"本の話——書と本"(東京：平凡社，2006年，頁 47—48)；新近的討論見喬秀岩《古籍整理的理論與實踐》(沈乃文主編《版本目錄學研究》第一輯，北京：國家圖書館出版社，2009年)。王重民又謂書爲校本，本爲底本，此説少見贊同。見《釋寫本》(參王重民《冷廬文藪》，上海：上海古籍出版社，1992 年，頁 10—14。原載《圖書季刊》新第八卷第三、四合期，1947 年 12 月)。

期是作爲動詞短語使用,意爲模寫文本,並有"臨寫元本"之意①。當時與"寫本"意義近似的一個短語是"書本"。這在敦煌文獻中也有使用,如敦煌卷子 P.3272v 有"丁卯年②正月廿四日甘州使頭閤物成去時書本"③。

五代兩宋時期雕版書籍開始興盛,"寫本"也由動詞短語漸漸轉爲表示動作結果的名詞短語,意爲"手寫之本",與"印本"相對。該詞詞性的轉變時期正與我國雕版印刷的勃興時段相吻合。傳世文獻中較早使用此語的是北宋前期宋敏求(1019—1079)的《春明退朝錄》:"唐白文公自勒文集,成五十卷,後集二十卷,皆寫本,寄藏廬山東林寺,又藏龍門香山寺。"④此後,宋程俱(1078—1144)《麟臺故事》言仁宗景祐二年(1035)九月詔張觀等刊定典籍:

> 議者以謂前代經史,皆以紙素傳寫,雖有舛誤,然尚可參讎。至五代,官始用墨版摹六經,誠欲一其文字,使學者不惑。至太宗朝,又摹印司馬遷、班固、范曄諸史,與六經皆傳,於是世之寫本悉不用。然墨版訛駁,初不是正,而後學者更無他本可以刊驗。⑤

這段文字針對景祐二年九月宋仁宗詔張觀等刊定典籍事而發,時人不僅將"寫本"與印本文獻並舉,更指出"誠欲一其文字,使學者不惑"的刻本出現之後,"寫本"漸被揚棄的現象。兩宋之際,葉夢得(1077—1148)《石林燕語》也明確區分了寫本與刻本的時代差異:

> 唐以前,凡書籍皆寫本,未有模印之法,人以藏書爲貴。人不多有,而藏者精於讎對,故往往皆有善本。學者以傳錄之艱,故其誦讀亦精詳。⑥

---

① 如《舊唐書》卷六七《李客師傳》稱太和年間進獻"高祖、太宗所賜衛國公靖官告、敕書、手詔等十餘卷,內四卷太宗文皇帝筆迹,文宗寶惜不能釋手",因"令書工模寫本還之"。(〔後晉〕劉昫等《舊唐書》,北京:中華書局,1975年,頁2482—2483)太和二年(828)二月"庚戌,敕李絳所進則天太后删定《兆人本業》三卷,宜令所在州縣寫本散配鄉村"。(《舊唐書》卷一七上《文宗本紀上》,頁528)又《許叔牙傳》云:"(叔牙)嘗撰《毛詩纂義》十卷,以進皇太子,太子賜帛百段,兼令寫本付司經局。"(《舊唐書》卷一八九上,頁4953)
② 丁卯年:即乾德五年(967)。
③ 唐耕耦、陸宏基編《敦煌社會經濟文獻真迹釋錄》(四),北京:全國圖書館文獻縮微複製中心,1990年,頁411。
④ 〔宋〕宋敏求撰,誠剛點校《春明退朝錄》卷下,北京:中華書局,1980年,頁42。
⑤ 《麟臺故事校證》卷二中,頁290。
⑥ 〔宋〕葉夢得撰,〔宋〕宇文紹奕考異,侯忠義點校《石林燕語》卷八,北京:中華書局,1984年,頁116。

《史記》的寫本時代——公元十世紀前《史記》的傳寫與閲讀

葉氏不僅進一步明確了"寫本"之意,還比較了寫本與刻本的優劣及對讀者閲讀的影響。

此外,宋元典籍中也多作"寫本",而非"鈔本"(抄本)。如南宋晁説之(1059—1129)在寫於建炎二年(1128)的一篇跋文中稱"寫本《老子》"①。洪邁(1123—1202)在作於慶元三年(1197)的《容齋四筆》卷一三"榮王藏書"條,記載了宣和年間(1119—1125)淮安郡王仲糜所進目録之中帙:"除監本外,寫本、印本書籍計二萬二千八百三十六卷。"②文中將"寫本"與"印本"對舉之意至爲明白。南宋目録學家陳振孫《直齋書録解題》亦有以"寫本"與"刻本"並稱的相關記録③。元好問《遺山集》卷三九《故物譜》云:"予家所藏書,宋元祐以前物也。法書則唐人筆迹,及五代寫本爲多。"④馬端臨《文獻通考》亦沿宋代文例,多以"寫本"與印本並舉⑤。復檢明代文獻,亦以"寫本"爲多,直至清代始多用"抄本"或"鈔本",少言"寫本"。

我國古代版本學家亦多將寫本、抄本加以區分。《鄭堂讀書記》云寫本最多⑥,陸心源《皕宋樓藏書志》⑦、張金吾《愛日精廬藏書志》⑧多用"宋元寫本"與"刻本""印本"對舉,與"鈔本"同義。黄丕烈《士禮居藏書題跋記》⑨、瞿鏞《鐵琴銅劍樓藏書目録》⑩、丁丙《善本書室藏書志》(用"寫本"二字甚多)⑪、莫友芝《宋元舊本書經眼録》⑫"寫本"與"鈔本"基本無别。同時,黄丕烈題跋稱金德輿藏多宋元抄本,《竹汀先生日記抄》載曾在陳雲濤處觀《司馬温公集》宋抄本。晁瑮《寶文堂書目》⑬亦云宋抄,錢泰吉《曝書雜記》⑭亦多稱北宋抄本。

---

① 見〔宋〕晁説之《題寫本老子後》,載《嵩山文集》卷一八,《四部叢刊續編》影印舊鈔本,上海:商務印書館,1934年,頁8b。
② 〔宋〕洪邁撰,孔凡禮點校《容齋隨筆・容齋四筆》卷一三,北京:中華書局,2005年,頁793。
③ 如卷三《春秋繁露》十七卷下,已云"萍鄉所刻亦財三十七篇",下云"又有寫本作十八卷";卷十《忘筌書》二卷自注云"新安所刻本凡八十二篇,與《館閣書目》《諸儒鳴道集》及余家寫本篇數皆不同"。見〔宋〕陳振孫撰,徐小蠻、顧美華點校《直齋書録解題》,上海:上海古籍出版社,1987年,頁55、313。
④ 〔金〕元好問《遺山先生文集》,《萬有文庫》本,上海:商務印書館,1937年,頁535。
⑤ 〔元〕馬端臨《文獻通考・經籍考》卷一七四至二四九,上海:商務印書館,1936年。
⑥ 〔清〕周中孚《鄭堂讀書記》,《續修四庫全書》影印清民國十年(1921)刻《吳興叢書》本。
⑦ 〔清〕陸心源《皕宋樓藏書志》,《續修四庫全書》影印清光緒八年十萬卷樓本。
⑧ 〔清〕張金吾《愛日精廬藏書志》,《續修四庫全書》影印清光緒十三年吳縣靈芬閣集字版校印本。
⑨ 〔清〕黄丕烈《士禮居藏書題跋記》,《續修四庫全書》影印清光緒十年滂喜齋本。
⑩ 〔清〕瞿鏞編纂,瞿果行標點,瞿鳳起覆校《鐵琴銅劍樓藏書目録》,上海:上海古籍出版社,2000年。
⑪ 〔清〕丁丙《善本書室藏書志》,《續修四庫全書》影印清光緒二十七年錢塘丁氏刻本。
⑫ 〔清〕莫友芝《宋元舊本書經眼録》,《續修四庫全書》影印清同治刻本。
⑬ 〔清〕晁瑮《晁氏寶文堂書目》,上海:古典文學出版社,1957年。
⑭ 〔清〕錢泰吉《曝書雜記》,《續修四庫全書》影印清道光十九年《別下齋叢書》本。

緒　論

　　在日本古文書學中,從文獻複製傳播的方式考慮,其所謂"寫本"類似明清文獻學上的"抄本",其所云"抄本"類似於文獻學上的"某某抄"。如中村直勝《日本古文書學》認爲,撰寫正本時,靠近撰寫日期的稱"案文",出於後世轉寫的可稱爲"寫本",摘抄之本爲"鈔本"①。日本學者與中國清代版本目錄學家取徑相似,多將古寫本通稱"鈔本",如島田翰《古文舊書考》第一卷名"古鈔本考"②,大阪市立美術館彙集日本存藏古代寫卷編爲《唐鈔本》一書③。長澤規矩也《圖書學辭典》認爲,"寫本"是用手寫的書籍的意思,"抄本"是"寫本"的漢語詞,日語中的"抄本"指抄寫出部分內容的書籍④。長澤氏稱"寫本"乃日本漢學界慣用的術語,而"鈔本"則是中國學界所用較多的術語,是同一概念在兩國學界的不同稱呼⑤,不免失察。川瀨一馬在《日本書志學用語辭典》中亦稱:"寫本:與刊本相對,被書寫的本子,又叫書本、筆寫本、鈔(抄)本、抄寫本。"⑥"鈔(抄)本:此乃中國用語。所謂鈔(抄)本,意同於寫本。"⑦

　　我國現代文獻學家對於"寫本"似乎並没有嚴格而規範的界定。就常用情況來看,"寫本"有廣狹二義:廣義而言,凡是趙宋以前手寫的文本皆可謂寫本(或稱"鈔本"),包括簡牘帛書、紙本寫卷等⑧;狹義而言,單指晉唐紙質寫本。如程千帆、徐有富先生的《校讎廣義》認爲凡手寫的書可統稱爲鈔本,而"鈔本可以根據鈔寫時代區分爲唐寫本、宋鈔本、元鈔本、明鈔本、清鈔本"⑨。毛春翔亦將唐以前稱"寫本",

---

①　原文見(日)中村直勝《日本古文書學》,東京:日本文學社,1933年,頁28—29。案,本文所涉及的日文古文書文獻多由時在日本早稻田大學的原田信先生提供,謹致謝忱。
②　(日)島田翰《漢籍善本考》,北京:北京圖書館出版社,2003年。
③　大阪市立美術館編《唐鈔本》,京都:同朋舍,1981年。
④　(日)長澤規矩也編著《圖書學辭典》"寫本"條,東京:三省堂,1979年,頁33。
⑤　(日)長澤規矩也《書誌學序説》第三篇"書寫"第一章《寫本の種類》,東京:吉川弘文館,1960年,頁108。
⑥　(日)川瀨一馬《日本書誌學用語辭典》,東京:雄松堂,1982年,頁143。
⑦　《日本書誌學用語辭典》,頁153。
⑧　程千帆、徐有富兩位先生將古書大致分爲雕印本與非雕印本兩類,其中非雕印本又分爲寫本與印本兩種,並稱"簡牘、帛書就是鈔本的最初形式"。(參見程千帆、徐有富著《校讎廣義·版本編》第六章"非雕印本的區分與鑒定",濟南:齊魯書社,1998年,頁405、411)張舜徽先生亦以雕版印刷發明之前手寫之簡帛典籍爲"古寫本"。(張舜徽《中國文獻學》第三編第三章《雕版印書以前的古寫本》,鄭州:中州書畫社,1982年,頁61—67)
　　曹之將先秦至清代手寫之本皆稱"寫本",似過寬泛(見曹之《中國古籍版本學》第二編"中國古籍版本源流"第一章"寫本源流",武漢:武漢大學出版社,1992年,頁89—146);黃永年甚至主張將古寫本摒棄於版本學之外,本書不取。(見黃永年《古籍版本學》緒論第一章"研究對象",南京:江蘇教育出版社,2005年,頁1—9)
⑨　《校讎廣義·版本編》第六章第二節"鈔本",頁411。

5

宋以後稱"鈔本",較爲允當①。魏隱儒也認爲"唐代以前的稱'寫本',唐代以後的稱'鈔本'"②。潘重規亦將古書分爲"寫本"和"刻本"兩類③。王欣夫《文獻學講義》第三章第四節名"未有版本前的寫本",其中包括竹帛④,第九節名"已有雕版後的鈔本"⑤。但在列舉寫本形制時又專列紙寫本及敦煌、日本乃至後人影刻的本子。也有不少文獻學家對"寫本""鈔(抄)本"的界定持不同觀點⑥,如施廷鏞《中國古籍版本概要》認爲"寫本"與"手寫本""抄本"基本區別不大⑦。陳先行則認爲"相對印本,無論是稿本還是什麼形式、時代的抄本,都應當歸類於寫本"⑧。黄永年先生從"版本"本義出發,認爲古寫本不屬於傳統版本學的研究範圍⑨。本書所用的"寫本"概念爲廣義上的,即宋以前之手寫本⑩。

3. 寫本時代

"寫本時代"是由"寫本"衍生出的一個詞語,大致指有宋以前刻本未能廣泛使用,文獻主要以傳寫方式流傳的時期⑪。早在上世紀初,"寫本時代"這一概念已開始爲學界所用。如1902年,日本學者市村瓚次郎在《寫本時代和版本時代

---

① 參毛春翔《古書版本常談》"抄本"節,上海:上海古籍出版社,2002年,頁97—100。
② 魏隱儒《古籍版本鑒定叢談》,太原:山西省圖書館鉛印本,1978年,頁63。
③ 潘重規《〈龍龕手鑑〉與寫本刻本之關係》,見臺灣中國文化大學中國文學研究所敦煌學會編《敦煌學》第六輯,1983年,頁87—92。
④ 王欣夫《文獻學講義》,上海:上海古籍出版社,2005年,頁93—98。
⑤ 《文獻學講義》,頁144—150。
⑥ 吴楓先生將"寫本文獻"的概念基本限定於紙質載體,雖然涵蓋宋代以後的抄本,但作者列舉實例時,似乎有意皆用"抄本"之名。在專言版本的一節中又將"唐寫本""明寫本""清抄本"乃至"稿本""影印本"一併歸入"寫本"一類。(見吴楓《中國古典文獻學》,濟南:齊魯書社,2005年,頁47—49,181;根據書後"再版後記",該書實作於1981年)杜澤遜先生則將寫本納入版本學研究範圍之内,認爲版本學是"以雕板印本爲主體而包括寫本、活字本、批校本、手稿本在内的一個大概念",稱寫本"又叫抄本"。(見杜澤遜《文獻學概要》,北京:中華書局,2001年,頁130—133)
⑦ 施氏同時指出"人們爲了區别寫本與刻本的不同,纔有了'版本'這一名詞,纔有寫本與刻本之分"。(見施廷鏞著,張秀民校《中國古籍版本概要》,天津:天津古籍出版社,1987年,序言頁1)
⑧ 陳先行《古籍稿抄本鑒定》云:"昔人每將寫本與稿本、抄本相區别,如唐五代以前的抄本(尤其是流傳衆多的佛經卷子本)、明清兩代官修書抄本及出自名家之手的抄本等,皆以'寫本'稱之,並見諸書目著録。其中也有一種情況,即對稿本(主要指謄清稿本)抑或抄本未能加以辨别定奪時,版本目録家們每每權以較爲模糊的'寫本'著録之。這種説法與著録雖然至今仍在沿用,但從學術角度而言,尚欠嚴謹規範。"類似表述另見陳先行、石菲著《明清稿鈔校本鑒定》第二章"鈔本"(一)"寫本"條,上海:上海古籍出版社,2009年,頁35—36。
⑨ 《古籍版本學》緒論第一章"研究對象",頁1—9。
⑩ 文獻學上,宋以後的手寫本多稱稿本或鈔本。
⑪ 余欣主要從載體的角度給"寫本時代"予以界定,認爲"'寫本時代',確切地説是'紙寫本時代',用以指稱中國書寫史上的以紙質寫本爲主要信息傳遞媒介的時期,大致相當於王朝斷代史的魏晉南北朝隋唐五代時期"。(見余欣《中古異相——寫本時代的學術、信仰與社會》"導論:同相與異相",上海:上海古籍出版社,2011年,頁4)本書主要從寫本文獻與刻本文獻傳播方式不同的角度予以界定,故所論時段不限於"紙寫本"。

中國書籍的存亡聚散》一文中已經明確使用該詞,並將之視爲與"版本時代"相對應的一個概念①。相對而言,中國學者對這一詞語的使用較爲謹慎。雖然"寫本"一詞較爲常用,但直至1960年,我國版本學的前輩趙萬里先生始在《中國版刻圖錄序》中稱"手寫本時代"②,此後,文獻學家李致忠先生也是沿用"手寫本時代"這一概念③。

上世紀七十年代後期,隨着學術研究的繁榮和敦煌學影響的進一步擴大,"寫本時代"這一指稱刻本大量使用之前的時間詞開始得到廣泛運用,影響力已經溢出敦煌學的範圍④。至上世紀九十年代,法國當代漢學家戴仁(Jean-Pierre Drège)所著《寫本時代(十世紀以前)的中國藏書》[*Les bibliothèques en Chine au temps des manuscrits (Jusqu'au Xe siècle)*],以此指稱公元十世紀以前文獻傳承不是靠印刷而主要靠抄寫的這一時期,"探討宋代刻本充當藏書主體之前的中國藏書通史"⑤。

此外,徐俊先生也在著作中明確以"寫本時代"與"刻本時代"區分時段,他在

---

① 載《史學雜誌》第13編第1、3號。1983年,日本學者小野玄妙亦用之。[見(日)小野玄妙著,楊白衣譯《佛教經典總論》第四章,臺北:新文豐出版公司,1983年,頁469]

② 該序於1960年2月以"北京圖書館"的名義發表,實爲趙萬里先生執筆。此外,趙萬里在《中國版刻的發展過程》亦言及"手寫本時代"。(見程焕文編《中國圖書論集》,北京:商務印書館,1994年,頁187)

③ 李致忠《古書版本鑒定》,北京:文物出版社,1997年,頁34;李致忠《中國出版通史·宋遼西夏金元卷》,北京:中國書籍出版社,2008年,頁474。

④ 1979年,王紅元《三十年來的考古發現與書史研究》已開始使用"寫本時代"這一概念(載《文獻》1979年第1期,頁283—297),又如榮新江《敦煌學新論》之《敦煌文獻整理校錄瑣議》(蘭州:甘肅教育出版社,2002年,頁177)、來新夏《邃谷文錄——來新夏自選文集》下之《古籍整理講義》(天津:南開大學出版社,2002年,頁931)均有使用。其後出版界乃至語言學界也開始使用該詞,並提醒古漢語研究者注意由文獻傳承而出現的語言現象,如孫常敘《古一漢語文學語言詞彙概論》(上海:上海辭書出版社,2005年,頁77)。近來,亦有中國學者以此來界定版本的論述對象,如汪習波《寫本時代〈文選〉李善注的文本變遷》(載復旦大學中文系編《朱東潤先生誕辰一百一十週年紀念文集》,上海:上海古籍出版社,2006年,頁453—464)、余欣《寫本時代知識社會史研究——以出土文獻所見〈漢書〉之傳播與影響爲例》(載榮新江主編《唐研究》第十三卷"從漢魏到隋唐:變遷與延續研究專號",北京:北京大學出版社,2007年,頁463—504)。當然,有的敦煌學的研究者區分"寫本"與"刻本"分期雖未用"寫本時代",但以"寫本時期""刻本時期""近代印刷本時期""數碼化時期"等相分,詞義略同,如方廣錩《中國寫本大藏經研究》之"關於漢文大藏經的幾個問題"(上海:上海古籍出版社,2006年,頁1—38)。

時至今日,圖書乃至網站中已大量公開使用"寫本時代"這一詞語,將之界定爲書籍史上的"魏晉南北朝隋唐五代時期",并與"宋元善本""稿抄本"相區分。

⑤ Jean-Pierre Drège, *Les bibliothèques en Chine au temps des manuscrits (Jusqu'au Xe siècle)*, Paris: École Française d'Extrême-Orient, 1991. 列《法國遠東學院叢刊》第161種(*Publications de l'École Française d'Extrême-Orient*, Volume CLXI)。參見榮新江《寫本時代(十世紀以前)的中國藏書〉評介》,原載《九州學刊》第6卷第4期"敦煌學專號",1995年3月,頁171—173;後收入榮新江《辨偽與存真——敦煌學論集》(上海:上海古籍出版社,2010年,頁325—328)。

《敦煌詩集殘卷輯考》一書前言部分稱："依據記録文字的方法和介質的進化，中國古代典籍的歷史可以劃分爲'寫本時代'和'刻本時代'兩個大的段落。"①該書又以敦煌文集爲例，用較多的文字論及寫本時代文獻傳播方式的不同。

有鑒於此，本書以"寫本時代"指稱刻本廣泛使用之前的時段，并將之界定爲公元十世紀之前。文中所依據的古寫本即產生於這一時期，至少其底本產生於這一時期。

第二節　材料與方法

對於刻本之前《史記》文本形態的考察約有三途：一爲今本《史記》及附益文字；二爲漢唐之際《史記》舊注（今日所見，主要爲《史記集解》《史記索隱》《史記正義》三家）②；三爲存世的《史記》古寫本，以敦煌文獻及日藏古寫本爲主。這些材料爲我們今天研究《史記》的傳寫提供了最直接的文獻依據。

一、古寫本及其判定

存世的《史記》古寫本（主要爲敦煌文獻及日本寫本）及舊鈔本數量可觀。判定該本是屬於刻本之前的古寫本及古寫本系統的傳本，還是源於刻本的舊鈔本，是我們首先需要面對的問題。經過比勘，我們發現除了内容上的有性質不同的異文之外，古寫本的抄讀符號、字體、數字表示法及行格等與刻本及源於刻本的鈔本有顯著的不同（詳見下文）。基於此，日本所存舊本有兩類文獻本書並未撫用：一是《史記》摘抄本。日本今存摘抄本如《英房史記抄》③、《桃源史記抄》④、《幻雲史記抄》⑤等，其中雜有日語，甚至有轉譯成分，已非古本原貌；二是所鈔底本爲今日常見刻本。如宮内廳及日本其他大學圖書館存藏較多的抄元刻彭寅翁本《史記》等⑥。

---

① 徐俊纂輯《敦煌詩集殘卷輯考》"前言"，北京：中華書局，2000年，頁10。
② 本書所引《史記》正文及附注據中華書局點校本，有歧互之處再參校他本。參見〔漢〕司馬遷《史記》，北京：中華書局，1959年。
③ 有大槻文彦舊藏龍谷大學圖書館藏本。
④ 今有舟橋家舊藏京都大學圖書館藏本、米沢圖書館舊藏東洋文庫藏本、内閣文庫藏本等。
⑤ 今有建仁寺兩足院藏本、米沢市立圖書館藏本等。以上三種《史記》鈔本的詳細情況請參見（日）水澤利忠《史記會注考證校補》第八册附録部分第三章"史記抄"（東京：史記會注考證校補刊行會，1957年，頁263—345）。
⑥ 如日本宮内廳書陵部藏三條西實隆抄校元刻彭寅翁本《史記》等。

剔除以上兩種，筆者查驗到宇內所存《史記》古寫本及古寫本系統的寫本有21件，簡要臚列如次①：

抄寫時代	篇　目	存　藏	收　錄
西漢宣帝元康、五鳳年間（前65—前54）	卷一二六《滑稽列傳》（T.VI.b.i301）	大英博物館	《流沙墜簡》三"簡牘遺文"十三；《漢晉西陲木簡彙編》
北涼（4—5世紀）	卷八七《李斯列傳》殘片（Дx.466、Дx.2670a）	俄羅斯科學院東方研究所聖彼得堡分所	《俄藏敦煌文獻》②
8—12世紀：中國唐宋時期，日本平安時代（794—1192）	卷九六《張丞相列傳》	石山寺	《海東古籍叢殘》
	卷九七《酈生陸賈列傳》	石山寺	《海東古籍叢殘》
	卷二九《河渠書》	神田文庫舊藏，今存東京博物館	《海東古籍叢殘》二
	卷三五《管蔡世家》（P.2627）	法國國家圖書館	《法藏敦煌西域文獻》《敦煌寶藏》等
	卷六一《伯夷列傳》（P.2627）	法國國家圖書館	《法藏敦煌西域文獻》《敦煌寶藏》等

---

① 此前最全面的研究當屬水澤利忠《史記之文獻學的研究》，其中系統分析的古寫本有16件［見（日）水澤利忠《史記會注考證校補》第八冊，頁1—84］。池田英雄的記載頗有脱漏，筆者所補現存日本平安時代以前的就有高山寺藏《史記·周本紀》、山岸文庫藏《孝景本紀》、斯道文庫藏《秦本紀》，參池田氏《從著作看日本先哲的〈史記〉研究——古今傳承1300年間的變遷》（《唐都學刊》1993年第4期）。亦有其他寫本，雖非源於古寫本，可作比勘討論，這裏也略作羅列：鎌倉、室町時代（1185—1573）寫本1件：《史記·扁鵲倉公列傳第四十五》（足利學校遺迹圖書館藏）；書寫年代不詳者1件：《史記·五帝本紀第一》（清原家點本，宫内廳書陵部藏）。

此外，韓國所存《史記》寫本主要是《項羽本紀》，且爲十九世紀後的注音寫本。如韓國國立中央圖書館有《項羽本紀》一件，50葉，四周雙邊，版框尺寸21.4×14.7釐米，每半葉十行，行十字，注雙行，上黑魚尾。雖然在館藏著錄中稱寫本抄寫時間和抄寫者不詳，但觀其所用注音方法是19世紀以後韓國纔開始使用的。參閱http://www.nl.go.kr/search/web_search/search/detail.php（2011/2/18）。歐美其他館藏及越南漢文文獻中暫時未見《史記》古寫本。

② 參見張宗品《俄藏敦煌文獻所見存世最早的〈史記〉寫本殘片及其綴合》，載《敦煌研究》2011年第5期。此外，俄藏敦煌文獻中另有一篇與《史記》之《王翦列傳》《秦始皇本紀》相關的材料，按時間順序排列，稱秦始皇爲"王"，俄國孟列夫認爲是亡佚的《秦紀》殘卷（見孟列夫主編《俄藏敦煌漢文寫卷敘錄》下册，上海：上海古籍出版社，1999年，第463頁）。德國國家圖書館藏有Ch.734號卷子，"原卷四邊均殘，存字6行，大字正文，雙行小注"，原有整理者用鉛筆題"史記""商君傳"，經榮新江先生比對，應爲《春秋後語》之《秦語》（參榮新江《敦煌文獻與古籍整理》，載《敦煌學新論》，第156頁。原載《慶祝吳其昱先生八秩華誕敦煌學特刊》，臺北：文津出版社，1999年）。

續　表

抄寫時代	篇　目	存　藏	收　錄
8—12世紀：中國唐宋時期，日本平安時代（794—1192）	卷三四《燕召公世家》（P.2627）	法國國家圖書館	《法藏敦煌西域文獻》《敦煌寶藏》等
	卷六七《仲尼弟子列傳》殘片（Ch. 938、Ch.938V）	德國國家圖書館、龍谷大學	《大谷文書集成》；榮新江《〈史記〉與〈漢書〉——吐魯番出土文獻劄記之一》《新疆師範大學學報》（哲學社會科學版）2004年第1期
	卷九《吕后本紀》	山口縣防府毛利報公會	
	卷十《孝文本紀》	東北大學圖書館	
	卷一一《孝景本紀》	大東急記念文庫	
	卷二《夏本紀》	高山寺舊藏，今存東洋文庫	東洋文庫網站：http://61.197.194.9/zenpon/zenpon_read.php
	卷三《殷本紀》	高山寺舊藏，今寄託京都博物館	羅振玉《吉石盦叢書四集》
	卷四《周本紀》	高山寺舊藏，今寄託京都博物館	
	卷五《秦本紀》	高山寺舊藏，今存東洋文庫	東洋文庫網站：http://61.197.194.9/zenpon/zenpon_read.php
	卷五《秦本紀》	慶應義塾大學斯道文庫	
12—16世紀：日本鎌倉、室町時代（1185—1573）	卷一一《孝景本紀》	山岸德平氏舊藏，今存日本實踐女子大學圖書館山岸文庫	http://www.jissen.ac.jp/library/collection/shiki/index.html
	卷二《夏本紀》	臺北"國圖"藏。日本寶治二年（1248）安倍時貞抄寫，章炳麟跋	
	卷二《夏本紀》斷簡	東京國立博物館法隆寺寶物館藏"仏畫寫經貼交屏風"（列品番號N-3-1）	
	卷七九《范睢蔡澤列傳》	宫内廳書陵部	
17—19世紀：日本江户時代（1603—1868）	卷八《高祖本紀》	宫内廳書陵部	

緒　論

　　爲了進一步説明《史記》傳抄中的文本變遷,本書所涉及的另有一些《史記》的衍生文本,如俄藏 Дх.11638、Дх.2663、Дх.2724、Дх.5341、Дх.5784,英藏 S.713、S.1439(釋文本),法藏 P.2569(略出本)、P.2589、P.3616、P.5523v、P.2702、P.2872v、P.5010、P.5034v,P.t.1291(藏文譯本),德藏 Ch.734(盧注本),北圖藏新 865 等。①

　　保存至今的《史記》文本形態跨越簡牘、寫卷、雕版三個階段,這爲我們考察其文本變遷提供了十分有利的條件。同時,《史記》成書之後,多有補竄缺佚,文獻問題較爲複雜,許多問題至今聚訟未決,乃至形成諸多"疑案",這又使得我們的工作極富挑戰性。

　　如上所述,本書考察的時間範圍是公元前一世紀至公元十世紀,但爲便於綜合比較,有些論述會溢出這一時段而對前後有所延伸。比對和考察《史記》文本的變遷,必然要以刻本爲參照,本書所用的宋刻本,一爲 1955 年二十五史編刊館據臺灣"中研院"史語所圖書館藏北宋末南宋初刊十行本影印的"仁壽本"《史記》(即舊稱"景祐監本");一爲 1955 年文學古籍刊行社影印南宋初覆刻北宋刊一百三十卷本《史記》(即"紹興杭州刊本")②;另有《中華再造善本》影印南宋乾道七年(1171)蔡夢弼東塾刻本、淳熙三年(1176)張杅桐川郡齋刻八年(1181)耿秉重修本、建安黄善夫三家注合刻本。就內容而言,本書考察《史記》的傳寫閱讀與《史記》文本的相互作用,因此,從《史記》成書到宋初的傳世文獻,尤其是史部文獻須作爬梳,其他文集、類書也須檢尋。

二、研究方法

　　由於文獻類型不同,《史記》的寫本與刻本各自需要不同的研究方法和研究視角。寫本時代文本的變動在於閱讀過程,而刻本時代文本的變動在刊刻之際。相較而言,刻本是一種"固定性文本",重在文本的校勘,以求最大程度地符合原本。由於刻本存世較多,印數大,傳布廣,相關研究也較爲充分,我們大致可以梳

---

①　羅振玉曾輯有《鳴沙石室佚書·春秋後國語》(上虞羅氏影印,1913 年)。相關研究參見榮新江《德藏吐魯番出土〈春秋後語〉注本殘卷考釋》(載《北京圖書館館刊》1999 年第 2 期)、陸離《俄藏敦煌寫本〈春秋後語〉殘卷探識》(載《文獻》2001 年第 2 期)、陸慶夫、陸離《俄藏敦煌寫本〈春秋後語〉殘卷再探——對 Дх.11638 號與 Дх.02663、Дх.02724、Дх.05341、Дх.05784 號文書的綴合研究》(載《敦煌學輯刊》2004 年第 1 期)。其中藏文部分參見王堯、陳踐《敦煌吐蕃文書 P.1291 號〈戰國策〉藏文譯文證補》[此文將《春秋後語》誤作《戰國策》,見《青海民族學院學報》(社會科學版)1983 年第 3 期]、王恒傑輯《春秋後語輯考》(濟南:齊魯書社,1993 年,頁 11)有引,但文書號著錄有誤。

②　爲便於比勘,北宋部分主要參照國家圖書館藏本。關於現存北宋刊本詳參尾崎康《正史宋元版の研究》第三部"正史宋元版書誌解題"中"史記"部分(東京:汲古書院,1989 年,頁 161—231)。同時,學界對以刻本系統爲主的《史記》版本研究較爲成熟,也爲本書提供了較爲可靠的參照系。

11

《史記》的寫本時代——公元十世紀前《史記》的傳寫與閱讀

理出其版本系統；寫本則是一種"流動性文本"[①]，它們面目各異，具有較强的時代性和地域性，幾乎每個寫本都有自己的獨特個性。抄寫者的語言習慣、所用字體、文化素養、興趣心情、生活背景都會使寫本發生意想不到的變異；讀者的語言、家法、思想、師承、治學態度等也會使其對寫本的解讀有自己的特徵，而這種解讀作用於寫本上，就會形成一個新的有個性的文本[②]。在某種意義上，"抄寫不僅被看做一種文獻複製的方式，更是一種優於閱讀的習文方式"[③]。我們不僅要關注寫本本身，還應努力"重建這曾經是文獻的來源，而今天却遠遠地消失在文獻背後的過去"[④]。

因此，對於寫本的研究，除了文獻上的校勘之外，我們還要儘量揭示何人在何種情境下，出於何種考慮而抄寫或者研習《史記》，其中的增衍或删略又有著何種歷史背景。反之，從公元前一世紀到公元十世紀，《史記》對當時社會的不同階層究竟以何種方式起到何種影響？不同的文獻形態對古人閱讀和接受《史記》又有哪些影響？人們對《史記》的接受又怎樣反作用於《史記》文本（尤其是紙本之前的文本）？這些都是本書關心的内容。基於此，本書不是傳統的文獻學的研究，而是試圖對《史記》作一種類似於"文本社會學"的考察[⑤]。

對於古典學的研究，傅斯年曾警示我們"如把後一時期，或别個民族的名詞及方式來解它（周秦諸子），不是割離，便是添加"，傅氏强調"不用任何後一時期，印度的、西洋的名詞和方式"來處理中國思想言說是研究中國古代思想應該遵守的"教條"[⑥]，這些自然是本書應當遵守並且時刻戒懼的。但另一方面，由於我們所要處理的材料與先賢有所不同，所要回答的問題有些已溢出傳統文獻學的範圍，因此，相關考述可能與傳統"目録、版本、校勘"方法有所差異。旁搜博采，並非有心求異；多方取徑，以期圓融通觀。本書嘗試針對不同性質的文獻，探尋與之相應的研究方

[①] 參田曉菲《塵几録：陶淵明與手抄本文化問題初探》，載劉東主編《中國學術》總第十七輯，北京：商務印書館，2004年，頁61—89。

[②] 《古-漢語文學語言詞彙概論》，頁77—78。

[③] （法）戴仁著，陳健偉譯《文字作品的創作、傳播及管理》，載《法國漢學》第六輯"科技史專號"，北京：中華書局，2002年，頁40。

[④] （法）米歇爾·福柯(Michel Foucault)著，謝强、馬月譯《知識考古學》第一章"引言"，北京：三聯書店，2007年，頁5。

[⑤] "文本社會學"作爲歐美國家一種傳播學上的概念，有"泛文本"的意義，本書主要著眼於文字文本。關於這一概念及相關研究詳參 D. F. McKenzie, *Bibliography and the Sociology of Text*, Cambridge University Press, 1999.

[⑥] 參見《傅斯年致胡適》(1926年8月17、18日)，載杜春和、韓榮芳、耿來金編《胡適論學往來書信選》下册，石家莊：河北人民出版社，1998年，頁1264。

法。筆者相信，隨着文獻研究者對寫本與寫本時代研究的逐步深入，古文獻研究的方法與研究視角會更爲豐富多樣，異彩紛呈。

第三節　相關研究的歷史回顧

《史記》流傳至今已有兩千多年，相關研究極爲豐富，乃至形成一種專門之學——"史記學"[1]。但對《史記》的研究我們要區分兩個層面，即"《史記》研究"和"《史記》一書的研究"[2]。前者側重於對該書的内容、立意、構思、運意等方面的探討，屬於《史記》的内部研究；後者側重讀者對文句音義的注解、文本異同的考訂、版本源流的梳理、接受與影響的分析等，屬外部研究。"太史公書"號稱奇書，玄意幽眇，非真正知古而又知今者難窺其趣。先賢論著誠多，或發其一端，或總論通觀，各成一家言。由於本書基本屬於外部研究，故對上述内部分析不再一一贅述。我們的主要出發點是將《史記》文本變遷與當時的社會環境及不同群體的閱讀與接受結合起來，雖然從這一角度切入的研究成果較少，但與之相關的研究也十分可觀，現略綜述如次：

一、傳統研究

西漢以降，隨着《史記》研讀範圍的逐步擴大，傳寫異文漸增。劉宋裴駰的《史記集解》，唐代司馬貞的《史記索隱》、張守節《史記正義》分别記載了一些六朝和唐代《史記》寫本的異文，其中尤以《集解》引東晉徐廣《史記音義》所載最爲豐富。《音義》雖然偶有語及異文原因，但基本以羅列爲主。有宋時期雕版肇興，《史記》古寫本逐漸淡出歷史，當時偶然發現的古寫本也就彌足珍貴。宋高似孫《史略》載有江南本，號稱唐時舊本，"但存列傳"[3]。而婁機《班馬字類》以爲《漢書》沿襲《史記》，所用古字古言當始自《史記》，以韻並舉二書類字，亦可考見婁氏所見之宋本字句。

---

[1] 參見張新科《史記學概論》，北京：商務印書館，2003年。
[2] 本書以之區分側重作者立意的内部研究和關注讀者及流傳過程的外部研究，而有關典籍文本及其載體與典籍内容的區别，參看喬秀岩《古籍整理的理論與實踐》（原刊於《版本目録學研究》第一輯，北京：國家圖書館出版社，2009年；後收入（日）喬秀岩、葉純芳《文獻學讀書記》，北京：生活・讀書・新知三聯書店，2018年，頁83—147）。
[3] 宋高似孫《史略》卷一，《古逸叢書》影宋本，頁18b。又舊題宋洪邁《訂正史記真本凡例》當爲僞作，四庫館臣已辨。

13

《史記》的寫本時代——公元十世紀前《史記》的傳寫與閱讀

宋人早期刊刻典籍,意存刊正文本,故多勝寫本,但其中校勘難免以宋人觀念去取。以宋代爲分水嶺,我國古代學者對《史記》文本校勘的意義大有不同。有宋之前多以寫本校寫本,宋之後多以刻本校刻本。而宋刻本及源于宋本的本子,今天保存尚多,版本體系也不難梳理。故此,對於刻本校勘的正誤我們尚可核證。今天如以寫本刻本互校,則必須意識到二者不同的文獻特徵,不可完全以刻本方法校正寫本。

此後有關《史記》的研究甚多①,如王重民所言:"明人尚評點,其書不關重要。清代樸學大師出,其著述始可觀。梁玉繩之於考訂,王念孫之於訓詁,張文虎之於校勘,崔適之於辨僞,莫不蔚爲大觀,有功遷史。"②錢大昕更稱《史記志疑》"凡文字之傳譌,注解之傅會,一一析而辯之,……洵足爲龍門之功臣,襲《集解》《索隱》《正義》而四之者矣!"③值得注意的是,清代學者有關《史記》的文獻考訂,尤其是錢大昕的《廿二史考異》④,都或多或少地注意到"傳寫之誤"這一層面。遺憾的是,他們基本都沒有見過傳世的《史記》古寫本,故而未能在相關問題的研究上做出更大的貢獻。此後,張文虎的《校刊史記集解索隱正義劄記》⑤及張元濟等人的《史記》校勘羅列版本異文,可能在程序上看似更爲"科學",基本屬於版本對照的平面化的研究。正如王重民所論,多是"據宋本以證元本之誤,據元本、宋本以證明本之誤而已"⑥。

---

① 三家注之外,尤以清代爲重,如〔清〕汪繼培《史記闕篇補篇考》(載《詁經精舍文集》卷八,嘉慶六年[1801]刊本;又載〔清〕王端履《重論文齋筆録》卷二)、〔清〕王昶《書褚先生補史記後》(載《春融堂集》卷四三,嘉慶刊本)、〔清〕桂馥《書史記孝景孝武本紀後》(載《晚學集》卷四,式訓堂集書本)、〔清〕龔自珍《太史公書副在京師説》(載《定盦續集》卷一)、〔清〕夏炯《讀褚少孫補孝武帝本紀》(載《夏仲子集》卷五,咸豐五年[1855]刻本)、〔清〕陶方琦《許叔重注史記説》(載《漢孳室文鈔》卷一,紹興先正遺書本)。
另有〔清〕方苞《史記注補正》(載張舜徽主編《二十五史三編》第一分册,長沙:岳麓書社,1994年)、殿本所附張照《史記殿本考證》、〔清〕梁玉繩《史記志疑》(北京:中華書局,1981年)、王念孫《讀史記雜志》(載《讀書雜志》,南京:江蘇古籍出版社,2000年)、〔清〕錢泰吉《校史記雜識》(載《甘泉鄉人稿》卷五,臺北:文海出版社,1973年)、〔清〕王筠《史記校》(北平故宫博物院,1935年)、〔清〕丁晏《史記毛本正誤》,廣雅叢書本;錢大昕《史記考異》(載《廿二史考異》,上海:上海古籍出版社,2004年)、〔清〕張文虎《校刊史記集解索隱正義劄記》五卷(清同治十一年[1872]金陵書局本;又中華書局本)、〔清〕王啓元《史記正譌》三卷(光緒十四年廣雅書局本)、崔適著,張烈點校《史記探源》(北京:中華書局,1986年)。
② 王重民《史記板本和參考書》,載《冷廬文藪》下册,頁591。(原載《圖書館學季刊》第1卷第4期,1926年12月)
③ 〔清〕梁玉繩《史記志疑》,頁1。
④ 〔清〕錢大昕《廿二史考異》之《史記》部分,載陳文和主編《嘉定錢大昕全集》册二,南京:江蘇古籍出版社,1997年。
⑤ 張文虎在校勘中也發現了一些雖然在版本上沒有依據,但理應如此的問題,見其《舒藝室隨筆》。
⑥ 王重民《版本學》,載《冷廬文藪》上册,頁20—21。

緒　論

　　相較而言,日本國内有著較爲延續的《史記》抄寫研讀傳統。他們不僅一直存有《史記》古寫本,相關的研讀方式也一直延續到明治(1868—1912)以前。據相關文獻記載,至晚在公元八世紀中期,《史記》即已傳入日本[①]。藤原佐世著於九世紀的《本朝見在書目録》,不僅載有集解本《史記》,更有諸多有關《史記》的音釋之作[②]。此後,《史記》在日本一直傳寫不輟。除了前揭現存古寫本外,另有一批《史記》的節抄本,如《英房史記抄》《桃源史記抄》《幻雲史記抄》等。日本學者的早期研究多體現在抄本乃至刻本中的眉批校記中,如南宋黄善夫本校記[③],三條西實隆自抄元刻彭寅翁本《史記》校記[④],及諸多以元刻彭寅翁本爲底本的"古本校記"[⑤]。另有日本慶長古活字八行有界本校記[⑥],慶長八行無界本校記[⑦]等。

　　專門的校記約產生於日本江户時代(1603—1868)後期。日本加賀藩儒者大島贄川(1762—1838)、大島桃年(1794—1853)父子的《博士家本史記異字》(又題曰《天朝傳本史記異文》《天朝傳本史記説》)、《史記考異》[⑧]等。正如井上進所言,大島氏雖然欽慕時間相近的乾嘉諸老,並著意師法錢大昕《廿二史考異》考訂異字,但在規模與準確性上與後者仍有差距[⑨]。

[①]　菅野真道之《續日本紀》"天平寶字元年(757)十一月癸未日"記"經生者五經,傳生者三史",而平安時代《拾芥抄》謂"《史記》《漢書》《後漢書》謂之三史。或曰《史記》《漢書》《東漢紀》謂之三史。吉備大臣三史櫃入此三史"。嚴紹璗推測吉備真備750年9月第十一次任遣唐使團副大使,來中國當在此之前。〔參嚴紹璗編著《日藏漢籍善本書録》,北京:中華書局,2007年,頁320;〔漢〕司馬遷著,(日)瀧川資言考證,水澤利忠校補《史記會注考證附校補》,上海:上海古籍出版社,1986年,頁2118〕

[②]　藤原佐世《日本國見在書目録》,載《續群書類從・第三十輯下》"雜部",續群書類從完成會發行,1985年,頁8。

[③]　幻雲(月舟壽桂)、南化玄興、直江兼續舊藏,上杉隆憲氏藏本。標記解説參見《史記會注考證校補》册八,第二章第一節,頁86—100。

[④]　三條西實隆以《英房史記抄》校,今存宫内廳書陵部。

[⑤]　如楓山文庫舊藏,宫内廳書陵部藏本、狩谷棭齋舊藏,宫内廳書陵部藏本、伊佐早謙舊藏,慶應大學圖書館藏本、梅仙和尚手彭寅翁本校,建仁寺兩足院本;崇蘭館舊藏,天理大學圖書館藏本。具體解説參見《史記會注考證校補》册八,第二章第一節,頁100—120。

[⑥]　狩野亨吉舊藏,東北大學圖書館藏本、東洋文庫藏本、成簣堂文庫舊藏,御茶之水圖書館藏本;(御茶之水另有慶長十一年校記本)尾陽文庫舊藏,天理大學圖書館藏本、森立之舊藏,大東急記念文庫藏本。參見《史記會注考證校補》册八,第二章第一節,頁120—129。

[⑦]　和學講談所舊藏,内閣文庫藏本;高木家舊藏,天理大學圖書館藏本。慶長九行無界本存有校記者有:狩野亨吉舊藏,東北大學圖書館藏本;東洋文庫藏本;青州文庫舊藏,東京大學圖書館藏本。參見《史記會注考證校補》册八,第二章第一節,頁120—129。

[⑧]　(日)大島贄川、大島桃年《史記考異》,金澤:金澤市立圖書館、金澤大學圖書館。

[⑨]　《博士家本史記異字》(《天朝傳本史記説》《天朝傳本史記異文》),金澤大學圖書館、日本尊經閣文庫。井上進《書林の眺望:傳統中國の書物世界》第二部"大島文庫"條(頁232—233)似將之看作三種不同的書。

二、現代研究

近百年來,國門大開,中國學者得觀海外漢籍,加之敦煌文獻重見天日,學界對《史記》古寫本的認識大有進步。相關研究成果主要體現在以下幾方面:

(一)《史記》寫本蒐集介紹

最早關注《史記》古寫本的中國學者,首推羅振玉。早在伯希和與國內學者交流所獲敦煌文書時,羅振玉便注意到這批典籍文獻,並在 1914 年將之影印出版,另附有簡單考釋。其中《淳于髡傳》31 字殘簡①,是現存最早的也是唯一的簡本《史記》殘片②。同時,羅氏與王國維前往日本,見到大量的日藏《史記》古寫本。羅氏的主要貢獻至少有兩點:一是將這些古寫本影印出版,使國內學者得見宋本之前的《史記》文本,如 1917 年影印的《殷本紀》,1918 年《海東古籍叢殘》所收的《酈生陸賈列傳》《張丞相列傳》《河渠書》③。二是撰寫跋語,推定寫本年代,對寫本內容進行初步考訂,並充分肯定這些古寫本的學術價值,如 1918 年的《古寫本史記殘卷跋》④等。當然,這些初步的研究對寫本與刻本形制的異同尚無暇仔細甄別。

此後,楊守敬在 1926 年亦撰有《古寫本河渠書殘卷跋》⑤。1931 年趙澄撰《史記板本考》⑥,但是其中基本未涉及古寫本。1926 年王重民撰《史記板本和參考書》⑦,文中略述《史記》古傳抄情況,言羅振玉得《史記》殘卷,參考書中有羅振玉刊《古寫本史記殘卷》和《吉石盦叢書》四集本《史記殷本紀殘卷》,但這些並未引起他的重視,甚至稱"或係隋唐寫本;而斷簡殘編,亦無濟於校勘"⑧。至 1935 年的《史記校》,1938 年上海商務印書館張元濟的《校史隨筆》⑨,大多以傳統宋刻本為校勘之資,沒有涉及古寫本。1940 年,朱東潤《史記考索》⑩成,對寫本時期《史記》異文多

---

① 《流沙墜簡》三"簡牘遺文"(頁 67)、"簡牘遺文考釋"(頁 218)。
② 雖然今羅布淖爾出土有"人利則進不利則退"簡文,與《史記‧匈奴列傳》同,但字體似書劄,不當以傳本目之(黃文弼《羅布淖爾考古記》第四篇"木簡考釋"第八章"雜釋",北京:國立北京大學出版部,1948 年,頁 211—212)。
③ 《殷本紀》收於《吉石盦叢書四集》,其餘三卷見《海東古籍叢殘》(上虞羅氏印本,1918 年)。
④ 羅振玉《日本古寫本史記殘卷跋》(載《雪堂校刊群書敘錄》下,羅氏排印本,1918 年)。另《永豐鄉人雜著續編》中本有《日本古寫本史記夏殷秦本紀校記》,今佚。
⑤ 楊守敬《古寫本河渠書殘卷跋》,《圖書館學季刊》第一卷第四號,1926 年 12 月。
⑥ 趙澄《史記板本考》,《史學年報》1931 年第 3 期。
⑦ 王重民《史記板本和參考書》對宋本一系有表格注明承接關係,殊為難得。
⑧ 王重民《史記板本和參考書》,頁 577。另據王氏附記,此前傅增湘亦提示日本有古寫本《河渠書》。
⑨ 張元濟《校史隨筆》,北京:商務印書館,1990 年。
⑩ 朱東潤《史記考索》(外二種),上海:華東師範大學出版社,1996 年。其中該書作成時間參見本書後記(作者係朱東潤先生孫女朱邦薇),頁 420。

緒　論

有搜求，對《史記》內容多所考訂，但也沒有專門談到《史記》古寫本。1945年李烂有《史記版本考》①，亦用力較勤，而對寫本較少措意。

此後十餘年間《史記》研究陷入低谷，至1958年賀次君的《史記書錄》②出現，這一情況纔得以改觀。該書不僅羅列了六十餘種《史記》刊本並撰寫詳細提要，還依據羅振玉影印本、敦煌本及北京圖書館（今國家圖書館）所藏日本古寫本膠卷，爲11件《史記》古寫本撰寫提要，考訂字句。所撰敘錄雖然是從傳統文本校勘的角度涉筆且間有疏漏，但在材料豐富性及內容考辨的細密程度上都超過了羅振玉。

近世日本學者中，以武內義雄、那波利貞等人的《史記》解說貢獻較多③。那波利貞的解說科學嚴謹，詳細備至，論述深密，每篇解說都可以說是一篇很規範的論文，他的介紹對本書也頗有助益。但目前爲止對《史記》古寫本介紹最具系統的，無疑要數瀧川資言《史記會注考證》及水澤利忠《史記會注考證校補》。水澤氏後出轉精，成績尤爲突出。他在《校補》所附"《史記》之文獻學的研究"第一章"史記古鈔本"中，不僅對古鈔本的情況有大致介紹，而且對寫本與今本不同之處也有總結，對提行、異字、通假、抄寫符號等並有記述，分論部分另有類似提要性質的介紹④。此後，日本方面猶有零星的《史記》寫本的解說、校勘問世，但都不足以比肩上述兩部專著⑤。

近三十年來，我國學術文化日漸勃興，《史記》研究也開始進入另一個高潮。1987年安師平秋先生發表了《〈史記〉版本述要》一文⑥，不僅目驗比對了大量的原本，還依據行格、內容等進一步勾勒出了各傳本之間的譜系。其中介紹的寫本有17件之多（中有六種注明未見）。此後，在他的倡導下，張玉春《〈史記〉版本研究》、張興吉《元刻〈史記〉彭寅翁本研究》、應三玉《〈史記〉三家注研究》等一系列著作將

---

① 李烂《史記版本考》，《中國學報》第三卷第三期，1945年3月。
② 賀次君《史記書錄》，北京：商務印書館，1958年。
③ （日）武內義雄《東北大學所藏國寶史記孝文本紀解說》，東京：日本貴重古典籍刊行會第一期第三回配本，1955年；（日）那波利貞《舊鈔本史記孝景本紀第十一解說》，京都：京都帝國大學文學部，1935年。
④ 《史記會注考證校補》册八附錄，頁1—345。
⑤ （日）水沢利忠《史記古鈔本孝景本紀について》，かがみ《大東急紀念文庫》1962年第3期；青木五郎《宮内庁書陵部藏 史記古鈔本范雎蔡澤列傳の書き入れ校記について》，《東京工業高等專門學校研究報告書》第3號，東京：東京工業高等專門學校，1972年，頁1—9；小沢賢二《古抄本『史記』「秦本紀」の斷簡について》，汲古書院（29），1996年7月，頁48—49；村上昭子《〈第Ⅱ部〉宮内庁書陵部藏三十五册本前漢書の書入れについて：史記抄・漢書抄との関係より》，《松阪大學短期大學部論叢》（38），2000年，頁1—16。
⑥ 安平秋《〈史記〉版本述要》，《古籍整理與研究》1987年第1期。同年，易孟醇"史記"版本考索》略述刻本之前的《史記》流傳情況，所舉古寫本有四件（載《出版工作》1987年第1—3期。其中寫本部分見《出版工作》，1987年第1期，頁55）。

17

《史記》的寫本時代——公元十世紀前《史記》的傳寫與閱讀

《史記》文本研究繼續向前推進①,《史記》版本系統基本清晰。其中張玉春的《〈史記〉版本研究》一書,用了整整三章的篇幅討論刻本之前《史記》寫本的版本特徵。雖然該書所論寫本件數並沒有比此前的研究有所增加,但論述精度越過前賢。這些版本系統的構建也爲本書的相關論述提供了可供參照的時代坐標。

近年來,嚴紹璗先生蒐羅大量的日藏漢籍善本,著爲《日藏漢籍善本書錄》。其中史部收錄的《史記》古寫本共有八件,皆有較詳細的提要。雖然在個別文獻記載的精確性上似乎略有欠缺,但畢竟多經作者目驗,部分内容亦可彌補此前記載的不足②。

(二) 寫本校勘

較早利用古寫本對《史記》原文一一校對的是衛聚賢③,1928 年,衛聚賢發表了《史記殘卷校》一文④。此後,雖有中國學者對《史記》寫本進行了零星的校對工作⑤,但做得最出色的依然是日本學者瀧川資言及此後對之進行校補的水澤利忠。

1934 年日本學者瀧川資言出版《史記會注考證》,著錄寫本 14 件⑥。1957 年水澤利忠對之訂補,作《史記會注考證校補》一書,所用校讎古鈔本有 14 件,正文後又

---

① 張玉春《〈史記〉版本研究》,北京:商務印書館,2001 年;張興吉《元刻〈史記〉彭寅翁本研究》,南京:鳳凰出版社,2006 年;應三玉《〈史記〉三家注研究》,南京:鳳凰出版社,2008 年。

② 有《河渠書》、奈良時代寫本《張丞相列傳》《酈生陸賈列傳》、延久五年(1073)大江家國鈔本《吕后本紀》《孝文本紀》《孝景本紀》,天養二年(1145)鈔本《夏本紀》《秦本紀》。(参《日藏漢籍善本書錄》,頁 320—322)

③ 1925 年李笠雖有木刻八卷本《史記訂補》,但多據本書及四部書考訂《史記》,鮮及寫本,後增訂爲《廣史記訂補》(見李笠遺著,李繼芬整理《廣史記訂補》,上海:復旦大學出版社,2001 年)。

④ 衛聚賢《史記殘卷校》,載《國立中山大學語言歷史學研究所週刊》第五集第五十三、五十四期合刊,1928 年 11 月。

⑤ 喬衍琯《敦煌卷子本史記殘卷跋》(載《臺灣省立師範大學國文研究所集刊》第二號,1958 年 6 月);陳宗敏《讀日本古寫本史記殷本紀殘卷》(載《大陸雜誌》第二十七卷二期,1963 年 7 月);王叔岷《論日本古鈔本史記殷本紀》(載《書目季刊》第二卷第三期,1968 年 3 月;後收入《史記斠證》附錄二,"中央研究院"歷史語言研究所專刊之七十八,1983 年,頁 3509—3516)。

⑥ 有《五帝本紀》(宮内省圖書寮藏)、《夏本紀》(求古樓舊藏,今歸岩崎文庫)、《殷本紀》(高山寺舊藏,今歸内藤文庫,羅振玉景印)、《周本紀》(《經籍訪古志》云:正和五年鈔本,崇蘭館藏)、《秦本紀》(高山寺舊藏,今歸岩崎文庫)、《高祖本紀》(宮内省圖書寮藏)、《吕后本紀》(毛利文庫藏,有延久五年學生大江家國識語)、《文帝本紀》(東北帝國大學文庫藏,有延久五年學生大江家國識語)、《景帝本紀》(野村氏藏,今歸久原文庫,亦有大江家國識語)、《孝武本紀》(《經籍訪古志》云:崇蘭館藏)、《河渠書》(神田文庫藏,藤原忠平手澤本。或云唐人鈔。羅振玉景印)、《范睢蔡澤列傳》(宮内省圖書寮藏)、《張丞相列傳》(高山寺藏,羅振玉景印)、《酈食其陸賈列傳》(同上)。(見《史記會注考證附校補》附錄"史記總論"之"史記鈔本刊本"部分,頁 2119)今案,《孝武本紀》此後似無人再得寓目,而《五帝本紀》的底本應爲刻本,與本文所説的"古寫本"意義略有不同。另據王叔岷先生的考證,《史記會注考證》雖將《張丞相列傳》列入校勘資料的寫本,但並未真正使用。(王叔岷《史記斠證》之《斠證史記十七年(代序)》,北京:中華書局,2007 年,頁 1—10)

補入敦煌本3件,共17件①。每校一字,幾乎都將當時所能見到的寫本、刻本蒐羅殆盡,一一排列,考辨細密,資料極爲豐富。中國學者重視獨斷之學,忌枝蔓無節,故對之多有批評,如魯實先以爲校勘但求正譌,不應多列同源版本以作校語,是徒眩人耳目示己博聞,並稱阮氏校經、張氏校史皆有此失。顧頡剛也批評瀧川氏"去取不精,剪裁失當"②。日本學者似乎更注重資料的完備,故水澤氏以爲推定同源版本似易而實不然,雖同源而又有刻者以意改定③。

在兩書之後,中國學者奮起直追。集中對《史記》進行校勘考訂的有王叔岷、施之勉以及李人鑒三人,其中又以王叔岷《史記斠證》用功最深。李人鑒從1961年開始在《揚州師院學報》陸續發表《史記》相關考訂文章,後出版專書《太史公書校讀記》④。囿於當時的條件,所用資料有限,仍屬傳統考證範圍,基本很少涉及古寫本。但其中有不少推斷也涉及到傳抄之誤,可惜未能見到寫本之證。

王叔岷從1967年始即在《文史哲學報》和《史語所集刊》等刊物連續發表其校勘《史記》的成果⑤,後集爲《史記斠證》一書⑥。王氏係校讎名家,舊學根底扎實,考證詳實。《斠證》以《史記會注考證》爲底本,並參景祐本、黃善夫本、武英殿本;所用寫本有《敦煌秘籍留真新編》本《燕召公世家》《管蔡世家》《伯夷列傳》;日本影印本《文帝本紀》《河渠書》《酈食其陸賈列傳》《張丞相列傳》等。王氏謂《考證》列有古鈔本三十篇以上,但未詳校。自己歷時十七年,并一字一句校過⑦,可謂精審。但其所用材料限於羅氏影印本,有些寫本未能親見,不免錯過了一些有價值的問題。

---

① 宮內廳書陵部藏清原家點本《五帝本紀第一》,求古樓高山寺舊藏東洋文庫藏天養(1144—1145)鈔本《夏本紀第二》,高山寺藏羅振玉景印《殷本紀第三》,高山寺藏《周本紀第四》,高山寺舊藏東洋文庫藏天養鈔本《秦本紀第五》,宮內廳書陵部藏《高祖本紀第八》,毛利家藏延久(1069—1074)鈔本《吕后本紀第九》,東北大學圖書館藏延久鈔本《孝文本紀第十》,野村氏久原文庫舊藏大東急記念文庫藏延久鈔本《孝景本紀第十一》,山岸德平氏藏大治(1126—1131)鈔本《孝景本紀第十一》,神田文庫藏羅振玉景印《河渠書第七》,宮內廳書陵部藏《范睢蔡澤列傳第十九》,高山寺藏羅振玉景印《張丞相列傳第三十六》,高山寺藏羅振玉景印《酈生陸賈列傳第三十七》。正文中其實又補用《敦煌秘籍留真新編》所收殘寫本《燕召公世家》《管蔡世家》《伯夷列傳》。此《五帝本紀》依然非古寫本,《校補》書末所附"《史記》之文獻學的研究"第一節"史記古鈔本"中亦未列《五帝本紀》,故實用古寫本16件。載(日)水澤利忠《史記會注考證校補校讎資料一覽》(《史記會注考證校補》册八,頁3—4)。此外,《校補》中雖有《英房史記抄》《桃源史記抄》《幻雲史記抄》等,因或節略抄寫,間雜日文,不能算嚴格意義上的《史記》版本,故不在本書考察範圍之內。
② 顧頡剛《當代中國史學》,上海:上海古籍出版社,2006年,頁100。
③ (日)水澤利忠《史記會注考證校補》自序。
④ 李人鑒《太史公書校讀記》,蘭州:甘肅人民出版社,1998年。
⑤ 參見"國立"臺灣大學文史哲學報》第十六期(1967年10月)起;又"中央研究院"歷史語言研究所集刊》第三十八本,1968年1月;《東洋學》第2期,1972年12月。
⑥ 原書爲十冊,屬"中央研究院"歷史語言研究所專刊之七十八,1983年版。
⑦ 王叔岷《斠證史記十七年(代序)》,載《史記斠證》,頁1—10。

大概與之同時，施之勉也在《大陸雜誌》《成功大學學報》上集中發表了《讀〈史記會注考證〉劄記》和《史記》諸篇的校記①。正如王叔岷所稱，二人交替發表，互有參照，因而各有短長。相較而言，王叔岷的考據更爲扎實，影響也更爲廣泛。而張森楷《史記新校注稿》②、韓兆琦《史記箋證》③亦屬用力甚勤之作，顧頡剛尤其稱贊張作"薈萃衆本，復詳加校勘，訂正訛誤，折衷異同，皆極精審"④。但這些校勘並沒有在寫本研究上有更多的突破。

上述學者無論是資料詳備的水澤利忠還是校勘精審的王叔岷，他們對《史記》古寫本的利用仍不全面，在使用方法上也基本是將古寫本與宋元善本等量視之，只是關注異文的比對和文獻考訂而已。對寫本時代《史記》本身的流傳特徵、研讀方式基本無暇顧及。

當代致力於《史記》古寫本研究的還有易平。其《張晏〈史記〉亡篇之説新檢討》⑤《褚少孫補〈史〉新考》⑥《日本高山寺藏裴注〈史記·殷本紀〉文本源流考》⑦《〈史記·匈奴列傳〉末段錯簡考辨》⑧等系列論文對《史記》文本變遷及寫本性質與意義的相關研究甚具卓見，他認爲寫本的價值不只在於爲我們對《史記》文本校勘提供材料，更在於以此爲參照，發現"宋人校《史》的某些特點和問題"⑨。新近討論的力作有程蘇東《失控的文本與失語的文學批評——以〈史記〉及其研究史爲例》⑩，該文重點討論司馬遷獨立創作的文本與其根據既有文本編纂而形成的衍生型文本的不同特徵，對我們重新解讀和整理《史記》文本多有啓益。

（三）寫本時期的《史記》閱讀

《史記》對中國文學的影響，前人頗有關注，但較有影響力的專門論述仍十分有限⑪。

---

① 《讀史記會注考證劄記》(《大陸雜誌》第二十卷第三期[1960年1月]至第七十八卷第六期[1989年6月]，又《成功大學學報》第一卷[1961年10月])、《讀史記會注考證劄記校補(1—10)》(《大陸雜誌》第四十五卷第四期[1972年10月]至第五十卷第一期[1975年1月])。
② 張森楷《史記新校注稿》，臺北：中國學典館復館籌備處，1967年。
③ 韓兆琦編著：《史記箋證》，南昌：江西人民出版社，2004年。
④ 《當代中國史學》，頁100。
⑤ 易平《張晏〈史記〉亡篇之説新檢討》，《臺大歷史學報》第二十三期，1999年6月。
⑥ 易平《褚少孫補〈史〉新考》，《臺大歷史學報》第二十五期，2000年6月。
⑦ 易平《日本高山寺藏裴注〈史記·殷本紀〉文本源流考》，《史學史研究》2007年第3期。
⑧ 易平《〈史記·匈奴列傳〉末段錯簡考辨》，《中國典籍與文化論叢》第三輯，北京：中華書局，1995年，頁316—324。
⑨ 易平《日本高山寺藏裴注〈史記·殷本紀〉文本源流考》。此外，關於《史記》校勘史，安平秋老師和張興吉先生有較爲系統的清理，參見安平秋、張興吉《〈史記〉校勘史述論》(《文獻》2009年第2期)。
⑩ 程蘇東《失控的文本與失語的文學批評——以〈史記〉及其研究史爲例》，《中國社會科學》2017年第1期。
⑪ 如李少雍《〈史記〉紀傳體對唐傳奇的影響》(《文學評論叢刊》第十八輯：古典文學專號，中國社會科學出版社，1983年)。

較早系統研究《史記》閱讀及其學術史意義的著作當屬日本學者吉本道雅的《史記を探る：その成り立ちと中國史學の確立》①，但其中内容多在論述《史記》本身的史學史意義。井上進《中國出版文化史》前編第二章"帝國の秩序と書籍"内"《史記》と漢朝"一節②，介紹了寫本時代的書籍與社會文化。雖然所用文字不多，但作者却敏鋭地注意到《史記》命運與漢朝的微妙關係，指出至少在漢成帝以前享有較高的聲望并具有漢代正史意味的文獻③。正如周紹明所云，看他的書只嫌作者"寫得太短"④。

臺灣學者吕世浩《從〈史記〉到〈漢書〉——轉折過程與歷史意義》有專章討論從《史記》絶筆到《漢書》成書期間，漢人對《史記》的閱讀以及由此對《漢書》産生的影響⑤。其第二章至第四章系統梳理了兩漢之際《史記》的傳本，重點分析了"《史記》對漢家的衝擊和挑戰"，該書是目前爲止從政治與學術互動的角度集中討論此一時期《史記》閱讀的力作。雖然個别論斷不無偏頗，但在思路上，已與傳統史學史及學術史的研究大異其趣。

在《史記》傳播過程中，《史記》名稱的變化是一個較爲敏感的問題。從上世紀三十年代至今，不少學者將相關文獻幾乎爬梳殆盡⑥，但多限於考訂《史記》名稱演變的過程，而未能注意到名稱轉變的意義。其中，陳直首先從文獻傳播的新角度考察史記在漢晉時代的流傳情况。其《史記新證》一書⑦不僅在序言部分言及寫本時代《史記》傳播的特徵，而且以大量的考古實物來證實《史記》文本在流傳過程中出現的訛誤。李紀祥《〈太史公書〉由"子"入"史"考》⑧一文是對《史記》性質探討較爲全面的文章。

---

① （日）吉本道雅《史記を探る：その成り立ちと中國史學の確立》，東京：東方書店，1996年。
② 井上進《中國出版文化史：書物世界と知の風景》，名古屋：名古屋大學出版會，2002年，頁28—30。
③ 《中國出版文化史：書物世界と知の風景》，頁29。
④ （美）周紹明（Joseph P. McDermott）著，何朝暉譯《書籍的社會史：中華帝國晚期的書籍與士人文化》，北京：北京大學出版社，2009年，頁245。
⑤ 吕世浩《從〈史記〉到〈漢書〉——轉折過程與歷史意義》，臺北：臺大出版中心，2009年（臺灣大學歷史系博士論文，2008年）。
⑥ 如靳德峻《史記名稱之由來及其體例之商榷》（《師大國學叢刊》第一卷第一期，1930年11月）、楊明照《太史公書稱史記考》、黄文弼《史記源流及其體例》（《吴稚暉氏頌壽紀念論文集》，1944年5月）、陳直《太史公書名考》、施之勉《〈史記〉之名當起班叔皮父子考》（《大陸雜誌》第二十卷第六期，1960年3月）、陳直《漢晉人對史記的傳播及其評價》[《四川大學學報》（社會科學）1957年第3期]、王叔岷《史記名稱探源》（《新潮》第十六期，1967年12月）、金發根《論史漢兩書之傳布》（《簡牘學報》第五期，1977年）。
⑦ 陳直《史記新證》，北京：中華書局，2006年。
⑧ 李紀祥《〈太史公書〉由"子"入"史"考》，《文史哲》2008年第2期。

《史記》的寫本時代——公元十世紀前《史記》的傳寫與閱讀

　　《史記》的亡闕與補作問題，曾引發諸多學者的爭議①。易平能結合寫本時代特點從新的角度論述問題，因而常有新的發現②。袁傳璋《從書體演變角度論〈索隱〉〈正義〉的十年之差：兼爲司馬遷生於武帝建元六年説補證》③也屬角度較新的文章。就這一時期的學術史研究而言，楊海崢《漢唐〈史記〉研究論稿》④無疑是不可替代的著作。

　　此外，《史記》古寫本訓讀的研究主要集中於日本學者，如前揭築島裕、武内義雄等，又以小林芳規《平安鎌倉時代に於ける漢籍訓読の国語史的研究》⑤較爲突出。該書對平安、鎌倉時代《史記》寫本間有撮用，並揭示了日本博士家的文本訓讀特色。

　　近年來一些美國學者對寫本時代《史記》文本的可靠性提出了質疑⑥，如吴德明（Yves Hervouet）通過比較《史記》《漢書》，認爲可能有抄寫員根據《漢書》重構了《史記》遺失的篇章。何四維（A.F.P.Hulsewé）也在比對了《史》《漢》詞句後認爲，《史記》卷一二三是嘗試通過《漢書》卷六一及其他篇章資料重構《大宛傳》⑦。魯惟一（Michael Loewe）在爲何四維《中國人在中亞》一書所作的導言中也討論了這一問題，他認爲《史記》文本是衍生物⑧。但榎一雄（Enoki Kazuo）《〈史記〉卷一二三與

---

　　① 〔清〕孫同元《史記闕篇補篇考》、吕思勉《蒿廬史札——太史公書亡篇》《光華大學半月刊》第三卷六期，1935年3月）、余嘉錫《太史公書亡篇考》《輔仁學誌》第十五卷第一、二合期，1947年12月）、曲穎生《史記八書存亡真僞疏辨》《大陸雜誌》第九卷第十二期，1954年12月）、海屏《〈史記〉的補續與改竄問題》《學宗》第四卷第一期，1963年3月）、張大可《〈史記〉殘缺與補竄辨》[《蘭州大學學報》（社會科學版）1982年第3期]、高葆光《〈史記〉終止時期及僞篇考》《東海學報》第十四期，1973年7月）、金惠《揭開〈史記·今上本紀〉（《武帝本紀》）闕失之謎》《東方雜誌》第十三卷第五期，1979年11月）、王于飛《張晏〈史記〉十篇亡佚説質疑》《東南學術》2000年第2期）、趙生群《史記編纂學導論》第一章第三節"《史記》的亡缺與續補"（南京：鳳凰出版社，2006年，頁16—22）。

　　② 相關論文有：《劉向班固所見〈太史公書〉考》《大陸雜誌》第九十一卷第五期，1995年11月）、《楊惲與〈太史公書〉》《大陸雜誌》第九十三卷第一期，1996年7月）、《張晏〈史記〉亡篇之説新檢討》《褚少孫補〈史〉新考》；又易平、易寧《〈史記〉早期文獻中的一個根本問題——〈太史公書〉"藏之名山，副在京師"考》，《南昌大學學報》（人文社會科學版）2004年第1期。

　　③ 袁傳璋《從書體演變的角度論〈索隱〉〈正義〉的十年之差：兼爲司馬遷生於武帝建元六年説補證》，《大陸雜誌》第九十卷第四期，1995年4月。

　　④ 楊海崢《漢唐〈史記〉研究論稿》，濟南：齊魯書社，2003年。

　　⑤ （日）小林芳規《平安鎌倉時代に於ける漢籍訓読の国語史的研究》，東京：東京大學出版會，1967年。

　　⑥ 參見 William H. Nienhauser, "A Century(1895 - 1995) of Shih chi 史記 Studies in the West", Asian Culture Quarterly, 1996：4；吴原元《百年來美國學者的〈史記〉研究述略》《史學集刊》2012年第4期）。

　　⑦ A. F. P. Hulsewé, *The Problem of the Authenticity of Shih-chi Ch.123, the Memoir on Ta Yüan*, T'oung Pao, Vol.61, 1975：89.

　　⑧ Michael Loewe, *China in Central Asia: The Early Stage 125 B.C.- A.D. 23: an annotated translation of chapters 61 and 96 of the history of the former Han dynasty*. Leiden：E. J. Brill, 1979, pp. 12 - 25.

《漢書》卷六一、九六的關係》①和呂宗力《重新思考〈史記〉卷一二三的真實性問題》②分別指出上述兩篇文章的論據有問題。

此後,韓大偉(David B. Honey)的《〈漢書〉、原稿證據及〈史記〉校勘:以"匈奴列傳"為例》③通過文本對比認為,《漢書》的相關論述更為原始;他的《關於〈史記〉卷二四〈樂書〉的真實性及意識形態的注釋》和柯馬丁(Martin Kern)的《司馬遷〈史記〉中的〈司馬相如傳〉與賦的問題》④認為,上述《史記》兩篇所出較晚。對此,倪豪士(William H. Nienhauser)在其領譯的《史記·漢本紀》中則依據自己的研究提出了不同的看法⑤。

(四) 對於寫本時期文獻特徵的研究

傳統文獻學領域,我國學者對早期寫本文獻特徵早有關注,較為系統的著作有余嘉錫《書冊制度補考》《古書通例》⑥,馬衡《中國書籍制度變遷之研究》⑦,錢存訓《書於竹帛》⑧,李零《簡帛古書與學術源流》⑨,曹之《中國古籍版本學》等。他們分別從各自專業的視角,在寫本文獻的研究上有自己的創見。臺灣學者林聰明的《敦煌文書學》⑩屬對寫本文書的專門研究,包容廣闊,涉及寫本形制、用紙、裝潢、抄寫、題記、拼合等各種文獻問題。國內青年學者中,以余欣博士的研究最為突出。在《中古異相——寫本時代的學術、信仰與社會》一書中,他對"寫

---

① Kazuo Enoki, *On the Relationship between the 'Shih-chi', bk. 123 and the 'Han-shu', bks. 61 and 96*, Memoirs of the Research Department of the Toyo Bunko, Vol.41, 1983: 1–31.

② Lu Zongli, *Problems Concerning the Authenticity of Shih chi 123 Reconsidered*, Chinese Literature: Essays, Articles, Reviews, Vol.17, Dec. 1995: 51–68.

③ David B. Honey, *The Han-shu, Manuscript Evidence, and the Textual Criticism of the Shih-chi: The Case of the "Hsiung-nu lieh-chuan"*, Chinese Literature: Essays, Articles, Reviews, Vol.21, Dec.1999: 67–97.

④ David B. Honey, *A Note on the Authenticity and Ideology of Shih-chi 24, "The Book on Music"*, Journal of the American Oriental Society, Vol.119, No.4, Oct–Dec., 1999: 673–677; Martin Kern, *The "Biography of Sima Xiangru" and the Question of the Fu in Sima Qian's Shiji*, Journal of the American Oriental Society, Vol.123, No.2, Apr.–Jun., 2003: 303–316.

⑤ William H. Nienhauser, *The Grand Scribe's Records, Vol. II: The Basic Annals of Han China*, Bloomington: Indiana University Press, 2002, pp. xiii–xlviii.

⑥ 余嘉錫《書冊制度補考》(載《余嘉錫論學雜著》,北京:中華書局,2007年,頁539—559);《古書通例》(載《目錄學發微·古書通例》,北京:中華書局,2007年,頁177—296)。

⑦ 馬衡《中國書籍制度變遷之研究》(載王元化主編《釋中國》第四卷,上海:上海文藝出版社,1998年,頁2586—2601)。

⑧ 錢存訓編著《書於竹帛》,上海:上海書店出版社,2004年。

⑨ 李零《簡帛古書與學術源流》,北京:生活·讀書·新知三聯書店,2004年。

⑩ 林聰明《敦煌文書學》,臺北:新文豐出版公司,1991年。

本時代"書籍書寫與傳播的特徵有較爲集中的關注，第一章"史學習染：從《漢書》寫本看典籍傳承"[1]從知識社會史視角觀照寫本時代的典籍傳播，對本書的寫作也多有啓益。論文方面，程蘇東《寫鈔本時代異質性文本的發現與研究》[2]一文提煉出寫鈔本時代文本生成中作者、述者、鈔者、寫手四個要素，強調"鈔者研究"範式。

歐洲文獻學領域，與寫本相對應的一般是"manuscript"一詞，有時"palaeography"[3]也譯作"寫本"或"手抄本""鈔本"[4]。西方對早期及中世紀的宗教類文獻、中亞宗教文獻的寫本多有專門研究，如法國歷史學家讓·馬比榮(Johannis Mabillon, 1632—1707)1681年完成的《文書論》(De re diplomatica)等使歐洲寫本文獻的研究漸漸步入正軌[5]。法國著名文獻學家戴恩(Alphonse Dain, 1896—1964)有《古典文獻的寫本》(Les Manuscrits)[6]。這些著作更近於古文書學(palaeography)或"手稿學"，與廣義的"寫本學"不盡相同。而西方作爲歷史學輔助學科的"古文字學"(Paläographie)更類似於"寫本學"(codicologie)：主要關注古代書寫和"書寫作品的閱讀、記錄和地位(的知識)，並研究書寫方式的發展及其相互關係"[7]。

近年來，法國學者戴仁的寫本研究成果非常突出[8]，其1984年的《敦煌文獻研

---

[1] 即前揭《唐研究》所載《寫本時代知識社會史研究——以出土文獻所見〈漢書〉之傳播與影響爲例》一文。

[2] 程蘇東《寫鈔本時代異質性文本的發現與研究》，《北京大學學報》(哲學社會科學版)2016年第2期。

[3] "寫本"與"古文書"當略作區分："文書"多指文獻性質，"寫本"側重複製傳播方式；寫本當指典籍，而文書一般非書籍。近年來我國"古文字學"相關研究也方興未艾，中國社科院歷史研究所曾主辦"中國古文書研究班"和"中國古文書學研討會"。(見陳麗萍《"中國古文書學"研討會綜述》，《中國史研究動態》2012年第5期)

[4] "寫本"在《漢語大詞典》中即被解釋爲"手抄本"。[《漢語大詞典》(第三卷)，上海：漢語大詞典出版社，1989年，頁1624]

[5] 米辰峰《馬比榮與西方古文獻學的發展》，《歷史研究》2004年第5期。

[6] Alphonse Dain, Les Manuscrits, Paris: Les Belles Lettres, 2015.而英國倫敦國王學院大衛·甘兹(David Ganz)和大衛·奧克羅寧(Dáibhí Ó Cróinín)合譯的比朔夫(Bernhard Bischoff)所著《古代和中世紀的拉丁古寫本學》(Latin Palaeography: Antiquity and the Middle Ages, Cambridge: Cambridge University Press, 1990)是該領域的標準著作。

[7] (德) 斯特凡·約爾丹(Stefan Jordan)主編，孟鍾捷譯《歷史科學基本概念辭典》"歷史輔助學科"條，北京：北京大學出版社，2012年，頁136。

[8] 較早研究如："Les cahiers des manuscrits de Touen-houang" 敦煌寫本中的册子本研究, in M. SOYMIE, éd., Contributions aux études sur Touen-houang, Genève-Paris, Librairie Droz, 1979, pp. 17 - 28; "Papiers de Dunhuang. Essai d'analyse morphologique des manuscrits chinois datés" 敦煌紀年寫本紙張研究, T'oung Pao, 67, 3 - 5, 1981, pp. 305 - 360; "Les accordéons de Dunhuang" 敦煌蝴蝶裝寫本研究, in M. SOYMIE, éd., Contributions aux études de Touen-houang, vol 3, Paris, Ecole française d'Extrême-Orient, 1984, pp. 195 - 204.

究的基本方法》①、1985年的《關於敦煌吐魯番文獻的書志學小考》②、1986年的《寫本書與早期木刻本研究》③、1988年的《敦煌與中亞寫本暨書籍史研究》④、1989年的《中國寫本文獻向印刷書籍的轉變》⑤等論文,以及其專著《寫本時代(十世紀以前)的中國藏書》⑥,對寫本文獻特徵以及由寫本到刻本的變遷有突出的關注。日本學者石塚晴通⑦、藤枝晃⑧也分別在寫本的文字、真僞及閲讀研究上作出傑出的貢獻。

相較歐洲的寫本學和日本的古文書學的相關研究,漢文"寫本學"的理論構建相對不足。以筆者目力所及,日本學者藤枝晃曾提出構建"寫本書志學"的設想⑨,前揭法國戴仁的相關成果無疑將這一研究向前推進了一步。美國學者鮑則岳(William G. Boltz)則致力於將歐洲寫本語文學方法應用於"早期中國"(early China)的寫本文獻(主要是簡帛)⑩。近年來,學界較早明確界定"寫本學"及"寫本時期"的是榮新江先生。他在《敦煌學十八講》中專設"敦煌寫本學"一講,從"紙張和形制""字體和年代"及"寫本的正背面關係"三個方向論述了寫本學研究應當注意的問題⑪。臺灣的鄭阿財先生在《論敦煌俗字與寫本學之關係》一文⑫中,以敦煌

---

① "Eléments méthodologiques pour l'étude des documents de Dunhuang"敦煌文獻研究的基本方法, in M. SOYMIE, éd., Les peintures murales et les manuscrits de Dunhuang. Paris, Editions de la Fondation Singer-Polignac, 1984, pp. 53–59.

② "Notes codicologiques sur les manuscrits de Dunhuang et de Turfan"關於敦煌吐魯番文獻的書志學小考, Bulletin de l'Ecole française d'Extrême-Orient, 74, 1985, pp. 484–504.

③ "Le livre manuscrit et les débuts de la xylographie"寫本書與早期木刻本研究, in J.-P. DREGE, M. ISHIGAMI-IAGOLNITZER et M. COHEN, éd., Le livre et l'imprimerie en Extrême — Orient, Bordeaux, Société des Bibliophiles de Guyenne, 1986, pp. 19–39.

④ "The Dunhuang and Central Asian manuscripts and the history books"敦煌與中亞寫本暨書籍史研究, in F. WOOD, éd., Chinese Studies, London, The British Library, 1988, pp. 171–179.

⑤ "Du rouleau manuscrit au livre imprimé en Chine"中國寫本文獻向印刷書的轉變, in R. LAUFER, éd., Le texte et soninscription, Paris, Centre national de la recherche scientifique, 1989, pp. 43–48.

⑥ 案,以上譯文迻録自《法國學者敦煌學論著目録》,載《法國漢學》第五輯"敦煌學專號",北京:中華書局,2000年,頁305—308。其中,戴仁《敦煌和吐魯番寫本的斷代研究》《敦煌的經折裝寫本》《敦煌寫本紙張的顏色》等收入(法)謝和耐、蘇遠鳴等著,耿昇譯《法國學者敦煌學論文選萃》(北京:中華書局,1993年)。

⑦ 石塚晴通《敦煌的加點本》(載《敦煌學·日本學——石塚晴通教授退職紀念論文集》,上海:上海辭書出版社,2005年,頁1—22。

⑧ (日)藤枝晃著,李運博譯《漢字的文化史》,北京:新星出版社,2005年。

⑨ (日)藤枝晃《敦煌學導論》,天津:南開大學歷史系印,1981年。

⑩ 鮑則岳的著作主要集中於簡帛文獻,尤其是簡帛異文現象研究。相關成果可參看柯馬丁《方法論反思:早期中國文本異文之分析和寫本文獻之產生模式》[載伊沛霞、姚平主編《當代西方漢學研究集萃》(上古史卷),上海:上海古籍出版社,2012年,頁354注4]。其他歐美學者關於簡帛文獻等早期中國寫本研究成果尚多,由於本書的討論主要集中於紙寫本,故多未涉及。

⑪ 榮新江《敦煌學十八講》,北京:北京大學出版社,2001年。

⑫ 鄭阿財《論敦煌俗字與寫本學之關係》,《敦煌研究》2006年第6期。

文獻爲出發點，較爲系統地言及研究寫本文獻需要注意的問題。王曉平也以自身的研究對溝通東亞地區漢文寫本、建立"東亞寫本學"等頗有貢獻①。近年來，我國其他民族語文的研究者也開始對建立民族語文的寫本文獻學大聲疾呼。如巴桑旺堆建立藏文古寫本研究方法的提議②，虎隆倡導建立伊斯蘭手稿學的研究③，沈衛榮強調跨學科與跨語言的寫本文獻研究④，以及伏俊璉構建文學寫本研究的努力⑤等。余欣《整體書寫文化史構築芻議：關於東西古寫本研究的思考》一文⑥，應該是目前所見在寫本學理論建構方面最爲突出的論述。

通過以上的文獻清理，我們發現《史記》寫本的著錄、校勘以及傳播的相關研究大致經歷了三個階段：從寫本發現到上世紀三十年代爲第一階段，主要是介紹新材料，未遑細考；從上世紀三十年代到上世紀末爲第二階段，後起學者對寫本材料進行詳細的文字比勘，介紹文本特徵，並試圖構建傳本譜系；自本世紀初以降爲第三階段，部分學者開始注意寫本本身的文獻特徵，嘗試新的研究思路。日本乃至西方漢學的傑出成就已經令我們不得不面對、吸收並認真回應。我國學者的研究雖然較爲扎實，但在研究思路上仍有很大的開拓空間。國内版本研究較爲精純，却很

---

① 見王曉平《從〈鏡中釋靈實集〉釋録看東亞寫本俗字研究——兼論東亞寫本學研究的意義》[《天津師範大學學報》(社會科學版)2008年第5期]、《借敦煌俗字破日藏漢籍寫本釋録之疑——以〈聖武天皇宸翰雜集〉爲中心》(《敦煌研究》2009年第1期)、《日本漢籍古寫本俗字研究與敦煌俗字研究的一致性——以日本國寶〈毛詩鄭箋殘卷〉爲中心》(《藝術百家》2010年第1期)等論文，新近著作有《日本詩經學文獻考釋》(北京：中華書局,2012年)。

② 2008年10月舉辦的北京藏學討論會上，巴桑旺堆發表了《關於藏文古寫本科學研究方法和西藏新發現的古苯教寫本》一文，他另有《關於藏文古寫本研究》(《西藏研究》2008年第4期)、《關於古藏文寫本的研究方法的再探索》(《中國藏學》2009年第3期)兩篇文章討論藏文古寫本的相關文獻和研究方法，其中又以後一篇較爲系統，總結出15種判定古藏文寫本年代的方法。另見瑞士學者安·克麗絲蒂娜·謝勒-肖布《敦煌與塔波古藏文寫本研究的方法論問題》，載《法國漢學》第五輯"敦煌學專號"，頁245—297。

其他語文學的寫本研究，如北京大學梵文寫本研究中心梵文寫本研究；突厥文寫本研究，參見芮跋辭(Volker Rybatzki)、胡鴻《古突厥文寫本〈占卜書〉新探——以寫本形態與文本關係爲中心》，載《唐研究》第十六卷"'唐代邊疆與文化交流'研究專號"，北京：北京大學出版社,2010年，頁359—386。

③ 虎隆於2012年3月28日在北京大學西語系作了一場《中國伊斯蘭手抄本研究與伊斯蘭手稿》的講座。演講時展示了大量伊斯蘭手抄本圖籍，提出手抄本研究的17個方面，並倡議相關學者關注伊斯蘭手抄本以及中國手抄本的研究。

④ 沈衛榮《重構十一至十四世紀的西域佛教史——基於俄藏黑水城漢文佛教文書的探討》，《歷史研究》2006年第5期。

⑤ 如伏俊璉《敦煌賦及其作者、寫本諸問題》(《南京師範大學文學院學報》2003年第2期)、《5～11世紀中國文學寫本整理研究概論》[《雲南師範大學學報》(哲學社會科學版)2017年第5期]、《寫本時期文學作品的結集——以敦煌寫本 Дх.3871＋P.2555爲例》(《文學評論》2018年第6期)、《敦煌文學寫本研究的回顧與展望》[《西華師範大學學報》(哲學社會科學版),2020年第1期]。

⑥ 余欣《整體書寫文化史構築芻議：關於東西古寫本研究的思考》(《敦煌研究》2012年第3期)。另見余欣《中古異相——寫本時代的學術、信仰與社會》(上海：上海古籍出版社,2011年)。

少涉及版本以外的内容,在研究深度上也有進一步開掘的必要。而寫本的痕迹與閱讀者及其所處的時代、際遇密切相關,我們不得不放寬傳統文獻學的研究視野,賦予版本、校勘以鮮活的生命。雖然《史記》刻本系統基本清晰,寫本研究也有較多的積累,但寫本與刻本承變研究尚需加强。同時,《史記》閲讀與接受的研究較爲缺乏,其在各個時期的影響力的論述偏於浮泛,有深入論析的必要。文字校訂的研究多限於寫本異文的辨析考訂,對寫卷的閲讀痕迹乃至寫卷本身認識不足,將《史記》傳寫與閲讀相結合的研究更屬鳳毛麟角。

寫本研究所體現的不應只是文獻材料的不同,而應是觀念和方法上的自覺。除了已發現的敦煌寫本(廣義上還應包含簡帛文獻),海外"漢字文化圈"尤其是日本的古寫本以及越南的漢喃寫本等,也是我們進行寫本研究的重要參照系。當然,寫本文獻的價值既不可忽視,似乎也不應無限放大。我們希望有更多的學者能從各自的研究領域出發,去研究寫本、關注寫本時代,並將這一研究不斷向前推進。

第一章　道勢背景下的《史記》文本問題

引　言

　　作者與讀者是與文本直接相關的兩大要素，作者的意圖與讀者的解讀都以文本爲中心①。歷史上的讀者與作者俱已遠逝，唯有文本傳衍至今。我們今天只能通過對歷史文本的解析，探討歷史上作者與讀者的種種因緣與糾葛。由於本書所要探討的文本是一種歷史著作，作者與讀者更有其特殊性：一方面是作者有權在文本中評價某些讀者，這種評價有時會成爲一種歷史上的蓋棺定論；另一方面，少數讀者當時就能看到這些評價，同時擁有生殺予奪的絕對權力。在一定意義上，我們甚至可以説是這類特殊讀者賦予了作者批評自己的權力。此時的作者，亦即史家，如何在評價的公正性和讀者的閲讀感受之間尋求一種微妙平衡，變得非常重要。

　　在贊揚秉筆直書的時代，不屈從於權力被認爲是良史之標的。隨着政治權力逐步走向封建專制，道統與治統②、權力與思想學術的矛盾愈發凸顯。距太史公百年前，李斯阿承秦始皇，挾秦國一統天下之威，禁《詩》《書》、諸家傳説、六國史乘。漢興數十年間，無暇復立。孝惠帝時，始去除挾書令③。武帝"罷黜百家，

---

①　參見〔聯邦德國〕H·R·姚斯、〔美〕R·C·霍拉勃著，周寧、金元浦譯，滕守堯審校《接受美學與接受理論》，瀋陽：遼寧人民出版社，1987年。關於文本，這里所用的是一種狹義的概念，指典籍的正文，而與西方後現代的泛文本理論不同。

②　"道統"與"治統"，清代王夫之已言之："天下所極重而不可竊者二：天子之位也，是謂治統；聖人之教也，是謂道統。"（見〔清〕王夫之《讀通鑑論》卷一三，北京：中華書局，1975年，頁408）另參余英時先生《道統與政統之間》一文（載《士與中國文化》，上海：上海人民出版社，1987年，頁84—112）。本文所云"道統"與朱子《中庸章句序》等宋儒所云儒家道統並不完全等同，關於後者的討論可參見劉子健《宋末所謂道統的成立》（載《釋中國》第二卷，頁1029—1064）。

③　《漢書》卷二《惠帝紀》載，惠帝四年"三月甲子，皇帝冠，赦天下。省法令妨吏民者；除挾書律"。（〔漢〕班固《漢書》，北京：中華書局，1962年，頁90）

表章《六經》"①，確立儒學爲官學。在這種歷史背景下，《史記》的出現，注定要面臨權力的考驗。似乎司馬遷對自己著作的處境頗爲明瞭，他在《太史公自序》中一面以家族使命述作史緣由，一面又以答壺遂問的方式開釋當權者的質疑。作者對理想讀者(the model reader)②充滿期待，同時又以"藏之名山，副在京師"的策略，希望著作流傳後世。由於"是非頗繆於聖人"③，該書在經歷當權者的審查之後，頗有亡闕與改作。

本章試圖將《史記》的文本問題置於道統與治統緊張關係的歷史脈絡下，從漢代的文化專制、作者的寫作意圖和典籍的傳寫途經等方面，重新審視《史記》文本的亡闕現象，追懷兩千年前盛世武功下的斯文悲歌。

第一節　道統與治統④

古代帝王凡建立新朝必稱天命所歸，人心所向，本朝受天命，是謂繼治統⑤；巫覡卜史自謂明天道，識天命，尊德義，是謂守道統。《詩》《書》追美三皇五帝，以其既建功德，復合天命、歸民心，是治道合一。換言之，道統與治統是不同身份的踐行者對同一種政治理念的不同表述⑥。

在儒家的話語體系中，道統與治統合一的典範遠爲三皇五帝，近爲文武周公的"聖人之治"，故孔子云："周監於二代，郁郁乎文哉，吾從周。"⑦殷周末季，尤其是春秋以來，王室的政治權力逐漸潰散，方國漸強。與之相應，這一時期的道統也是質

---

① 《漢書》卷六，頁212。
② "理想讀者"指那種按照文本要求，以文本應該被閱讀的方式去閱讀文本的讀者。參楊學功《從解釋學視角看馬克思文本研究——兼評"重讀馬克思"的兩種學術取向》(載李景源主編《新中國哲學研究50年——中國社會科學院哲學研究所五十周年學術文集》，北京：人民出版社，2005年，頁347)
③ 《漢書》卷六二，頁2737—2738。
④ 本章第一、二節的部分內容另見於拙著《校書與修史：東觀與東漢帝制文化整合》第四章"東觀修史與帝制國家的文化整合"(北京：社會科學文獻出版社，2019年)。
⑤ 治統在不同的時代有不同的解釋模式，三代多言得天命，爲帝後；戰國秦漢以陰陽五行推五德終始，董仲舒言"三統"。要之，皆重視解釋本朝得治統的合法性。(參顧頡剛《秦漢的方士與儒生》，上海：上海古籍出版社，2005年)
⑥ 余英時先生以爲"以政統言，王侯是主體；以道統言，則師儒是主體"。參余英時《道統與政統之間——中國知識分子的原始型態》(載《士與中國文化》，頁102)。
⑦ 《論語注疏》卷三，〔清〕阮元校刻《十三經注疏》，北京：中華書局，1980年，頁2467。

文遞興，禮樂陵夷，文化秩序開始崩壞，王官之學散爲百家，"道術將爲天下裂"①。由於這種潰散，道統與治統都開始偏離理想的政治觀念，二者已然成爲相互關相涉而又各自獨立的兩個系統②。

王官之學代表了一種與"勢"（即"治統"）相合的"道統"。春秋戰國之際，百家爭鳴，多爭道統之正。以孔子爲代表的儒家學派，儼然以繼承殷周道統自居，講論《六藝》，頌揚禮樂。道家、墨家也各自著書立説、身體力行，試圖匡正道統。其餘諸子之學多流於術，故多被時人譏爲"小道"。至其末流，則爲追求功名利禄之術，更無足論。

勢以道證其合法性，自居道統的士人亦需"勢"所提供之"位"以行道，所謂"雖有其德，苟無其位，亦不敢作禮樂焉"（《中庸》）。但在群雄逐鹿、百家爭鳴的時代，二者都很難實現。春秋戰國乃至秦漢時期，帝王和士人都在試圖探索一種"治""道"相合的理想統治模式。

秦始皇殄滅六國，統一華夏，整一法度，車同軌，書同文，號"始皇帝"。秦自以繼周統，爲水德，改正朔，以法立國。然因"刻削毋仁恩和義"③，既與儒家理想不合，也令天下苦秦久矣，引起以道統自任者的抗議。在他們看來，秦政和法家既不合治統，也不合道統。史載秦始皇三十四年（前213），齊人儒者淳于越舉殷周制度非議秦政。秦相李斯以攫取權勢爲能，以法家之説爲秦政之倀，主張禁絕儒家。他

---

① 《莊子・天下》云："古之人其備乎！配神明，醇天地，育萬物，和天下，澤及百姓，明於本數，係於末度，六通四辟，小大精粗，其運无乎不在。其明而在數度者，舊法世傳之史尚多有之。其在於《詩》《書》《禮》《樂》者，鄒魯之士搢紳先生多能明之。……其數散於天下而設於中國者，百家之學時或稱而道之。"（〔清〕郭慶藩撰，王孝魚點校《莊子集釋》卷十下，北京：中華書局，2004年，頁1067）余英時先生稱此爲中華文化史上的一次"突破"現象。（參《士與中國文化》，頁90—97）關於諸子是否源於王官之學，《漢志》已闡之，近人論著可參見章太炎《諸子學略説》（載湯志鈞編《章太炎政論選集》，北京：中華書局，1977年，頁285—306）、胡適《諸子不出於王官論》（《胡適文存》卷二，合肥：黃山書社，1996年，頁186—191）、沈文倬《略論宗周王官之學（上）》（王元化主編《學術集林》卷十，上海：上海遠東出版社，1997年，頁112—139）。相較而言，胡氏的批駁有失偏頗，而學界多以諸子與王官之學有密切聯繫。

② 《孟子・盡心上》云："古之賢王，好善而忘勢。古之賢士，何獨不然，樂其道而忘人之勢。故王公不致敬盡禮，則不得亟見之。見且由不得亟，而況得而臣之乎？"（〔清〕焦循撰，沈文倬點校《孟子正義》卷二六，北京：中華書局，1987年，頁888）士人之"道"已然與王侯之"勢"相頡頏，甚至有以"道"凌越"勢"的意味。諸侯力政之際，得賢則興，失人則亡，禮賢下士蔚然成風，王侯對士人甚或以師友事之。《戰國策》載，郭隗答燕昭王曰："帝者與師處，王者與友處，霸者與臣處，亡國與役處。"燕昭王終禮遇之。（諸祖耿《戰國策集注彙考》卷二九"燕一"，南京：江蘇古籍出版社，1985年，頁1552）《史記・魏世家》載魏文侯之例，更爲典型（見〔漢〕司馬遷《史記》卷四四，北京：中華書局，1959年，頁1839—1840），其他相關討論參見《士與中國文化》（頁100—101）。

③ 《史記》卷六，頁238。

《史記》的寫本時代——公元十世紀前《史記》的傳寫與閱讀

倡言師法後王,以爲今之法教即爲"道"之所在①,並稱:"且越言乃三代之事,何足法也?異時諸侯並爭,厚招游學。今天下已定,法令出一,百姓當家則力農工,士則學習法令辟禁。今諸生不師今而學古,以非當世,惑亂黔首。"②又奏言:

> 古者天下散亂,莫之能一,是以諸侯並作,語皆道古以害今,飾虛言以亂實,人善其所私學,以非上之所建立。今皇帝并有天下,別黑白而定一尊。私學而相與非法教,人聞令下,則各以其學議之,入則心非,出則巷議,夸主以爲名,異取以爲高,率群下以造謗。如此弗禁,則主勢降乎上,黨與成乎下。禁之便。臣請史官非秦記皆燒之。非博士官所職,天下敢有藏《詩》、《書》、百家語者,悉詣守、尉雜燒之。有敢偶語《詩》《書》者棄市。以古非今者族。吏見知不舉者與同罪。令下三十日不燒,黥爲城旦。所不去者,醫藥卜筮種樹之書。若欲有學法令,以吏爲師。③

他的建議立即得到始皇的批准。始皇自以權勢才智遠邁先王,無視儒家道統,甚至坑殺了諸多非議朝政的儒生和方士④。始皇君臣之行,表明專制之"勢"似乎完全可以根據需要選擇"道",並對異議之"道"進行殘酷鎮壓⑤;而言"道"之士無力進行有效的抵抗,至多只能"以身殉道"。

然暴秦終以苛法而滅亡。秦亡之後,其所尊崇的法家却並未完全失位,秦朝的許多制度仍爲漢初所繼承。漢初帝王大多不喜《詩》《書》,也不看好言必稱之的儒生,漢高祖宣稱:"迺公居馬上而得之,安事《詩》《書》!"⑥陸賈奏上《新語》,論前代政治得失,高祖雖然當面稱善,但其所倚重的,仍爲叔孫通一類令其知"爲皇帝之貴"的"儒者"⑦。秦始皇時期施行的"挾書律",也是到孝惠帝時纔得以去除⑧。文

---

① 《士與中國文化》,頁110。
② 《史記》卷六,頁254—255。
③ 見《史記》卷六,頁255;又《史記》卷八七《李斯列傳》(頁2546)並言之,文字小異。
④ 秦始皇坑儒事在秦始皇三十五年,見《史記》卷六(頁258)。
⑤ 參見《士與中國文化》,頁110。
⑥ 《史記》卷九七,頁2699。高祖對儒生的鄙夷不屑的態度,在《酈生陸賈列傳》中體現得尤爲明顯(同卷,頁2692)。
⑦ 《史記》卷九九,頁2723。其中,叔孫通一派的儒生,已因"面諛以得親貴""不合古",遭到其他儒生的詬病(見同卷,頁2720—2723)。
⑧ 《漢書》卷二,頁90。

景之世，與民休息，統治階層大多崇尚黃老，雖有經學博士，也只是"備顧問"而已①。在一定意義上，此時的道家享有準道統的地位。

"漢興五世，隆在建元。"②武帝繼位，自以雄材大略，有意接續"聖統"，踐行儒家三代之治的政治理想。元光元年（前134），他詔問賢良，欲"章先帝之洪業休德，上參堯舜，下配三王"③，並稱：

> 蓋聞五帝三王之道，改制作樂而天下洽和，百王同之。當虞氏之樂莫盛於《韶》，於周莫盛於《勺》。聖王已沒，鐘鼓筦絃之聲未衰，而大道微缺，陵夷至虖桀紂之行，王道大壞矣。夫五百年之間，守文之君，當塗之士，欲則先王之法以戴翼其世者甚衆，然猶不能反，日以仆滅，至後王而後止，豈其所持操或詩繆而失其統與？④

王道闕微，治統不振，欲稱"五帝三王之道"，勢必諮問儒家。董仲舒隨即在天人三策中較爲系統地闡發了儒家的觀點，稱"道者，所繇適於治之路也，仁義禮樂皆其具也"⑤。這表明漢代儒生——昔日的道統承擔者，已經主動承認儒家所習之道只是爲治統服務的工具而已。這種觀點實質上消弭了道統的獨立性，從而淪爲權力之附庸。在爲儒家爭"道統"的同時，他一樣建議禁絶諸子之説：

> 《春秋》大一統者，天地之常經，古今之通誼也。今師異道，人異論，百家殊方，指意不同，是以上亡以持一統；法制數變，下不知所守。臣愚以爲諸不在六藝之科孔子之術者，皆絶其道，勿使並進。邪辟之説滅息，然後統紀可一而法度可明，民知所從矣。⑥

---

① 漢文帝聞臣下奏議，輒囑以"卑之，毋甚高論，令今可施行也"（《史記》卷一〇二，頁2751）。又《史記》卷一二一《儒林傳》載"孝文時頗徵用，然孝文帝本好刑名之言。及至孝景，不任儒者，而竇太后又好黃老之術，故諸博士具官待問，未有進者"。（頁3117）《漢書》卷一九上《百官公卿表》云："博士，秦官，掌通古今。"（頁726）司馬彪《續漢書·百官志》"博士"條本注："掌教弟子。國有疑事，掌承問對。"（《後漢書》志第二十五，北京：中華書局，1965年，頁3572）。
② 《史記》卷一三〇，頁3303。
③ 《漢書》卷六，頁161。
④ 《漢書》卷五六，頁2496。
⑤ 《漢書》卷五六，頁2499。
⑥ 《漢書》卷五六，頁2523。但是，董仲舒在鼓吹《春秋》"大一統"，爲儒家挣得道統之後，似乎將孔子地位過於拔高，以"素王"而褒貶諸侯，這一點應該是專制皇權不願看到的。因此，他在《春秋繁露》等著作中試圖以"天人感應""陰陽災異"等説來限制皇權，觸犯治統，幾乎被武帝問斬。

上述言論的邏輯與前引李斯的奏議如出一轍,起因和目的也極爲相似,所不同者,李尊法家,董尊儒家而已。武帝在建元五年(前136)即置《五經》博士①,天人三策合乎武帝以儒家爲"道統"的初衷。遂"興太學,修郊祀,改正朔,定曆數,協音律,作詩樂,建封禪,禮百神"②,"建藏書之策,置寫書之官",又以"太史公"掌領典籍③。至此,漢朝的治統與漢代儒家所宣揚的道統初步達成一致④,戰國以來"道""勢"相合的探索也暫時告一段落。這種以儒家爲正統,推尊皇權的政治結構也成爲此後兩千年帝制時代"道""勢"結合的基本模式。

然而武帝統治期間實行嚴刑峻法,征伐天下,法家色彩非常濃厚⑤。宣帝時,依然是"所用多文法吏,以刑名繩下",宣稱"漢家自有制度,本以霸王道雜之,奈何純任德教,用周政乎!且俗儒不達時宜,好是古非今,使人眩於名實,不知所守,何足委任"⑥。簡言之,漢朝所推行的,已非傳統意義上的儒家學説,而是"雜霸王道"而用之"儒術"。漢代儒生所秉持的"師法""家法",也多經改造,至少其中"天人感應""陰陽災異"等學説,已與傳統的孔孟之道有所不同。

比較歷史上董仲舒和公孫弘的命運,我們不難發現,武帝並没有給主動靠攏治統的儒者以相應的尊重,他所需要的也不是具有獨立承續道統精神的儒家知識分子。公孫弘"行敦厚,辯論有餘,習文法吏事,而又緣飾以儒術",朝議時"不肯面折庭争",於是"上大説之",位極人臣,封侯⑦。董仲舒精通經術,"爲人廉直",於是被派往驕横的諸侯王處爲相。他試圖以"陰陽災異"干預政治時,下獄幾死⑧。此外,武帝封禪時,也並不尊用那些儒生争論不休的封禪儀軌,而是自行封禪⑨。故武帝"罷黜百家,表

---

① 《漢書》卷六,頁159。
② 《漢書》卷六,頁212。
③ 參見逯耀東《〈太史公自序〉的"拾遺補藝"》(載逯耀東《抑鬱與超越:司馬遷與漢武帝時代》,北京:生活・讀書・新知三聯書店,2008年,頁36—44)。
④ 當然,這種一致是以"勢"統"道",此後封建王朝俱遵循這一原則。
⑤ 據《漢書・武帝紀》,漢武帝以建元五年置《五經》博士;元光元年詔舉賢良,始用董仲舒、公孫弘;元朔五年(前124)六月"爲博士置弟子員",但是在元朔六年六月的詔書中,却出現了與法家類似的用辭。任人以嚴苛爲能,德義爲無用。費正清(John King Fairbank,1907—1991)甚至認爲"漢武帝幾乎和秦始皇一樣信奉法家思想"[參見(美)費正清、賴肖爾(E. O. Reischauer)著,張沛、張源、顧思兼譯《中國:傳統與變遷》(China: Tradition And Transformation),北京:世界知識出版社,2002年,頁78—79]。
⑥ 《漢書》卷九,頁277。
⑦ 《史記》卷一一二,頁2950。
⑧ 《史記》卷一二一,頁3127—3129。
⑨ 根據《封禪書》的描述,武帝封禪時對儒生的態度與秦始皇極爲相似。(參見《史記》卷二八,頁1366—1367、頁1397)

章《六經》①,"只是取其合於統治者需要的部分"②,作爲加强專制統治的手段。

《太史公書》的撰作,即在上述背景下展開。

第二節 太史公之意

太史公司馬談③"仕於建元元封之間"④,正值在官方認可的道統體系中,道家開始淡出,儒家逐漸定於一尊的時期。這種儒道消長的形勢在《太史公書》中也頗有顯現。作爲漢代的"太史公",司馬談似乎有一種强烈的道統托命情懷。他在臨終時叮囑其子司馬遷:"余死,汝必爲太史;爲太史,無忘吾所欲論著矣。"他追述祖先功德以激勵其子,稱:"余先周室之太史也。自上世嘗顯功名於虞夏,典天官事。後世中衰,絶於予乎?"⑤周朝的太史又肩負哪些職責?他要論著的又是哪些内容呢?

司馬遷更將史家的統緒和職守追述至五帝時期:

> 昔在顓頊,命南正重以司天,北正黎以司地。唐虞之際,紹重黎之後,使復典之,至于夏商,故重黎氏世序天地。其在周,程伯休甫其後也。當周宣王時,失其守而爲司馬氏。司馬氏世典周史。⑥

根據《國語》等早期文獻,官史源於巫覡⑦。遠古時期,神人相雜,家爲巫史。顓頊之時,南正和北正各司天地,"絶地天通"⑧,遂使民神異業,是謂史官文化的第

---

① 《漢書》卷六,頁212。
② 相關討論參見汪籛《漢武帝獨尊儒術與統一思想》(載《漢唐史論稿》,北京:北京大學出版社,1992年,頁64—70)、徐復觀《漢代專制政治下的封建問題》(載徐復觀《兩漢思想史》第一卷,上海:華東師範大學出版社,2001年,頁96—119)。
③ 司馬談和司馬遷俱稱太史公,有人也稱談爲第一代太史公。雖然《史記》兼有二人手筆,但本書稱太史公時,除特別説明之處外,均指司馬遷。
④ 《史記》卷一三〇,頁3288。
⑤ 以上並見《史記》卷一三〇,頁3295。
⑥ 《史記》卷一三〇,頁3285。
⑦ 見徐元誥《國語集解·楚語下》(北京:中華書局,2002年,頁512—516),另見葛兆光《中國思想史》第一卷(上海:復旦大學出版社,2001年,頁49—66)。
⑧ 相關記載參見《尚書·吕刑》(《十三經注疏》,頁248),楊向奎以爲"國王們斷絶了天人的交通,壟斷了交通上帝的大權"。以此觀之,史家既有其受王權的一面,又有相對的獨立性(見楊向奎《中國古代社會與古代思想研究》,上海:上海人民出版社,1962年,頁164)。

一次重建①。此時祭祀等文化權力開始被壟斷,而擔任解釋和溝通天地人神職責的正是史官。

《説文》云"史,記事者也"②。殷周時或掌書,或執事,地位較爲尊崇③。在西周金文中,周王朝有太史寮和卿事寮兩大系統,祝、宗、卜、史當屬太史寮。此後先秦典籍中不乏有關太史的記載:《周禮·春官》有五史,太史"掌建邦之六典,以逆邦國之治,掌灋以逆官府之治,掌則以逆都鄙之治"④;又如《左傳·襄公四年》:"昔周辛甲之爲大史也,命百官,官箴王闕。"⑤《左傳·哀公六年》也記載了楚人有惑:"楚子使問諸周大史。"⑥劉師培以爲史家爲"掌一代之學者也。一代之學,即一國政教之本"⑦。今人一般認爲太史"掌管西周王國的文書起草,策命諸侯卿大夫,記載國家之大事,編著史册,管理天文、曆法、祭祀之事,並掌管圖書典籍。他是一種兼管神職與人事,觀察記載社會動態和自然現象的職官"⑧。

簡言之,周之太史實則兼掌天道與人事,是道統的實際承擔者⑨。天下紛亂之際,史官則抱典籍以奔,其奔或預示着天命所歸,人心所向⑩。道家出於史官,《漢書·藝文志》亦云:"道家者流,蓋出於史官,歷記成敗存亡禍福古今之道,然後知秉

---

① 參見張光直《商代的巫與巫術》(見張光直《中國青銅時代》二集,北京:生活·讀書·新知三聯書店,1990年,頁39—66)、李零《西周金文中的職官系統》(載李零《待兔軒文存·讀史卷》,桂林:廣西師範大學出版社,2011年,頁127—139。原載《盡思集》,長春:吉林文史出版社,1996年,頁202—214)。"絶地天通"之後,史官雖有相對的獨立性,但在一定意義上已是依附世俗權力而存在。
② 〔漢〕許慎《説文解字》三下,北京:中華書局,1963年,頁65。
③ 參王國維《釋史》(載王國維《觀堂集林》卷六,北京:中華書局,1959年,頁263—274)。
④ 〔清〕孫詒讓撰,王文錦、陳玉霞點校《周禮正義》卷五一,北京:中華書局,1987年,頁2079。
⑤ 〔晉〕杜預注,〔唐〕孔穎達等正義《春秋左傳正義》卷二九,《十三經注疏》,頁1933。
⑥ 《春秋左傳正義》卷五八,頁2161。
⑦ 劉光漢《論古學出於史官》,《國粹學報》第一卷第四期。
⑧ 張亞初、劉雨《西周金文官制研究》,北京:中華書局,1986年,頁27。相關討論參見閻步克《史官主書主法之責與官僚政治之誕生》(載閻步克《樂師與史官:傳統政治文化與政治制度論集》,北京:生活·讀書·新知三聯書店,2001年,頁33—82。原載《國學研究》第四卷,北京:北京大學出版社,1997年)。
⑨ 參見羅根澤《戰國前無私家著作説》(載羅根澤編著《古史辨》第四册,北平:樸社,1933年)。孫詒讓:"凡周代文籍,並掌於史官。"(《周禮正義》卷三二,頁1291)龔自珍:"周之世官大者史。史之外無有語言焉;史之外無有文字焉。"(〔清〕龔自珍《龔自珍全集》第一輯,《古史鉤沈論二》,上海:上海人民出版社,1975年,頁21)另見《國語·楚語》申叔時論太子之教。
⑩ 如《吕氏春秋·先識覽》:"一曰:凡國之亡也,有道者必先去,古今一也。……夏太史令終古出其圖法,執而泣之。夏桀迷惑,暴亂愈甚。太史令終古乃出奔如商。湯喜而告諸侯曰:'夏王無道,暴虐百姓,窮其父兄,耻其功臣,輕其賢良,棄義聽讒,衆庶咸怨,守法之臣,自歸于商。'殷内史向摯見紂之愈亂迷惑也,於是載其圖法,出亡之周。武王大説,以告諸侯曰:'商王大亂,沈于酒德,辟遠箕子,爰近姑與息。妲己爲政,賞罰無方,不用法式,殺三不辜,民大不服,守法之臣,出奔周國。'晉太史屠黍見晉之亂也,見晉公之驕而無德義也,以其圖法歸周。"(〔秦〕吕不韋輯,〔清〕畢沅輯校《吕氏春秋》卷一六,《叢書集成初編》本,北京:中華書局,1985年,頁419—420)

第一章　道勢背景下的《史記》文本問題

要執本,清虛以自守,卑弱以自持,此君人南面之術也。"①史官及延其端緒的道家,主要持"君人南面之術",其與治統關係之深密自不待言。道家之初,諸子之說尚未興起,甚至儒家學說也只是其中傳承樂官統緒的一支而已②。若言明乎道統,自然是史官最有資格。因此,在《太史公自序》中司馬談稱述史家源流之後,又說"愍學者之不達其意而師悖",論六家要旨,稱"夫陰陽、儒、墨、名、法、道德,此務爲治者也,直所從言之異路,有省不省耳"③。但在太史公看來,諸子包括儒家,各有其用而皆有弊端,唯獨道家集各家之長而無其弊:

> 道家使人精神專一,動合無形,贍足萬物。其爲術也,因陰陽之大順,采儒墨之善,撮名法之要,與時遷移,應物變化,立俗施事,無所不宜,指約而易操,事少而功多。④

與李斯和董仲舒不同,太史公雖然推崇道家,但他承認其餘五家各有可取之處,沒有禁絶諸子,甚至要廣采諸家優長。此外,道家"因陰陽之大順","與時遷移,應物變化",強調遵萬物自身之理,而不是依附權力,服務於皇權,更具獨立性。他希望史家能在漢朝繼續往日贊治的輝煌,而武帝封禪又是漢朝接續千年政統的重要儀式,故司馬談以不能親歷爲恨⑤,乃至"發憤且卒",嘆道:"今天子接千歲之統,封泰山,而余不得從行,是命也夫,命也夫!"⑥漢帝國既以儒立國,司馬氏只能寄希望以著作接續道統。其子司馬遷在《自序》中特意提到:"五年而當太初元年,十一

---

① 《漢書》卷三〇,頁1732。傳說老子主柱下方書,孔子向老子問禮,似乎也說明了這一點。出土帛書《稱》也印證了以老子爲代表的道家思維中的"史官特色"。參見李學勤《〈稱〉篇與〈周祝〉》(《道家文化研究》第三輯"馬王堆帛書專號",上海:上海古籍出版社,1993年,頁241—248)、王博《老子思維方式的史官特色》(《道家文化研究》第四輯,上海:上海古籍出版社,1994年,頁46—57),新近討論另見黃麗麗《試論〈漢書·藝文志〉"諸子出於王官"說(上)》(《中國歷史文物》1999年第1期)。本書中凡涉及《漢書·藝文志》處,皆簡稱"《漢志》"。
② 此處所稱與史官相聯繫的道家,指"官師合一"時的狀態,與此後六家之道家並非同一概念。此時儒家的相關討論參見閻步克《樂師、史官文化傳承之異同及意義》(載《樂師與史官:傳統政治文化與政治制度論集》,頁83—114。原題《論樂官、史官文化傳承之異同及其意義》,原載《慶祝鄧廣銘教授九十華誕論文集》,石家莊:河北教育出版社,1997年,頁10—22)。
③ 《史記》卷一三〇,頁3288—3289。
④ 《史記》卷一三〇,頁3289。
⑤ 《太史公自序》稱"太史公留滯周南,不得與從事",後人多推斷司馬談係因病滯留,但如果只是正常疾病,何以司馬遷不明言,而稱"不得與從事""發憤且卒"?據《封禪書》,司馬談本與祠官寬舒等議郊祀禮,與武帝過洛陽,武帝封禪後爲周子南君。又文中有"發憤且卒"之言,不排除因故觸怒武帝而不得繼續從行。
⑥ 《史記》卷一三〇,頁3295。

月甲子朔旦冬至,天曆始改,建於明堂,諸神受紀。"①這些都是道統和治統中非常重要的事件,不斷申説,也表明了此書所關懷的對象。司馬談稱:

> 夫天下稱誦周公,言其能論歌文武之德,宣周邵之風,達太王王季之思慮,爰及公劉,以尊后稷也。幽厲之後,王道缺,禮樂衰,孔子修舊起廢,論《詩》《書》,作《春秋》,則學者至今則之。自獲麟以來四百有餘歲,而諸侯相兼,史記放絶。今漢興,海内一統,明主賢君忠臣死義之士,余爲太史而弗論載,廢天下之史文,余甚懼焉。②

又云:

> 先人有言:"自周公卒五百歲而有孔子。孔子卒後至於今五百歲,有能紹明世,正《易傳》,繼《春秋》,本《詩》《書》《禮》《樂》之際?"意在斯乎!意在斯乎!小子何敢讓焉。③

以上兩段文字對我們探求太史公修撰《史記》的用心,至爲重要。他明確指出,治統需要道統來闡明,有德者要能論歌之,"王道缺,禮樂衰"之際,孔子作《春秋》,"修舊起廢",維護道統,以待治統。而今,維護道統的職責自然又落到專職史家的肩上。《太史公自序》借壺遂之言,看似自解,而實則以《春秋》之用闡明史家的擔當。太史公作《史記》也是以接續周公、孔子以來的道統自居,與孔子作《春秋》同符:

> 夫《春秋》,上明三王之道,下辨人事之紀,别嫌疑,明是非,定猶豫,善善惡惡,賢賢賤不肖,存亡國,繼絶世,補敝起廢,王道之大者也。……故《春秋》者,禮義之大宗也。夫禮禁未然之前,法施已然之後;法之所爲用者易見,而禮之所爲禁者難知。④

---

① 《史記》卷一三〇,頁3296。
② 《史記》卷一三〇,頁3295。
③ 《史記》卷一三〇,頁3296。顧頡剛先生認爲司馬遷因爲修新曆而信心空前膨脹,自認可以接續孔子以來的道統,始撰《史記》,似並不全面。(見《秦漢的方士與儒生》,頁13)
④ 《史記》卷一三〇,頁3297—3298。

史書爲"王道之大者",史家執掌的是評判是非的權利,承續的是相對獨立的道統,起著"禁於未然之前"的更爲根本的作用。《中庸》曰:"雖有其位,苟無其德,不敢作禮樂焉;雖有其德,苟無其位,亦不敢作禮樂焉。"春秋以降,史官不振,孔子無位而試圖整飭道統以作《春秋》,在某種意義上有攘奪史家職守的意味,故有"其義則丘竊取之"(《孟子·離婁下》),"知我者其惟《春秋》乎!罪我者其惟《春秋》乎"(《孟子·滕文公下》)之説。

史官則不同,他們曾是溝通天地的使者。自覺地承續殷周以來的職守和道統,也正是史官應盡之責。但武帝時期,天下形勢已然不同,儒家定於一尊,史官地位下降,此前道統與治統的關係也開始轉爲權力與學術的矛盾。武帝也並未要求史家撰作漢史,《史記》的文本性質遂處於公私之間。故此,司馬遷在與壺遂的對話中,需要不斷辨解著作的合法性,稱《史記》主要記載"明聖盛德","功臣世家賢大夫之業"①。並引《春秋》自況:"《春秋》采善貶惡,推三代之德,褒周室,非獨刺譏而已也。"②史家在"采善貶惡"的同時也是爲了推尊王室,宣明三代治道相合的統續。

另一方面,由於自以無罪而"遭李陵之禍,幽於縲紲",他開始退而深惟官方著述中個人之志思:"夫《詩》《書》隱約者,欲遂其志之思也。"於是太史公"卒述陶唐以來,至于麟止,自黄帝始"③。似乎在受刑之後,全書的旨趣與内容有了新的變化:由記戰國秦漢近事而變成"述陶唐以來"的通史,由記明主賢臣而兼"遂其志"。書中對天道與人道的關係也有了更爲客觀的審視(所謂"實録"),以及大量對天意、天命的困惑與感歎,甚至還潛藏著不少司馬遷個人的幽怨之思。雖然班固在《漢書·司馬遷傳》稱"遷既被刑之後,爲中書令,尊寵任職"④,但太史公自己的感受却是"文史星曆近乎卜祝之間,固主上所戲弄,倡優畜之,流俗之所輕也"⑤。念及身辱,他經常痛不欲生:

> 僕以口語遇遭此禍,重爲鄉黨戮笑,污辱先人,亦何面目復上父母之丘墓乎?雖累百世,垢彌甚耳!是以腸一日而九回,居則忽忽若有所亡,出則不知所如往。每念斯耻,汗未嘗不發背霑衣也。⑥

---

① 《史記》卷一三〇,頁3299。
② 《史記》卷一三〇,頁3299。
③ 以上並見《史記》卷一三〇,頁3300。
④ 《漢書》卷六二,頁2725。
⑤ 〔漢〕司馬遷《報任安書》,載《漢書》卷六二,頁2732。
⑥ 《報任安書》,頁2736。

《史記》的寫本時代——公元十世紀前《史記》的傳寫與閱讀

這纔應是他自己的真實感受。司馬遷在《報任安書》中，對即將行刑的任安寫到：

> 古者富貴而名摩滅，不可勝記，唯倜儻非常之人稱焉。蓋西伯拘而演《周易》；仲尼厄而作《春秋》；屈原放逐，乃賦《離騷》；左丘失明，厥有《國語》；孫子臏腳，《兵法》修列；不韋遷蜀，世傳《呂覽》；韓非囚秦，《說難》《孤憤》。《詩》三百篇，大氐賢聖發憤之所爲作也。此人皆意有所鬱結，不得通其道，故述往事，思來者。①

《報任安書》中所舉之例，除了左丘明修撰《國語》背景不詳，其餘數人都是爲昏君惡主所殘害，然後發爲著述。司馬遷也只能通過修史，以期千載之後與之爭衡。他甚至宣稱："僕誠已著此書，藏之名山，傳之其人通邑大都，則僕償前辱之責，雖萬被戮，豈有悔哉！"②畢竟權力會隨着時間的推移和政權的更迭而失效，但著作一旦成爲經典，反而會在時間的淘洗中煥發更爲奪目的光彩。

在總結全書的《太史公自序》③中，司馬遷詳細統計了全書結撰的字數："凡百三十篇，五十二萬六千五百字，爲《太史公書》。序略，以拾遺補藝，成一家之言，厥協《六經》異傳，整齊百家雜語，藏之名山，副在京師，俟後世聖人君子。"④太史公所要表達的"一家之言"究竟是什麽呢？

對於太史公的本意，前人已有很多討論⑤，而作者已逝，千載之下，恐難明了，所謂"我欲載之空言，不如見之於行事之深切著明也"⑥。太史公之義，恐怕只在全本的《太史公書》中。太史公欲"究天人之際，通古今之變"⑦，無疑是希望自己能寫成一部窮究宇宙與人世之規律，明載古今因革損益的"大歷史"；記述治統之興衰更迭，闡明

---

① 《報任安書》，頁2735。《太史公自序》中也有類似的表述（見《史記》卷一三〇，頁3300）。
② 《報任安書》，頁2735。
③ 以下簡稱《自序》。本書中凡涉及《史記》篇卷，皆徑舉篇名，不列大題。
④ 《史記》卷一三〇，頁3319—3320。
⑤ 相關討論可參見李長之《司馬遷之人格與風格》第三章"司馬遷和孔子"（天津：天津人民出版社，2007年，頁30—53）、張大可《司馬遷的一家之言》《司馬遷—家言界說》（載張大可《史記研究》，北京：商務印書館，2011年，頁476—516）。日人狩野直喜（1868—1947）在《司馬遷的經學》中也認爲《史記》"記錄事實只是其表，其字裏行間往往寓有作者對事實作出的倫理性判斷，或者表達著對相關人物的愛憎之情"。［載（日）狩野直喜著，周先民譯《中國學文藪》，北京：中華書局，2011年，頁156—170。原載《哲學研究》第三卷第七期，1918年7月；後收入狩野直喜《讀書纂餘》，東京：弘文堂書房，1980年］
⑥ 此言頗有後世"即器以明道"的意味，相關討論可參見〔清〕章學誠《文史通義》卷二《原道上》（〔清〕章學誠著，葉瑛校注《文史通義校注》，北京：中華書局，1985年，頁119—146）、《史記》卷一三〇（頁3297）。
⑦ 在《史記》之前，《呂氏春秋》即有"備天地萬物古今之事"的構想，《淮南子》已經有了囊括宇宙和世間理論爲一書的實驗。（見《史記》卷八五，頁2510）

道統;對從遠古至西漢武帝時期的知識體系,乃至對《六經》、百家之説,進行文化整合①,而不僅僅局限於《春秋》"賢賢賤不肖""當一王之法"的功能②。他希望該書在窮究了古今的事物之後,有王者興而有所取焉③。司馬遷從一個冷静的旁觀者的視角,不僅真實地記載了大漢帝國恢弘盛世下的歷史真相,還將之放入三千年歷史發展的長河中予以衡量。在"道""勢"此消彼長,專制皇權決定一切的時代,他仍以陶唐以來的"天官"自命,追尋獨立的"道"。太史公及其《太史公書》的命運又將如何呢?

第三節　漢武治統與《史記》的文本問題

如前文所述,武帝劉徹是漢朝第一個以實際行動踐行儒家理想,接續三代治統的皇帝。按照儒家的觀點,三代之時官師治(統)道(統)合一,《詩》《書》以褒美聖治;周朝幽厲之後,"王道缺,禮樂衰",變《風》變《雅》作焉,以爲刺譏。《詩》亡而《春秋》始作,以正統緒。司馬遷不以《詩》《書》之體褒美武帝,反而有擬《春秋》寓褒貶之意。在一定意義上,"私作"的《太史公書》本身就是一種對武帝治統的否定。該書宣揚史官道統,褒貶當代,尤爲執政者所不能容忍。因此,《太史公書》的悲劇命運幾乎無法避免。

《太史公書》在殺青之際即寫爲兩本,它的第一個抄寫者和閱讀者無疑是太史公本人④。他在篇末寫道"凡百三十篇,五十二萬六千五百字,爲《太史公書》"⑤。

---

① 參見逯耀東《〈太史公自序〉的"拾遺補藝"》(載《抑鬱與超越:司馬遷與漢武帝時代》,頁35—89)。
② 關於《史記》繼承《春秋》之説,參見阮芝生《論史記中的孔子與春秋》(載《臺大歷史學報》第二十三期,1999年6月)。
③ 這種意圖在後人的閱讀中也有所發現,同是意欲窮究天人的著作,在揚雄等人看來"淮南説之用,不如太史公之用也"。(汪榮寶撰,陳仲夫點校《法言義疏》十八,北京:中華書局,1987年,頁507)在這一意義上,顧炎武的《日知録》,未嘗不可以目爲《太史公書》流傳近兩千年後的一種迴響。他在《初刻日知録自序》中稱"須絕筆之後,藏之名山,以待撫世宰物者之求";《與人書二十五》稱己所作《日知録》"有王者起,將以見諸行事,以躋斯世於治古之隆,而未敢爲今人道也";《與楊雪臣書》謂"意在撥亂滌污,法古用夏,啓多聞於後學,待一治於後王。自信其書之必傳,而未敢以示人也";《與友人論門人書》言"所著《日知録》三十餘卷,平生之志與業,皆在其中。惟多寫數本以貽之同好,庶不爲惡其害者之所去。而有王者起,得以酌取焉,其亦可以畢區區之願矣"。(見〔清〕顧炎武著,陳垣校注《日知録校注》,合肥:安徽大學出版社,2007年,頁22—25)
④ 一部著作問世以後一般都會遇到兩類讀者:一類是作者期待的"理想讀者"(the model reader),即"那種按照文本的要求,以文本應該被閱讀的方式去閱讀文本的讀者";另一類是其他各種從自身角度去理解文本的讀者。(《新中國哲學研究50年——中國社會科學院哲學研究所五十周年學術文集》,頁347)他與壺遂討論《史記》著述立意的文字已被載諸本書,桓譚《新論》還記載司馬遷曾將著作拿給東方朔看,並請其題寫書名。(《史記》卷一二,頁461)雖然太史公未必請東方朔題書,但書示朔倒不無可能。這兩位以及此後公布《太史公書》的楊惲,應該都是司馬遷所期待的"理想讀者"。
⑤ 《史記》卷一三〇,頁3319。

《史記》的寫本時代——公元十世紀前《史記》的傳寫與閱讀

一個對自己的著作按字數過的作者，寫作時自當字斟句酌，期待永傳不朽。而爲了讓此書流傳，太史公的傳寫策略就是"藏之名山，副在京師"（《史記·太史公自序》）。即正本獻於朝廷，藏於書府①；副本藏於家中，傳抄於京師。西漢武帝時期，漢室書庫收藏當世重要的著作似乎已經成爲一種慣例。如司馬相如年輕時，武帝已能讀到其賦作；相如去世之後，武帝即派人取書②。作爲準官方的史學著作，該書也要呈給武帝審閱。

同時，這種藏書策略可能也是太史公當時所能做出的最佳選擇。昔日秦始皇禁天下圖書，也是禁百姓之書而不籍没"博士官"與内府之藏。京師爲天下人才交匯之地，京師留副，易使副本傳抄各地，從而令此書化身千億。所謂"人能弘道，非道弘人"（《論語·衛靈公》），無論是"藏之名山"，還是"副在京師"，目的俱在"傳之其人"，有其人則此書自能廣爲天下人所知。

此外，如果我們將太史公的傳抄策略置於"道""勢"兩大統緒中考察，或許另有發現。藏於書府的本子，自然是令承治統的聖王有所借鑒；而"副在京師"的傳本，是希望承續道統的君子得以觀覽。故此，兩大傳本系統不僅是爲了文本傳播上的考慮，更是傳承統緒的需要。當然，如果傳承道統者得位，只需"藏之名山"即可。但在太史公的眼中，當時的道統分明不是那些儒生所能接續的，既"愍學者不達其意"，只能"俟後世聖人君子"了。

但在武帝執政的中後期，統治階層已選擇儒學爲官學，專制皇權已經不允許任何道統以及以秉承道統自居的史家有批評自己的文化權力。因此，儘管太史公煞費苦心，而《史記》成書不久，即有亡闕。至於何時亡闕，亡闕了哪幾篇，已成爲學界聚訟不已的一大謎案，相關的討論從東漢開始一直延續至今③。

---

① 對於"名山"爲何處的問題，《索隱》以爲"名山"即"書府"，後人陳直、易平等多有討論，以當以書府之說較爲通達。兩漢時不僅有將皇家書庫稱作"老氏蓬萊閣"（如東觀），更有將名山稱作書府的。參前引陳直《漢晉人對史記的傳播及其評價》、易平、易寧《〈史記〉早期文獻中的一個根本問題——〈太史公書〉"藏之名山，副在京師"考》。
② 《史記》卷一一七，頁3002。
③ 東漢的衛宏即開始言《史記》亡闕問題，此後歷代學者皆有辨析，然而迄今難有定論。大略而言，主要有以下幾種意見：第一，亡《景帝本紀》《武帝本紀》。見《太史公自序》中《集解》引衛宏《漢舊儀》，《三國志·王肅傳》，葛洪《西京雜記》卷六，梁玉繩《史記志疑》卷七、范文瀾《正史考略·史記》、余嘉錫《太史公書亡篇考》等反對。第二，十篇全亡說。見《太史公自序》中《集解》《索隱》引張晏說，《正義》及余嘉錫贊成。第三，十篇草創未成說。見劉知幾《史通·古今正史》。《四庫全書總目·史記提要》贊成，但楊惲公布時未言缺略。第四，十篇佚而復出，僅亡《武紀》說。見呂祖謙《大事記解題》卷十、王鳴盛《十七史商榷》卷一。又瀧川資言《史記會注考證》之《史記總論》部分：據今本考之，除《武紀》外，皆遷手筆。第五，七篇亡。見梁玉繩《史記志疑》卷七，余嘉錫反駁。第六，十篇未亡。見李長之《司馬遷之人格與風格》第六章第一節。第七，亡四存六。見張大可《史記研究》之"《史記》殘缺與補竄考辨"（頁174—197）。相關討論見余嘉錫《太史公書亡篇考》（轉下頁）

42

第一章　道勢背景下的《史記》文本問題

根據東晉徐廣注,我們可以基本確定兩晉時期《史記》篇卷與今傳本基本差別不大。後人所見皆爲徐廣、裴駰的校本。因此,我們討論《史記》文本殘缺的下限是東晉末年。早期的相關文獻主要有以下幾條:

一、《漢書・藝文志》:"《太史公》百三十篇。十篇有録無書。馮商所續《太史公》七篇。"①又《漢書・司馬遷傳》:"十篇缺,有録無書。"②由此,班固所見《史記》缺十篇無疑。缺篇,乃至有録無書的現象,在《漢志》中祇有兩例,其中因由值得關注。

二、《後漢書・班彪傳》所載彪之論云:

孝武之世,太史令司馬遷採《左氏》《國語》,删《世本》《戰國策》,據楚、漢列國時事,上自黄帝,下訖獲麟,作本紀、世家、列傳、書、表凡百三十篇,而十篇缺焉。③

三、《太史公自序》篇末注引《史記集解》:

駰案:《漢書音義》曰"十篇缺,有録無書"。張晏曰"遷没之後,亡《景紀》《武紀》《禮書》《樂書》《律書》《漢興已來將相年表》《日者列傳》《三王世家》《龜策列傳》《傅靳蒯列傳》。元成之間,褚先生補闕,作《武帝紀》,《三王世家》,《龜策》《日者列傳》,言辭鄙陋,非遷本意也。"④

顔師古《漢書敘例》載:"張晏字子博,中山人。"⑤雖然此處並未標明具體時代,按照文中人物的排序,當爲魏人。

(接上頁)(《余嘉錫論學雜著》,頁1—108),趙生群先生多同其説(《〈史記〉編纂學導論》,頁16—22)。另見易平《張晏〈史記〉亡篇之説新檢討》。
　　安師平秋先生將之大致歸納爲三種意見:第一,十篇非佚,司馬遷當時未寫完。第二,十篇之中部分亡佚,部分未寫完。第三,除《武紀》外,皆遷手筆。
① 注云:"韋昭曰:'馮商受詔續《太史公》十餘篇,在班彪《別録》。商字子高。'師古曰:'《七略》云商陽陵人,治《易》,事五鹿充宗,後事劉向,能屬文,後與孟柳俱待詔,頗序列傳,未卒,病死。'"(《漢書》卷三〇,頁1714—1715)余嘉錫以爲既然韋昭云馮商續《太史公書》十餘篇,而此處只有七篇,《漢志》"春秋類"末云"凡《春秋》二十三家,九百四十八篇。省《太史公》四篇",因此,"其所省是商所續,而非司馬遷書,固已甚明"。(見《太史公書亡篇考》,頁24)
② 《漢書》卷六二,頁2724。
③ 《後漢書》卷四〇上,頁1325。
④ 《史記》卷一三〇,頁3321。
⑤ 〔唐〕顔師古《漢書敘例》,載《漢書》卷首,頁5。

43

四、《史記索隱》載：

> 案：《漢書》曰"十篇有録無書"。張晏曰"遷没之後，亡《景紀》《武紀》，《禮書》《樂書》《兵書》，《將相表》，《三王世家》，《日者》《龜策傳》《傅靳》等列傳也"。案：《景紀》取班書補之，《武紀》專取《封禪書》，《禮書》取荀卿《禮論》，《樂》取《禮樂記》，《兵書》亡，不補，略述律而言兵，遂分曆述以次之。《三王系家》空取其策文以緝此篇，何率略且重，非當也。《日者》不能記諸國之同異，而論司馬季主。《龜策》直太卜所得占龜兆雜説，而無筆削之功，何蕪鄙也。①

《後漢書·班彪傳》亦云"十篇缺焉"，注文所舉篇目與《集解》所引略同，唯《律書》作《兵書》②。我們發現關於《史記》亡闕問題，漢魏間士人意見較爲一致。由上述材料及《太史公自序》，我們至少可以得出三點結論：其一，司馬遷在世時，其書已成，內容不缺。其二，遷死後，其書有缺，楊惲公布時，目錄尚存，書已不全。其三，今本不缺，乃後人所補③。

今本《史記》十篇中殘損補苴痕迹相當明顯，尤爲明證④。此外，《漢書》所記武帝之前的內容基本因循《史記》而略有改動。對比今本兩書文字，即可判別是否參考。《漢書》在《景帝紀》之前的諸帝紀文字與《史記》多同，《景帝紀》却差別較大。最明顯的不同就是，《史記》中的《孝景本紀》幾乎通篇未載詔書，而《漢書》多存詔書⑤。至於

---

① 《史記》卷一三〇，頁3321—3322。
② 《後漢書》卷四〇上，頁1325—1326。余嘉錫以爲當原爲《兵書》，見《太史公書亡篇考》（頁50—58）。
③ 清代趙翼《廿二史劄記》云："按史公《自敘》，十二本紀、〔十表〕、八書、三十世家、七十列傳，共百三十篇，五十二萬六千五百字。是史公已訂成全書，其十篇之缺乃後人所遺失，非史公未及成，而有待於後人補之也。"（〔清〕趙翼著，王樹民校證《廿二史劄記校證》，北京：中華書局，1984年，頁8—9）今人余嘉錫也認爲："凡考古事，當徵之前人之書，不可以臆見説也。太史公書百三十篇，十篇有録無書，著於七略，載於本傳，而張晏復臚舉其篇目。其事至爲明白，無可疑者。"（《太史公書亡篇考》，頁80）
④ 相關論述參張大可《〈史記〉殘缺與補竄考辨》（載《史記研究》，頁174—197）。
⑤ 呂祖謙《大事記解題》云："《史記·文帝紀》多載詔書，入《景紀》則皆不載，蓋以爲不足載也，其旨微矣。劉氏《七略》：'《太史公》百三十篇，十篇有録無書。'《漢書·太史公傳》亦如之。以張晏所列亡篇之目校之，《史記》或其篇具在，或草具而未成，惟《武帝》一篇亡耳。司馬貞《索隱》信張晏之說，遂謂《景紀》後人取班書補之。是殆不然。學者合取司馬氏、班氏二紀，觀其書法，則才識高下可默喻矣。今各隨事辨之。衛宏《漢書舊儀注》曰：'司馬遷作《本紀》，極言景帝之短及武帝之過，武帝怒而削去之。'衛宏與班固同時，兩紀俱亡，《景紀》所以復出者，武帝特能毀其'副在京師'者耳，'藏之名山'，固自有他本也。如《古文尚書》，漢魏儒皆不見，至晉南渡以後始出。《武紀》終不見者，豈非指切尤甚，雖民間亦畏禍不敢藏乎？"（〔宋〕呂祖謙《大事記解題》卷十"漢孝景皇帝元年春正月"條，《叢書集成初編》本，頁575）

今本《孝武本紀》非《史記》原文一般没有異議，可暫不討論①。

關於這十篇，我們需要注意的是《景紀》《武紀》應與其他各篇加以區分。雖然東漢班固已點出十篇，魏時張晏列其篇名，但漢魏時期所言亡篇多稱《景紀》《武紀》，少言其餘。今本《史記》"本紀"部分的補作與其他部分的補續文字相比，文獻特徵也明顯不同。《孝景本紀》是否補作或有爭議②，《武帝本紀》非史公原文甚至亦非褚補則基本可以確定。

此外，只要對剩餘八篇的内容略作分析，我們就會發現：今本《史記》中《將相表》《禮書》《樂書》《律書》四篇次序相連，而《漢興以來將相名臣年表》又是"表"的最後一篇，《三王世家》是"世家"類的最後一篇，《日者》《龜策》兩傳也是篇次相連且都與占卜有關。《傅靳蒯成列傳》中的四位傳主並無大的功業，但又俱與高祖關係異常親密。同時，十篇又常爲一帙之數，因此，我們推測是某一帝王對這十篇內容感興趣，遂找出這十篇讀之。最後兩篇《本紀》禁傳，其他各篇或未歸還原處，於是造成"十篇缺"的現象③。對《孝景本紀》和《孝武本紀》感興趣，又對《三王世家》感興趣的，只能是武帝本人。因爲這三傳分別講了他本人以及其父、其子的情況。武帝重儒家，講治道，好求仙，對禮樂律令及卜筮之書感興趣也符合他的性格④。因此，《史記》的殘缺當與漢武帝這一特殊的讀者相關。《太史公自序》卷尾《集解》云：

> 駰案：衛宏《漢書舊儀注》曰"司馬遷作《景帝本紀》，極言其短及武帝過，武帝怒而削去之。後坐舉李陵，陵降匈奴，故下遷蠶室。有怨言，下獄死"。⑤

《集解》引文或有脱訛，如《景帝紀》一般不會涉及武帝，而下云該紀文涉景、武之過

---

① 雖然李長之在《司馬遷之人格與風格》一書中曾大膽猜想此篇也有可能是太史公的原文，司馬遷以這種文法嘲諷漢武帝，但未能舉證，一般也極少有人認同這種觀點。

② 崔適曾以爲"蓋此紀實未亡"（見《史記探源》，頁65），余嘉錫以爲《景帝紀》爲馮商所補（見《太史公書亡篇考》，頁17—26）。另見《張晏〈史記〉亡篇之説新檢討》。

③ 這種情況在後世並不稀見，如宋代相關文獻中頗記此類事件。《宋會要輯稿·崇儒四》載："先是，判閣歐陽修言：祕閣初爲太宗藏書之府，並以黄綾裝之，謂之太清本。後因宣取入内，多留禁中，而書頗不完。請降舊本，令補寫之。"（《宋會要輯稿》卷一七四二，頁2234）

④ 雖然武帝應對封禪很感興趣，但應在司馬相如死後獻書時已經看過《封禪書》。

⑤ 《史記》卷一三〇，頁3321。關於此段文字所論之情實，今人郭沫若、劉際銓、袁傳璋等並有論及，多所發明，認爲符合實情。參見郭沫若"太史公行年考"有問題》（載《歷史研究》1955年第6期）、《關於司馬遷之死》（載《歷史研究》1956年第4期），劉際銓《司馬遷生年爲建元六年辨》（載《歷史研究》1955年第6期）、袁傳璋《太史公生平著作考論》第二章第四部分"爲衛宏之司馬遷'下獄死説'辨誣補證"，合肥：安徽人民出版社，2005年，頁160—180）。

失，或前脱"《今上本紀》"之文。漢魏人皆云景、武兩紀不存，可爲旁證。晉葛洪《西京雜記》卷六亦言此事，當本衛宏之言①。但奇怪的是《西京雜記》在"有怨言，下獄死"之後直接説宣帝，或指楊惲，而非司馬遷②。衛宏爲兩漢之際人，年歲較班固爲長。而且由於從杜林受古學，又因作《漢舊儀》，載西京雜事，熟知西漢事迹不足爲奇③。史載杜林爲杜鄴子，杜鄴既是張敞外孫，又與張家有很深的學術因緣④。據《漢書·楊惲傳》，張敞與楊惲關係親厚，並因楊惲免官⑤。因此，杜鄴、杜林乃至衛宏對楊惲家史及《史記》遭際當有耳聞。明瞭這一層關係，我們就會發現衛宏的記載當非空穴來風。此外，武帝時並非没有類似事件，如《史記·董仲舒傳》即云董仲舒著有《災異之記》，主父偃取書上奏武帝，"天子召諸生示其書，有刺譏。……當死，詔赦之。於是董仲舒竟不敢復言災異"⑥。

　　我們再玩味衛宏之語，似乎他認爲武帝削去的只是《孝景本紀》，如果進一步引申，武帝也只能再削去《今上本紀》。這種觀點也可以在漢魏間的記載中得到印證。其一，《文選·典引序》載明帝詔云："司馬遷著書成一家之言，揚名後世，至以身陷刑之故，反微文刺譏，貶損當世，非誼士也。"⑦其二，《三國志·魏書·王肅傳》載魏文帝與王肅言"司馬遷以受刑之故，内懷隱切，著《史記》非貶孝武，令人切齒"，而王肅稱"漢武帝聞其述《史記》，取孝景及己本紀覽之，於是大怒，削而投之。於今此兩紀有録無書。後遭李陵事，遂下遷蠶室"⑧。其三，《後漢書·蔡邕傳》載王允對太尉馬日磾云："昔武帝不殺司馬遷，使作謗書，流於後世。"⑨準此，漢魏間無論帝王權臣至碩學，都認爲《史記》有對二帝的批評，該書曾被刪削，乃至魏時，《孝景本紀》

---

① 《西京雜記》卷六載："漢承周史官，至武帝置太史公。太史公司馬談，世爲太史；子遷，年十三，使乘傳行天下，求古諸侯史記，續孔氏古文，序世事，作傳百三十卷，五十萬字。談死，子遷以世官復爲太史公，位在丞相下。天下上計，先上太史公，副上丞相。太史公序事如古《春秋》法，司馬氏本古周史佚後也。作《景帝本紀》，極言其短及武帝之過，帝怒而削去之。後坐舉李陵，陵降匈奴，下遷蠶室。有怨言，下獄死。宣帝以其官爲令，行太史公文書事而已，不復用其子孫。"〔晉〕葛洪《西京雜記》，北京：中華書局，1985年，頁43）
② 見《漢書》卷六六，頁2897—2898。惲既與爲太史公外孫，又公布《太史公書》，且時多怨望語，被宣帝下獄問斬。
③ 《後漢書》卷七九下，頁2575—2576。
④ 《漢書》卷八五，頁3479。
⑤ 《漢書》卷六六，頁2898。
⑥ 《史記》卷一二一，頁3128。
⑦ 〔梁〕蕭統編，〔唐〕李善注《文選》卷四八，上海：上海古籍出版社，1986年，頁2158。
⑧ 王肅此言值得注意，十篇闕與兩篇闕是不同的概念。前者可能是無意散佚，後者則是人爲刪削；前者是文獻學的問題，後者屬政治問題，二者當區別對待。（見〔晉〕陳壽撰，陳乃乾校點《三國志》卷一三，北京：中華書局，1959年，頁418）
⑨ 《後漢書》卷六〇下，頁2006。

《今上本紀》兩卷仍"有録無書"。

爲何由兩篇闕,變成十篇"有録無書"?我們知道,十篇多爲一帙之容。這十篇又恰與武帝有關:或述本人,或論其父、其子,及其較爲看重的禮樂制度等。很可能是漢武帝或其他帝王命人檢取自己認爲比較重要或較感興趣的十篇觀看。由於長期存於帝王手邊,内廷本遂闕十篇。我們甚至不能排除武帝以此十篇陪葬的可能。其中兩篇《本紀》爲武帝所削,自然不存。家藏之本也因取書制度而不敢公布此十篇①。但内廷無,宫外亦殘缺,故其他各篇或有殘闕。漢代隨葬物中多有書籍,作爲武帝晚年常觀之書,隨之入墓也不無可能,尤其是《今上本紀》。

不難推知,當時《太史公書》被朝廷密不外傳當爲實情。否則我們就無法理解既然太史公原意"副在京師"並"傳之其人",爲何不在他死後立即全部公之於世,而要等到倡儻不遜的外孫楊惲始能公布。"其書稍出"或爲其家冒險私藏,這也是一種對當朝的抗爭。

《漢書・楊惲傳》稱:"惲母,司馬遷女也。惲始讀外祖《太史公記》,頗爲《春秋》。以材能稱。好交英俊諸儒,名顯朝廷,擢爲左曹。"②當然,根據《漢書》的記載,楊惲因人告發"驕奢不悔過","章下廷尉案驗,得所予會宗書,宣帝見而惡之。"③遂以"大逆無道"論斬。我們今天在《漢書》中見到的楊惲《報孫會宗書》當是班固所見朝廷抄没楊家之物④。那麽,《司馬遷傳》中的《報任安書》又是從何而來?若爲任安問斬時收繳,當時必然會上報。武帝觀覽之後作何感想,不難推知。司馬遷自稱"要之死日,然後是非乃定",班固在《司馬遷傳》中寫到"遷既死後,其書稍出"。至於去世的時間、死因俱付諸闕如。這段空白給後人留下了遐想的空間。按照衛宏等人的説法,司馬遷是因"有怨言"而"下獄死"⑤。但《漢書・司馬遷傳》對司馬遷的死因不著一詞,而一般史書的常例是説明病死還是其他原因而死。班固不會不知,但這裏有意不説,其中或有隱諱。司馬遷在《報任安書》中將作《史記》的原委及心態深作剖析,這對當時的帝王而言,不啻爲一種公然的自宣和挑戰。因此,衛宏的説法或不爲無據⑥。

《漢志》"春秋"類言:"《春秋》所貶損大人當世君臣,有威權勢力,其事實皆形於

---

① 另揆諸兩漢文獻,我們發現西漢首先公布的多爲無關緊要的篇什,如《滑稽列傳》等。
② 《漢書》卷六六,頁2889。
③ 《漢書》卷六六,頁2898。
④ 按照常理,出於自身利害,孫會宗不會主動宣示此信。
⑤ 《史記》卷一三〇,頁3321。
⑥ 《史記》卷一三〇,頁3321。

傳，是以隱其書而不宣。"①這恐怕也是當朝秘藏《史記》的主要原因。成帝時大將軍王鳳即稱："《太史公書》有戰國從橫權譎之謀，漢興之初謀臣奇策，天官災異，地形阨塞：皆不宜在諸侯王。"②

此外，班固父子雖贊揚司馬遷"其文直，其事核，不虛美，不隱惡"，"有良史之材"，但對其書的評價是"其是非頗繆於聖人，論大道則先黃老而後六經，序遊俠則退處士而進姦雄，述貨殖則崇勢利而羞賤貧"③。"是非"不合的問題也是此書對當世官學的重大挑戰。武帝雖然沒有像秦始皇那樣焚書坑儒④，但也以絕對權力強行刪改《太史公書》，刑司馬遷。然而由於該書另有"副在京師"的傳本，學者多加拾掇補綴，遂流傳至今。

從秦始皇到漢武帝，治統對道統，權力對學術，依然延續著秦帝國以來所奉行的殘酷的鎮壓和改造的態度。他們留給史家的空間只是記載"歷史"，爲治統提供借鑑，而不再是褒貶當代的道統權柄。在一定意義上，身遭腐刑的太史公及慘遭刪削的《史記》，適成中國傳統學術文化乃至道統命運的一種隱喻。

第四節　史書續改與史家道統的易位

《史記》成書以後，其地位頗爲特殊。一面是秘而不宣，侯王欲見之而不得；一面是後之學者多加評議，續補不絕。學者中對《史記》讀抄較多的首先是劉向、劉歆父子。其《七略》中多用《太史公書》之傳記⑤。《後漢書·班彪傳》云："武帝時，司馬遷著《史記》，自太初以後，闕而不錄，後好事者頗或綴集時事，然多鄙俗，不足以踵繼其書。"章懷注曰："好事者謂楊雄、劉歆、陽城衡、褚少孫、史孝山之徒也。"⑥另，《史通·古今正史》云：

《史記》所書，年止漢武，太初已後，闕而不錄。其後劉向、向子歆及諸好事

---

① 《漢書》卷三〇，頁1715。
② 《漢書》卷八〇，頁3324—3325。
③ 《漢書》卷六二，頁2737—2738。
④ 《孟子》載戰國諸侯亦有"惡其害己也，而皆去其籍"的現象。(見〔漢〕趙岐注，〔宋〕孫奭疏《孟子注疏》卷十上，《十三經注疏》本，頁2741)
⑤ 〔清〕姚振宗輯，《七略別錄佚文》，《師石山房叢書》本(上海：開明書店，1936年，頁1—15)。
⑥ 《後漢書》卷四〇上，頁1324—1325。

者,若馮商、衛衡、揚雄、史岑、梁審、肆仁、晉馮、段肅(小注:《班固集》作"段肅",固本傳作"殷肅")、金丹、馮衍、韋融、蕭奮、劉恂等相次撰續,迄於哀、平間,猶名《史記》。至建武中,司徒掾班彪以爲其言鄙俗,不足以踵前史;又雄、歆褒美僞新,誤後惑衆,不當垂之後代者也。於是採其舊事,旁貫異聞,作《後傳》六十五篇。其子固以父所撰未盡一家,乃起元高皇,終乎王莽,十有二世,二百三十年,綜其行事,上下通洽,爲《漢書》紀、表、志、傳百篇。其事未畢,會有上書云固私改作《史記》者,有詔京兆收繫,悉錄家書封上。固弟超詣闕自陳,明帝引見,言固續父所作,不敢改易舊書,帝意乃解。即出固,徵詣校書,受詔卒業。經二十餘載,至章帝建初中乃成。①

劉知幾所言未知何據,但言之鑿鑿,或相關文獻唐初猶存。史孝山或即史岑,衛衡或即陽城衡。若加上下文中所言孟柳,補續者有十七人之多②。從時間上看,補史者基本都是宣帝以後的士人。這與《漢書》"遷既死後,其書稍出。宣帝時,遷外孫平通侯楊惲祖述其書,遂宣布焉"③的記載基本一致,也印證了前文關於《史記》禁傳的推斷。"迄於哀、平間,猶名《史記》"的記述,也充分表明這種續補是與西漢政統相始終的。亦即此時的《史記》已在某種程度上具有"國史"的性質。

其次,續補者基本都是内廷士人,甚至就是校書人員。劉向、劉歆父子自不待言,揚雄也曾校書天禄閣④。但《漢志》中著錄續作的只有馮商一家:"馮商所續《太史公》七篇。"注云:

韋昭曰:"馮商受詔續《太史公》十餘篇,在班彪《別錄》。商字子高。"師古曰:"《七略》云商陽陵人,治《易》,事五鹿充宗,後事劉向,能屬文,後與孟柳俱待詔,頗序列傳,未卒,病死。"⑤

---

① 〔唐〕劉知幾著,〔清〕浦起龍通釋,王煦華整理《史通通釋》卷一二,上海:上海古籍出版社,2009年,頁314。
② 盧南喬先生在《從史學和史料來論述〈漢書〉編纂特點》一文中又加楊惲、班彪、賈逵,共有二十人之多。[載上海師範大學歷史系中國史學史研究室吴澤主編,袁英光編選《中國史學史論集(一)》,上海:上海人民出版社,1980年,頁276]
③ 《漢書》卷六二,頁2737。
④ 《漢書·揚雄傳》載王莽時"雄校書天禄閣上"。(見《漢書》卷八七下,頁3584)
⑤ 《漢書》卷三〇,頁1714—1715。

《史記》的寫本時代——公元十世紀前《史記》的傳寫與閱讀

根據顏師古的注文，當時的續補者當另有孟柳。馮商或與劉向同校書祕閣，後受詔續書，所作藏於中祕。受詔續史也進一步表明此時的《史記》已爲準國史。上述續史者多不知名，依馮商之例推之，或爲當時負責校書的郎官、掾史。他們既能觀覽《太史公書》，又有採掇漢代記錄的便利條件。如《漢書・楚元王傳》即載漢代災異"皆著於《漢紀》"①，《漢志》有"太史公百三十篇。十篇有録無書。馮商所續《太史公》七篇。《太古以來年紀》二篇。《漢著記》百九十卷。《漢大年紀》五篇"②。這些應該都是他們所參考的史料。

我們需要注意：上述材料無疑都是針對"太初以後，闕而不録"的情況，今可考見者除褚少孫以外，多爲續史而非補史。他們雖然是接續《史記》記述漢代的歷史，但在續寫的同時也多以當時盛行的儒家觀點對司馬遷原書所秉持的史官道統有所批評。《漢書》揚雄本傳載：

> 雄見諸子各以其知舛馳，大氐詆訾聖人，即爲怪迂，析辯詭辭，以撓世事，雖小辯，終破大道而或衆，使溺於所聞而不自知其非也。及太史公記六國，歷楚漢，訖麟止，不與聖人同，是非頗謬於經。故人時有問雄者，常用法應之，譔以爲十三卷，象《論語》，號曰《法言》。③

揚雄死後，班固在《揚雄傳》的結尾記載了當時士人的評價：

> 時大司空王邑、納言嚴尤聞雄死，謂桓譚曰："子嘗稱揚雄書，豈能傳於後世乎？"譚曰："必傳。顧君與譚不及見也。凡人賤近而貴遠，親見揚子雲禄位容貌不能動人，故輕其書。昔老聃著虛無之言兩篇，薄仁義，非禮學，然後世好之者尚以爲過於《五經》，自漢文景之君及司馬遷皆有是言。今揚子之書文義至深，而論不詭於聖人，若使遭遇時君，更閱賢知，爲所稱善，則必度越諸子矣。"諸儒或譏以爲雄非聖人而作經，猶春秋吳楚之君僭號稱王，蓋誅絕之罪也。自雄之没至今四十餘年，其《法言》大行，而《玄》終不顯，然篇籍具存。④

---

① 《漢書》卷三六，頁 1964。
② 《漢書》卷三〇，頁 1714。
③ 《漢書》卷八七下，頁 3580。
④ 《漢書》卷八七下，頁 3585。

50

諸儒對揚雄"非聖人而作經"當"誅絕"的譏議不免讓人聯想到太史公的遭遇：

> 或曰："淮南、太史公者，其多知與？曷其雜也！"曰："雜乎雜！人病以多知為雜，惟聖人為不雜。"
>
> 書不經，非書也；言不經，非言也。言、書不經，多多贅矣。①
>
> 淮南說之用，不如太史公之用也。太史公，聖人將有取焉；淮南，鮮取焉爾。必也，儒乎！乍出乍入，淮南也；文麗用寡，長卿也；多愛不忍，子長也。仲尼多愛，愛義也；子長多愛，愛奇也。②
>
> 或問："司馬子長有言，曰《五經》不如《老子》之約也，當年不能極其變，終身不能究其業。"曰："若是，則周公惑，孔子賊。古者之學耕且養，三年通一。今之學也，非獨為之華藻也，又從而繡其磐帨，惡在《老》不《老》也？"③

可見西漢後期，無論桓譚、揚雄還是那些來諮問揚雄的學人，都對《史記》有讀有議。一方面將之與《淮南子》等子書並提，以為非《五經》聖論；一方面又將之與孔子進行比較，稱"聖人將有取焉"。尤其值得注意的是，桓譚論《老》時將文、景二帝與太史公對舉，二者可分別稱治統、道統兩個方面的代表。這也表明在《太史公書》公布之後，書中旨趣一方面與當朝倡導的官學不合，一方面又與宣講儒術的學者不同，因此同時遭到兩方面的批評。

這一時期的續史雖多，但在班彪看來多不可取，無法承續《史記》的記述④，因此有意重作。班氏家族與漢代帝王頗有淵源。西漢時，班斿姊即為倢伃，班氏以外家之親、班斿之能，深得宣帝信任，並"賜以祕書之副"⑤。其寵信超過當時的一般侯王，甚至典領校書的皇族飽學之士劉向都沒能享此殊榮。值得注意的是，班固曾特意提到《太史公》一書。他非常自豪地稱東平思王求此書而不得，言下之意，自家當有之。自己改作國史，也應家中先有《史記》始能改之。班家所藏《太史公書》，無疑同屬"名山"系統的內廷抄本。史稱班彪"幼與從兄嗣共遊學，家有賜書，內足於

---

① 《法言義疏》八，頁163—164。
② 《法言義疏》十八，頁507。
③ 《法言義疏》十，頁222。
④ 《後漢書》卷四〇上，頁1324。
⑤ 《漢書·敘傳》稱："斿博學有俊材，左將軍史丹舉賢良方正，以對策為議郎，遷諫大夫、右曹中郎將，與劉向校祕書。每奏事，斿以選受詔進讀群書。上器其能，賜以祕書之副。時書不布，自東平思王以叔父求《太史公》、諸子書，大將軍白不許。"(《漢書》卷一〇〇上，頁4203)

財,好古之士自遠方至,父黨揚子雲以下莫不造門"①。揚雄等人與班家討論藝文,觀覽群書,有相似的見解不足爲奇。而歷史上的班彪也是"唯聖人之道然後盡心焉"②。兩漢之際隗囂欲與劉秀爭天下,他曾與班彪討論天下大勢、治統與道統之所在。班彪即極力維護漢祚,並"著《王命論》以救時難"③。

考查《史》《漢》二書的敘述模式,我們不難發現《漢書》模擬《史記》的痕迹十分明顯,或者說是在《史記》的基礎上改作漢史。《敘傳》模擬《太史公自序》,《王命論》與《論六家要旨》也形成一種對舉之勢,只是旨趣截然相反。《論六家要旨》總結的是殷周以降的道統問題,推尊道家,與武帝以後的以儒立國的政策相悖;《王命論》則處處宣揚漢承堯運的治統問題,言漢乃天命所歸。這既是兩文主旨相異處,在一定意義上,也可以認爲是《史記》和《漢書》旨趣的差異。班固在《幽通賦》裏,表達了自己對父祖的追懷以及自己"弘道"的意願,與《太史公自序》中太史公臨終托命相似。此後的《答賓戲》更是與太史公、壺遂間的答問相似,要以明著述之志,尊儒家之所歸。結構如此相似,文句多有雷同,似乎作者有意與前者比肩,甚至取代前作。實際上,漢朝的統治階層也是這樣提倡的。《漢書》寫成之後,吟誦之聲不絕,之前學者竊好的《太史公書》遂漸漸湮沒。

《後漢書》班彪本傳稱"武帝時,司馬遷著《史記》,自太初以後,闕而不錄,後好事者頗或綴集時事,然多鄙俗,不足以踵繼其書。彪乃繼採前史遺事,傍貫異聞,作後傳數十篇,因斟酌前史而譏正得失"④。這段文字記錄班彪所補"後傳"針對的是"太初以後,闕而不錄"及"或綴集時事,然多鄙俗"的情況。(根據劉知幾的記載,還有出於"雄、歆褒美僞新,誤後惑衆"的考慮⑤。)但所補當爲太初以後的記錄,故名"後傳"。

《班彪傳》稱:"固以彪所續前史未詳,乃潛精研思,欲就其業。既而有人上書顯宗,告固私改作國史者,有詔下郡,收固繫京兆獄,盡取其家書。"⑥以此推之,班固本意只是補續父書,即"太初以後"的部分,無意將《史記》已成之文重做。又"帝乃復使終成前所著書。……固自永平中始受詔,潛精積思二十餘年,至建初中乃成。當世甚重其書,學者莫不諷誦焉"⑦。漢明帝曾多次召集班固等史臣,問

---

① 《漢書》卷一〇〇上,頁 4205。
② 《漢書》卷一〇〇上,頁 4207。
③ 《漢書》卷一〇〇上,頁 4207。
④ 《後漢書》卷四〇上,頁 1324。
⑤ 揚雄另有《劇秦美新》之文頌揚王莽。
⑥ 《後漢書》卷四〇上,頁 1333—1334。
⑦ 《後漢書》卷四〇上,頁 1334。

訓史意,批評《史記》①。而《漢書》中班彪所作"後傳"已有六十五篇,太初以前的文字多用《史記》之文,何以"潛精積思二十餘年"?或當時受命重作漢史,對《史記》成文加以刪潤,代之而爲國史。在一定意義上,《漢書》擔負著以儒家所宣揚的道統闡明漢家治統的使命。

《漢書·敘傳下》又進一步論述作《漢書》的緣由,此處班固追溯唐虞三代典籍之用,重在宣揚"雖堯舜之盛,必有典謨之篇,然後揚名於後世,冠德於百王"②。"漢紹堯運",記述史事也是爲了宣揚漢家功德。這裏,他特意強調了《太史公書》的不當之處,一是"編於百王之末,廁於秦、項之列",這對漢朝似乎不尊;二是"私作《本紀》",未經當朝準許。《漢書》爲頌漢朝功德,其準則是"綜其行事,旁貫《五經》,上下洽通"。他在書末又進一步總結道:

> 凡《漢書》,敘帝皇,列官司,建侯王。準天地,統陰陽,闡元極,步三光。分州域,物土疆,窮人理,該萬方。緯《六經》,綴道綱,總百氏,贊篇章。函雅故,通古今,正文字,惟學林。述《敘傳》第七十。③

《漢書》所要構建的是漢代的統緒。"緯《六經》,綴道綱"之語,已經將本書旨趣概括無餘:站在官方立場,承續儒家道統。《後漢書·班彪傳》中載班固作《漢書》,有人上書當朝皇帝,説他私自改作國史。班固的弟弟班超"馳詣闕上書","具言固所著述意"。明帝的反應是"甚奇之",不但沒有怪罪,反而立即"召詣校書部",參與修史④。班超所稱的"著述意",當即上文所述的立場。這種正統立場正是當權者希望看到的,對漢明帝來說,這當然是一種意外的驚喜。

此外,研讀班氏父子對《史記》的評價,也是我們今天考察《漢書》撰作的另一途徑。《後漢書·班彪傳》中有一段文字集中體現了班彪對《史記》的看法:

> 遷之所記,從漢元至武以絶,則其功也。至於採經摭傳,分散百家之事,甚多疏略,不如其本,務欲以多聞廣載爲功,論議淺而不篤。其論術學,則崇黄老而薄《五經》;序貨殖,則輕仁義而羞貧窮;道游俠,則賤守節而貴俗功:此其大

---

① 見拙文《略論東漢史學之轉向》,《中華文史論叢》2012年第1期,頁181—204。
② 《漢書》卷一〇〇下,頁4235。
③ 《漢書》卷一〇〇下,頁4271。
④ 《後漢書》卷四〇上,頁1334。

《史記》的寫本時代——公元十世紀前《史記》的傳寫與閲讀

敝傷道,所以遇極刑之咎也。①

班彪説得已經異常明白:"薄《五經》""輕仁義""賤守節","大敝傷道"是司馬遷"遇極刑之咎"的根本原因。但是,班彪並没有從根本上否定《史記》,也稱讚其"善述序事理,辯而不華,質而不野,文質相稱,蓋良史之才也。誠令遷依《五經》之法言,同聖人之是非,意亦庶幾矣"②。這裏也申明,《史記》所欠缺的只是不以聖人之是非爲準則③。

上述看法,也被班固用作《漢書·司馬遷傳》的贊語④。他感歎司馬遷"不能以知自全",稱"既明且哲,能保其身"⑤,似乎以爲太史公之書不能與當權者同一是非,以致取禍。反觀班氏父子,立身立言俱與漢朝同調,或由此而發。讓後世以《漢書》而不是《史記》的眼光去評騭當代史,對學者而言未嘗不是一件"既明且哲"的事情。但禍福之間的關係也並非那麽簡單,時勢變異,班氏家族的命運也頗有沉浮,或許用太史公的話更有説服力:"是命也夫!"

班固父子的《史記》閱讀,激發了他們撰述新史的意願。最終,他們改作《史記》,勒成《漢書》,以儒家觀點取代道家而成爲修史正統,並與當朝者的意願一致。這種修史立場最終也成爲此後正史修撰的楷模。但是,道統一旦喪失其尊嚴和獨立性,惟當朝者的意志是從,便也將不再具有道統的威信。

當然,我們考察《漢書》的旨趣時,不能忽略帝王權力的作用。班彪、班固父子作《漢書》,未能卒業,漢帝詔令班昭、馬續繼踵其事。此時的《漢書》已不是個人或家族著述的問題,而是體現國家意志的一種需要了。漢明帝曾多次召集史臣商討《史記》立意,又令馬融受讀,應是講解讀法立意的問題。

第五節 作爲權力象徵的《史記》及其史書化

雖然《太史公書》至宣帝時已由楊惲公布,但當時的傳播並不廣泛,在一定程度

---

① 《後漢書》卷四〇上,頁 1325。
② 《後漢書》卷四〇上,頁 1325。
③ 當然,後文中也提到《史記》在篇章體例、文辭語句上的不當之處。這些問題都是隨着全書立意改變而産生的,很多班彪認爲不妥之處,今日看來恰恰是太史公的卓識所在。(見《後漢書》卷四〇上,頁 1326—1327)
④ 《漢書》卷六二,頁 2737—2738。
⑤ 《漢書》卷六二,頁 2738。

第一章　道勢背景下的《史記》文本問題

上甚至還有禁讀的迹象。沒有帝王的允許，大臣並不能輕易觀看中祕之書，私自抄讀都是重罪。到宣帝時，霍山"坐寫祕書"，需"上書獻城西第，入馬千匹"①始能贖，並且協助傳抄内廷書籍的蘇昌也因"坐藉霍山書泄祕書免"②。

《漢書·宣元六王傳》載，漢成帝時東平思王劉宇"上疏求諸子及《太史公書》"，大將軍王鳳以爲：

> 諸子書或反經術，非聖人，或明鬼神，信物怪；《太史公書》有戰國從橫權譎之謀，漢興之初謀臣奇策，天官災異，地形阸塞：皆不宜在諸侯王。不可予。不許之辭宜曰："《五經》聖人所制，萬事靡不畢載。王審樂道，傅相皆儒者，旦夕講誦，足以正身虞意。夫小辯破義，小道不通，致遠恐泥，皆不足以留意。諸益於經術者，不愛於王。"③

成帝時當權者依然認爲該書記載了很多權謀、天地形勢，是比較危險的一種著作。東平思王特意上疏將《太史公書》和諸子書並列，可見此書性質特殊。這段文字也向我們揭示了當權者對《太史公書》的基本立場，而漢代尊儒重經的基本考量也不言自明。

王侯都不易得到《太史公書》，普通士人可想而知。圖書乃至以圖書爲載體的學術、知識被帝王壟斷，也成爲一時風氣。此時的《史記》文本已然成爲一種權利象徵，乃至成爲一種賞罰的手段。有功者雖不求而賞之，無德者雖求而不得。這是《漢書》以降的正史所没有的功能。

見諸篇籍的賜書，西漢時只有班斿。如上文所述，成帝以外戚及進讀圖書的緣故，賜班斿"以祕書之副"，其中有"十篇缺"的《太史公書》。除了内廷官員及士人討論該書外，外間民衆極少涉及。東漢初期，《太史公書》的這種功能依然得以繼承，但所賜多爲有針對性的單篇。《後漢書·竇融傳》載竇融忠於光武，責讓隗囂，"（光武）帝深嘉美之，乃賜融以外屬圖及太史公《五宗》《外戚世家》《魏其侯列傳》"④。這三卷書主要記載西漢外戚姻親，光武帝以之賞賜竇融表示勸勉和信任，也説明當時的《太史公書》依然是作爲一種具有危險性的圖書處於壟斷和禁傳的狀態。

---

① 《漢書》卷六八，頁 2956。
② 《漢書》卷一九下，頁 797。
③ 《漢書》卷八〇，頁 3324—3325。
④ 《後漢書》卷二三，頁 803。

55

在某一方面政績突出的官員也可以得到這種賞賜，如《後漢書·循吏列傳》：

> 永平十二年，議修汴渠，乃引見景，問以理水形便。景陳其利害，應對敏給，帝善之。又以嘗修浚儀，功業有成，乃賜景《山海經》《河渠書》《禹貢圖》，及錢帛衣物。①

凡賞圖書，其中幾乎都有《太史公書》。似乎在兩漢之際，此書已處於類似於國史的地位。但這種賞賜在《漢書》出現之後便無記載，或與《漢書》代之成爲國史有關。

《漢書》撰成之後，幾乎再無續補《太史公書》的事情出現。士人很少言及此書，間有涉及也語多批評。東漢章帝時曾詔集群儒在白虎觀討論《五經》異同。當時楊終因"深曉《春秋》"，又得班固、賈逵等人奏請，得以參加這次討論。但與此相關的還有一件事，多爲學者忽略，那就是楊終"後受詔删《太史公書》爲十餘萬言"②。這種删節本將五十餘萬言的《太史公書》，删減得只剩下十幾萬字。章帝爲什麼删減，删去的是哪些內容，具體情形今天已然不得而知了，但根據當時的情勢推斷，應有出於政治因素的考量。

與此同時，《史記》名稱也在不斷變化。本來一書未有專名，這在先秦典籍中並不稀見。但《史記》名稱的變遷却給我們以有關此書性質的啓示。《史記》初名《太史公書》，這在司馬遷的《太史公自序》中已經説明。此後，《漢書·司馬遷傳》《宣元六王傳》《張湯傳》，《論衡·案書篇》《對作篇》，《後漢書·班彪傳》《楊終傳》並有言及。爲何稱"太史公書"？清人錢大昕《廿二史考異》云：

> 子長述先人之業，作書繼《春秋》之後，成一家之言，故曰《太史公書》。以官名之者，承父志也。以虞卿、吕不韋著書之例言之，當云《太史公春秋》。不稱《春秋》者，謙也。③

錢氏所論甚爲精當，"太史公書"的名稱一來表示該書是承先人之業，乃"太史公"的

---

① 《後漢書》卷七六，頁2465。
② 《後漢書》卷四八，頁1599。
③ 《廿二史考異》卷五，頁88。"太史公"之意，張大可概括爲三類十説：尊稱説，官名説，以官稱爲書名説。張氏傾向於俞正燮"司馬遷署官以名其書"(《癸巳類稿》卷一一《太史公釋名義》)。相關討論見張大可《太史公釋名考辨——兼論史記書名之演變》(見張大可《史記研究》，北京：華文出版社，2002年，頁113—129)。

第一章　道勢背景下的《史記》文本問題

一家之言,二來表示謙虛。司馬遷在《太史公自序》中也向壺遂解釋,自己雖繼《春秋》之志,但不敢明説自己作的是聖人之業,亦爲《春秋》①。關於《史記》一書的性質,梁啓超《要籍解題及其讀法·史記》中也有明確的界定:

> 其著書最大目的,乃在發表司馬氏"一家之言",與荀卿著《荀子》、董生著《春秋繁露》,性質正同。不過其"一家之言",乃借史的形式以發表耳。故僅以近世史的觀念讀《史記》,非能知《史記》者也。②

兩漢之際,學者稱引書名不甚嚴謹,舉其大端而已。因此,這一時期,《太史公書》的稱呼又被隨文稱爲"太史公"③"太史公記"④"太史公傳"⑤等,甚或一篇之中稱呼有異,未必是他們所見書名與"太史公書"有所不同。至於何時《史記》專門指稱司馬遷所著書,或云東漢⑥,或云三國時期⑦。《漢執金吾丞武榮碑》:"傳講《孝經》《論語》《漢[書]》《史記》《左氏》《國語》,廣學甄微,靡不貫綜。"⑧據陳直先生考證,該碑約立於靈帝初年⑨。陳直《太史公書名考》⑩援引九例論證至桓靈至獻帝時《太史公

---

① 《史記》卷一三〇,頁 3299—3300。
② 梁啓超《要籍解題及其讀法》,北京:清華周刊叢書社,1925 年,頁 35—36。常乃得《歷史哲學論叢》中徑稱《史記》"並不是單純的事實記録,而是和儒、道、墨、法諸家著作同等的系統哲學"。(轉引自程金造《述史記太史公一家言的實質》,載程金造《史記管窺》,西安:陝西人民出版社,1985 年,頁 68—84)另見白壽彝《説"成一家之言"》(載《歷史研究》1984 年第 1 期)、張大可《司馬遷一家言之界説》(見《史記研究》,頁 519—535)。新近較爲集中的討論參見李紀祥《〈太史公書〉由〈子〉入〈史〉考》。
③ 如揚雄《法言·問神》:"淮南、太史公者,其多知歟?曷其雜也!"《法言·君子》:"淮南説之用,不如太史公之用也。"揚雄將《淮南子》與《太史公》並提,似傾向於歸入雜家一類。《漢志》:"《太史公》百三十篇。馮商所續《太史公》七篇。"《論衡·超奇》、《後漢書》之《竇融傳》《范升傳》《陳元傳》等皆云"太史公"。
④ 《漢書·楊惲傳》云:"惲始讀外祖《太史公記》。"《論衡·道虛》、《漢紀·孝武皇帝紀》、《風俗通義》之《皇霸》《聲音》《祀典》皆云"太史公記"。
⑤ 《史記·龜策列傳》:"褚先生曰:'竊好《太史公傳》。'"《太平御覽》卷一五五引《帝王世紀》亦言:"故《太史公傳》曰:'長安,故咸陽也。'"
⑥ 《漢書·五行志中》顏注稱該志所稱"史記"皆專指《太史公書》。《史記志疑》卷三六稱:"《史記》之名,當起叔皮父子,觀《漢·五行志》及《後書·班彪傳》可見。"瀧川資言同之。
⑦ 《三國志·王肅傳》,明帝問王肅言:"著《史記》非貶孝武。"王肅對曰:"漢武帝聞其述《史記》。"實際上,《漢書》十六處言史記,五條見諸《史記》,四條既不見於《國語》,亦不見於《太史公書》,實爲史書泛稱。王國維《太史公行年考》言始於《魏書·王肅傳》,范文瀾《正史考略》、梁啓超《要籍解題及其讀法》並之。
⑧ 今本圖版"史記"二字多屬推測,看不真切,《隸釋》載有全文。(見[宋]洪适《隸釋》卷一二《執金吾丞武榮碑》,《四部叢刊三編》景印固安劉氏藏明萬曆刊本,上海:商務印書館,1935 年,頁 7a)今録文見高文《漢碑集釋》之"武榮碑"(開封:河南大學出版社,1997 年,第 295—299 頁)。
⑨ 張大可《太史公釋名考辨——兼論史記書名之演變》(見《史記研究》,頁 121—126)。
⑩ 相關討論另見楊明照《太史公書稱史記考》、王叔岷《史記名稱探源》。

57

書》已多稱《史記》。而在桓帝時，多讀《漢書》，而列《史記》於後。我們認爲大略在漢末三國之際開始較爲廣泛地使用"史記"來指稱《太史公書》。至於具體的時間，或在不同的個人、不同層次的讀者之間所稱有別，我們也不必過於坐實。

  "史記"之名，古已有之。"動則左史書之，言則右史書之"，故簡稱"史記"。司馬遷本人稱引"史記"的也頗有不少，皆不專指司馬遷所作的《史記》，而是指古史，見於《周本紀》《十二諸侯年表》《六國年表》《天官書》《陳杞世家》《晉世家》《孔子世家》《老子韓非列傳》《儒林列傳》《太史公自序》等卷。漢魏之際人們稱"太史公書"爲"史記"，正表明該書性質已由"究天人之際，通古今之變"的"一家之言"，變爲論述舊事的古史。"史記"由古史的統稱，逐漸成爲《太史公書》的專名，似乎士人只承認其整齊漢代之前古史的部分。

  與《太史公書》名稱變化相應的，是這一時期褒貶一準六經的《漢書》成爲統治階層認可的漢家正史，廣爲傳布。《漢書》成爲西漢國史，《東觀漢記》成爲東漢國史，《太史公書》在刪削之餘，只能成爲一部整齊古史的書。三國時期譙周作《古史考》，主要就是針對《史記》中的古史部分。據《晉書·司馬彪傳》：

> 初，譙周以司馬遷《史記》書周秦以上，或採俗語百家之言，不專據正經，周於是作《古史考》二十五篇，皆憑舊典，以糾遷之謬誤。①

前述東漢章帝命楊終刪《太史公書》爲十餘萬言，此處譙周專據經籍考證古史部分，那麼也許當初楊終所刪的正是原書中記載楚漢事迹的部分。這在篇幅上也大略相當。刪後的《太史公書》徑稱《史記》也更爲合理。蜀國自以繼漢，國中流傳的多爲刪後的《史記》，似乎也在情理之中。雖然漢朝的霸業已經隨歷史風流雲散，《太史公書》也已永遠地成爲了《史記》。但兩千年後，我們晤對古人時，不應忘記《史記》不只是一部古史的記録。

餘　　論

  五帝三代之際治道合一的理想狀態是實有其事還是出於後世儒家的構想，年

---

① 〔唐〕房玄齡等《晉書》卷八二，北京：中華書局，1974年，頁2142。《史通·古今正史》篇與此略同。另參見黃懷信《譙周與古史考》《古籍整理研究學刊》2001年第5期）。

代渺遠,史事難明,或許這只能是一個信仰問題。史家的敘述基本都稱在上一朝代的後期,由於當時的帝王偏離了"道統",纔失去了上天賦予的"治統",由"受命"之朝變成被"革命"的對象。戰國秦漢以來的士人一直在鼓吹道統,而這一時期的統治者却都在標榜治統,宣揚天命。但道統與治統的合一與妥協,是從西漢武帝立五經博士開始一直到東漢明帝修國史時徹底完成。經學與史學分別針對古代、當下乃至後世解釋了本朝的合理性。《史記》到《漢書》的轉變,見證了這一過程。

兩漢時期,該書從《太史公書》到《史記》;從"究天人之際,通古今之變"的"一家之言",到純粹的歷史著作;從"百三十篇,五十二萬六千五百字"到"十篇缺",乃至十餘萬言。作者希望"藏之名山,副在京師","傳之其人通邑大都",而事實上只能"其書稍出",屢遭刪禁;《太史公書》在漢代的遭際就是治統與道統、文化與權力之間相互關係的生動寫照。作爲上古道統的遺音,也只有號稱"實錄"的《史記》,纔足以當"史記"之名。由《史記》到《漢書》,它所代表的更是一種從獨立道統到道統與治統妥協的轉變。

第二章　漢晉士人的抄讀與《史記》文本之變遷

引　言

　　《史記》（漢代多稱《太史公書》）在殺青之後即"藏之名山，副在京師"；漢成帝時，班斿與劉向等共典校書，得賜"祕書之副"①。漢代《史記》遂有兩大傳本系統：一爲"藏之名山"的内廷本及"賜以祕書之副"的班斿藏本；二是"副在京師"的家藏本。由於此書内容或有未盡，敘事"訖於太初"，"太初以後，闕而不錄"；篇目"十篇缺，有錄無書"。且"是非頗謬於聖人"，這些不免令那些"好事者"頗感遺憾。他們或續或補，希望該書完具。對於前者，漢代士人多續寫天漢以後的事迹；對於後者，亦有史家補其缺篇。還有一些讀者，他們在閲讀過程中將相關的文字乃至自己的批語寫於卷中，經後世的傳抄而混入正文。由於個人身份境遇不同，所見傳本各異，所謂的補續也是在不同的抄本上進行的。漢晉之際，紙簡替興，注家及其他讀者在抄讀過程中逐漸將續補的文字和原書彙集爲一本，成爲《集解》本。或許是因爲其最爲完備，遂成晉朝以來流傳最廣的本子。

　　從西漢武帝時期殺青到晉宋之際的基本定型，《史記》文本主要經歷了四個層累的過程：一是西漢的殘缺與宣元之際褚少孫的續補，二是成哀之際馮商所續，三是東漢以降的附益文獻，四是抄讀者的批語闌入正文。這些複雜的文本問題，需要我們分清其中的層次②，梳理文本累積和衍生的過程。漢晉之際的讀者或就其所

---

　　① 見《史記》卷一三〇（頁3319—3320）、《漢書》卷一〇〇（頁4203）。

　　② 此前康有爲、崔適等從今古文經學的角度論述《史記》爲劉歆補竄，甚至僞篇數十，雖然提出不少歧互之處，却不免有疑人偷斧之嫌，而崔氏所云猶多臆測。見康有爲《新學僞經考》之"史記經說足證僞經考"（康有爲著，章錫琛校點《新學僞經考》，北京：古籍出版社，1956年，頁16—46）、崔適《史記探源》。如果是從今古文經學的角度看《史記》文本，自然認爲其中不合後人關於今古文經學的部分都是劉歆等竄入。但這些觀念都是後人强加給《史記》文本的，太史公作史時没有今古文經學的觀念。此外，劉歆固然能見到内（轉下頁）

見之一本而言《史記》的缺篇,近人多將之坐實於整合之後的《集解》本,遂有聚訟之説①。本章即著力於揭示不同傳本系統中文本累積的過程,留意寫本時代典籍流播過程中一些值得注意的文獻現象。以下我們將結合相關的抄讀者,逐次尋繹當時一些主要的傳抄本及發生在該本之上的文本變遷。

第一節　内廷本及其抄讀

一、中書内廷本

根據西漢的獻書制度和《太史公書》的特殊性,此書殺青之後,必然要被朝廷徵集於書府之中②。内廷中書本《太史公書》無疑是最爲權威的傳本。漢代書禁甚嚴,除了帝王之外,似乎只有那些專門掌領典籍的執事官纔能見到部分篇目③。班斿得賜"祕書之副",當源於此本。兩漢以來的賜書,也當是從此本抄出的單篇④。漢成帝時,劉向領校中祕,頗采此本《太史公書》以爲《别録》⑤。嗣後,班固《漢志》以《七略》爲依據,所舉書目也應爲内廷藏書,即"十篇缺,有録無書"説的是内廷本的存佚情況。由此,我們也進一步推定張晏所見本實爲内廷本的傳本。東漢以降的楊終刪《太史公書》爲十餘萬言⑥,所據亦當爲内廷本。前揭武帝削書的傳説及王肅所謂"於今此兩紀有録無書"⑦,

---

(接上頁)廷的《太史公書》,但如前所述,該書並非只有内廷本一種本子,另有班斿藏本和"副在京師"的家藏本。换言之,如果此書觀者甚少,耗費力氣去竄亂也不能起到什麽作用。相較而言,張大可先生的相關研究較爲有據,參張大可《史記研究》之"《史記》殘缺與補竄考辨"(載《史記研究》,頁 174—197)。

① 僅就《漢書・司馬遷傳》所云"十篇缺,有録無書"一句,張晏、裴駰、司馬貞等所言已有不同。宋及明清以來考辨闕書篇目者甚多,多有未洽。吕祖謙"佚而復出"之説庶幾近之,諸家之説詳參余嘉錫《太史公書亡篇考》。近人研究有高步瀛《史記舉要》(《蓮池講學院講義》本,北平:和平印書局)、傅斯年《〈史記〉研究》(上海:上海古籍出版社,2012 年)、王叔岷《史記斠證》、李長之《司馬遷之人格與風格》、張大可《史記研究》等。前人最具系統性的研究當屬《太史公書亡篇考》,但新近最具啓發性的研究無疑是易平先生的《張晏〈史記〉亡篇之説新檢討》。

② 盧南喬先生以爲《史記》只有家藏本的草稿,没有"藏於名山"的本子。此説不僅忽略了《太史公書》本身的特殊性,也與當時的藏書制度不符。(見盧南喬《從史學和史料來論述〈漢書〉編纂特點》)

③ 如前舉東平王蒼求書不得,霍山坐抄祕書獲罪等。石渠閣會議時,桑弘羊曾引用《史記・貨殖列傳》之語,或以爲其得見《太史公書》。但桑弘羊是鹽鐵官,或府中允許有單篇的《貨殖列傳》。

④ 如光武帝賜竇融的單篇(見《後漢書》卷二三,頁 803)、明帝賜王景的單篇等(見《後漢書》卷七六,頁 2465)。

⑤ 《漢志》"諸子略"有"晏子"八篇,班注"有《列傳》",顔注云:"有《列傳》者,謂《太史公書》。"今存《韓非子書録》中亦多用《史記》之文。易平先生已言之,見《劉向班固所見〈太史公書〉考》[載《南昌大學學報》(人社版)1999 年第 2 期]。

⑥ 《後漢書》卷四八,頁 1599。

⑦ 《三國志》卷十三,頁 418。

《史記》的寫本時代——公元十世紀前《史記》的傳寫與閲讀

亦就内廷本而言。

所有的官方續書所參考的《太史公書》都應爲内廷本,或者説是内廷本系統的本子。所謂"續"即接續原文而作,《後漢書·班彪傳》云:"武帝時,司馬遷著《史記》,自太初以後,闕而不録,後好事者頗或綴集時事,然多鄙俗,不足以踵繼其書。"①"綴集時事",表明班彪見到的那些"好事者"所作基本都是接續《史記》原文的"踵繼"之文,不涉及改作原文的問題。因此,内廷本的《史記》原文部分内容較爲穩定。但如果是受詔續史者,便有權力在已有文字後添加新的文字。今本《史記》表傳部分有續文而無署名的,或多出於受詔續史的士人之手,尤其是馮商。今本補續文字最晚至成帝鴻嘉元年(前20),或即商"未卒,會病死"的時間②。

《後漢書》及劉知幾《史通》中所言補續者甚多③,其中除楊惲、班彪外,所據當主要爲中書内廷本。所謂的補續也有可能未必有心作史,只是摘録補充相關材料,單篇別行。今傳本《西京雜記》或即當時材料的一種遺存。《漢書》中所引劉向、揚雄等人的言論多出於《新序》《法言》等書,而未必全是專門的續史著作④,可爲一證。

諸家補作見於《漢志》的,僅馮商一家⑤。馮商後事劉向,或劉向整理典籍之後,成帝遂命高才如馮商以續史。馮商受詔續史也應在劉向校篇籍之後,即略晚於成帝河平三年(前26)⑥。此處既指明馮商受詔而續,則其餘諸家或爲私作故未能列入。同時列入《漢志》"春秋類"的另有"《太古以來年紀》二篇。《漢著記》百九十卷。《漢大年紀》五篇"⑦。這些應該都是官方的記録,因而得藏中祕,其中應該有很多是馮商補續《史記》時所依據的材料⑧。

---

① 章懷注曰:"好事者謂楊雄、劉歆、陽城衡、褚少孫、史孝山之徒也。"(《後漢書》卷四〇上,頁1324—1325)
② 《漢書》卷五九,頁2657。
③ 前文所考(見第一章第四節),有十七人之多。盧南喬先生又加楊惲、班彪、賈逵,共有二十人之多。
④ 參見盧南喬《從史學和史料來論述〈漢書〉編纂特點》。楊樹達在《漢書窺管》卷八中依據《史通·正史》推測"此文劉向揚雄並舉,疑皆指其所續撰之《史記》而言,與向之《新序》,雄之《法言》無涉也"。又稱"今存《新序》頗序漢事,然則已佚之二十卷中亦必多序漢事,疑向續撰之《史記》嘗編入《新序》中,故張晏云云也"。(楊樹達《漢書窺管》,上海:上海古籍出版社,1984年,頁602)當然,如果有專門的補作,更能説明當時補史之言不虚。
⑤ 《漢書》卷三〇,頁1714—1715。余嘉錫以爲既然韋昭云馮商"續《太史公書》"十餘篇",而此處只有七篇,《漢志》"春秋類"末云"凡《春秋》二十三家,九百四十八篇。省《太史公》四篇",因此,"其所省是商所續,而非司馬遷者,固已甚明"。(見《太史公書亡篇考》,頁24)易平先生以爲所省爲民間重出之篇,或可商。(見《劉向班固所見太史公書考》)
⑥ 《漢書·成帝紀》載,河平三年秋,"光禄大夫劉向校中祕書。謁者陳農使,使求遺書於天下"。(《漢書》卷一〇,頁310)
⑦ 《漢書》卷三〇,頁1714。
⑧ 《漢書》中亦有言及馮商續史的内容,如卷七六《王章傳》贊曰:"然劉向獨序趙廣漢、尹翁歸、韓延壽、馮商傳王尊,揚雄亦如之。"(頁3239)卷五九《張湯傳》贊:"馮商稱張湯之先與留侯同祖,而司馬遷不言,故闕焉。"(頁2657)《論衡·須頌篇》:"司馬子長紀黃帝以至孝武。楊子雲録宣帝以至哀、平。"(卷二〇,頁854)

附錄：《漢志》省《太史公》四篇試解

《漢書·藝文志》"春秋類"著録："《太史公》百三十篇。"自注"十篇有録無書。"又稱"凡《春秋》二十三家，九百四十八篇"，自注"省《太史公》四篇"①。

關於《太史公書》(即《史記》)的缺篇問題，前人討論較多②。而《漢志》所省四篇性質如何，究竟是哪四篇，却難以詳考。前人研究大致可分兩派：一派謹守闕疑之例，付諸闕如。如清代章學誠《文史通義》即稱：

《春秋》部注"省《太史公》四篇"。其篇名既不可知，按《太史公》百三十篇，本隸《春秋》之部，豈同歸一略之中，猶有重複著録，及裁篇別出之例邪？③

又孫德謙《漢書藝文志舉例·稱"省"例》云：

惟《太史公書》本爲百三十篇，今於"春秋家"亦以是著録，所省者四篇不言是何篇名。吾不敢强爲之説。④

程千帆先生《〈別録〉、〈七略〉、〈漢志〉源流異同考》曰：

若省《太史公》四篇，孫氏不解，章氏亦莫能明。……今實無從考證矣。⑤

另一派則根據殘存文獻進行推斷。姚振宗認爲所省四篇係馮商所續《太史公書》，其《漢書藝文志拾補》云："《七略》有《太史公書》四篇，班氏省之，即馮商書。"⑥此後余嘉錫承姚氏説，稱馮商所續《太史公書》本爲十餘篇，因四篇入於内廷

---

① 《漢書》卷三〇，頁 1714。
② 除《史記》三家注之外，尚有以下幾種：〔清〕孫同元《史記闕篇補篇考》、吕思勉《蒿廬史札——太史公書亡篇》、余嘉錫《太史公書亡篇考》、曲穎生《史記八書存亡真僞疏辨》、海屏《〈史記〉的補續與改竄問題》、張大可《〈史記〉殘缺與補竄考辨》、高葆光《〈史記〉終止時期及僞篇考》、金惠《揭開〈史記·今上本紀〉〈武帝本紀〉闕失之謎》、王于飛《張晏〈史記〉十篇亡佚説質疑》、趙生群《史記編纂學導論》第一章第三節"《史記》的亡闕與續補"。
③ 《文史通義校注》附《校讎通義》卷三"漢志六藝第十三"，頁 1026。
④ 〔清〕孫德謙《漢書藝文志舉例》，《二十五史補編》本，北京：中華書局，1956 年，頁 1703。
⑤ 程千帆《〈別録〉〈七略〉〈漢志〉源流異同考》(載程千帆《程千帆全集》第七卷《閑堂文藪》，石家莊：河北教育出版社，2000 年，頁 190—191。初收於程會昌《目録學叢考》，上海：中華書局，1939 年)。
⑥ 〔清〕姚振宗《漢書藝文志拾補》，《二十五史補編》本，頁 1458—1459。

本《太史公書》，故只餘七篇①。而沈欽韓《漢書藝文志疏證》則云"蓋《武帝紀》之類重複者"②，似乎認爲其是《史記》書內相重複的篇目。易平以爲所省係來自民間傳本中重複的篇目③。以上諸説既有部分理據，亦有難以解決的矛盾，故略陳管見，試爲之解，以就教於方家。

1. 所省四篇《太史公書》非重複之篇

如所周知，《漢志》有省書之例。但此處所删，不應爲删省重複之篇。因爲若爲重複之篇，可能有兩種來源：

第一種是馮商補史。誠如易平先生所言，《漢志》所省四篇《太史公書》爲馮商所續説難以成立：其一，史書所言馮商是續書而非補史，自然不存在入於《太史公書》而省的問題。即令馮商續史可入於《太史公書》，其餘的七篇又因何不入？其二，如果是因爲馮商續史已入《太史公書》而删去與前文著録重複的四篇，《漢志》著録"馮商所續《太史公》"則應爲十一篇，而非七篇。不會存在《太史公書》和"馮商所續《太史公》"都不計四篇續書的情況。其三，根據《漢志》的體例，"省"通常指删去重複④，但所省都是"家"或整部"書"，如省《墨子》《鶡冠子》《管子》等，而非省篇。《漢志》著録"馮商所續《太史公》"緊接《太史公書》，也没有必要重複著録。如果是馮商書，則七篇應都在《太史公書》中而省去⑤。故重複者不當爲馮商所補之篇。

第二種是《太史公書》中原有的其他篇目。所省四篇亦非重複著録的篇目，《漢志》有省家之例，共十家，皆出"兵書略"，但明確説明是"重"。"凡兵書五十三家，七百九十篇，圖四十三卷"。自注云"省十家二百七十一篇重"⑥。未言"重"，説明不是重複著録的原因。秦漢著書採録前言已是通例之一種，即便《漢書》所録即有《太史公書》的篇目，依此例則不知要省去多少篇目。如賈誼《過秦論》，荀子《禮論》《樂論》，《封禪書》，《屈原賈生列傳》《司馬相如列傳》等，遠非四篇可盡。無論是劉向、劉歆父子校書還是班固核對典籍，需要參照的中外書都不會只有一種。如若重複

---

① 余嘉錫《太史公書亡篇考》之"總論十篇之亡缺第十三"，頁80—85。
② 〔清〕沈欽韓撰，尹承整理《漢書藝文志疏證》，載王承略、劉心明主編《二十五史藝文經籍志考補萃編》第二卷，北京：清華大學出版社，2011年，頁58。
③ 易平《劉向班固所見〈太史公書〉考》。
④ 參見易平《劉向班固所見〈太史公書〉考》。
⑤ 至於爲何本言"十餘篇"而《漢志》著録僅有七篇？易平以爲顔注已云"未卒，病死"，或只成七篇。我們認爲十餘篇也有可能是漢隸中"七""十"形近，後之傳本或因之誤"七"爲"十"，遂泛稱十餘篇。（見易平《劉向班固所見〈太史公書〉考》）
⑥ 《漢書》卷三〇，頁1762。

之篇即需注出省篇,那麼,幾乎每種書都需要注明,既無必要,也無可能。

2.《漢志》所省四篇爲褚補

既然非馮商所續,那所省四篇從何而來?易平先生以爲是來自民間抄本①,我們進一步認爲班固所省應是外間所傳褚少孫補史的篇目,甚至即爲張晏所云《武帝紀》《三王世家》《日者列傳》《龜策列傳》四篇②。原因有四:

其一,褚補《太史公書》有《孝武本紀》《三王世家》《日者列傳》《龜策列傳》四篇,與所省篇目合③。《史記》卷一三〇《集解》:

張晏曰:遷没之後,亡《景紀》《武紀》《禮書》《樂書》《律書》《漢興已來將相年表》《日者列傳》《三王世家》《龜策列傳》《傅靳蒯列傳》。元成之間,褚先生補闕,作《武帝紀》,《三王世家》,《龜策》《日者列傳》,言辭鄙陋,非遷本意也。④

其二,褚補篇目與《太史公書》原文並行已久,今本《史記》中猶存褚補文字。如卷六〇《三王世家》有"褚先生曰:……傳中稱《三王世家》文辭可觀,求其世家終不能得",卷一二八《龜策列傳》中有"褚先生曰:……臣往來長安中,求《龜策列傳》不能得",卷一二七《日者列傳》也有"褚先生曰"相關文字,足見三篇在當時的民間傳本中確有亡闕。卷一二《孝武本紀》非太史公原書,亦無"褚先生曰",諸家或以爲褚補亦亡⑤。

其三,褚補文字有流入内廷的途徑和可能。褚先生補文流入内廷書府的途徑不難推知:元、成之間褚補文字已經以"編之如左"的形式附於民間傳本並行,故當時民間本《太史公書》時多有此四篇。成帝河平三年以後劉氏父子參校中外圖書,褚補文字在民間流傳,或於"求遺書於天下"(《漢書·藝文志》)時進入内廷書府。兩漢之際的政治更迭並未過多地殃及内廷圖書,班固久任蘭臺校書⑥,應見過褚補本的《太史公書》相關篇什。而且略考《漢書》所用文獻,其中也有出於褚少孫續補《太史公書》的。當然,由於學者多以爲褚氏文"多鄙俗",不足以踵繼原書,又爲私續,故《漢志》未加著録而删其篇什。

---

① 易平《劉向班固所見〈太史公書〉考》。
② 《史記》卷一三〇,頁3321。
③ 《史記》卷一三〇,頁3321。
④ 《史記》卷一三〇,頁3321。
⑤ 錢大昕稱:"予謂少孫補史,皆取史公所闕,意雖淺近,詞無雷同,未有移甲以當乙者也。或魏晉以後,少孫補篇亦亡,鄉里妄人取此以足其數爾。"(《廿二史考異》,頁13)
⑥ 班固校書之事見《後漢書·班固傳》:"顯宗甚奇之,召詣校書部,除蘭臺令史。"(《後漢書》卷四〇上,頁1334)《後漢書·班超傳》:"永平五年,兄固被召詣校書郎,超與母隨至洛陽。"(《後漢書》卷四七,頁1571)

其四，班固見過褚少孫所補文字，並採入《漢書》。一方面，班固久爲校書郎，又董理《七略》《別錄》，當如劉向、劉歆父子合中外書、民間書以校，故應見到過褚補文字，甚至採入《漢書》。對此，清人趙翼在《廿二史劄記》中已有考訂："班書内燕王旦等封策及平陽公主以衞青爲夫等事，皆採少孫語入列傳，則知少孫所補久附《史記》並傳矣。"①余嘉錫也認爲《劄記》"此條所言大抵皆是"②。班氏修撰《漢書》時刪輯《七略》《別錄》以爲《漢志》，並根據當時的藏書統計存佚，計算篇數。如前所述，因褚氏爲"鄙陋"之私續，故不言之。而劉向、劉歆、揚雄等私續之篇本自別行，未曾入中書，因此也未著錄。

綜上，班固《漢志》所省《太史公書》四篇非馮商所續，而應該是來自外間流傳的褚少孫補續文字，很可能即爲張晏所稱之《孝武本紀》《三王世家》《日者列傳》《龜策列傳》四篇。

二、外廷本

漢代祕書有中外之分，《史記》藏於書府之後，也不可能只有一部。藏於"名山"的外廷本，此時也多有抄讀。漢代藏書機構甚多，武帝"建藏書之策，置寫書之官"，"外則有太常、太史、博士之藏，内則有延閣、廣内、祕室之府"③。《太史公書》在這些外廷中也應錄有副本。該書於兩漢之際多有補續，而補續者首先要讀《太史公書》。這些續作者多爲當時的郎官，他們當然不會都有資格觀覽内廷的藏書，因此也可推知他們當時所見到的多爲外廷藏本。成帝時劉向校書，每每臚列"中書、臣某書，太史書"④，即爲此例。在某種意義上，我們甚至可以認爲中書本更多的是一種概念上的原本，一般的讀寫多用據此本而抄寫的副本，藏於外廷。如《後漢書》卷三六《范升傳》載光武時期，范升與陳元等辯論是否立《左氏春秋》⑤。辯難的雙方

---

① 《廿二史劄記校證》，頁9。余嘉錫亦云"班固作《漢書》，頗采用其文，(原注：《武五子傳》采《三王世家》，《衞青傳》采平陽公主事，《外戚傳》采修成君事。)蓋即取之《太史公書》耳。"但其稱"或中秘所藏爲太史公元本，或其中已有褚先生補作，而向歆除之不數，皆不可知。然褚先生書在漢時必無單行本，則無疑義"。《漢書》用褚少孫續補文字，只能表明班固見過褚氏補本，但並不能說明内廷本也有褚氏補文。且以褚少孫當時的身份，應見不到内廷本《太史公書》，而今存《史記》中所見附益文獻也表明，褚少孫補史所用多爲民間傳本。(見《太史公書亡篇考》，頁84—85)
② 《太史公書亡篇考》，頁13。
③ 《漢書》卷三〇，頁1701—1702。
④ 見《七略別錄佚文》所引《晏子書錄》《孫卿子書錄》，《二十五史補編》本，頁8，9。
⑤ 《後漢書·范升傳》載："升起對曰：'……《五經》之本自孔子始，謹奏《左氏》之失凡十四事。'時難者以太史公多引《左氏》，升又上太史公違戾《五經》，謬孔子言，及《左氏春秋》不可錄三十一事。詔以下博士。"(頁1228—1229)《後漢書·陳元傳》亦載此事(《後漢書》卷三六，頁1230—1231)。

都提到《太史公書》與《五經》違戾之處,故二人必然讀過《太史公書》。二人身份爲博士,且光武帝下詔的對象也只是博士,可知光武時期博士能讀到此書無疑。此外,外廷本應該不是全本,所謄録的應該是所需用的部分。

三、班氏家藏本

班固在《漢書叙傳》云:

> (班)斿博學有俊材,左將軍史丹舉賢良方正,以對策爲議郎,遷諫大夫、右曹中郎將,與劉向校祕書。每奏事,斿以選受詔進讀羣書。上器其能,賜以祕書之副。時書不布,自東平思王以叔父求《太史公》、諸子書,大將軍白不許。①

既然劉向校書始於成帝河平三年,而奏事進讀羣書,當在校書定本出現以後。賜書又在此後,則最早應在陽朔(前24—前21)、鴻嘉(前20—前17)年間。值得注意的是,今本《史記》中續補文字最晚恰止於鴻嘉元年②。其中一種可能是馮商卒於這段時間,此後未再詔人續寫,内廷本的《太史公書》約定型於此時。在此,我們也不能排除另一種可能,即今傳本《史記》或多據班斿家藏本。因爲班氏得到所賜祕書副本之後,不會再添加内容,年表記事也就止於抄録的時間。

班斿本《太史公書》在東漢史學上影響甚巨,尤其是班彪、班固父子的《史記》閱讀,更是催生了一部新的偉大著作——《漢書》的誕生。此外,當時觀覽此本的,也多爲一時鴻儒。史載,班彪"幼與從兄嗣共遊學,家有賜書,内足於財,好古之士自遠方至,父黨揚子雲以下莫不造門",甚至桓譚都想去班家借書③。班彪自著《後傳》六十五篇④,頗言《太史公書》之短,所據的也應是家藏本。子班固"改作國史",依據的也應爲班氏家藏本《太史公書》。班氏家族中班昭、馬續等能補續《漢書》也當與家有藏書,明於漢史有關。

---

① 《漢書》卷一〇〇上,頁4203。
② 《史記》卷二二,頁1155。裴駰、司馬貞以爲太始元年以後爲後人所續(《史記》卷二二,頁1142—1143)。張大可以爲征和四年(前89)以後爲續補(見張大可《〈史記〉文獻研究》,北京:民族出版社,1999年,頁191)。
③ 《漢書》卷一〇〇上,頁4205。
④ 《史通通釋》卷一二,頁314。又《論衡·超奇篇》言"班叔皮續《太史公書》百篇以上"(見《論衡校釋》卷一三,頁615)。

第二節　家藏本及其抄讀

第二種是"副在京師"的家藏本。這一傳本應由司馬遷之女（楊敞妻）保存，傳於楊惲。《漢書·司馬遷傳》載"遷既死後，其書稍出。宣帝時，遷外孫平通侯楊惲祖述其書，遂宣布焉"①。楊惲地節四年（前66）封侯，五鳳二年（前56）失侯，其公布《太史公書》當在這一時期②。所謂"其書稍出"，自然指的是家藏本，此後楊惲所祖述、公布的也必然是家藏本。亦即，當時外間流傳的基本都是家藏本系統的抄本。"稍出"的特徵，決定了外間所傳的一般都是別行的單篇。按照常理推斷，越是重要的篇目越是晚出，尤其是那些當朝較爲忌諱的篇目一般不會隨意傳出。家藏本有兩個分支：一是太史公全書的副本，一是從副本逐漸傳抄出去的單篇。

一、副本

《漢書·楊惲傳》載："惲母，司馬遷女也。惲始讀外祖《太史公記》，頗爲《春秋》。"③楊惲所補續的文字當依據家藏的副本，易平先生以爲"頗爲《春秋》"即指楊惲增續《太史公書》④。而"其書稍出""遂宣布焉"也不可能如刻本時期一樣完整地大規模傳播，只能是因講讀《史記》，而在狹小的範圍內傳抄流布⑤。此本當在五鳳四年楊惲腰斬之際籍没⑥，入於朝廷書府。

今本部分篇章多有疏略，如朱熹所云，可能是草稿。筆者以爲該書進奉內府書庫的定本，可能就有不少篇章亡缺殘佚，後世讀者遂以家藏本（及其傳抄本）補足之。此書篇幅頗大，謄抄不便，故定稿可能只有一部。家藏本多有未定之處，屬初稿（甚至是草稿）⑦，故不似成篇。

---

① 《漢書》卷六二，頁2737。
② 易平《楊惲與〈太史公書〉》。
③ 《漢書》卷六六，頁2889。
④ 參見易平《褚少孫補〈史〉新考》《楊惲與〈太史公書〉》。
⑤ 鄭之洪《史記文獻研究》，成都：巴蜀書社，1997年，頁171—172。
⑥ 《漢書》卷六六，頁2898。
⑦ 新近關於漢代文獻的進獻本和初稿的討論，參見余建平《賈誼奏議的文本形態與文獻意義——兼論〈新書〉〈漢書·賈誼傳〉與〈賈誼集〉的材料來源》（載《文學遺產》2018年第3期）。

二、褚氏本

褚先生多次申明將自己補續的文字"編於左方"①,則褚氏所補已然接續所抄錄的太史公原文,合成一本。經褚氏續補之後的本子,形成了新的面貌,我們姑稱之爲"褚氏本"。褚少孫補史所依據的很可能是楊惲"宣布"的傳抄本,依據主要有以下三點:第一,從時間上,褚先生有條件見到楊惲公布的《太史公書》。褚少孫在其續補的《建元以來侯者年表》中記載了平通侯楊惲在宣帝五鳳四年"作爲妖言,大逆罪腰斬,國除"②的事迹,說明在褚氏生活的時代,《史記》已經對外公布了。第二,據當時的藏書及書禁制度,他最可能見到的只有楊惲公布的本子。第三,從文本上看,褚氏本的底本留有楊惲抄讀乃至續補的痕迹。如褚少孫對《建元以來侯者年表》的補續始於昭帝,而在此之前尚有楊惲所續的武帝時賜封的"當塗""蒲""潦陽"和"富民"四侯,褚氏對此並不知情③。褚氏猶以爲"太史公記事盡於孝武之事",可見他不僅所據爲楊惲補續傳於民間的單篇別行之本,而且他可能還没有意識到該本已有補續④。

褚補的文字之前一般有"褚先生曰"四字⑤,相關提示文字如下:

《三王世家》:"褚先生曰:臣幸得以文學爲侍郎,好覽觀太史公之列傳。傳中稱《三王世家》文辭可觀,求其世家終不能得。竊從長老好故事者取其封策書,編列其事而傳之,令後世得觀賢主之指意。"⑥

《滑稽列傳》:"褚先生曰:臣幸得以經術爲郎,而好讀外家傳語。竊不遜讓,復作故事滑稽之語六章,編之於左。可以覽觀揚意,以示後世好事者讀之,以游心駭耳,以附益上方太史公之三章。"⑦

---

① 《史記》卷二〇,頁1059。
② 《史記》卷二〇,頁1066。
③ 《史記》卷二〇(頁1058)、易平《褚少孫補〈史〉新考》。
④ 説見易平《褚少孫補〈史〉新考》。
⑤ 褚少孫補續內容可參見張大可先生的統計:《三代世表》810字;《建元以來侯者年表》,"補昭宣之世侯者,兼武帝征和以後四侯",其中褚序240字,補表2 812字,總3 052字;《陳涉世家》,953字;《外戚世家》,1 180字;《梁孝王世家》,1 153字;《三王世家》,1 888字;《田叔列傳》,1 158字;《滑稽列傳》,4 145字;《日者列傳》,409字;《龜策列傳》,7 664字;《張丞相列傳》,"起句大類褚少孫他篇所續史之意,當爲褚少孫所補。篇首因脱'褚少孫曰',好事者誤爲司馬遷文而在篇末竄加'太史公曰'",1 204字;《漢興以來將相名臣年表》"疑爲褚少孫所補",1 439字;"凡褚記皆述續補之意,並非妄作",共12篇,25 055字。見張大可《史記研究》之《〈史記〉殘缺與補竄考辨》所附表一(載《史記研究》,頁174—197)。
⑥ 《史記》卷六〇,頁2114。
⑦ 《史記》卷一二六,頁3203。

《日者列傳》："褚先生曰：臣爲郎時，游觀長安中，見卜筮之賢大夫，觀其起居行步，坐起自動，誓正其衣冠而當鄉人也，有君子之風。……臣爲郎時，與太卜待詔爲郎者同署"①。

《龜策列傳》："褚先生曰：臣以通經術，受業博士，治《春秋》，以高第爲郎，幸得宿衛，出入宮殿中十有餘年。竊好《太史公傳》。《太史公之傳》曰：'三王不同龜，四夷各異卜，然各以決吉凶，略闚其要，故作《龜策列傳》。'臣往來長安中，求《龜策列傳》不能得，故之大卜官，問掌故文學長老習事者，寫取龜策卜事，編于下方。……臣爲郎時，見《萬畢》《石朱方》。"②

《外戚世家》："褚先生曰：臣爲郎時，問習漢家故事者鍾離生。"③

《梁孝王世家》："褚先生曰：臣爲郎時，聞之於宮殿中老郎吏好事者稱道之也。"④

《田叔列傳》："褚先生曰：臣爲郎時，聞之曰田仁故與任安相善。"⑤

由以上補文我們可以大略推知褚氏及其閱讀《史記》的相關信息：其一，褚少孫身份。先從博士習《春秋》，中高第，爲文學侍郎，並在宮中任職有十餘年。既云與"太卜待詔爲郎者同署"，馮商亦曾爲待詔，二者身份應該相近。《孝武本紀》卷首《集解》引張晏曰："《武紀》，褚先生補作也。褚先生名少孫，漢博士也。"⑥《索隱》對褚氏的身份亦有所記：

褚先生補《史記》，合集武帝事以編年，今止取《封禪書》補之，信其才之薄也。又張晏云"褚先生潁川人，仕元成間"。韋稜云《褚顗家傳》：褚少孫，梁相褚大弟之孫，宣帝代爲博士，寓居于沛，事大儒王式，號爲'先生'，續《太史公書》"。阮孝緒亦以爲然也。⑦

在時間上，今本所見確知爲褚氏補文的敘述時間止於元帝初元（前48—前44）

---

① 《史記》卷一二七，頁3221—3222。
② 《史記》卷一二八，頁3225—3227。
③ 《史記》卷四九，頁1981。
④ 《史記》卷五八，頁2089。
⑤ 《史記》卷一〇四，頁2779。
⑥ 《史記》卷一二，頁451。
⑦ 《史記》卷一二，頁451。易平先生也以爲宣帝時爲博士，見《褚少孫補〈史〉新考》。

第二章　漢晉士人的抄讀與《史記》文本之變遷

年間,初元二年(前47)之後爲後人所補。易平先生以爲褚先生應博士弟子選在宣帝地節(前69—前66)末,入仕爲郎在元康(前65—前62)初,爲博士在宣帝甘露(前53—前50)間,補史在宣元之際,大致可從①。褚先生在補續的文字中屢次言及"臣爲郎時"及"往來長安中",而且通篇語氣似乎是在回憶往昔,可知補續《史記》時已經不爲郎官,甚至也已經離開了長安。而各篇前之序多有重複,這也表明他的補續並非是連續集中地完成的②。篇中又言必稱"臣",似乎是對當時的顯官乃至地方的諸侯王而言。

今本《史記·三代世表》所載張夫子③與褚先生的一段對話尤可留意。其中言及今蜀王及亦爲黃帝之後,並引《黃帝終始傳》稱慕霍光"持天下之政"而帝爲"嬰兒主,却行車"。"臣爲郎時,與方士考功會旗亭下,爲臣言。豈不偉哉!"④此句王鳴盛《十七史商榷》卷三、臧庸《拜經樓日記》卷九言其欲詔諛將軍霍光。張文虎亦云:

　　《黃帝終始傳》曰:"漢興百有餘年,有人不短不長,出自燕之鄉。"案霍光事何與於《三代世表》?此褚少孫續貂之尤鄙謬者。《漢書·儒林傳》:王式爲昌邑王師,以《詩》諫,聞少孫乃其弟子。是生當宣帝之世。光薨於地節元年,霍禹謀反於四年,少孫此記當在霍氏盛時,霍氏敗後,必不敢爲此。造爲妖言以取媚,玷其師甚矣。⑤

雖然余嘉錫已辯王、臧立説之非⑥,但考慮到褚補非一時所爲,張文虎的批評值得考慮。又《建元以來侯者年表》補續部分載:"後進好事儒者褚先生曰:太史公記事盡於孝武之事,故復修記孝昭以來功臣侯者,編於左方,令後好事者得覽觀成

---

① 易平臚舉今確知褚補《建元以來侯者年表》中"龍雒侯""弋陽侯""平臺侯""爰戚侯""陽平侯"事例明之。弋陽侯任宮壽終、爰戚國除與廣陵王劉霸紹封事俱在初元二年,此爲褚氏補表之下限。(見《褚少孫補〈史〉新考》)余嘉錫先生《太史公書亡篇考》一文雖則羅列材料甚多,但關於這一問題,基本沒有直接可靠的材料,多爲推論,今不從。(見《太史公書亡篇考》之"褚先生事迹",頁104—108)
② 案,清錢大昕言褚補文字前後非一時,與本書所指不同。錢氏以《漢興以來將相名臣年表》續至成帝鴻嘉元年及《曆書》言及成帝建始四年(前29)事俱爲褚補,本書不取。(見《廿二史考異》卷二,頁33)
③ 張夫子當指同事王式的博士張長安,見余嘉錫《太史公書亡篇考》之"褚先生事迹",頁104—108。
④ 《史記》卷一三,頁507。
⑤ 〔清〕張文虎撰,魏得良校點《舒藝室隨筆》卷四,瀋陽:遼寧教育出版社,2003年,頁91。
⑥ 《太史公書亡篇考》之"十篇外褚先生所續",頁86—87。

敗長短絕世之適，得以自戒焉。"①褚氏之言倒似乎是針對霍氏之禍有感而發，而褚氏補表所列第一家即爲博陸侯霍光，也在一定程度上印證了這一點。這與《三代世表》中"褚先生曰"的語氣大不相同。《侯者年表》的"褚先生曰"部分，他又單舉龍雒侯以標榜，稱"有土君國以來，爲王侯，子孫相承不絕，歷年經世，以至于今，凡百餘歲"②，似乎與之有特別的關係。他對龍雒侯的諛辭與之前吹捧霍氏的言辭也甚爲相近。《田叔列傳》中褚先生所補言田仁、任安事多貶衛青，文筆酣暢③，與此前的文字和立場頗有不同。如果"褚先生曰"四字爲後人所加而且沒有判斷錯誤的話，説明褚氏後期的補續文字較之此前文風和立場多有不同。否則，只能説這些補續本來就不是一人所爲，而被後來的整理者一概加上"褚先生曰"四字。

其二，褚少孫續補時所依據的材料。有較爲原始的檔案資料，如"從長老好故事者取其封策書"；有問習事者而記之，如"之大卜官，問掌故文學長老習事者，寫取龜策卜事"。或訪問瞭解文獻掌故宿學，如"問習漢家故事者鍾離生"；或耳聞之，如"聞之於宮殿中老郎吏好事者稱道之也"，"聞之曰田仁故與任安相善"等。從其所據史料來源判斷，其補史之時，或爲博士，但非受詔續史，而是一種個人行爲。否則，他所依據的材料應該是書庫中存藏的史官所記的正式史料，如《漢志》所存《漢著記》《漢大年紀》等④，而不是訪問那些外廷官員所聞。如此則不難理解爲何《漢志》中只録"馮商所續"而未言褚少孫。

其三，褚先生所見之本與《史記》傳播。當時流傳較廣的是列傳部分，本紀可能由於涉及尊者隱諱之事，傳布不廣。所謂"傳中稱《三王世家》文辭可觀"，當見於《太史公自序》。《太史公書》雖然對外公布，可能只是部分或者大部分，而不是全部。沒有或者不敢公布的部分長久以來面臨殘缺的危險，加上外禁内删，遂多有亡缺。

三、散篇別行本

楊惲公布《太史公書》之後，作爲"通邑大都"的長安，頗有一些該書的散篇流傳。但這些似乎並不是大規模的傳抄，更不是全本。褚少孫欲觀《史記》，"往來長安中"十餘年，訪之得見⑤。雖然這些抄本内容不全，但其傳抄速度却非常驚人，甚至在宣帝時期即傳至敦煌。上世紀初，英國斯坦因（Marc Aurel Stein, 1862—1943）在

---

① 《史記》卷二〇，頁1059。
② 《史記》卷二〇，頁1059。
③ 《史記》卷一〇四，頁2779—2783。
④ 《漢書》卷三〇，頁1714。
⑤ 《史記》卷一二八，頁3226。

敦煌一帶發現了漢木簡本《史記·滑稽列傳》之《淳于髡傳》[①]。因此簡爲今見唯一幸存的漢代《史記》傳本[②]，今略述其詳。

"木簡出敦六乙"，長17.4釐米，廣0.8釐米，殘存《淳于髡傳》三十一字，隸書。此簡字迹規整，大小如一，字距相當，似有每行多少字的要求，與雜存信牘書風頗不類。這種字距與字體大小與出土於敦十五甲等地的醫方類書籍頗爲相似[③]，當爲著意抄寫之典籍。此類簡牘長23.2釐米，廣0.5釐米[④]，《史記》書寫的形制亦應大致如此。以殘簡存字推斷，一支整簡可書約40字。以《太史公自序》所稱本文爲五十二萬六千五百字計算，每簡容字40，則抄完該書需用簡約13 162支左右，編連之後净簡總長（寬度）約65.8米，書寫面積約15.268 5平方米。若按漢簡通長寬度1釐米／簡計算，則總長有131.6米，書寫面積30.536 6平方米左右。據邢義田估算，平均一卷四千字，須用簡百支；捲爲卷軸，直徑10釐米左右，總重約58公斤。白文《史記》爲現代紙本體積的225倍。[⑤]

據羅氏卷末所附錄圖表，是簡出於敦六乙，同出敦六乙的尚有數種曆譜，據沙畹及羅振玉推定，所載年月分別爲西漢宣帝元康三年（前63）、神爵三年（前59）和五鳳元年（前57）八月[⑥]。簡本《史記》書寫時間亦當在此前後。此與前揭楊惲公布《太史公書》的時間頗爲一致，可見公布之後，傳抄之廣、之速。其文字與今本多異的現象，也揭示出此書傳抄之初，訛誤之多。而烽燧中未見該篇相關內容的其他簡牘，或此爲軍人閱讀之後帶走原卷，而此簡因脫漏而得以遺留。

這片竹簡是上述三大傳本系統中，於今唯一可見的物質遺存，我們於兩千餘年後尚能一睹其神采，令人感慨萬端。當時的中書內廷本系統或有帛書本的《太史公書》，而外間當多爲簡牘本。褚少孫言"編之於左"的附文方式也説明了這一點。當然，漢簡中《史記》所用簡牘長度約合漢制一尺，似乎也頗能説明此書的性質。

[①] 羅振玉、王國維編著《流沙墜簡》三"簡牘遺文"（頁67）、"簡牘遺文考釋"（頁218）。沙畹（Chavannes, 1865—1918）本原簡號T.vi.b.i301。又見《史記會注考證校補》册八圖版二〇六、張鳳影印《漢晉西陲木簡彙編》（上海：有正書局，1931年，頁7）。

[②] 雖然今羅布淖爾出土有"人利則進不利則退"簡文，與《史記·匈奴傳》同，但字體似書劄，不當以傳本目之。黃文弼《羅布淖爾考古記》第四篇"木簡考釋"第八章"雜釋"，北京：國立北京大學出版部，1948年，頁211—212。

[③] 圖見《流沙墜簡》一"小學術數方技書"（頁22），釋文見"小學術數方技書考釋"（頁95—99）。

[④] 《流沙墜簡》"小學術數方技書考釋"，頁96。

[⑤] 邢義田《地不愛寶：漢代的簡牘》，北京：中華書局，2011年，頁11—15。

[⑥] 《流沙墜簡》"小學術數方技書考釋"，頁290—294。

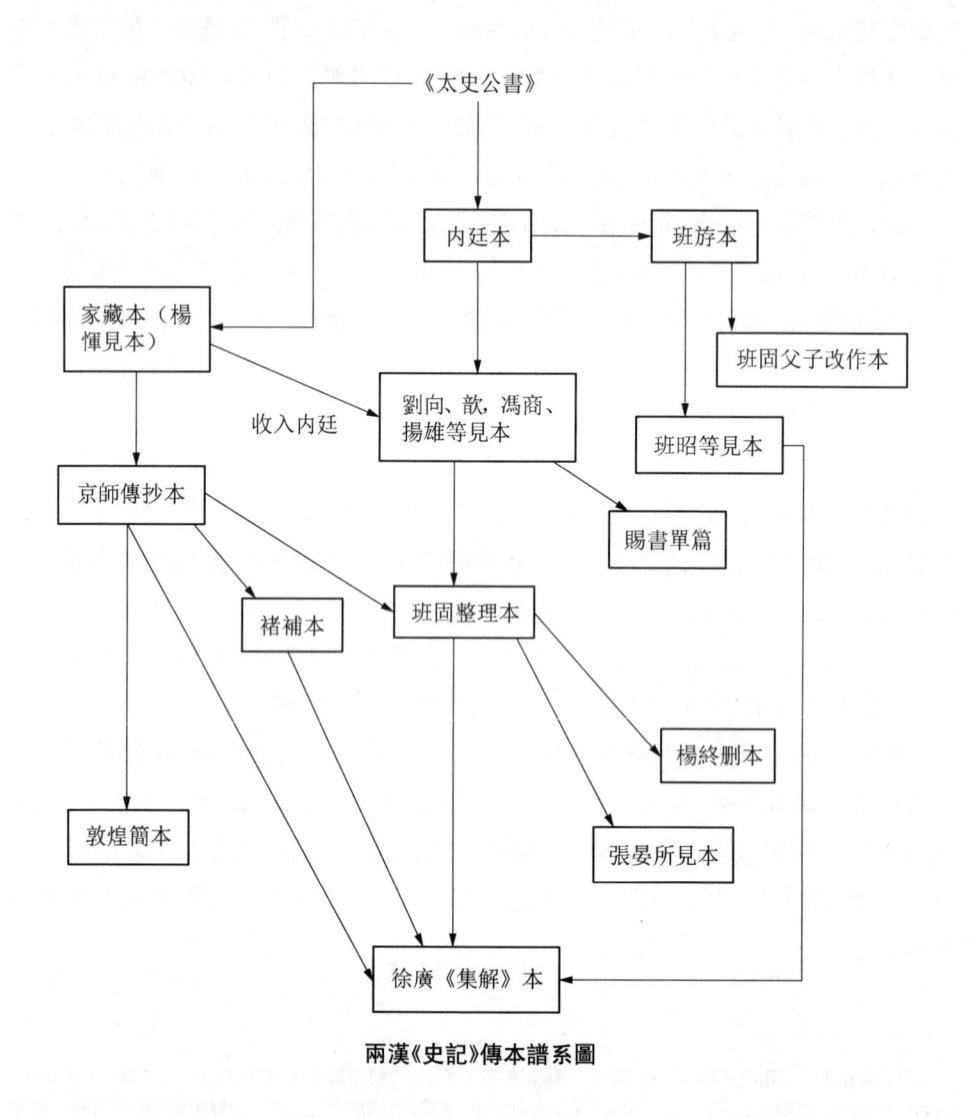

《史記》的寫本時代——公元十世紀前《史記》的傳寫與閱讀

```
                            《太史公書》
                                │
                                ▼
                    ┌───────→ 內廷本 ─────→ 班斿本
                    │           │             │
                    │           │             ▼
          家藏本（楊      │           │         班固父子改作本
          惲見本）       │           │
              │    收入內廷  ▼             
              │    ┌──→ 劉向、歆，馮商、         班昭等見本
              │    │     揚雄等見本                │
              ▼    │         │                    │
          京師傳抄本│         ▼                    │
              │    │      賜書單篇                 │
              │    │                               │
              │    │      班固整理本               │
              │    │         │                    │
              ▼    │         ▼                    │
           褚補本  │       楊終刪本                │
              │    │                               │
              │    │      張晏所見本               │
              │    │         │                    │
              ▼    ▼         ▼                    ▼
                  徐廣《集解》本 ←────────────────┘
```

兩漢《史記》傳本譜系圖

第三節　《史記》文本的層累與變遷

　　關於《史記》文本的補續問題，歷來衆説紛紜，由於年代久遠，史料殘缺，難有定論[1]。之所以會歧義紛呈，我們認爲，是因爲這些研究者多將"書"與"版本"這兩個概念混淆了。前人所言，其實並不是一本書，而是各人所見的《史記》一書的一種傳本而已。《史記》一書在太史公殺青之時即已作爲一種獨創的唯一存在，不可抹殺。而《史記》傳抄的版本却可以千差萬別，在傳衍之中更會千變萬化。我們不能因爲自己所言是符合自己所見的一個版本，就否定其他人所言。否則，很容易出現盲人摸象的情况[2]。秦漢古書殘缺的情况並不稀見，《淮南子》也存在某家書有闕而其

---

[1]　關於褚補篇目，安師平秋先生概括爲以下幾説：（1）褚少孫補四篇。見《太史公自序》引三家注、張晏説。（2）褚少孫補十篇。張守節《正義》謂所闕十篇全爲褚補。余嘉錫批評其讀書不仔細，非有所見。（3）部分是褚補，部分是馮商所補（見梁玉繩《史記志疑》卷七，杭世駿《漢書疏證》卷二四）。或云部分爲鄉里妄人所補，如錢大昕、余嘉錫。具體到各篇：（1）《孝景本紀》。王鳴盛《十七史商榷》以爲原文未動。余嘉錫言補作，稱與《自序》中主要言七國之亂不符。鄭樵《通志》卷五"景帝紀"言劉歆、揚雄、馮衍、史岑所補。而余嘉錫以爲係成帝時馮商所補。皆無確據。（2）《孝武本紀》。學者公認非遷所作。張晏在《孝武本紀》解題之下云"《武紀》，褚先生補作也"。王鳴盛《十七史商榷》卷二、梁玉繩《史記志疑》卷七、趙翼《廿二史劄記》卷一、俞樾《湖樓筆談》卷三皆云褚先生補。錢大昕《廿二史考異》卷一云"予謂少孫補史，皆取史公所闕，……未有移甲以當乙者也。或魏晉以後，少孫補篇亦亡，鄉里妄人取此以足其數爾"。臧庸《拜經日記》卷九言或褚以後人作。余嘉錫亦言《孝武本紀》開篇與他文義例不同，又無"褚先生曰"；且張晏明説爲四篇，褚氏所補皆標明"褚先生曰"，無剽竊之意。（3）《漢興以來將相名臣年表》。錢大昕以爲褚氏所補。余嘉錫云十表中唯此篇無序，内容與《自序》亦不合。補作者爲漢成帝時人。成帝時有劉向、馮商、褚氏，此當爲馮商所作（《廿二史考異》卷二）。王鳴盛謂太始以前爲太史公作（《十七史商榷》卷二）。梁玉繩稱天漢至鴻嘉元年"皆後人所續"（《史記志疑》卷一四）。《漢書疏證》卷二四亦云此表或馮商所續。（4）《禮書》。司馬貞《索隱》、王鳴盛《十七史商榷》卷一皆以爲遷取《荀子·禮論》。張守節、楊慎亦云之（《史記評林》卷二三）。梁玉繩《史記志疑》卷一五謂前爲遷作，後爲補作。余嘉錫因之。（5）《樂書》。吕祖謙以爲草具未成（《大事記》解題十一）；張守節云褚氏補作；王應麟《困學紀聞》卷十一、《通鑒答問》卷四云非遷作；梁玉繩全缺，後人補之（《史記志疑》卷十五）。余嘉錫云兩漢人所補。（6）《兵書》。司馬貞《索隱》謂褚氏補。楊慎云未全亡（《史記評林》卷二五）。趙翼《廿二史劄記》云"此篇最無頭緒"。《索隱》《正義》皆云《兵書》即爲《律書》。余氏言此不確，《自序》中皆言兵，未言律。張晏亦未言《律書》。當補作之人取《曆書》後半部補人《兵書》而改稱《律書》。其他皆鄉里妄人作，非褚氏補。（7）《三王世家》。褚氏補作，中有"褚先生曰"，皆爲褚氏論次。歸有光云《三王世家》本不缺。實不得其意。臧庸、余嘉錫皆云褚補。（8）《傅靳蒯成列傳》。柯維奇、歸有光等皆云非太史公不能作。《史記評林》卷九八、《廿二史劄記》卷一、《史記志疑》卷七、吕祖謙言褚補。余嘉錫云非史遷作，但文意高古，西漢人作。文筆簡約，勾勒簡單，無繁複淋漓之氣，意猶不足。（9）《日者列傳》。非太史公作，臧庸云"太史公曰"四字"必妄者所加"，後人所補（《拜經日記》卷九）。余嘉錫言褚少孫仿太史公作。張文虎、王鳴盛同之。（10）《龜策列傳》。吕祖謙、王鳴盛、臧庸、何焯（《義門讀書記》卷一"史記下"）、梁玉繩以爲褚氏補，安師平秋先生同之。

[2]　參見易平《張晏〈史記〉亡篇之説新檢討》。

後復全的情况①。

這種分歧在很大程度上也在於此前學者對寫本時代不同傳寫系統之間的文本差異性估計不足②。這一問題在刻本時代並不明顯。雕版大行之後，一種書只要刊刻一次，就會有成千上百個完全相同的本子。其中一本有問題，我們大可取諸他本以資比勘。即使該書重新校刻，也多爲字句差異，少有篇目不同。但在寫本時代，一個抄寫者乃至一位讀者即能生產出一種新的文本，而這種文本的差異是遠超刻本的。在這一問題上，《史記》一書表現得尤爲突出。

當然，我們討論《史記》文本變遷的前提是，《太史公自序》云已完成該書，記事"至太初而訖"③，"凡百三十篇，五十二萬六千五百字"④。下面我們就嘗試將文本問題置於《史記》兩大傳本系統的框架下，分别針對各卷情况梳理《史記》文本的變遷。

一、屬於内廷本部分

1. 本紀部分

卷六《秦始皇本紀》，今本《秦始皇本紀》的文獻問題也極爲複雜，其至少經歷了三層文本的累加。第一層：讀者將太史公捨棄的《過秦論》其他部分的文字補抄進今本中。這裏又涉及太史公贊語所引賈誼《過秦論》篇章起訖問題。今本太史公贊語中自"秦并兼諸侯山東三十餘郡"至"故曠日長久而社稷安矣"⑤，爲太史公引賈誼《過秦論》下篇以評論始皇。這段文字爲《史記》原文應無問題。但之後文字至少經歷了抄讀者的兩層附益：其一，自"秦孝公據殽函之固"至"仁義不施而攻守之勢異也"⑥，此爲《過秦論》上篇，與前文語序不合，所敘內容也與前文顛倒相反，當爲後之讀者見《過秦論》下篇，而又增續上篇以備覽。其二，自"秦并海内，兼諸侯"至

---

① 高誘《淮南子敘目》云："光禄大夫劉向校定撰具，名之《淮南》。又有十九篇者，謂之《淮南外篇》。自誘之少，從故侍中、同縣盧君受其句讀，誦舉大義。會遭兵災，天下棋峙，亡失書傳，廢不尋修，二十餘載。建安十年，辟司空椽，除東郡濮陽令，覩時人少爲《淮南》者，懼遂陵遲，於是以朝餔事畢之間，乃深思先師之訓，參以經傳道家之言，比方其事，爲之注解，悉載本文，并舉音讀。典農中郎將弁揖借八卷刺之，會揖身喪，遂亡不得。至十七年，遷監河東，復更補足。"（何寧《淮南子集釋》，北京：中華書局，1998年，頁6）
② 這一問題在易平先生的系列研究中始有改觀，參見前節中所引易平先生論文。
③ 《史記》卷一三〇，頁3321。關於《史記》斷限，有"訖於麟止""訖於太初""訖於征和二年""訖於天漢""訖於武帝之末"等說。然參之《史記》内證，我們以爲《史記》斷限太初而大事盡武帝之末"。（參見《史記文獻研究》第三章第二節《史記》斷限，頁111—129）
④ 《史記》卷一三〇，頁3319。
⑤ 《史記》卷六，頁276—278。
⑥ 《史記》卷六，頁278—282。

"是二世之過也"①,爲《過秦論》下篇之上半②,與前文太史公所引語義有重複,應爲讀者見前《過秦論》全文尚缺一段,遂並抄餘下的文字附之此末。甚至在漢晉之際,讀者對這段文本還有另一種改編,《集解》云:

  徐廣曰:"一本有此篇,無前者'秦孝公'已下,而又以'秦并兼諸侯山東三十餘郡'繼此末也。"③

今案,徐廣所見本是將賈誼《過秦論》的整個下篇當作太史公的贊語,而刪去了附益的上篇。《索隱》亦云:

  賈誼《過秦論》以"孝公"已下爲上篇,"秦兼并諸侯山東三十餘郡"爲下篇。鄒誕生云"太史公刪賈誼《過秦論》篇著此論,富其義而省其辭。褚先生增續既已混殽,而世俗小智不唯刪省之旨,合寫本論於此,故不同也。今頗亦不可分別"。④

但小司馬以爲是褚先生補入,不確。我們只要參照其他褚補內容的文獻特徵,自會明白。可以看出,在寫本時代,文本的流動性極強,學者經常依據自己的判斷就可以改變一個文本的面貌。

第二層:在贊語之後,《秦始皇本紀》中還附有一段記錄秦國先王立年、葬處及繼承者的簡表,類似年代紀之類的文獻。小司馬以爲是據《秦紀》而爲說⑤。這部分文字起"襄公立,享國十二年",訖"始皇生十三年而立"⑥。既然這部分文字所據爲《秦紀》一類文獻,而這類文獻一般只會藏於書府之中,頗疑這部分內容爲中書內廷人員所附益,而這個本子也當出自內廷本。

---

 ① 《史記》卷六,頁283—284。
 ② 或云爲《過秦論》中,關於《過秦論》分篇,孫欽善先生以爲並沒有三篇,只有上下兩篇。參見孫欽善先生《賈誼〈過秦論〉分篇考》(載《文史》第3輯,北京:中華書局,1963年,頁120)。
 ③ 《史記》卷六,頁283。
 ④ 《史記》卷六,頁283。
 ⑤ 《索隱》:"此已下重序列秦之先君立年及葬處,皆當據《秦紀》爲說,與正史小有不同,今取異說重列於後。"《史記》卷六,頁285)
 ⑥ 《史記》卷六,頁285—290。

第三層：自"孝明皇帝十七年十月十五日乙丑"至"嬰死生之義備矣"①，此爲班固的奏疏②，是東漢以後所附文獻無疑。在東漢以後對班固奏疏很熟悉，又輕易附在《史記》原文中得以流傳，只能是東漢時期較爲權威的東觀本（或蘭臺本）。

《秦始皇本紀》中文獻層疊的現象，也顯示出兩漢之際無論是帝王還是士人都對此篇有過較爲細緻的研讀。這種情況也與當時經常討論秦政的風氣有關。

卷一一《孝景本紀》，余嘉錫先生以爲馮商所補③，今不論。至少應出自內廷本。

卷一二《孝武本紀》，張晏及《索隱》以爲褚先生所補。但張晏所見本應與今本不同，余嘉錫先生以爲兩晉間人所爲④。筆者以爲補錄此篇者，與調整八書者係同一人。

2. 十表部分

卷二二《漢興以來將相名臣年表》，自武帝太始元年（前96）訖表末成帝鴻嘉元年（前20）⑤。

今案，此表或以爲褚先生補，不確。其一，褚先生補書多明確有"褚先生曰"或相關論斷，此表無。其二，今可確知褚先生補表爲卷二〇《建元以來侯者年表》，起昭帝訖元帝初元年間（前48—前44）⑥。如果《漢興以來將相名臣年表》亦屬褚先生所補，斷限應當一致。從元帝初年到成帝鴻嘉元年，中間相隔有二十餘年，若爲一人補表，時間相差不會如此巨大。根據成帝時校書的時間，我們推斷這是內廷本系統的本子，而且極有可能是班斿藏本。

3. 八書部分

卷二三《禮書》，該篇文獻較爲複雜，從開篇"太史公曰：洋洋美德乎"至"垂之於後云"⑦，爲太史公原文應該沒有問題。這段話不僅有"太史公曰"，而且行文、立意與《自序》中"維三代之禮，所損益各殊務，然要以近性情，通王道，故禮因人質爲之節文，略協古今之變。作《禮書》第一"⑧的話相應。至於其後所錄《荀子·禮論》⑨，出自太

---

① 《史記》卷六，頁290—293。
② 此段附錄文字的來歷，三家注皆有交代，一致認爲是班固所奏。（見《史記》卷六，頁290—291、294）
③ 《太史公書亡篇考》，頁17—26。
④ 《太史公書亡篇考》，頁26—31。
⑤ 《史記》卷二二，頁1142—1155。
⑥ 《史記》卷二〇，頁1059—1069。
⑦ 《史記》卷二三，頁1157—1161。
⑧ 《史記》卷一三〇，頁3304。
⑨ 〔清〕王先謙撰，沈嘯寰、王星賢點校《荀子集解》卷一三，北京：中華書局，1988年，頁349。《禮書》全篇所錄文字見《荀子集解》卷一三，頁346—358。

第二章　漢晉士人的抄讀與《史記》文本之變遷

史公之手的可能性很大,但似乎前後有所缺失①。清人錢大昕亦稱:"張晏謂《禮書》《樂書》遷没之後亡,今二篇俱有'今上即位'之文,似非盡褚先生所補。"②

自"治辨之極也"至"《傳》曰'威厲而不試,刑措而不用'"③,是《荀子·議兵》的文字④。太史公以《議兵》的文字言禮,未嘗不可,但這裏的銜接很有問題。其一,《禮書》是在原來《荀子·禮論》中本來前後相接的文字中忽然插入這一段,使得整篇前後文意都不連貫。其二,這裏截取的《議兵》篇的文字前後文句不全,或爲當時殘缺的痕迹。如起句《荀子》作"禮者,治辨之極也",《禮書》中却將本來可能銜接的"禮者"二字删去,使得這段文字十分突兀。或整理者見這段文字也是言禮,遂將之合爲一處。换言之,如果太史公採録此篇入《禮書》,也應换一個位置,而不會將原文相接的部分拆開。反觀《兵書》無一言,筆者以爲這裏混入了《兵書》的文字。

卷二四《樂書》,此篇文獻性質較《禮書》更爲複雜。自開篇"太史公曰:余每讀《虞書》",至"世多有,故不論"爲太史公原文⑤,應該没有問題。但後面從"又嘗得神馬渥洼水中"到"丞相公孫弘曰:'黯誹謗聖制,當族'"一段十分突兀⑥,與前後文不銜接。即便爲史公之文,前後也必有脱誤。此後採録《禮記·樂記》之文,文獻特徵又有不同:自"凡音之起"至"哀樂之分,皆以禮終"⑦,基本與今本《禮記》次序同;自"樂也者,施也"至"故不知手之舞之足之蹈之"⑧,與今本《樂記》次序不同。當然,司馬遷作史之時,大小戴《禮記》均未成,但即便是《樂記》本身的章節如《樂記·樂象法章》的次序也不相同。《正義》以爲"今此文篇次顛倒者,以褚先生升降,故今亂也"⑨,不確。筆者以爲依然是漢晉之際今本《史記》的最後一位有影響的整理者所爲。

本段末"子貢問樂"⑩四字似後來讀史之人批注,因爲此前徵引《樂記》各章均未標出章名。

---

①　張大可、鄭之洪兩位先生並以爲《荀子·禮論》之言亦爲後人附入,筆者不取。見鄭之洪《史記文獻研究》(頁194)、張大可《〈史記〉文獻研究》(頁195)。
②　《廿二史考異》卷三,頁39。
③　《史記》卷二三,頁1164—1167。
④　《荀子集解》卷一〇,頁281—284。
⑤　《史記》卷二四,頁1175—1178。
⑥　《史記》卷二四,頁1178。
⑦　《史記》卷二四,頁1179—1200。
⑧　《史記》卷二四,頁1201—1234。
⑨　《史記》卷二四,頁1234。
⑩　《史記》卷二四,頁1234。

《史記》的寫本時代——公元十世紀前《史記》的傳寫與閱讀

自"凡音由於人心"至卷末"故君子終日言而邪僻無由入也"①,這段文字不僅對《樂書》中所引《樂記》文字有所概括,末段"太史公曰"與卷首的"太史公曰"文氣全不相同。《正義》以爲這部分文字"出褚意耳"②。且這部分文字三家注中唯獨《正義》有三處注文,其他兩家均未出注。

簡言之,今本《樂書》中竄亂文字較爲複雜,文中所引《禮記·樂記》部分及最後一部分概括性的話與開篇太史公所述文字語義重複。即便太史公引《樂記》以論樂,也不會不加整飭,漫無節制,這部分文字爲後人附益無疑,最後一部分也當出自後人追補。

卷二五《兵書》(今《律書》),亡。今本《太史公自序》"律書序"云:

> 非兵不強,非德不昌,黃帝、湯、武以興,桀、紂、二世以崩,可不慎歟?《司馬法》所從來尚矣,太公、孫、吳、王子能紹而明之,切近世,極人變。作《律書》第三。③

通篇所論皆爲兵家事而無一字言律,可見此篇原作《兵書》,不知何以後人強爲之解。《索隱》云:

> 此《律書》之贊而云"非兵不強"者,則此"律書"即"兵書"也。古者師出以律,則凡出軍皆聽律聲,故云"聞聲效勝負,望敵知吉凶"也。④

但是,司馬貞又強調:

> 兵權,即《律書》也。遷没之後,亡,褚少孫以《律書》補之,今《律書》亦略言兵也。山川,即《河渠書》也;鬼神,《封禪書》也,故云山川鬼神也。⑤

---

① 《史記》卷二四,頁1235—1237。
② 《史記》卷二四,頁1234。
③ 《史記》卷一三〇,頁3305。
④ 《史記》卷一三〇,頁3305。清金榜在所校嘉靖丁酉廣東崇正書院重修本《漢書》書眉批道:"孟堅《刑法志》實本子長《律書》之旨。古者'師出以律',故名爲《律書》,蓋即兵書也。褚少孫妄作,輒以《律書》補之,附會《周官》'執同律以聽軍聲'之説,與子長作書本旨,剌謬殊甚。"(轉引自《舒藝室隨筆》卷四,頁94—95)
⑤ 《史記》卷一三〇,頁3320。

80

第二章　漢晉士人的抄讀與《史記》文本之變遷

今案，這段話中"兵權，即《律書》也"與下文語義不通，當有後人刪改痕迹，頗疑原文當作"兵權，即《兵書》也"。《自序》又云"禮樂損益，律曆改易，兵權山川鬼神，天人之際，承敝通變，作八書"①。如果我們將這段話坐實到八書中的篇目中去的話，唯獨"兵權"没有與之對應的篇名。

我們再看看今本太史公《曆書》的序文：

> 律居陰而治陽，曆居陽而治陰，律曆更相治，間不容翲忽。五家之文怫異，維太初之元論。作《曆書》第四。②

這裏明確提出了律曆相應而互治的問題。當然，如果讀者以太史公連上篇而言之爲説，至少應參照《自序》中其他篇目有没有這種情况，答案當然是否定的。今本《律書》言律部分的開篇即稱"書曰：七正二十八舍。律曆，天所以通五行八正之氣，天所以成孰萬物也"③，後"太史公曰"言"建律運曆造日度"④，均兼律曆而言。是兵律相應還是律曆相應，太史公在《自序》中已經給出了明確的答案。今本《曆書》中只言曆不言律，不僅與《自序》不符，且與《律書》前後所述不合。又太史公在《韓長孺列傳》贊云："余與壺遂定律曆。"⑤也是律曆並稱。反觀張晏之言，庶幾得之。即此篇當爲《兵書》，前揭《禮書》中自"治辨之極也"至"《傳》曰'威厲而不試，刑措而不用'"一段《荀子·議兵》的文字⑥，或爲《兵書》殘文。

今本《律書》中"兵者，聖人所以討强暴"至"孔子所稱有德君子者邪"⑦，與後文

---

① 《史記》卷一三〇，頁 3319。
② 《史記》卷一三〇，頁 3305。案，張文虎亦據《太史公自序》中關於《曆書》之言推知"今本《律書》十二律名義及律數分寸，史公元文必在《曆書》，其篇首'王者制事立法，物度軌則，壹稟於六律，六律爲萬事根本'。此四句，當爲《曆書》起首之文，正孟堅《律曆志》所本。其下文'《書》曰"七正"，二十八舍'云云，至終篇，皆《曆書》之文，中間'兵者，聖人所以討强暴'以下，至'孔子所稱有德君子者邪'，則《律書》本文。蓋史公此篇明聖人不得已而用兵之故，以爲窮兵黷武、民不聊生及將兵失律者諷，故不曰'兵書'，而曰'律書'。續貂者不知其意，徒見《律書》殘缺，輒割裂《曆書》之半以足之，又自覺其不可通，乃妄撰'其於兵械尤所重'以下，至'何足怪哉'，凡六十字以聯絡之，謬矣"。（《舒藝室隨筆》卷四，頁 95）
③ 《史記》卷二五，頁 1243。
④ 《史記》卷二五，頁 1253。
⑤ 《史記》卷一〇八，頁 2865。
⑥ 《史記》卷二三，頁 1164—1167。
⑦ 《史記》卷二五，頁 1240—1243。

81

全不相接，應該是《兵書》的文字①。開篇"王者制事立法"至"何足怪哉"一段應爲後人連綴殘篇時的牽合文字，與今本《孝武本紀》前一段文字性質相似②。

卷二六《曆書》，當作《律曆書》。其一，原文內容當爲今本《律書》《曆書》相接。其二，今本《曆書》漢家年數當爲後人所加③。司馬貞《索隱》以爲"自太始、征和已下訖篇末，其年次甲乙皆準此。並褚先生所續"④，至少"焉逢攝提格太初元年"至"祝犁大荒落四年"⑤，其間漢家年數皆後人所加。卷末《正義》亦云："自'右《曆書》'已下，小餘又非是，年名復不周備，恐褚先生沒後人所加。"⑥

卷二七《天官書》，今本《天官書》的內容也很成問題，開篇怪異，沒有任何說明，與其他各篇體例俱不相同。其中"太史公曰"的內容與其他各篇正常次序也不相同，或應置篇首。

這些文獻問題也證明張晏之言不虛，內廷本的《漢興以來將相名臣年表》《禮書》《樂書》《兵書》四篇曾亡無疑。此後又在某處忽然發現，書缺而簡編散亂，八書編次內容互有混淆。八書中的後三書及《年表》格式與其他三篇明顯不同，不易混。尤其是八書中的前三篇遂相互摻雜，整理者在編次時也有錯簡。這種整理的文本能夠行世，足見其當初的整理者應較爲權威。

4. 列傳部分

卷一一二《平津侯主父列傳》自"太皇太后詔大司徒大司空"至"累其名臣，亦其次也"⑦，爲後人附益無疑。這一部分附益文字又分兩部分：前一部分爲平帝元始中王元后詔書⑧，後一部分是班固所作論⑨。與《秦始皇本紀》中附益文獻性質相似，這裏既有當時外界較難看到的皇后詔書，又有外間難以得知的班固的議論，似乎此人

---

① 清洪頤煊《讀書叢錄》卷一七亦有此論，但以爲自今本《律書》開篇至"孔子所稱有德君子者邪"皆爲《兵書》文字。臧庸《拜經日記》卷九、鄭之洪同之，見張大可《〈史記〉文獻研究》（頁184—185）。詳細討論參見余嘉錫《太史公書亡篇考》（頁50—58）。
② 清人張文虎亦有此論，見《舒藝室隨筆》卷四（頁94—95）。
③ 張文虎云："歲名下本不著年，今本有者後人增之。"（《舒藝室隨筆》卷四，頁97）朱文鑫駁之，而以爲漢家年號爲後人注入。（見朱文鑫《十七史天文諸志之研究》卷上"史記"，北京：科學出版社，1965年，頁6）
④ 《史記》卷二六，頁1269。
⑤ 《史記》卷二六，頁1263—1287。
⑥ 《史記》卷二六，頁1287。
⑦ 《史記》卷一一二，頁2963—2965。
⑧ 此下《集解》引徐廣曰："此詔是平帝元始中王元后詔，後人寫此及班固所稱，以續卷後。"（《史記》卷一一二，頁2964）
⑨ 值得注意的是，《史記》附文中所採錄《漢書》部分，與原文又略有不同，頗可觀見當時轉錄文筆。見《漢書》卷五八（頁2633—2634）。

爲東觀士人,甚至與班氏家族有較爲密切的關係。所據本或爲內廷本系統的本子,也有可能就是班氏家藏本。這是一位較爲靠後的整理者,或爲東漢中後期人。

二、屬於"副在京師"本系統

1. 楊惲續補的家傳本

卷二〇《史記·建元以來侯者年表》太史公本表和褚少孫續補之間有"當塗""蒲""潦陽"和"富民"四侯,爲楊惲所續[1]。理由是:其一,武帝太初至征和二年(前91)尚有九位封侯者,《年表》中却並未著録。續文始於征和二年十一月,而這應該是太史公去世的時間[2]。其二,補表之前用"右太史公本表"標明。

卷九六《張丞相列傳》,楊惲所續爲"孝武時丞相多甚,不記,莫録其行起居狀略,且紀征和以來。有車丞相,長陵人也"[3]。這裏又需要清理兩個問題:其一,既然"且紀征和以來",爲何不紀征和年間的公孫賀、劉屈氂二位丞相?易平先生的解釋是,前兩位在《太史公書》中已經言及,故不録[4]。其二,此處補續車丞相後有闕,爲後之整理者抄合殘文。據《漢興以來將相名臣年表》,征和四年"六月丁巳,大鴻臚田千秋爲丞相,封富民侯"[5]。昭帝元鳳四年(前77),車千秋卒;"王訢爲丞相,封富春侯"。五年,王訢卒。六年,"楊敞爲丞相,封安平侯"。元平元年(前74),楊敞卒;"蔡義爲丞相,封陽平侯"。宣帝始元三年(前71),蔡義卒;"韋賢爲丞相,封扶陽侯"[6]。因此,卷九六《張丞相列傳》殘存的楊惲所續文字爲"孝武時丞相多甚,不記,莫録其行起居狀略,且紀征和以來。有車丞相,長陵人也"。

2. 褚先生補續的民間傳本

如前所論,褚先生所見多爲楊惲宣布本,而褚先生又多有補續。補續的時間大概在宣元之際,補續的方式乃闕篇另作。本有其篇的,又另加續相關的文字,並且與原文連綴一起。具體篇目如下:

(1) 褚先生補缺有[7]:

卷一二《孝武本紀》(其補亦闕)。

---

[1] 《史記》卷二〇,頁1058。又易平《褚少孫補〈史〉新考》《楊惲與〈太史公書〉》。
[2] 易平《楊惲與〈太史公書〉》。
[3] 《史記》卷九六,頁2686。
[4] 其分析《張丞相列傳》補續文字,極有創見。(見《楊惲與〈太史公書〉》)
[5] 《史記》卷二二,頁1144。案,田千秋即車千秋,語見《漢書》卷六六《車千秋傳》(頁2883—2887)。
[6] 以上參見《史記》卷二二,頁1146—1147。
[7] 關於《史記》褚先生補續篇目,可參見張大可《〈史記〉文獻研究》(頁191—195)。

卷六〇《三王世家》，自"褚先生曰：臣幸得以文學爲侍郎"訖卷末"以奉燕王祭祀"①。

卷一二七《日者列傳》，自"褚先生曰：臣爲郎時，游觀長安中"訖卷末"人取於五行者也"②。

卷一二八《龜策列傳》，自"褚先生曰：臣以通經術，受業博士"訖卷末"足開而死者，内高而外下也"③。

（2）褚先生續篇有：

卷一三《三代世表》，自"張夫子問褚先生曰"訖卷末"豈不偉哉"④。

卷二〇《建元以來侯者年表》，自"後進好事儒者褚先生曰"訖表末元帝陽平侯王稚君"未聞其有知略廣宣於國家也"⑤。

卷四八《陳涉世家》，傳後有"褚先生曰"⑥，諸家或以爲是褚先生言，不確。案，此下《集解》：

> 徐廣曰："一作'太史公'。"駰案：《班固奏事》云"太史遷取賈誼《過秦》上下篇以爲《秦始皇本紀》《陳涉世家》下贊文"，然則言"褚先生"者，非也。⑦

準此，可見班固所見本還没有將"太史公曰"改爲"褚先生曰"。況且褚少孫所補文字都有"褚先生曰"這樣的明顯標誌。但今人判斷爲"褚先生曰"，還有司馬貞的因素，他將《班固奏事》中的記載與自己所見傳本作了一個折中，在《索隱》中稱：

> 徐廣與裴駰據所見別本及《班彪奏事》（今案，當爲《班固奏事》），皆云合作"太史公"。今據此是褚先生述《史記》，加此贊首地形險阻數句，然後始稱賈生

---

① 《史記》卷六〇，頁2114—2120。由其中褚先生曰"求其世家終不能得。竊從長老好故事者取其封策書，編列其事而傳之，令後世得觀賢主之指意"（頁2114），可知當時褚先生所見本確無《三王世家》，且後面文字爲褚補無疑。
② 《史記》卷一二七，頁3221—3222。
③ 《史記》卷一二八，頁3225—3251。由其中言"臣往來長安中，求《龜策列傳》不能得"（頁3226），可知褚先生所見本無太史公《龜策列傳》之文，此篇爲補闕無疑。
④ 《史記》卷一三，頁504—507。
⑤ 《史記》卷二〇，頁1059—1069。
⑥ 《史記》卷四八，頁1961。
⑦ 《史記》卷四八，頁1961—1962。

之言,因即改太史公之目,而自題已位號也。已下義並已見始皇之本紀訖。①

這裏的改變,應爲後來的讀者在《陳涉世家》的後面忽然看到《過秦論》,以爲又是出於褚少孫的補續,遂改之。但這個傳本應該不是内廷本,或爲民間抄本誤改。

卷四九《外戚世家》,自"褚先生曰:臣爲郎時"訖卷末"謚爲'武',豈虚哉"②。(此部分有幾處"褚先生曰",需留意。)

卷五八《梁孝王世家》,自"褚先生曰:臣爲郎時"訖卷末"如從管中闚天也"③。

卷九六《張丞相列傳》,自"卒而有韋丞相代"訖卷末"困戹不得者衆甚也"④。案,此處雖然未標明"褚先生曰",但用語和立意與其他褚補文字極爲相似,張大可先生以爲卷末是後人改"褚先生曰"爲"太史公曰"⑤,可從。又案,褚先生補未言及匡衡之免及王商爲丞相,則止於元帝建昭三年(前36)至成帝建始三年(前30)之間。

卷一〇四《田叔列傳》,自"褚先生曰:臣爲郎時"訖卷末"後進者慎戒之"⑥。

卷一二六《滑稽列傳》,自"褚先生曰:臣幸得以經術爲郎"訖卷末"辨治者當能别之"⑦。

另有兩篇前人以爲褚補:

卷五〇《楚元王世家》自"王純立,地節二年"至"入漢爲彭城郡"爲後人加。何人加,付諸闕如,當爲宣帝以後人。張守節稱"地節是宣帝年號,去天漢四年二十九年,仍隔昭帝世。言到地節二年以下者,蓋褚先生誤也"⑧,當以爲褚少孫所補⑨。

卷五二《齊悼惠王世家》自"荒王四十六年卒"至"十五歲,卒",《正義》云"從建始四年上至天漢四年,六十七矣,蓋褚先生次之"⑩;又自"三十六年卒,子終古

---

① 《史記》卷四八,頁1962。
② 《史記》卷四九,頁1981—1986。
③ 《史記》卷五八,頁2089—2092。
④ 《史記》卷九六,頁2686—2689。
⑤ 張大可《〈史記〉文獻研究》(頁193)、鄭之洪《史記文獻研究》(頁192)。關於起句,筆者與二位先生所見不同,詳見前揭楊惲本部分的説明。
⑥ 《史記》卷一〇四,頁2779—2783。
⑦ 《史記》卷一二六,頁3203—3213。
⑧ 《史記》卷五〇,頁1989。
⑨ 李慈銘以爲《楚元王世家》係褚先生所補。(見〔清〕李慈銘撰,由雲龍輯《越縵堂讀書記》,北京:中華書局,1963年,頁151)
⑩ 《史記》卷五二,頁2009。

立"至"至建始三年,十一歲,卒",過太史公年歲,當爲附入,《正義》又云"亦褚少孫次之"①。

三、其他閱讀者的文獻附益

卷五《秦本紀》"(惠文君)十三年四月戊午,魏君爲王,韓亦爲王"②,"魏君爲王,韓亦爲王"八字爲讀史者批注。張文虎云:

> 案上文四年已書齊、魏爲王,此年是秦惠稱王之歲,魏字衍文。《表》同,今刊本已依《志疑》删。至韓爲王,尚在後二年,《表》在韓宣惠十年,《世家》在十一年。此"韓亦稱王"四字,亦衍文也。《索隱》於上"齊、魏爲王"注:"齊威王、魏惠王。"不誤。《正義》於此文嫌魏重出,乃注云:"魏襄王、韓宣惠王。"不辨其爲衍文耳。③

《正義》特爲之出注,則此句唐初已然。寫本時代批注因後來者的抄寫而闌入正文的現象,此爲一例。

卷九《吕后本紀》卷末"代王立爲天子。二十三年崩,謚爲孝文皇帝"④,其中"二十三年崩,謚爲孝文皇帝"疑爲批注闌入而衍。見後文而隨手注入,這在古人讀史中並不稀見。張文虎亦云:"'二十三年'以下十一字,蓋後人妄增。"⑤

卷二八《封禪書》"其後五年,復至泰山修封,還過祭恒山"和"今上封禪,其後十二歲而還,遍於五嶽、四瀆矣"⑥,梁玉繩稱:"《史》訖太初,安得叙至天漢已下乎?"他認爲此33字乃後人妄取《漢志》而增入⑦。

卷五四《曹相國世家》卷末"征和二年中,宗坐太子死,國除"⑧,因時至征和,梁玉繩以爲此12字乃後人妄增,當删⑨。

---

① 《史記》卷五二,頁2011。
② 《史記》卷五,頁206。
③ 《舒藝室隨筆》卷四,頁88。
④ 《史記》卷九,頁412。
⑤ 《舒藝室隨筆》卷四,頁89。
⑥ 《史記》卷二八,頁1403。
⑦ 《史記志疑》卷一六,頁819—890。
⑧ 《史記》卷五四,頁2031。
⑨ 《史記志疑》卷二六,頁1164。

卷八四《屈原賈生列傳》"至孝昭時，列爲九卿"①，所述内容超出《史記》斷限，梁玉繩亦稱當删②。

卷九五《酈商列傳》篇末七字"爲太常，坐法，國除"③爲後人加。梁玉繩云："七字後人妄增，衍之。"④

卷九七《酈生陸賈列傳》卷末"初，沛公引兵過陳留"至"太史公曰"之前，言酈生初見高祖事，與卷首正文内容重複而文句略不同，頗疑此即時人所附，正"太史公曰"所謂"世之傳酈生書，多曰漢王已拔三秦，東擊項籍而引軍於鞏洛之間，酈生被儒衣往說漢王"⑤。梁玉繩亦云：

> 酈生事不應復出于《朱建傳》尾，且《史》無兩存之例，其爲羼入無疑，猶《始皇紀》後之附《秦記》也。考《御覽》三百六十六引《楚漢春秋》與此正同，則是後人因其小有異同而附之，又誤置于《建傳》末，當移在《史論》之後，降書一字。《史通·雜說篇》《野客叢書》並錯認爲《史》本書，《評林》載歸有光云"其文類褚先生補入者"，亦失考。⑥

卷一〇四《田叔列傳》卷末"太史公曰"之前有"仁發兵，長陵令車千秋上變仁，仁族死。陘城今在中山國"⑦，爲後人加。理由如下：其一，上句已言田仁"坐縱太子，下吏誅死"，後復言之，不文。其二，"長陵令車千秋上變仁，仁族死"一句當係誤讀褚補文字並牽合《漢書》文字所言。案，此下《史記》褚補文云："是時武帝在甘泉，使御史大夫暴君下責丞相'何爲縱太子'，丞相對言'使司直部守城門而開太子'。上書以聞，請捕繫司直。"⑧又《漢書》之《田叔傳》云："數歲，戾太子舉兵，仁部閉城門，令太子得亡，坐縱反者族。"⑨太子巫蠱事在武帝征和二年（前91），丞相爲劉屈

---

① 《史記》卷八四，頁2503。
② 《史記志疑》卷三一，頁1307。
③ 《史記》卷九五，頁2663。
④ 《史記志疑》卷三二，頁1341。
⑤ 《史記》卷九七，頁2704—2705。
⑥ 《史記志疑》卷三二，頁1350—1351。
⑦ 《史記》卷一〇四，頁2778。
⑧ 《史記》卷一〇四，頁2782。
⑨ 《漢書》卷三七，頁1984。

《史記》的寫本時代——公元十世紀前《史記》的傳寫與閱讀

氂;田仁問斬在當年秋七月①。車千秋爲丞相在征和四年六月丁巳②,此文之誤顯然。史公之筆更無晚至征和四年者,此爲後人附益無疑。其三,太史公所言即爲當時事,更不應云陘城"今在"何處。《史記》全書更無此例。漢有"中山國",乃景帝前元三年(前154)置,王莽時廢,光武復置,迄於東漢。此句當爲漢人批注而衍入正文。

此處梁玉繩雖疑之,但以爲自"數歲爲兩千石"以下皆褚先生所增,這裏牽涉對《史記》斷限認識不同,今不取③。

卷一〇九《李將軍列傳》自"數歲,天漢二年秋"至"而隴西之士居門下者皆用爲恥焉"④,爲後人加。此處所述頗有不實,或所據資料有誤,似褚先生採異聞而補入。梁玉繩認爲其與《漢傳》多不合,"爲後人妄續";杭世駿亦以爲,子長盛推李陵,以爲有國士之風,必不云李氏名敗,隴西之士爲恥⑤。

卷一一〇《匈奴列傳》"且鞮侯單于既立"至"使廣利得降匈奴"⑥,此段内容超出《史記》斷限。《索隱》引張晏語稱皆劉向、褚先生所錄,而班彪又撰次之。後人抄撮附益,多有舛誤。梁玉繩所述較詳⑦。

卷一一一《衛將軍驃騎列傳》卷末"左方兩大將軍及諸裨將名"至"衛氏無爲侯者"⑧,案,此部分文字多涉征和年間巫蠱事,且所述内容已"左方"二字領起,頗似褚少孫等補續時識語。而梁玉繩僅摘錄其中涉及巫蠱之事的部分爲補續,恐不確⑨。

卷一一七《司馬相如列傳》卷末"太史公曰"一段後"楊雄以爲靡麗之賦,勸百風一,猶馳騁鄭衛之聲,曲終而奏雅,不已虧乎?"⑩爲東漢人士附錄無疑,參《漢書》以爲讀。周密《齊東野語》卷十"史記多誤"條云"至如《司馬相如傳贊》,乃固所自爲,而《史記》乃全載其語,而作太史公曰,何邪",又稱諸家注釋並不及此,當爲後人剿入耳⑪。

漢晉之際《史記》文本的叠加與層累是一個複雜的過程,這裏既有讀者的有意

---

① 《漢書》卷六,頁209。
② 《史記》卷二二,頁1144。
③ 《史記志疑》卷三三,頁1365—1366。
④ 《史記》卷一〇九,頁2877—2878。
⑤ 並見《史記志疑》卷三三,頁1380。
⑥ 《史記》卷一一〇,頁2917—2918。
⑦ 《史記志疑》卷三三,頁1389。
⑧ 《史記》卷一一一,頁2941—2946。
⑨ 《史記志疑》卷三四,頁1395—1400。
⑩ 《史記》卷一一七(頁3073)、《漢書》卷五七下(頁2609—2610)。案"虧",《漢書》作"戲",據張揖注,"戲",是,涉形近而誤。
⑪ 〔宋〕周密撰,張茂鵬點校《齊東野語》,北京:中華書局,1983年,頁173。李慈銘《越縵堂讀書記》亦言之。(見《越縵堂讀書記》,頁150—151)

删削，又有流傳過程中的意外亡佚；既有士人的有意續補，又有讀史者的隨手批注而闌入原文。上述所舉的篇卷文字，也只是根據今本《史記》的文獻特徵做出的推斷。雖然這是一項勞而少功的事項，但又是我們今天閱讀和研究《史記》文本的過程中無法迴避的問題。也許以現有的材料，我們永遠無法確知《太史公書》的原貌，本書所作的努力也只是緊扣抄寫者和閱讀者，探求文本何以至此。

附：今本《史記》文本變異表①

卷次篇名	傳本系統	補竄內容	文獻性質	今本面貌
卷六《秦始皇本紀》	內廷本	自"秦孝公據殽函之固"至"仁義不施而攻守之勢異也"（頁278—282）	初次附益	存有三層附益
		自"秦并海內，兼諸侯"至"是二世之過也"（頁283—284）	再次附益	
		自"襄公立，享國十二年"至"始皇生十三年而立"（頁285—290）	附益	
		自"孝明皇帝十七年"至"嬰死生之義備矣"（頁290—293）	附益	
卷一一《孝景本紀》	內廷本	疑全篇亡	疑補作	全
卷一二《今上本紀》	內廷本	全篇亡 褚少孫補亦亡 抄《封禪書》以足之，開篇加"孝武皇帝者"至"尤敬鬼神之祀"（頁451）連綴全文	抄補	補作 題《孝武本紀》
卷一三《三代世表》	褚補本	自"張夫子問褚先生曰"訖卷末"豈不偉哉"（頁504—507）	附益	附益
卷二〇《建元以來侯者年表》	楊惲補本	"當塗""蒲""潦陽"和"富民"四侯（頁1058）	初次附益	續篇
	褚補本	自"後進好事儒者褚先生曰"訖表末元帝陽平侯王稚君"未聞其有知略廣宣於國家也"（頁1059—1069）	再次附益	

---

① 本表對張大可和鄭之洪兩位先生的相關研究有所參考。參張大可《〈史記〉殘缺與補竄》（見《〈史記〉文獻研究》，頁171—202），其《史記殘缺與補竄考辨》及《關於史記續補與亡篇散論二題》二文對此又有補充修訂（見《史記研究》，頁153—190）。另參鄭之洪《〈史記〉的殘缺與補竄》（見《史記文獻研究》，頁191—199）。

89

續　表

卷次篇名	傳本系統	補竄內容	文獻性質	今本面貌
卷二二《漢興以來將相名臣年表》	内廷本及班斿本	自武帝"太始元年"訖表末成帝"鴻嘉元年"（頁1142—1155）	增續	佚而復出，亡太史公之序，又有官方續文
		無"太史公曰"	缺	
卷二三《禮書》	内廷本	所引《荀子·禮論》	前後疑闕太史公原文，對引《禮論》有增續	原文散亂殘缺，又竄入他篇，後人強爲牽合一處
		自"治辨之極也"至"《傳》曰'威厲而不試，刑措而不用'"（頁1164—1167）	竄入《兵書》内容	
卷二四《樂書》	内廷本	自"又嘗得神馬渥洼水中"到"丞相公孫弘曰：'黯誹謗聖制，當族'"（頁1178）	或原文前後有缺，或讀史者注	原文殘缺，有後人補作，有附益，有批注竄入原文
		自"樂也者，施也"至"故不知手之舞之足之蹈之"（頁1201—1234）	一章之中次序顛倒，未加整飭，疑此爲附入或順序相同者爲附入	
		"子貢問樂"（頁1234）	批注竄入	
		自"凡音由於人心"訖卷末"故君子終日言而邪僻無由入也"（頁1235—1237）	當爲後人補寫（或曰褚先生所補）	
卷二五《兵書》	内廷本	今《禮書》中"治辨之極也"至"《傳》曰'威厲而不試，刑措而不用'"（頁1164—1167）	原書亡，此或殘文而竄入《禮書》者	原書亡，或有殘文留於《禮書》《律書》中
		今《律書》中"兵者，聖人所以討強暴"至"孔子所稱有德君子者邪"（頁1240—1243）	或《兵書》文字	
卷二六《律曆書》	内廷本	今《律書》中自"王者制事立法"至"孔子所稱有德君子者邪"（頁1239—1243）	分爲今《律書》，又竄入後人牽合文字及《兵書》文字	《律曆書》被分爲《律書》及《曆書》。《律書》又加入了整理者的牽合文字；《曆書》竄入後人的批注
		今《曆書》中"焉逢攝提格太初元年"至"祝犁大荒落四年"，其間漢家年數（頁1263—1287）	分爲今《曆書》，又竄入記載漢家年數的文字	
		卷末"右《曆書》"至"正東，加卯時"（頁1287）	卷末後人批注文字	

續 表

卷次篇名	傳本系統	補 竄 内 容	文獻性質	今 本 面 貌
卷二七《天官書》	内廷本	今本"太史公曰"或應在篇首，或篇首有缺（頁1342）	開篇與八書其他篇目完全不同	内容次序有顛倒，卷末有竄入
		自"蒼帝行德"至"有奇令"（頁1351）	爲後人所加	
卷二八《封禪書》		"其後五年，復至泰山脩封。還過祭恒山" "今上封禪，其後十二歲而還，徧於五岳、四瀆矣"（頁1403）	批注竄入	有後人批注竄入
卷四九《外戚世家》	褚補本	自"褚先生曰：臣爲郎時"訖卷末"謚爲'武'，豈虛哉"（頁1981—1986）	附益	附入褚氏續文
卷五〇《楚元王世家》	存疑	自"王純立，地節二年"至"入漢爲彭城郡"（頁1989）	或以爲褚先生加	附入
卷五二《齊悼惠王世家》	存疑	自"荒王四十六年卒"至"十五歲，卒"（頁2009）	附注	《正義》以爲褚先生補入
		自"三十六年卒，子終古立"至"至建始三年，十一歲，卒"（頁2011）	附注	
卷五四《曹相國世家》	存疑	"征和二年中，宗坐太子死，國除"（頁2031）	批注	注文附入
卷五八《梁孝王世家》	褚補本	自"褚先生曰：臣爲郎時"訖卷末"如從管中闚天也"（頁2089—2092）	附益	附入褚氏續文
卷六〇《三王世家》	褚補本 内廷本	自"褚先生曰：臣幸得以文學爲侍郎"訖卷末"以奉燕王祭祀"（頁2114—2120）	褚補	亡而復出。整理者將褚氏補篇附入太史公原文
卷八四《屈原賈生列傳》		"至孝昭時，列爲九卿"（頁2503）		補入
卷九五《樊酈滕灌列傳》		《酈商列傳》篇末"爲太常，坐法，國除"（頁2663）	批注	批注衍入

91

續　表

卷次篇名	傳本系統	補竄内容	文獻性質	今本面貌
卷九六《張丞相列傳》	楊惲補本	"孝武時丞相多甚,不記,莫録其行起居狀略,且紀征和以來。有車丞相,長陵人也"(頁2686)	楊惲補	此傳存楊惲所續殘文,又有褚氏續篇,整理者牽合之
	褚補本	自"卒而有韋丞相代"訖卷末"困戹不得者衆甚也"(頁2686—2689)	附益	
卷九七《酈生陸賈列傳》		自"初,沛公引兵過陳留"至"遂入破秦"(頁2704—2705)	引《楚漢春秋》言	讀史者附入
卷一〇四《田叔列傳》	褚補本	自"褚先生曰:臣爲郎時"訖卷末"後進者慎戒之"(頁2779—2783)	附益	附入褚補文字,間有漢魏人批注闌入
	漢魏人讀本	"仁發兵,長陵令車千秋上變仁,仁族死。陘城今在中山國"(頁2778)	漢魏人批注	
卷一〇九《李將軍列傳》		"數歲天漢二年秋"至"隴西之士居門下者皆用爲恥焉"(頁2877—2878)	或褚補	附入
卷一一〇《匈奴列傳》		"且鞮侯單于既立"至"使廣利得降匈奴"(頁2917—2918)		附入
卷一一一《衛將軍驃騎列傳》		傳末"左方兩大將軍及諸裨將名"至"衛氏無爲侯者"(頁2941—2946)	補史者	附入
卷一一二《平津侯主父列傳》	東觀本	自"太皇太后詔大司徒大司空"至"朕親臨拜焉"(頁2963—2964)	平帝王元后詔(有徐廣注,則爲晉以前附入)	東漢以降讀者附入,整理者又有牽合
		自"班固稱曰"至"累其名臣,亦其次也"(頁2964—2965)	班固奏表	
		自"嚴安上書曰"至"一歲中四遷偃"(頁2957—2960)	嚴安部分(參《集解》引徐廣注:"它《史記》本皆不見嚴安,此旁所篹者,皆取《漢書》耳。然《漢書》不宜乃容大異,或寫《史記》相承闕脱也。")	

92

第二章　漢晉士人的抄讀與《史記》文本之變遷

續　表

卷次篇名	傳本系統	補　竄　內　容	文獻性質	今本面貌
卷一一七《司馬相如列傳》		"楊雄以爲靡麗之賦，勸百諷一，猶馳騁鄭衛之聲，曲終而奏雅，不已虧乎"（頁3073）	班固《漢書》贊語	讀者批注附入
卷一二六《滑稽列傳》	褚補本	自"褚先生曰：臣幸得以經術爲郎"訖卷末"辨治者當能別之"（頁3203—3213）	附益	用褚補本
卷一二七《日者列傳》	褚補本	自"褚先生曰：臣爲郎時，游觀長安中"訖卷末"人取於五行者也"（頁3221—3222）	褚補	原篇亡而復出，整理者將褚補文字附入
卷一二八《龜策列傳》	褚補本	自"褚先生曰：臣以通經術，受業博士"訖卷末"足開而死者，内高而外下也"（頁3225—3251）	褚補	原篇亡而復出，整理者將褚補附入

第四節　經典化與《史記》經典文本的形成

一部典籍經典化（canonization）的過程較爲複雜[①]，既取決於典籍自身的經典性和可闡釋的空間，也與外部意識形態和文化權力的變動以及一定時期的閱讀傾

---

① "經典化"這一概念源於西方，相關討論參見 Alex Preminger and T. V. F. Brogan, *The New Princeton Encyclopedia of Poetry and Poetics*. Princeton: Princeton University Press, 1993. pp. 166-167 和 Harold Bloom, *The Western Canon: the Books and School of the Ages*. New York: Harcourt Brace & Company, 1994. 較早將之運用到古典文學研究的是學者孫康宜（見孫康宜《文學經典的挑戰》，南昌：百花洲文藝出版社，2002年，頁1—104;又見沙先一、張暉《清詞的傳承與開拓》，上海：上海古籍出版社，2008年，頁223）。陳來也論及中國先秦時期典籍在不斷的稱引和應用中逐步經典化。（見陳來《古代思想文化的世界——春秋時代的宗教、倫理與社會思想》，北京：生活·讀書·新知三聯書店，2009年，頁214—218）另外，李零的《簡帛古書與學術源流》也有相關章節涉及。專門討論漢代以前典籍經典化的文章，可參見李零《從簡帛古書看古書的經典化》，他在文中稱先秦有大量史類的著作，而史書的經典化比較晚，正史的經典是《史記》。（李零《從簡帛古書看古書的經典化》，載清華大學歷史系、三聯書店編輯部合編《清華歷史講堂初編》，北京：生活·讀書·新知三聯書店，2007年，頁50—68）關於《史記》一書的經典化，劉寧《〈史記〉敘事學研究》一書從文學角度亦有涉及。（見劉寧《〈史記〉敘事學研究》，北京：中國社會科學出版社，2008年，頁265—268）

93

《史記》的寫本時代——公元十世紀前《史記》的傳寫與閱讀

向乃至特定讀者相關①。就文本本身而言,大略要經過一段時間的人爲選擇和自然淘汰,最終形成一個文本相對穩定乃至自成體系的注解(闡釋)傳統的過程。其中,文本的相對穩定是最基本的層面。

就《史記》而言,這中間又隱含著一種悖論:《史記》殺青之際已經形成定本,但後人所見到的"定本"却要經過讀者的改動和時間的淘洗纔能使文本大致穩定下來。同爲史學經典的《漢書》却基本沒有經歷這一過程,由於統治階層的倡導,《漢書》修成之際文本就一直比較穩定並同時被奉爲經典。相對《史記》而言,《漢書》的經典化過程相當短暫。

《史記》文本的不穩定性首先在於該書文字有不利於統治階層的內容,乃至士人也譏其是非頗謬於聖人②。由於意識形態和文化權力的緣故,統治階層對《史記》進行的政治性閱讀直接導致了此書刪削禁傳的命運。正如前文所述,武帝以降的帝王對《史記》或刪或禁,造成了文本部分內容的丟失。而民間的喜好都不足以對抗政治的高壓,零星的傳抄也不能保全其原文。但在官方的壓制略微鬆動之際,仍有一些讀者試圖補足闕文,以成完璧。以致今本《史記》中既有太史公的原文,又有褚少孫、楊惲等人的補續文字。經典文本尚未形成之際,即有相關史料及後人的批注附入正文。面對這樣一個複雜的文本,我們不禁要問,是何人在何時又秉持著何種意圖而將之變成現在的樣貌呢?

就時間而言,《史記》全書的續補文字明確標示的最晚時間爲鴻嘉元年(《建元以來侯者年表》),而附益增竄的文字頗有東漢班固的奏表乃至《漢書》贊語(《平津侯主父列傳》《司馬相如列傳》)。班固《漢書》"自永平中始受詔,潛精積思二十餘年,至建初中乃成"③,如果再加上班昭和馬續補修表、志的時間,《漢書》的實際成書應至建初(76—84),甚至元和(84—87)以後了。時人即使讀到該書的紀傳部分,並將之批注到《史記》上,也應在建初年間。此時距太史公成書已有百年,而《史記》的文本依然沒能穩定下來。這與當朝對該書秘而不宣有關。不過此後的附益和補竄已非常少見,我們可以認爲到東漢的中後期,基本上沒有什麼新的內容加入《史記》

---

① 童慶炳論及文學經典建構的六個要素,即文學作品的藝術價值、可闡釋空間、意識形態和文化權力的變動、文學理論和批評的價值取向、特定時期讀者的期待視野及發現人。其中前兩者屬作品內部,後四項屬外部因素。(參童慶炳《文學經典建構諸因素及其關係》,載童慶炳、陶東風主編《文學經典的建構、解構和重構》,北京:北京大學出版社,2007年,頁79—90)

② 具體內容可參見本書第二、三章的相關論述。

③ 《後漢書》卷四〇上,頁1334。

第二章　漢晉士人的抄讀與《史記》文本之變遷

文本之中。再根據附益文獻中有東晉徐廣注、劉宋裴駰的《集解》,可知文本穩定的下限也不會晚於東晉。因此,《史記》文本的定型大致即在東漢中後期至東晉這段時間。

裴駰《史記集解序》稱"考較此書,文句不同,有多有少,莫辯其實,而世之惑者,定彼從此,是非舛貿,真僞舛雜。故中散大夫東莞徐廣研核衆本,爲作《音義》;具列異同,兼述訓解"①。據此,東晉傳抄的《史記》寫本依然有不少異文,而且有不少讀者已經根據自己的判斷來選擇異文,裁定文本。據《宋書·徐廣傳》,晉孝武帝(372—396年在位)時廣"除爲祕書郎,校書秘閣"②。此後他雖轉官異朝,但多爲校書、文學祭酒及祕書監等官,所見祕閣圖書甚便,故能"研核衆本,爲作《音義》,具列異同,兼述訓解"。通檢今本《集解》所引徐廣注文及所列異文,雖有極少數文字略長,但基本都是個別字句的差異,沒有篇卷内容上大的區別,也很少涉及附益文獻。這些異文既因徐廣、裴駰得以留存注文中,也因他們的注解得以從《史記》正文中剔除。

若以徐廣"校書秘閣"爲其"研核衆本"之始,從東漢中後期至徐廣除祕書郎,中間約有三百年。三百年間,中原歷經戰亂,搜集各地文本進行整合的可能性微乎其微。而《史記》文本樣貌並没有太大的變化,只能説明其文本的穩定應在東漢中後期,而不會更晚。這些文本的整合工作又是哪些人做的呢?

再審視附文内容,我們發現《史記》的補續及附益文獻中,除了褚少孫等採掇故舊之言,居然還有内廷詔書和班固的奏表。後兩種文獻非專門掌管内外廷典籍文書者無緣得見。我們初步推定今本《史記》的整理者爲東漢内廷人員。在東漢,最有條件見到上述材料並有義務加以整合的爲東觀士人。今可考見《史記》最早的注文是延篤的《史記音義》,延篤曾校書東觀③,可爲旁證。

在寫本時代,文本傳抄似乎缺少一個中心,有點四處開花的意味。但如果一種文本在傳抄初期依然能保持一個基本相同的面貌而不敢隨意更改的話,這個文本無疑是大家公認的較爲權威的本子。東漢時期負責文本校定、統一工作的只有東觀,而且相關活動不止一次④。其中,刊定五經文字的熹平石經,更是令天下向學者摹拓不止⑤。《史記》的文本也只有經過東觀士人的整理,纔能有這樣的權威性。

---

① 《史記》附録《史記集解序》,頁3—4。
② 〔梁〕沈約《宋書》卷五五,北京:中華書局,1974年,頁1548。
③ 《後漢書》卷一六,頁618。
④ 關於東觀校書的具體内容和時間,可參見拙文《東觀考論》(南京大學文學院2008年碩士學位論文)。
⑤ 《後漢書》卷六〇下《蔡邕傳》載邕"自書丹於碑,使工鐫刻立於太學門外。於是後儒晚學,咸取正焉。及碑始立,其觀視及摹寫者,車乘日千餘兩,填塞街陌"。(頁1990)

《史記》的寫本時代——公元十世紀前《史記》的傳寫與閱讀

　　東觀士人對《史記》各部分的文獻整理情況，已見上文。這裏我們還想提醒讀者注意：《史記》的本紀部分中，整理者將《封禪書》作《武帝本紀》，並加《漢書·武帝紀》的開篇文字，合成今本《武帝本紀》；十表部分，《漢興以來將相年表》也已經發現，但太史公的序文已經不見，各家的續補也一併錄入；八書部分，似乎是整理者發現了內廷（或外廷）所藏殘文，當存一帙之中，但書簡缺亂，整理者將之牽合爲今八書樣貌：《兵書》部分殘文混入《禮書》，遂將《律曆書》拆分爲《律書》和《曆書》，以足十篇之數；世家部分發現了《三王世家》，將之復原，並將褚少孫所補附後，成爲今本面貌；列傳部分，《龜策列傳》《日者列傳》也被發現，或有殘缺，亦將褚先生的補續附之於後。我們發現整理者務求湊足百三十篇之數，不憚將《封禪書》重抄一遍。既有整理，又儘量保存文獻，但不敢刪削。亦即這位整理者只加不減，他的整理特徵是將相關的文獻全部補錄進《太史公書》原文。錢大昕以爲《史記》定本在魏晉以後，余嘉錫以爲兩晉間①，失之於後。我們認爲文本的整合不會晚於漢魏之際。但這位整理者似乎並不高明，或者説對《太史公書》的原文體例鑽研不深：《秦本紀》中加入《過秦論》餘下部分；《孝武本紀》採《封禪書》以當之；《禮書》中在首尾語義完足的"太史公曰"之後，又加入"禮之貌誠深矣"至"明者，禮之盡也"②一段，此處或有錯簡，整理者收拾殘文，補綴失序；《樂書》中情況相似，由太史公敘述忽然轉入《荀子·樂論》之文，又加入魏文侯與子夏、賓牟賈與孔子、子貢與師乙的對話，最後又冒出"太史公曰"，可謂顛倒失次，令人不解。值得注意的是，前面太史公所作文字流暢部分，《漢書》的思路、語句與之相近；而後面採錄《荀子》及其他文獻的部分，《漢書》無與焉。

　　今所見《龜策列傳》《日者列傳》文字雖然非後人所能爲，但與史公其他傳文相較，一是與《太史公書自序》主旨不合，二是語言格調乃至材料失於剪裁，《索隱》稱"言辭最鄙陋，非太史公之本意也"，概括基本準確③。這兩篇傳文有明顯的補綴痕迹。即褚先生補該傳，後來又有太史公的原傳殘文出現，遂爲人掇拾一處，成爲今本面貌。但之前殘缺的本子似乎在魏時尚存，並留於內廷，如王肅、張晏所見本。

---

① 《太史公書亡篇考》，頁31。
② 《史記》卷二三，頁1172—1173。
③ 《史通通釋》卷七，頁190。又《史記》卷一二八卷首《索隱》題注云："《龜策傳》有錄無書，褚先生所補。其敘事煩蕪陋略，無可取。"（頁3223）又《太史公自序》之《龜策列傳》序《索隱》注云："三王不同龜，四夷各異卜，其書既亡，無以紀其異。今褚少孫唯取太卜占龜之雜説，詞甚煩蕪，不能裁剪，妄皆穿鑿，此篇不才之甚也。"（《史記》卷一三〇，頁3319）同卷《日者列傳》序《索隱》注云："案：《日者傳》云'無以知諸國之俗'，今褚先生唯記司馬季主之事也。"（頁3318）

第二章　漢晉士人的抄讀與《史記》文本之變遷

這段時間內尚有極少數的批注混入正文,但爲徐廣所剔除並將之保留在注文中,以備查檢。如卷五五《留侯世家》"樊噲諫沛公出舍,沛公不聽",此句《集解》引徐廣曰:"一本'噲諫曰:"沛公欲有天下邪?將欲爲富家翁邪?"沛公曰:"吾欲有天下。"噲曰:"今臣從入秦宮,所觀宮室帷帳珠玉重寶鍾鼓之飾,奇物不可勝極,入其後宮,美人婦女以千數,此皆秦所以亡天下也。願沛公急還霸上,無留宮中。"沛公不聽'。"①此文多與《史記》上文重合,或爲《楚漢春秋》之語,史公採録亦未可知。有人又據之注入正文之旁,遂又有抄寫者抄入②。

類似的另如同卷"出奇計馬邑下",《集解》引徐廣曰:"一云'出奇計下馬邑'。"③又"乃學辟穀,道引輕身",《集解》引徐廣曰:"一云'乃學道引,欲輕舉'也。"④又"良鄂然,欲毆之",《集解》引徐廣曰:"一云'良怒,欲駡之'。"⑤又"爲其老,強忍,下取履。父曰:'履我!'良業爲取履,因長跪履之。父以足受,笑而去。良殊大驚,隨目之。父去里所,復還",《集解》引徐廣曰:"一曰'爲其老,強忍,下取履,因進之。父以足受,笑而去。良殊大驚。父去里所,復還'。"⑥只要比對《漢書·張良傳》的相關內容⑦,我們就會發現此處異文乃節略《漢書》之言爲之。或爲漢晉之際的讀者批注《漢書》之言,而後之抄寫者將之作爲正文。可以看出,類似傳記及傳奇色彩的人物,異文較多。

較爲複雜的例子是卷一一二《平津侯主父列傳》"何相見之晚也"句,《集解》引徐廣曰:"它《史記》本皆不見嚴安,此旁所纂者,皆取《漢書》耳。然《漢書》不宜乃容大異,或寫《史記》相承闕脱也。"⑧是此處《集解》以爲"嚴安"之傳係後人取自《漢書》,而又以爲《史記》本有,他本皆脱。今檢《漢書》卷六四下有《嚴安傳》⑨,內容較《史記》更完整豐富,不似取資太史公文。而他本皆無,此本獨有,或此本始附入。當爲讀者批録《漢書》之文,抄者或脱首段文字。

有些在文本經典化未完成之際可能會保留在正文中的附益文獻,在經典化完

---

① 《史記》卷五五,頁 2037—2038。
② 張文虎云:"案此諫甚切,今本過略,不知何人所刪,《漢書》亦没其語,非史法也,宜著之《噲傳》。"(《舒藝室隨筆》卷四,頁 101)今案,此爲張良傳文,不必詳列樊噲辯語,或史公刪略,《漢書》同之,可證。
③ 《史記》卷五五,頁 2047—2048。
④ 《史記》卷五五,頁 2048。
⑤ 《史記》卷五五,頁 2034—2035。
⑥ 《史記》卷五五,頁 2034—2035。
⑦ 《漢書》卷四〇,頁 2024。
⑧ 《史記》卷一一二,頁 2960。
⑨ 《漢書》卷六四下,頁 2809—2814。

成之後也只能在注文中呈現。如《商君列傳》卷末有一段《集解》注文，係裴駰徵引劉向《新序》中文字，作爲對"太史公曰"的補充説明，足堪與《始皇本紀》所附班固奏表相發明①。《集解》所引，亦近似於此前注家或文本整理者徑將班固奏議附之《始皇本紀》。這種注釋方式十分相似，但所處位置截然不同②。類似的文獻另有《白起傳》文末《集解》引何晏之評論③，可相參證。

這些後起的異文之所以被剔除，而沒有像徐廣所見本那樣，即使明知爲《漢書》的文字還被堂而皇之地保留在《史記》中，是因爲這些異文沒有權威性。亦即，大家公認的《史記》經典文本已經基本形成。而在六朝寫本中也有人誤將司馬遷和褚少孫的贊語混同的情況。《史記》流傳不廣與被禁止、删削造成了其文本經典化的延後（相對於《漢書》），也因此存在文本形式不一的問題。經典化完成之後，附益已不可能。即便是司馬貞的《索隱》想補《三皇本紀》也沒有得到認可。《太史公書》在漢末已開始被稱爲《史記》，也表明其已經完成由"一家之言"的子書到史部經典的轉化④。

漢末董卓之亂，漢帝東遷，漢朝內外廷藏書損失嚴重，《後漢書》稱：

> 初，光武遷還洛陽，其經牒祕書載之二千餘兩，自此以後，參倍於前。及董卓移都之際，吏民擾亂，自辟雍、東觀、蘭臺、石室、宣明、鴻都諸藏典策文章，競共剖散，其縑帛圖書，大則連爲帷蓋，小乃制爲縢囊。及王允所收而西者，裁七

---

① 引文如下："《新序》論曰：'秦孝公保崤函之固，以廣雍州之地，東并河西，北收上郡，國富兵强，長雄諸侯，周室歸籍，四方來賀，爲戰國霸君，秦遂以強，六世而并諸侯，亦皆商君之謀也。夫商君極身無二慮，盡公不顧私，使民內急耕織之業以富國，外重戰伐之賞以勸戎士，法令必行，內不阿貴寵，外不偏疏遠，是以令行而禁止，法出而姦息。故雖《書》云"無偏無黨"，《詩》云"周道如砥，其直如矢"，《司馬法》之勵戎士，周后稷之勸農業，無以易此。此所以并諸侯也。故孫卿曰："四世有勝，非幸也，數也。"然無信，諸侯畏而不親。夫霸君若齊桓、晉文者，桓不倍柯之盟，文不負原之期，而諸侯畏其强而親信之，存亡繼絶，四方歸之，此管仲、舅犯之謀也。今商君倍公子卬之舊恩，棄交魏之明信，詐取三軍之衆，故諸侯畏其强而不親信也。藉使孝公遇齊桓、晉文，得諸侯之統將，合諸侯之君，驅天下之兵以伐秦，秦則亡矣。天下無桓文之君，故秦得以兼諸侯。衛鞅始自以爲知霸王之德，原其事不諭也。昔周召施善政，及其死也，後世思之，"蔽芾甘棠"之詩是也。嘗舍於樹下，後世思其德不忍伐其樹，況害其身乎！管仲奪伯氏邑三百户，無怨言。今衛鞅內刻刀鋸之刑，外深鈇鉞之誅，步過六尺者有罰，棄灰於道者被刑，一日臨渭而論囚七百餘人，渭水盡赤，號哭之聲動於天地，畜怨積讎比於丘山，所逃莫之隱，所narrow莫之容，身死車裂，滅族無姓，其去霸王之佐亦遠矣。然惠王殺之亦非也，可輔而用也。使衛鞅施寬平之法，加之以恩，申之以信，庶幾霸王之佐哉！"見《史記》卷六八，頁2238。
② 我們也可以借此反推，當初讀者也是將自己所見材料隨手附注所見《史記》書簡之側。
③ 《史記》卷七三，頁2337—2338。
④ 李零云："很多古書，之所以能傳下來，產生持續的影響，不但經反復篩選，而且被不斷改編。然而，一旦進入經典化，人們對它的改編，就少得多了。"（見《從簡帛古書看古書的經典化》，頁51）

第二章 漢晉士人的抄讀與《史記》文本之變遷

十餘乘,道路艱遠,復棄其半矣。後長安之亂,一時焚蕩,莫不泯盡焉。①

《太史公書》的完整的早期抄本大約亦於此時亡散。由於内廷藏書幾乎完全消失,外廷本或賴博士藏書及東漢後期的傳抄而得以留存。當時流傳不易,傳抄之中出現了很多異文,甚至有的書直接就是殘本,比如張晏所見本。同時,由於原本的佚失,此後版本學家的努力幾乎都是在做一種拼圖遊戲,判别各家優劣的唯一標準,只能是當時或者當下評判者心中的"合理性"②。因爲即使是精於此道的清代校勘學家,他們所能找到的最早的實物版本,是距這些原始寫本已有千年之久的宋本③。因此,他們能做的只是最大程度上接近我們心目中的那個早已消逝了的"原本",或者説這個"原本"只能存在於校勘者的想象中。

至遲在晉末,寫本也由以簡帛爲載體進入以紙爲主要載體的時代。在紙簡替興之際,我們今天有幸還能見到斷簡殘編。簡本係由法國的伯希和氏(Paul Pelliot, 1878—1945)發掘盜走並保存下來的。如果這根木簡就是當時抄寫《太史公書》的常用形制,我們按照完整的簡長和簡寬,以《太史公自序》中的五十二萬六千五百字計算,抄完後,需要用簡約 12 738 根,編連之後的净簡寬度約爲 159.22 米,或按照通常每根寬一釐米算,也當有 127.38 米④。單簡的長度也與漢代子書相合。

早期的紙質寫本在西北的敦煌吐魯番一帶依然有殘片遺留下來。這兩個殘片是由俄國人收集保存起來的,編號爲 Дx.04666、Дx.02670 號的殘片可相綴合⑤。其形制大略爲紙高 25—26 釐米,行寬約 1.8 釐米,每行約 16—18 字,以此形制,我們大致推算出用紙寬度爲 557.5 米,所用紙寬度是竹簡的 3.5 倍,書寫面積是竹簡的 4.8 倍⑥。這可能與我們的一般的猜想大相徑庭:不是更節約,而是更浪費了。

---

① 《後漢書》卷七九上,頁 2548。
② 當然,這種"合理性"會有很多"本證"或者"旁證",但所有的"旁證"乃至"本證"距當時的文本已經十分遥遠。
③ 比如錢大昕、張文虎等。
④ 殘簡形制爲長 17.4 釐米,廣 0.8 釐米,殘存《淳于髡傳》三十一字。同時發現漢簡完整簡長爲 23.2 釐米,故每簡當載字 31÷17.4×23.2=41.3 個;用簡數爲 526 500÷(31÷17.4×23.2)≈12 737.9 支;編連寬度爲 12 737.9×0.8≈15 922.4 釐米。書寫面積爲 127.379×0.232≈29.6 平方米。
⑤ 俄羅斯科學院東方研究所聖彼得堡分所、俄羅斯科學出版社東方文學部、上海古籍出版社編《俄藏敦煌文獻》⑨,上海:上海古籍出版社,1998 年,頁 326;又參見《俄藏敦煌漢文寫卷敍録》第 2840 號 Дx-2670a,見《俄藏敦煌漢文寫卷敍録》(下册),頁 462—463。
⑥ 以平均每行載字 17 個計算,526 500÷17×0.018≈557.5 米,用紙面積爲 557.5×0.255=142.155 平方米。

99

《史記》的寫本時代——公元十世紀前《史記》的傳寫與閲讀

也許這就是晉皇帝下令用紙的原因,官府是成本更低,但下級部門使用成本更高,更不方便。但有一大優點是不可否認的,即書寫材料的厚度大爲降低,重量減輕,因此攜帶運輸更爲方便。

在《史記》的傳寫過程中,尤其是在簡帛到紙本、寫本到刻本的轉換中,有一些内容及文獻特徵被抹去了。這是我們今天在考察《史記》文本過程中不能忽略的,如《龜策列傳》述龜兆:

三月　二月　正月　十二月　十一月　中關内高外下　四月
首仰　足開　胗開　首俛大　五月　橫吉　首俛大
六月　七月　八月　九月　十月①

據該卷所述,應有龜兆圖,而且原來文字的布局似乎爲環形,傳寫之際或失其形貌。此下《正義》云:"言正月、二月、三月右轉周環終十二月者,日月之龜,腹下十二黑點爲十二月,若二十八宿龜也。"②可爲旁證。又該卷自"此橫吉上柱外内自舉足胗"以下,每言此何兆,當針對所録圖譜而言,傳抄又失之。此外,該卷傳抄脱訛較甚,語言雜蕪。如言卜兆時,又記曰:"問之曰,備者仰也,故定以爲仰。此私記也。"③同卷又曰:"命曰呈兆首仰足開。"④則又與後文部分兆名重複,應當是傳寫有誤。卷末《索隱》按:"褚先生所取太卜雜占卦體及命兆之辭,義蕪,辭重沓,殆無足採,凡此六十七條别是也。"⑤或此卷内容不被重視,傳抄者遂不慎重,有失其真。

誠如李零先生所言:"古書之傳與不傳,有幸與不幸。"要瞭解古書的流變過程,我們固然不能將眼界只限定在某一部書中⑥。但通過梳理《史記》經典化的過程,也讓我們對一部典籍的内在特質與外部環境如何共同決定其命運有了更多的理解。窺一斑而知全豹,其他的典籍甚至整個古書部類格局的命運也不難推知。

---

① 《史記》卷一二八,頁3238。
② 《史記》卷一二八,頁3238。
③ 《史記》卷一二八,頁3243。
④ 《史記》卷一二八,頁3244。
⑤ 《史記》卷一二八,頁3251。
⑥ 李零先生的相關討論參見《從簡帛古書看古書的經典化》,頁64—66。

第三章　從古寫本看漢唐之際《史記》的抄寫與閱讀

第一節　《音隱》與寫本時代《史記》的抄讀特質

《史記》注解頗多,其中有些注釋形式與寫本時代典籍特定形制有關,《史記音隱》即爲一例。後人對《音隱》較爲陌生:一是作者不詳,唐小司馬《索隱》後序即云:"又別有《音隱》五卷,不記作者何人。"[1]二是形式不明,甚至有讀者將"音隱"臆改爲"音義"。清梁玉繩《史記志疑》云:"此所引《音隱》,各本訛作'音義',惟毛本不誤。"[2]劉宋裴駰《史記集解》、唐司馬貞《索隱》中存有五條,今臚列如下:

1.《高祖本紀》"文之敝,小人以僿",《集解》:

> 徐廣曰:"一作'薄'。"駰按:《史記音隱》曰"僿音西志反"。鄭玄曰"文,尊卑之差也。薄,苟習文法,無悃誠也"。

《索隱》:

> 鄭音先代反,鄒本作"薄",……故鄭玄注云"文,尊卑之差也。薄,苟習文法,不悃誠也"。裴又引《音隱》云"僿音先志反",僿塞聲相近故也。蓋僿猶薄之義也。[3]

---

[1] 《史記索隱後序》原文爲"章隱",當爲"音隱"。《索隱》多引作"音隱",不稱"章隱"。(見《史記》附錄,頁9)
[2] 《史記志疑》卷一六,頁829。
[3] 《史記》卷八,頁393—394。

2.《楚世家》"十三年,卒,子熊囏立",《集解》:

《史記音隱》云:"囏,古'艱'字。"①

3.《李斯列傳》"不奉父詔而畏死,是不孝也;能薄而材譾",《集解》:

《史記音隱》宰顯反。

《索隱》:

《音義》云宰殄反。劉氏音將淺反,則譾亦淺義。古人語自有重輕,所以文字有異。②

4.《萬石張叔列傳》"御史大夫張叔者,名歐",《集解》:

《史記音隱》曰:"歐,於友反。"

《索隱》:

歐音烏後反。《漢書》作"敺",孟康音驅也。③

5.《平準書》"敢私鑄鐵器煮鹽者,釱左趾",《集解》:

《史記音隱》曰:"釱音徒計反。"韋昭曰:"釱,以鐵爲之,著左趾以代刖也。"

《索隱》:

按:《三蒼》云"釱,踏脚鉗也"。《字林》徒計反。張斐《漢晉律序》云"狀如

---

① 《史記》卷四〇,頁1696。
② 《史記》卷八七,頁2549。
③ 《史記》卷一〇三,頁2773。

第三章　從古寫本看漢唐之際《史記》的抄寫與閱讀

跟衣,著左足下,重六斤,以代臏,至魏武改以代刖也"。①

從上面簡略的五條佚注,我們發現《史記音隱》的注文比較簡略,注釋内容除了注音外,有時還兼釋字形。"音隱"或爲"音義隱"之省稱,此與寫本時代人們閱讀古籍的方式密切相關。文獻中雖未見直接解釋《史記音隱》形制的文字,但有關"音隱""音義隱"的解讀却不乏其例。復檢《隋志》,多有稱"音隱"者:

《毛詩箋音證》十卷　後魏太常卿劉芳撰。梁有《毛詩音》十六卷,徐邈等撰;《毛詩音》二卷,徐邈撰;《毛詩音隱》一卷,干氏撰。亡。②
《説文音隱》四卷。③

《梁書·何胤傳》載胤"注《易》,又解《禮記》,於卷背書之,謂爲《隱義》"④。清代目録學家姚振宗對此亦有通識,其《隋書經籍志考證》卷三《毛詩辯義》下載《毛詩背隱義》云:

按齊梁時隱士何胤注書,於卷背書之,謂爲隱義。背隱義之義蓋如此。由是推尋,則凡稱"音隱""音義隱"之類,大抵皆從卷背録出,皆是前人隱而未發之義。當時别無書名,故即就本書加"隱"字以名之。又按此并以悟漢人經注各爲書之所以然。⑤

對此,鄭阿財先生認爲,是否"隱而未發"之意,值得商榷⑥。揆諸《隋書》,我們趨向於所謂"音義""背隱義"之類,更多的是一種和寫本性質密切相關的著録方式,而未必一定是前人"隱而不發"之意。這種註釋形式源於何時難以確考,源於簡牘還是

---

① 《史記》卷三〇,頁1429。
② 〔唐〕魏徵、令狐德棻《隋書》卷三二,北京:中華書局,1973年,頁916。
③ 《隋書》卷三二,頁943。
④ 〔唐〕姚思廉《梁書》卷五一,北京:中華書局,1973年,頁735。
⑤ 〔清〕姚振宗《隋書經籍志考證》卷三(《二十五史補編》本,頁5088)。姚氏另有多處言及《隋志》"音隱"現象,同卷:"《禮記音義隱》一卷,謝氏撰。"(頁5109)卷六:"《釋文敘録服虔音》一卷。《唐書·經籍志》:《春秋左氏音隱》一卷,服虔撰。《唐書·藝文志》:《服虔音隱》一卷。"(頁5131)卷九:"《孝經援神契》七卷,宋均注。《後漢書·樊英傳》注:《孝經》緯《援神契》《鉤命決》也。唐《日本國見在書目》:《孝經援神契》七卷,宋均注。又有《孝經援神契音隱》一卷,不著撰人。"(頁5195)
⑥ 鄭阿財《論敦煌文獻展現的六朝隋唐註釋學——以〈毛詩音隱〉爲例》中已注意到上述材料,並對姚氏所稱凡此"音隱""背隱義"之類另有隱而未發之意有辨。(見《敦煌學·日本學——石塚晴通教授退職紀念論文集》,頁3—13;另見《敦煌學輯刊》2005年第4期)

103

《史記》的寫本時代——公元十世紀前《史記》的傳寫與閱讀

紙本也很難確知,就目前實物所見,以紙本文獻最爲典型。六朝乃至隋唐時有關"隱"的注釋之作較爲豐富,"音隱"之外,另有"隱義""背隱義""表隱"幾類①。要之,都與寫卷的特定形制有關。唐小司馬《索隱》後序云"不記作者何人",正說明"音隱"一類書籍的一大特徵——或不止一家,不記於一時。讀者隨手將音釋寫於卷背,或謹嚴或有疏謬,但都是爲了便於他人或自己今後的閱讀。這種寫本或輾轉多人之手,各家隨手依樣劄記,等新的謄寫本只有一面可用時,爲了保存音注,就會專門用新紙將背面的音釋抄出,是爲"音隱"。

《孝文本紀》卷背隱義

---

① 鄭阿財《論敦煌文獻展現的六朝隋唐註釋學——以〈毛詩音隱〉爲例》。

第三章　從古寫本看漢唐之際《史記》的抄寫與閱讀

雖然我們今天難以看到《史記音隱》的確切面貌,但敦煌文獻中仍然保存兩件有關"音隱"類注釋的片斷:一爲英國倫敦大英圖書館藏 S.10《毛詩鄭箋》殘卷,一爲法國巴黎國家圖書館藏 P.2669《毛詩詁訓傳鄭氏箋》。二者背面皆有注音,經潘重規先生考訂,當爲《毛詩音隱》。不但注音相合,且著錄形式也頗爲一致[①]。

此外,姚氏在《考證》中提到的"《孝經援神契音隱》一卷",著錄於《日本國見在書目錄》之"異説家"[②]。《目錄》爲平安時期日人藤原佐世(847—898)奉敕撰[③],所載大致爲日本所收寫本時代的中國漢籍。我們不難推知,至遲在唐宋之際,"音隱"類的注釋方式已流播扶桑。

我們今天雖不能見到《史記音隱》的實物,但今存《史記》古寫本中尚存有寫卷背面著錄音義的體式。如《孝文本紀》卷背補錄有《正義》和《索隱》,與六朝隋唐時的"隱義""表隱""背隱義"之類相近[④]。這件寫本是日本延久五年(1073)名爲大江家國的儒生所寫[⑤]。另有《范雎蔡澤列傳》,背面的音義著錄尤爲嚴謹。寫本正面有古代句讀,並有假名訓點。行間及欄外有與正文相同筆迹的批注,引文有盧注《春秋後語》、劉伯莊《史記音義》、鄒誕生《史記音》、陸善經《史記注》等今天多亡佚的古書古注。寫卷爲《集解》本,背面相同位置頗有《正義》及《索隱》文字,筆畫工穩,記錄詳密,他卷中未見。

《音隱》《音義》一類著作繁盛,也反映了晉唐之際《史記》閱讀中重視音讀的特徵。《隋書·經籍志》所載考訂《史記》的有四家,分別是:劉宋裴駰的《集解》本《史記》八十卷;劉宋徐野民的《史記音義》十二卷;梁鄒誕生的《史記音》三卷和晉譙周的《古史考》二十五卷[⑥]。四家中有兩家專門關注音注,音訓之重,可見一斑。

除上述兩種,見於兩《唐志》的《史記》音訓之作更有徐廣《史記音義》十三卷;劉伯莊《史記音義》三十卷(《新唐書》謂二十卷);許子儒《史記音》三卷等[⑦]。今天我

[①]　潘重規《敦煌詩經卷子研究論文集》,香港:新亞研究所,1970 年。
[②]　(日)藤原佐世《日本國見在書目錄》,《續群書類從》卷八八四,東京:續群書類從完成會,1985 年,頁 6。
[③]　相關介紹可參見孫猛《淺談〈日本國見在書目錄〉》,http://www.cnindex.fudan.edu.cn/zgsy/2004n3/sun.htm,訪問時間爲 2011 年 11 月 6 日。
[④]　參見潘重規《敦煌詩經卷子研究論文集》。
[⑤]　此卷爲日本狩野亨吉博士舊藏,今存東北大學附屬圖書館。詳見後附《敘錄》。
[⑥]　譙周的《古史考》情況較爲特殊,與《史記》關係密切,但又不專門考訂《史記》一書。(見《隋書》卷三三,頁 953)
[⑦]　參見〔後晉〕劉昫等《舊唐書》卷四六,北京:中華書局,1975 年,頁 1987—1988;〔宋〕歐陽修、宋祁《新唐書》卷五八,北京:中華書局,1975 年,頁 1453、1456。

們所能鈎稽的最早的《史記》音訓著作是東漢延篤所著《史記音義》①。南北民族的交流與融合，不同地域、不同方音的人交流加深，再加之佛典的譯讀等因素，都令當時的士人不得不關注文字的音讀問題。六朝在典籍注釋中對音讀的重視，也體現在《漢書》中。《史記·匈奴列傳》"匈奴單于曰頭曼"句下，《集解》：

> 《漢書音義》曰："單于者，廣大之貌，言其象天單于然。"

《索隱》：

> 案：《漢書》"單于姓攣鞮氏，其國稱之曰'撐黎孤塗單于'。而匈奴謂天爲'撐黎'，謂子爲'孤塗'，單于者，廣大之貌也。言其象天，故曰撐黎孤塗單于"。又《玄晏春秋》云"士安讀《漢書》，不詳此言，有胡奴在側，言之曰：'此胡所謂天子。'與古書所説符會也。"②

此言皇甫謐讀史書時的情形。又同卷"後有所愛閼氏"句下，《索隱》：

> 舊音於連、於曷反二音。匈奴皇后號也。習鑿齒與燕王書曰："山下有紅藍，足下先知不？北方人探取其花染緋黃，接取其上英鮮者作烟肢，婦人將用爲顏色。吾少時再三過見烟肢，今日始視紅藍，後當爲足下致其種。匈奴名妻作'閼支'，言其可愛如烟肢也。閼音煙。想足下先亦不作此讀《漢書》也。"③

皇甫謐和習鑿齒同爲六朝史家，讀史俱以識音爲傲。皇甫謐特意在著作中顯揚此事，以明改字音義有據；而習鑿齒識得字音，在給北方的燕王寫信時特意拈出此事，用極爲生動形象的語言解釋詞義。"想足下先亦不作此讀《漢書》也"一句，其洋洋自得之情躍然紙上。捧卷讀之，雖千載之下依然令人擊掌嗟歎而又忍俊不禁。遙想昔日學者手捧長卷，吟哦俯仰，輕舒漫卷，再於背面莊敬地以清秀勁拔的小楷，注上字音，考訂字義。吟詠之間，閱讀與認知更融入了讀者的生命體驗，大非今日匆

---

① 《史記索隱後序》云《史記》"古今爲注解者絕省，音義亦希。始後漢延篤乃有《音義》一卷"(《史記》附錄，頁9)。
② 《史記》卷一一〇，頁2887—2888。
③ 《史記》卷一一〇，頁2888—2889。

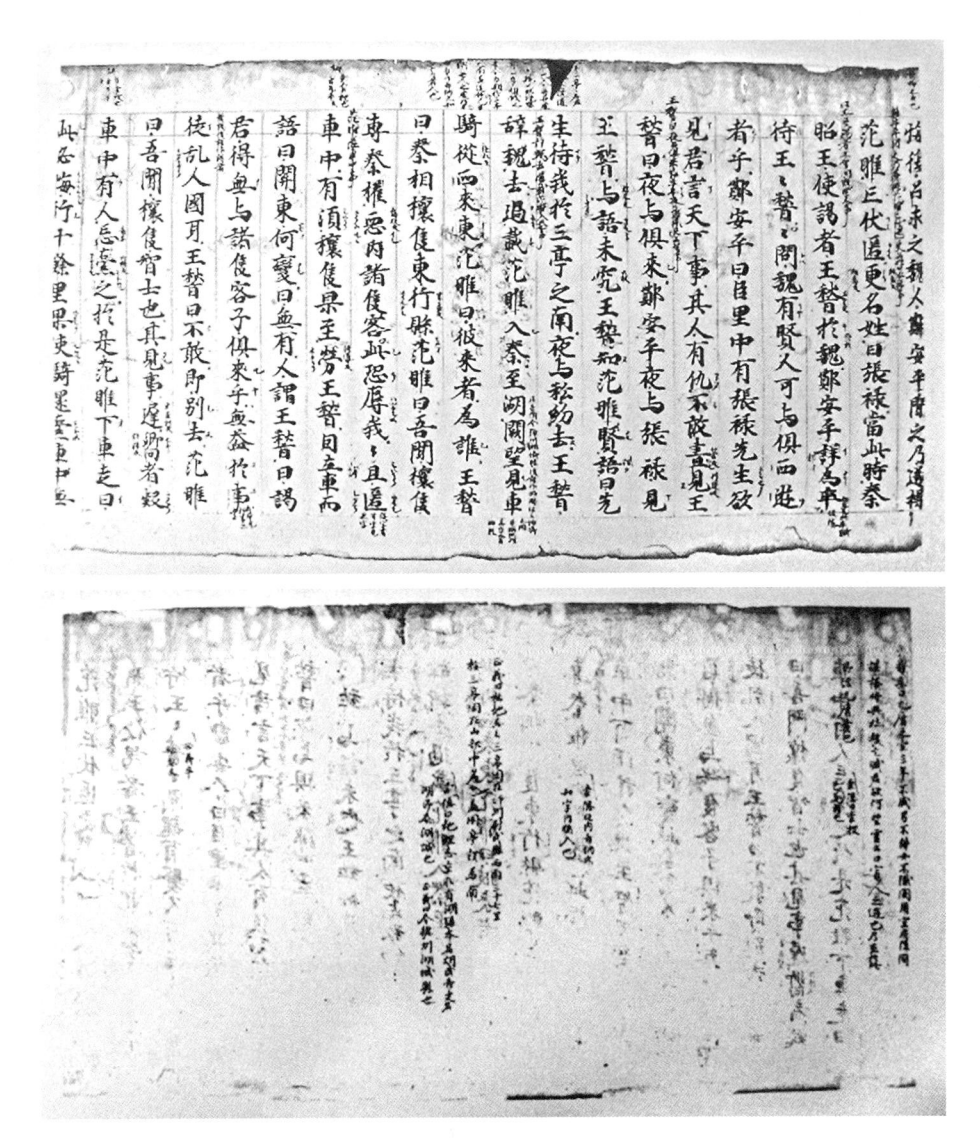

日藏古鈔本《范睢蔡澤列傳》，約鐮倉時代書寫，今存日本宮內廳書陵部

匆查閱的閱讀可比。或許這也正是古人讀書考訂多感性，今人多理性的一大因由吧。不過，如此精彩的重視讀音的學術典故却沒能在《漢書》注文中得以保留，不免遺憾。好在我們今天尚能藉助《史記》的注本聞其遺響①。

---

① 此種文獻傳寫著録方式，在 12 世紀中晚期的西夏文獻中仍有體現。如俄藏黑水城西夏文獻《同音背隱音義》丁種本，該文書每頁正文背面多有墨書小字注文(韓小忙《〈同音背隱音義〉書名的擬定及其成書年代》，《寧夏社會科學》2011 年第 3 期)。《隋志》中著録之"義隱"，西夏文典籍亦有之(參見韓小忙《〈同音背隱音義〉整理與研究》，北京：中國社會科學出版社，2011 年)。

第二節　吐魯番《史記》寫本殘片與《史》《漢》對讀的風習

二十世紀在西域發現的《史記》和《漢書》的寫本殘片不在少數①，但有一種《史》《漢》並書的殘片，却極爲少見。此殘片有二，同爲新疆吐魯番出土，分藏於德國和日本，並且可以大致拼合。其中德藏本原編號爲ＴⅡT1132，係德國第二次吐魯番探險隊在吐魯番吐峪溝所得，現編號爲Ch.938v②。背面殘存一紙上面部分的5行，行3至5字，爲紙的下面部分（與正面倒書），行書，無界欄，內容爲《史記》卷六七《仲尼弟子列傳》中《子貢傳》部分；正面爲班固《漢書》卷四〇《張良傳》，字體在楷書與行書之間，有烏絲欄。此外，《西域考古圖譜》所刊日本大谷探險隊所得吐魯番文書，一面是《史記·仲尼弟子列傳》，另一面是《漢書·張良傳》。兩殘片字體形制全同，當爲同一寫本。但兩地所存寫本並不能直接綴合，《史記》殘片位於右下角，大谷文書殘片在左上角，前者的首行和後者的末行在同一行，中間上下約差七字左右③。

經與今本比對，寫本行19字至21字不等。書寫《史記》的一面雖無界欄，但與正面《漢書》行數相同，字數相近，知其就背面界欄書寫，紙質較薄。《史記》筆法豐腴，略草，而《漢書》行書字體瘦勁，小字嚴謹，且有界欄，應當是時間略前的精鈔本，《史記》抄寫時間略後④。以書風論，當俱爲唐朝前期寫本。

而將寫本《史記》殘片與宋本及此後傳本相較，頗有異同，揆諸文義，多以今本

---

① 《史記》的敦煌本有P.2627、Дх.2663、Дх.2670、Дх.2724、Дх.5341、Дх.5784（其中俄藏文書的出土地點未必全是敦煌），《漢書》的敦煌本有P.2485、P.2513、P.2973b、P.3557、P.3669、P.5009、S.20、S.2053、S.10591、Дх.131，又有1980年伯孜克里克石窟發現的吐魯番本《漢書·西域傳》殘片(80TBI:001[a])。相關統計參見榮新江《〈史記〉與〈漢書〉——吐魯番出土文獻劄記之一》[《新疆師範大學學報》(哲學社會科學版)，2004年第1期]。

② 《唐寫史記仲尼弟子列傳斷片——吐峪洞出土》，此圖較爲清晰（見日人井上清秀編《談書會集帖》第68號，東京：談書會，1923年）。案，榮新江在《〈史記〉與〈漢書〉——吐魯番出土文獻劄記之一》中稱《西域考古圖譜》將大谷探險隊所獲殘片出土地標爲"庫木吐喇"，在古龜茲，今庫車西北。然依此日文圖片標題，當以吐魯番之吐峪洞爲是。

③ 榮新江《〈史記〉與〈漢書〉——吐魯番出土文獻劄記之一》首次發現兩殘片可拼合。

④ 榮新江《〈史記〉與〈漢書〉——吐魯番出土文獻劄記之一》附有照片，但圖中《史記》拼合下部殘片向右偏兩行。據榮氏考訂，德藏寫本殘片現由西脅常記(Tsuneki Nishiwaki)著錄於所編德藏文獻目錄 (*Chinesische und manjurische Handschriften und seltene Drucke Teil 3. Chinesesische Texte vermischten Inhalts aus der Berliner Turfansammlung*, Stuttgart: Franz Steiner Verlag, 2001, pp.58-59)附圖版(Tafe16)，但未提與大谷文書之關聯。

勝,知其並非當時的精鈔本①。正如榮新江先生所云,這兩件《史記》殘片的意義更在於向我們揭示了唐代的一種《史》《漢》並讀的閱讀方式。《漢書》寫本書寫謹嚴精緻,欄界分明;而《史記》的無欄界,書體較爲隨意,且正文頗有訛誤。這些都顯示當時的抄讀者重點温習的是《漢書》,《史記》只是作爲一種參考性的文獻,不是很在意其文本的精確性。雖爲《史》《漢》並讀,實則只對《史記》進行一種應用性閱讀。從殘片出發,我們可進而推闡寫本時代《史記》抄讀的一個側面和《史》《漢》並讀的閱讀風習。

不同的讀法對文本的要求不同,也會分別留下不同性質的閱讀痕迹。應用性閱讀重在讀史致用,對文本本身準確性的要求相對較低。有些讀者爲了更簡單明瞭地理解文意,甚至會有意删略本文(如下節所舉各種《史記》的改編本)。而西域出土的《仲尼弟子列傳》正是應用性閱讀文本的一種,揭示了當時人們爲瞭解比勘史事,有意將《史》《漢》進行對讀的現象②。漢末以來,時人多以《史》《漢》並稱,舉凡言及漢史,莫不綜言《史》《漢》,甚至三史並稱。三史之中,又以《史》《漢》内容相關性最强,《史》《漢》並讀,不足爲奇。

一、《史》《漢》的應用性閱讀

《史記》的應用性閱讀發源甚早,或許兩漢帝王在初期禁止臣下閱讀《史記》,主要也是防止其讀史爲用。西漢成帝時大將軍王鳳禁止東平思王劉宇求諸子及《太史公書》與東漢明帝賜王景《河渠書》,都是出於這一考慮③。三國時期,談論漢史的風氣甚於談經,在權勢階層中此風尤盛,他們閱讀的著眼點也在於讀史致用。魏文帝曹丕在《典論》"自敘"稱:"余是以少誦詩、論,及長而備歷五經、四部,《史》《漢》、諸子百家之言,靡不畢覽。"④雖則綜言《史》《漢》,曹氏父子似乎更偏愛《史記》⑤。如在這篇序言中,他還引用陽慶勸淳于意棄故方以授祕術的典故,勸説與之對陣的劍手另師高明⑥。這

---

① 該本用字也有當時常用的俗寫簡體,如"與"作"与"等。內容上,"應卒"之"卒",寫本譌作"牢";"子貢因去之晉",寫本作"子貢去之晉",無"因"字;"越亂之必矣;與齊戰而勝",寫本無"必""而"二字;"修兵休卒以待之",寫本作"脩兵待之"。雖爲訛奪,亦可作《史記》寫本流傳過程可能産生訛誤的標本。

② 在西域所發現的《漢書》殘片背面抄寫《史記》,是偶然巧合還是一種對讀的痕迹固然有討論的空間。二書皆記漢史,作爲同一性質的文獻分載兩面,雖然並非一定使讀者閱讀《漢書》時比勘《史記》,但其對讀的意圖應無異議。

③ 《漢書》卷八〇,頁3324—3325;《後漢書》卷七六,頁2465。

④ 轉引自《三國志》卷二,頁90。

⑤ 如曹操在"十二月己亥令"中多稱引春秋戰國秦漢故事(參見《三國志》卷一裴注所引《魏武故事》,頁32—34),其中有見諸《史記》與《國語》《戰國策》的,如蒙恬在臨刑前對胡亥所言,語句多與《史記》合,而與他書不合。其"舍書而嘆"則明顯由太史公常用的"廢書而歎"化來。

⑥ 《三國志》卷二,頁90。

《史記》的寫本時代——公元十世紀前《史記》的傳寫與閱讀

些能在日常生活中順手拈來的典故,正反映其對《史記》的熟悉程度。除了在文章中徵引,曹丕還常與臣下談論《史記》中人事,以觀鑑時政。如前揭《滑稽列傳》卷尾《集解》記載了曹丕問群臣"三不欺,於君德孰優"的問題:

> 魏文帝問群臣:"三不欺,於君德孰優?"太尉鍾繇、司徒華歆、司空王朗對曰:"臣以爲君任德,則臣感義而不忍欺;君任察,則臣畏覺而不能欺;君任刑,則臣畏罪而不敢欺。任德感義,與夫導德齊禮有恥且格等趣者也。任察畏罪,與夫導政齊刑免而無恥同歸者也。孔子曰:'爲政以德,譬如北辰,居其所而衆星共之。'考以斯言,論以斯義,臣等以爲不忍欺不能欺,優劣之縣在於權衡,非徒低印之差,乃鈞銖之覺也。且前志稱'仁者安仁,智者利仁,畏罪者強仁'。校其仁者,功則無以殊;核其爲仁者,則不得不異。安仁者,性善者也;利仁者,力行者也;強仁者,不得已者也。三仁相比,則安仁優矣。《易》稱'神而化之,使民宜之'。若君化使民然也。然則安仁之化與夫強仁之化,優劣亦不得不相縣絕也。然則三臣之不欺雖同,所以不欺異矣。則純以恩義崇不欺,與以威察成不欺,既不可同概而比量,又不得錯綜而易處。"

《索隱》案:

> 此三不欺自古傳記先達共所稱述,今褚先生因記西門豹而稱之以成說也。《循吏傳》記子產相鄭,仁而且明,故人不能欺之也。子賤爲政清净,唯彈琴,三年不下堂而化,是人見思,故不忍欺之。豹以威化御俗,故人不敢欺。其德優劣,鍾、華之評定爲允當也。①

此問顯然是針對《滑稽列傳》褚先生續文中"三子之才能誰最賢哉?辨治者當能別之"一句而發。曹丕也以此考論群臣,太尉鍾繇、司徒華歆、司空王朗皆上前論說。臣下要回答好這一問題,首先要熟悉問題的背景。如此一來,《史記》就不僅是帝王也是臣下研討國家治亂興衰的一本必備的參考書。當然,他們的《史記》閱讀不是在探討學問,只是借之論說政治。這與文士的《史記》閱讀立意迥異,所得之閱讀體驗也不可同日而語。對魏晉以降的帝王而言,《史》《漢》所記已非"當代史",他們已

---

① 《史記》卷一二六,頁3213—3214。

由對《史記》的政治性閱讀自然轉爲以史爲鑑的應用性閱讀。

對於蜀國來説，漢朝的興亡不僅是他們必須借鑒的近代史，更是他們宣稱所秉承的"治統"。明乎漢史，對他們而言更有一種特殊的意義，《史》《漢》也自然是必讀的典籍。與曹氏父子多引《史記》不同，蜀國上下多重《漢書》，貶《史記》①。蜀主劉備雖不喜讀書②，但諸葛亮在《出師表》中稱："親賢臣，遠小人，此先漢所以興隆也；親小人，遠賢臣，此後漢所以傾頹也。先帝在時，每與臣論此事，未嘗不歎息痛恨於桓、靈也。"③當時劉備多次和他談論兩漢政事應無疑問。今《隋志》中猶存諸葛亮《論前漢事》一卷④，或與當時談論有關。此外，劉備臨終遺詔叮囑劉禪：

> 可讀《漢書》《禮記》，閒暇歷觀諸子及《六韜》《商君書》，益人意智。聞丞相爲寫《申》《韓》《管子》《六韜》一通已畢，未送，道亡，可自更求聞達。⑤

吴國似乎也更重視《漢書》，直接涉及讀史材料最多的是孫權。他不僅自己熟稔《史》《漢》，又現身説法，要求部下也熟讀之。最爲後人所知的例子是他教示吕蒙讀書，《江表傳》載：

> 初，權謂蒙及蔣欽曰："卿今並當塗掌事，宜學問以自開益。"蒙曰："在軍中常苦多務，恐不容復讀書。"權曰："孤豈欲卿治經爲博士邪？但當令涉獵見往事耳。卿言多務孰若孤，孤少時歷《詩》《書》《禮記》《左傳》《國語》，惟不讀《易》。至統事以來，省三史、諸家兵書，自以爲大有所益。如卿二人，意性朗悟，學必得之，寧當不爲乎？宜急讀《孫子》《六韜》《左傳》《國語》及三史。孔子言'終日不食，終夜不寢以思，無益，不如學也'。光武當兵馬之務，手不釋卷。孟德亦自謂老而好學。卿何獨不自勉勖邪？"⑥

---

① 如譙周《古史考》多以六經爲據，摘發《史記》疏誤。
② 《三國志》卷三二，頁871。
③ 《三國志》卷三五，頁920。
④ 《隋書》有"《論前漢事》一卷。蜀丞相諸葛亮撰"。今案陳壽所定《諸葛氏集目録》中並未見此書名，或即其"雜言"之類，後人抄讀中另予加名。（見《隋書》卷三三，頁954；《三國志》卷三五，頁929）
⑤ 《三國志》卷三二，頁891。
⑥ 這裏涉及經史的進讀順序與曹丕相似，看來應爲當時習讀經典的正常次序，即先經學，次史學，次諸子百家言。這種進讀的順序在傳統社會中有其堅强的穩定性，唐劉知幾在《史通·自叙》言其讀書順序，與此並無大異（《史通通釋》卷十，頁267—272）。這也是我們瞭解時人讀史的一種知識背景，即當時最重要的典籍依然是經書。他們將史書的進讀放在經書之後，作爲一種泛覽，用來熟悉歷史掌故，學習治國用兵的歷史經驗。如果說孫權的話還可能出自《江表傳》的編纂者，那麽曹丕的"自叙"當非虛言。因此，我們有理由相信上述兩條材料的真實性。（見《三國志》卷五四，頁1274—1275）

其後，"蒙始就學，篤志不倦，其所覽見，舊儒不勝"，以致魯肅驚歎"非復吳下阿蒙"①。大概豪傑之人性多"朗悟"，所以一旦勤學，便非性多拘牽的俗儒所能比肩的了。這也是一種較爲奇特的閱讀現象②。孫權不僅勸部將讀史書，還命自己的長子讀《漢書》③。史載"權欲登讀《漢書》，習知近代之事，以張昭有師法，重煩勞之，乃令休從昭受讀，還以授登"④。這裏還特意提到史書閱讀也有師法相傳的現象，與經學相似。一方面我們可以窺見當時《漢書》的傳授，已然不亞於經學；另一方面，這段材料也揭示了時人對史書讀法的重視。雖然書中言孫權讓孫登讀《漢書》是爲了令其子"習知近代之事"，但不能排除習讀《漢書》的另一原因：該書對儒家倫理綱常的宣揚也不亞於經書⑤。《史記》或多六國權謀，兵家譎詐，故令軍人"急讀"，以備戰陣。

在《三國志・張裔傳》中還記載了孫權以卓女夜奔相如發難蜀地風俗，張裔以買臣惡妻的故事反詰。這兩個故事出自《史》《漢》，他們能夠在外交場合熟練地運用，可見當時的史書已然成爲高級官吏的公共知識。我們推測由於此時漢朝政權已經名存實亡，此前加以限制的典籍，如《史記》等已經開始大規模地傳抄，因此士人競相引論，以爲談資。

一個有趣的現象是，文獻所見三國時期的史書讀者中，軍吏可能比士人還要多。司馬懿之父司馬防，"雅好《漢書》名臣列傳，所諷誦者數十萬言。"⑥吳國留贊曾爲郡吏，"好讀兵書及三史，每覽古良將戰攻之勢，輒對書獨嘆。"⑦魏國大將夏侯淵也令愛子"讀《項羽傳》及兵書"⑧。晉朝時，匈奴人劉淵不僅習經書兵法，而且也是"《史》《漢》、諸子，無不綜覽"⑨。他們對史書無疑是一種應用性的閱讀。又《宋書・臧質傳》云："質年始出三十，屢居名郡，涉獵史籍，尺牘便敏，既有

---

① 《三國志》卷五四，頁 1275。
② 雖然傳說中軍人讀史書的例子，較爲著名的還有關羽，或以關羽之義薄雲天而附會之，但這種軍人讀史傳的風習，在當時確不稀見。
③ 關於《漢書》閱讀的情況，可參見（日）吉川忠夫著，王啟發譯《六朝精神史研究》第四部分第十章"顏師古以前的《漢書》學"一節（南京：江蘇人民出版社，2010 年，頁 239—274）。
④ 《三國志》卷五九，頁 1363。
⑤ 《史通》稱"孟堅勒成《漢書》，牢籠一代，至於人倫大事，亦云備矣"（《史通通釋》卷八，頁 221）；又稱《漢書》"抑忠臣而飾主闕"（見《史通通釋》卷二十，頁 555）。
⑥ 《三國志》卷一五，頁 466。
⑦ 《三國志》卷六四，頁 1445。
⑧ 《三國志》卷九，頁 273。
⑨ 史載淵"幼好學，師事上黨崔游，習《毛詩》《京氏易》《馬氏尚書》，尤好《春秋左氏傳》《孫吳兵法》，略皆誦之，《史》《漢》、諸子，無不綜覽"。（見《晉書》卷一〇一，頁 2645）

氣幹,好言兵權。"①這裏所云之"史籍"當有三史,而其人讀史以爲兵略權謀之資亦明矣。

出於學習軍事韜略的需要,有些不識字的將軍甚至請人誦讀《史》《漢》故事,論說大義。如蜀國將軍王平,"生長戎旅,手不能書,其所識不過十字,而口授作書,皆有意理。使人讀《史》《漢》諸紀傳,聽之,備知其大義,往往論說不失其指。"②此後,《十六國春秋》亦載後趙王石勒:

> 勒雅好文學,雖在軍旅之中,嘗令儒生讀《春秋》《史》《漢》諸傳而聽之。每以其意,論古帝王善惡。朝賢儒士,聽者莫不歸美焉。嘗使人讀《漢書》,聞酈食其勸立六國後,大驚曰:"此法當失,何以得遂成天下?"至留侯諫,乃曰:"賴有此耳。"③

石勒聽讀之專心躍然紙上,頗可與蜀國王平的聽讀相印證。明乎當時讀史致用的風習,我們對西北邊塞敦煌烽燧見到漢簡中的《史記》相關文句也就不足爲怪了。《魏書》卷二四《崔玄伯傳》言北魏太祖"歷問故事於玄伯","常引問古今舊事,王者制度,治事之則。玄伯陳古人制作之體,及明君賢臣,往代廢興之由,甚合上意。"書中還明確提到,"太祖曾引玄伯講《漢書》,至婁敬説漢祖欲以魯元公主妻匈奴,善之,嗟歎者良久。"④

二、非功利的《史》《漢》閱讀

漢末以降,《史記》和《漢書》尤其是後者的學術地位日漸提升,僅次於六經。連曲阜孔氏也在《五經》之外修習二史。據《孔叢子》所載,約在東漢章和之際,孔季彥"壹其家業,兼修《史》《漢》,不好諸家之書"⑤。這可能是見於記載修習《史》《漢》的最早記録。三國時期,吴國華覈上疏吴主孫皓即稱:"漢時司馬遷、班固,咸命世大才,所撰精妙,與六經俱傳。"⑥兩書在内容上聯繫緊密,可謂兩漢史學乃至中國傳

---

① 《宋書》卷七四,頁1910。
② 《三國志》卷四三,頁1050。
③ 參見〔清〕湯球《十六國春秋輯補》卷一四(《叢書集成初編》本,頁104—105)。另《晉書》卷一〇五(頁2741)、《世説新語·識鑒》亦載此事,文略有異同。
④ 《魏書》卷二四,頁621。
⑤ 〔春秋〕孔鮒《孔叢子》卷下,《叢書集成初編》本,頁169—170。
⑥ 《三國志》卷五三,頁1256。

統史學著作中的雙璧。學者修習,一般《史》《漢》並舉,甚至三史(《史記》《漢書》《東觀漢記》)並修。最早據《東觀漢記》撰作《後漢書》的謝承即爲吳人,熟悉漢史,當爲必要條件①。如果説軍吏讀史是出於實用的功利目的,則這一時期文士讀史,多與習史著書、青史留名的觀念相連。

《三國志》卷四一《張裔傳》亦載:"張裔字君嗣,蜀郡成都人也。治《公羊春秋》,博涉《史》《漢》。"②《華陽國志》卷一一言陳壽"治《尚書》《三傳》,鋭精《史》《漢》"③。曹丕在《典論》"自敘"中亦稱:"余是以少誦詩、論,及長而備歷五經、四部,《史》《漢》、諸子百家之言,靡不畢覽。"④《史》《漢》似乎已成爲博學之士必備的修養之一。晉朝博通《史》《漢》者似乎更多。《華陽國志》卷十一亦稱晉常寬"閫門廣學,治《毛詩》《三禮》《春秋》《尚書》,尤耽意大《易》,博涉《史》《漢》,疆識多聞,而謙虛清素,與俗殊務"⑤。

《晉書》卷六九載戴邈"少好學,尤精《史》《漢》,才不逮若思,儒博過之"⑥。《何嵩傳》稱"嵩字泰基,寬弘愛士,博觀墳籍,尤善《史》《漢》。少歷清官,領著作郎"⑦。《江逌傳》載江逌上書自謂"臣尋《史》《漢》舊事"⑧。

《金樓子》中還記載了曹植論漢高祖劉邦與東漢光武帝劉秀爲人及群臣短長的一段話,又載"諸葛亮曰:'曹子建論光武,上將則難比於韓、周,謀臣則不敵良、平。'時人談者,亦以爲然"⑨。彼時談論漢史風習之盛,可見一斑。諸葛亮不僅對身爲魏國世子的曹植的話予以評論,而且又有"時人談者"對二人之言加以評説。這段文字之後是梁元帝蕭繹本人對二帝爲人的進一步評價:"世誠以爲子建言其始,孔明揚其波,公理導其源,簡文宏其説,則通人之談,世祖爲極優矣。"⑩聯繫《集解》所引何晏之言,我們推測當時通人賢者多論兩漢事,而往往由一人啓其論題,衆人評議。那些較爲重要的,或者大家都比較關注的論題因爲影響較大往往得以記録下來。這種人物的評騭,與漢末月旦人物之風相承,只不過評論的對象由士林轉向帝

---

① 《三國志》卷五〇,頁1196—1197。
② 《三國志》卷四一,頁1011。
③ 〔晉〕常璩《華陽國志》卷一一,《叢書集成初編》本,頁180。
④ 《三國志》卷二,頁90。
⑤ 《華陽國志》卷一一,頁191。
⑥ 《晉書》卷六九,頁1848。
⑦ 《晉書》卷三三,頁1000。
⑧ 《晉書》卷八三,頁2174。
⑨ 〔梁〕蕭繹撰,許逸民校箋《金樓子校箋》卷四,北京:中華書局,2011年,頁949—950。
⑩ 《金樓子校箋》卷四,頁950。

王將相。在一定意義上,也開啓了魏晉玄學家論史的風潮。

魏晉多喪亂,民生凋敝,士人在目睹生命易逝的現實之後,著意於留名後世,即便身世顯赫的曹丕也不免之。《魏書》載:

> 帝初在東宮,疫癘大起,時人彫傷,帝深感歎,與素所敬者大理王朗書曰:"生有七尺之形,死唯一棺之土,唯立德揚名,可以不朽,其次莫如著篇籍。疫癘數起,士人彫落,余獨何人,能全其壽?"①

《太史公書》中張揚的個性,對人生和命運的深切感懷,以及"成一家之言",留名後世的思想也契合當時的士人心態。魏國三曹尤長於藝文,而風格朗健,感慨蒼涼,號稱"建安風骨",似與太史公心緒相近。曹氏父子乃至魏國士人多言《史記》,其來有自。曹植甚至直接引用太史公之言,表明自己作史的意願:"'吾志不果,吾道不行,將來采史官之實錄,時俗之得失,爲一家之言,藏之名山。'此外徒虛言耳。"②

降及六朝,帝王功業之外更求以文章傳世,常與修史屬文之事。《梁書》卷三《武帝紀下》載蕭衍"造《通史》,躬製贊序,凡六百卷"③。採用"通史"體例而不是斷代史,從中我們不難窺見太史公的影響。劉知幾在《史通·六家》之《史記》家中雖譏其"蕪累",但以《通史》爲繼《史記》之作却無異議④。梁元帝蕭繹的《金樓子》也大量徵引《史》《漢》文字。其《立言篇》云:"周公沒五百年有孔子,孔子沒五百年有太史公。五百年運,余何敢讓焉。"⑤篇後又以與裴子野問答的形式述撰述之由,從文辭到形式皆與《太史公自序》同符⑥。所不同者是立論者的身份,他自稱:"吾於天下亦不賤也,所以一沐三握髮,一食再吐哺。"⑦他以周公自任,以三立自許,與曹公相似。在《史》《漢》議讀之風大盛的同時,我們看到魏晉時期大量士人熱衷於著史作文,乙部之學遂蔚爲大觀。

又《宋書·沈攸之傳》稱:"攸之晚好讀書,手不釋卷,《史》《漢》事多所諳憶,常

---

① 《三國志》卷二,頁88。
② 《金樓子校箋》卷六,頁1253。
③ 《梁書》卷三,頁96。
④ 《史通通釋》卷一,頁18。
⑤ 《金樓子校箋》卷四,頁798。
⑥ 《金樓子校箋》卷四,頁805—811。
⑦ 《金樓子校箋》卷四,頁810。

嘆曰：'早知窮達有命，恨不十年讀書。'"①沈氏之説頗有厭倦功名，遺憾未能早日埋首墳籍之意，此時的讀史又有生命寄託的意味。

　　文士讀史却較少被記録，這有兩種可能：一是讀之者少；二是文士讀《史》《漢》已爲一種常態，無記録之必要。魏晉時期閲讀《史》《漢》，仿效著述之餘，亦有士人善於論説二史。如《世説新語·言語》載："張茂先論《史》《漢》，靡靡可聽。"②

　　當時的玄學家夏侯玄、何晏等也熱衷閲讀評説《史記》，部分文字至今仍保留在《史記》三家注中。如《樂毅列傳》樂毅與燕惠王書後，《集解》引一段夏侯玄之語，或曰《樂毅論》③，與何晏之《白起論》相似。魏晉風流之一的王羲之曾專門抄寫過這篇《樂毅論》，可見此論當時風行程度。相似的記載又見於《白起王翦列傳》文末《集解》引何晏之評論，即前揭《白起論》④。

　　雖然魏晉六朝時期的君王官宦多討論《史》《漢》，但是在談玄的風氣興起之時，玄學家却多避談史事。這與談玄風氣的背景有關⑤。前揭三國帝王將相喜論兩漢故事，他們談史是以史爲鑑，這在一定程度上也決定著對時事的看法。談玄者多無意投身政治，故多諱言史事而發言玄遠。但避談史事，這並不代表他們不讀史。竹林七賢的王戎等亦曾論史事，《晉書》本傳稱：

　　　　（戎）爲人短小，任率不修威儀，善發談端，賞其要會。朝賢嘗上巳禊洛，或問王濟曰："昨游有何言談？"濟曰："張華善説《史》《漢》；裴頠論前言往行，袞袞可聽；王戎談子房、季札之間，超然玄著。"其爲識鑒者所賞如此。⑥

雖然王戎和張華都是當時入世較深的人物，以至於阮籍揶揄之爲"俗物"⑦，但魏晉名士談史的風習却不能忽視。阮籍口不臧否人物，但也曾與蘇門先生"談太古無爲之道，及論五帝三王之義"⑧。嵇康又"好言老、莊，而尚奇任俠"，曾作《高士傳》。

---

① 《宋書》卷七四，頁1941。
② 〔南朝宋〕劉義慶著，〔南朝梁〕劉孝標注，余嘉錫箋疏，周祖謨、余淑宜、周士琦整理《世説新語箋疏》卷上之上，北京：中華書局，2007年，頁100—101。
③ 《史記》卷八〇，頁2433—2434。
④ 《史記》卷七三，頁2338。
⑤ 陳寅恪先生以爲談玄本身也表明了一種政治態度。（參見陳寅恪《陶淵明之思想與清談之關係》，見陳寅恪《金明館叢稿初編》，北京：生活·讀書·新知三聯書店，2001年，頁201—229)
⑥ 《晉書》卷四三，頁1232。
⑦ 《晉書》卷四三，頁1232。
⑧ 《三國志》卷二一，頁605。

這種旨趣亦近於《史記》，撰述上古以來聖賢更不可能不參稽《史記》。兄嵇喜亦稱其"撰錄上古以來聖賢、隱逸、遁心、遺名者，集爲傳贊，自混沌至于管寧，凡百一十有九人，蓋求之於宇宙之內，而發之乎千載之外者矣"①。《史記·老子韓非列傳》"吾聞之，良賈深藏若虛，君子盛德容貌若愚"句下，《索隱》稱"嵇康《高士傳》亦載此語，文則小異，云'良賈深藏，外形若虛；君子盛德，容貌若不足'也"②。可爲嵇康曾參照《史記》的旁證。

至於士人由論史而轉入談玄的因由，王衍的例子可以給我們一點啓發。《晉書·王衍傳》載："泰始八年，詔舉奇才可以安邊者，衍初好論從橫之術，故尚書盧欽舉爲遼東太守。不就，於是口不論世事，唯雅詠玄虛而已。"③論縱橫術，論歷史興衰成敗就會被認爲有用世的心力，多會捲入政治。那些意欲全身遠害的逸士只好"雅詠玄虛"，示無所用。在魏晉清談玄風大熾之前，我們不應忽略那些發言玄遠的逸士也曾熱衷於談論《史》《漢》。只是世人以求功利心爭言之，那些自命絕俗的逸士自然不再爭相討論。

三、《史》《漢》並讀的學術影響

《史》《漢》並讀首先對《史記》文本面貌產生了直接影響。《漢書》關於西漢部分多採錄《史記》原文而略有改動，但後來的學者閱讀《史記》時，經常不顧二者之間的差異，徑據《漢書》以校改《史記》。其中一種情況是採錄《漢書》的記述補錄《史記》中的闕文。如今本《史記·孝武本紀》開篇"孝武皇帝者"至"尤敬鬼神是祀"④，即據《漢書·武帝紀》的相關文字連綴而成⑤。此外，《史記·平津侯主父列傳》自"班固稱曰"至"累其名臣，亦其次也"⑥，也是班固《漢書》中的論贊文字⑦。這些多是漢晉之際的讀者在閱讀《史記》的過程中，憶及《漢書》中相關篇目的論贊，遂批注於卷末。後來的抄寫者將之一并抄入，遂形成今本的基本樣貌。同樣的情況還出現在《史記》卷一一七《司馬相如列傳》中。在今本該卷末尾"太史公曰"下，忽然有"楊雄

---

① 《三國志》卷二一，頁605。
② 《史記》卷六三，頁2140—2141。
③ 《晉書》卷四三，頁1236。
④ 《史記》卷一二，頁451。
⑤ 《漢書》卷六，頁155。相關論述另見余嘉錫《太史公書亡篇考》，頁26—31。
⑥ 《史記》卷一一二，頁2964—2965。
⑦ 值得注意的是，《史記》附文中所採錄《漢書》部分，與原文又略有不同，頗可觀見當時轉錄文筆。（見《漢書》卷五八，頁2633—2634）

《史記》的寫本時代——公元十世紀前《史記》的傳寫與閱讀

以爲靡麗之賦,勸百風一,猶馳騁鄭衛之聲,曲終而奏雅,不已虧乎?"①,這也是《漢書》卷五七下《司馬相如傳下》的贊語。讀者的批注在無辨識能力的抄手那裏就這樣變成了《史記》的文字,也算是漢晉抄寫者演出的一幕"關公戰秦瓊"的鬧劇。當然,此後的整理者爲了保持所見文本的原貌,也就仍之如舊。

有些熟悉《漢書》的讀者甚至將班固的奏議抄錄在《史記》原書之後。今本《史記》卷六《秦始皇本紀》猶存一例②。當然,如果是一人所爲,他既有條件看到當時外界很難看到的皇后詔書,又有外間難以得知的班固的議論,此人可能是東觀士人,甚至可能與班氏家族有著較爲密切的關係。所據本或爲内廷本系統的本子,也有可能就是班氏家藏本。

《史》《漢》對讀的另一種情況是兩書注家做注時,互相採錄對方注文。如今存《史記》三家注中,《集解》及唐代的兩家注多引《漢書》注以解《史記》,《集解》所引諸家注釋尤多。劉宋時期陸澄亦引《史記》以注《漢書》。《史通·補注》云:"陸澄所注班史,多引司馬遷之書,若此缺一言,彼增半句,皆採摘成注,標爲異説,有昏耳目,難爲披覽。"③筆者根據中國基本古籍庫進行的不完全檢索,《後漢書》注引用《史記》426條,《文選》2 104條,《漢書》7 000餘條,多於經傳的引用率。值得注意的是,唐代士人注古書多引《史記》而非經傳本文,如《後漢書》李賢注中,涉及到秦漢以前的事例,多徵引《史記》,而非其他相關古書原本。

《史》《漢》對讀必然會產生比較,因此發展出《史》《漢》異同,班馬優劣的問題。《晉書·張輔傳》載:

> 遷之著述,辭約而事舉,敘三千年事唯五十萬言;班固敘二百年事乃八十萬言,煩省不同,不如遷一也。良史述事,善足以獎勸,惡足以監誡,人道之常。中流小事,亦無取焉,而班皆書之,不如二也。毀貶晁錯,傷忠臣之道,不如三也。遷既造創,固又因循,難易益不同矣。又遷爲蘇秦、張儀、范雎、蔡澤作傳,逞辭流離,亦足以明其大才。故述辯士則辭藻華靡,敘實錄則隱核名檢,此所以遷稱良史也。④

---

① 案,"虧",《漢書》作"戲",據張揖注,"戲"是,涉形近而誤。(見《史記》卷一一七,頁3073;《漢書》卷五七下,頁2609—2610)。
② 《史記》卷六,頁290—293。
③ 《史通通釋》卷五,頁123。
④ 《晉書》卷六〇,頁1640。

張輔在當時還有一些有名的觀點,如云"管仲不若鮑叔""又論魏武帝不及劉備,樂毅減於諸葛亮"等①。他似乎喜歡作翻案文章,有意與時論立異。從其所稱司馬遷優於班固的言論,我們也可以大致推斷當時的主流應該是重《漢書》。

六朝時期,批評《史記》者甚衆。《晉書·司馬彪傳》稱:"初,譙周以司馬遷《史記》書周秦以上,或採俗語百家之言,不專據正經,周於是作《古史考》二十五篇,皆憑舊典,以糾遷之謬誤。彪復以周爲未盡善也,條《古史考》中凡百二十二事爲不當,多據《汲冢紀年》之義,亦行於世。"②《金樓子》卷六亦云:"《太史公書》有時而謬,《鄭世家》云子産鄭成公子,而實子國之子也。《尚書·顧命》衛寶侯爵,《衛世家》則言伯爵,斯又乖也。《尚書》云金縢是周公東征之時,《史記》是姬旦薨後,又紕繆焉。其餘瑣碎,亦不爲少。"③

六朝學者精熟《史》《漢》,明其疏誤之後,意欲補苴。但此時《史》《漢》已經完成經典化的過程,很難改動原文,他們只能以注解的方式做糾謬的工作。學者注書,因兩書内容相關,適可同時作注。《南齊書·崔慰祖傳》言其聚書萬卷,且能與鄰里通借,精通地理,謝朓嘆曰:"假使班、馬復生,無以過此。"④與從弟緯書云:"常欲更注遷、固二史,採《史》《漢》所漏二百餘事,在廚簏,可檢寫之,以存大意。《海岱志》良未周悉,可寫數本,付護軍諸從事人一通,及友人任昉、徐寅、劉洋、裴揆。"⑤

《史記》和《漢書》也早已經進入傳統經學家的視野。前揭《孔叢子》所載,曲阜孔氏也在《五經》之外修習二史⑥。漢晉之際,經史並修之人漸多,人們論及學術開始經史並稱。王充在《論衡·謝短篇》中甚至宣稱不知秦漢爲短⑦。秦漢以前讀《五經》諸子,秦漢事迹自然要讀《史》《漢》。胡寶國《經史之學與文史之學》一文⑧,所論經史並稱之例甚多。唐長孺先生《漢末學術中心的南移與荆州學派》言宋忠爲荆州學人最爲著名者,他不僅注經《周易》,也注子書《太玄》《法言》,更據《史記》補《世本》之闕;尹默、宋忠等也兼治子史⑨。在一定程度上,魏晉學者甚至將史事的

---

① 《晉書》卷六〇,頁1640。
② 《晉書》卷八二,頁2142。
③ 《金樓子校箋》卷六,頁1248。
④ 《南齊書》卷五二,頁901。
⑤ 《南齊書》卷五二,頁902。
⑥ 《孔叢子》卷下,頁169—170。
⑦ 《論衡》卷一二《謝短篇》:"五經之後,秦、漢之事,無不能知者,短也。"(頁555)
⑧ 胡寶國《經史之學與文史之學》,《文史》1999年第2輯。
⑨ 唐長孺《漢末學術中心的南移與荆州學派》(載唐長孺《山居存稿續編》,北京:中華書局,2011年,頁157—170)。

《史記》的寫本時代——公元十世紀前《史記》的傳寫與閲讀

編纂作爲模擬經書的一種,如孔衍《漢尚書》《漢春秋》等。《金樓子》卷四亦稱,"今之儒,博窮子史,但能識其事,不能通其理者,謂之學。"①

以《史記》《漢書》爲代表的乙部之學在一開始就達到了極高的成就,這也促使史部漸趨獨立。魏晉時期,連北方政權都已經開始設立"史學祭酒"之職,注重史書修纂。《晉書》載東晉太興二年(319)後趙王石勒稱王,"始立社稷,立宗廟,營東西宫。署從事中郎裴憲、參軍傅暢、杜嘏並領經學祭酒,參軍續咸、庾景爲律學祭酒、任播、崔濬爲史學祭酒。……命記室佐明楷、程機撰《上黨國記》②,中大夫傅彪、賈蒲、江軌撰《大將軍起居注》,參軍石泰、石同、石謙、孔隆撰《大單于志》"③。他們重視史學及史籍撰述,可能與留名不朽的觀念有關。

史書所見南方政權設立"史學",要在後趙設立"史學祭酒"百年之後。劉宋文帝劉義隆時期,史學爲四學之一。《宋書》卷九三《雷次宗傳》載:"元嘉十五年(438),……時國子學未立,上留心藝術,使丹陽尹何尚之立玄學,太子率更令何承天立史學,司徒參軍謝元立文學,凡四學並建。"④此後,作於蕭梁的《南齊書》即稱王珪之"有史學"⑤。

齊梁時期,史風所扇,甚至已廣及佛道。梁釋僧祐在《釋迦譜》中頗言對待異説態度,並以之與釋典中的記載相比照:

案此律説四子事緣,與阿含經大同小異。竊謂經變華戎,譯人斟酌。出經之人,各有所受,故往往不同也。夫以《史》《漢》近書,猶分糅相反。況於萬里之外,千歲之表哉。明者固宜擇善而從,懸領文外,則可與言正矣。⑥

道家善《史》《漢》者爲葛洪,他曾親自抄録二書。《晉書·葛洪傳》言洪著"神仙、良吏、隱逸、集異等傳各十卷,又抄《五經》《史》《漢》、百家之言、方技雜事三百一十卷,《金匱藥方》一百卷,《肘後要急方》四卷"⑦。今傳記載西漢史事的《西京雜

---

① 《金樓子校箋》卷四,頁 966。
② 據《晉書》校勘記,此或當爲程陰、徐機二人,史書抄寫有脱文而誤作一人。
③ 《晉書》卷一〇五,頁 2735—2736。
④ 《宋書》卷九三,頁 2293—2294。
⑤ 《南齊書》卷五二,頁 903。
⑥ 〔梁〕僧祐《釋迦譜》卷第一,《大正新修大藏經》第五〇卷,東京:大正一切經刊行會,1927年,頁 4 中。
⑦ 觀葛洪所抄於梁元帝巾箱書大略符同,時人常讀之書與知識系統不難窺見。(《晉書》卷七二,頁 1913)

120

記》相傳也是葛洪摘錄傳抄。此外,天文學家祖冲之也論及《史》《漢》中曆法部分[①]。則漢唐之際,兩書對讀之風已遍布學林。

四、《史》《漢》之抄寫

寫本時代文本傳抄不易,苦讀之士和愛書之人多親自抄書。《金樓子》還記載了當時的一位名士愛書成癖,以書"美神養性如妳媼也"而稱之爲"黃妳"[②]。但《史》《漢》畢竟篇帙較大,傳抄不易,一般的讀者並不容易看到。《宋書·吴喜傳》載:

> 吴喜,吴興臨安人也。……初出身爲領軍府白衣吏。少知書,領軍將軍沈演之使寫起居注,所寫既畢,闇誦略皆上口。演之嘗作讓表,未奏,失本,喜經一見,即便寫赴,無所漏脱,演之甚知之。因此涉獵《史》《漢》,頗見古今。[③]

似乎他是因爲得到上司賞識纔有條件觀覽《史》《漢》,通曉古今事迹。就個人而言,似乎將軍一級的官吏纔有能力存藏這類大部頭的典籍,一般的小吏也很難見到。他們得到長官的賞識,纔被允許看這類圖書。在齊梁之世,梁元帝蕭繹在《金樓子》中頗載自己蒐羅典籍、抄寫副本的情况:

> 初出閣,在西省,蒙敕旨賚《五經》正副本。爲瑯琊郡時,蒙敕給書,并私有繕寫。爲東州時,寫得《史》《漢》《三國志》《晉書》。又寫劉選部孺家、謝通直彦遠家書。又遣人至吴興郡,就夏侯亶寫得書。又寫得虞太中闡家書。爲丹陽時,啓請先宮書,又就新渝、上黄、新吴寫格五戲,得少許。爲揚州時,就吴中諸士大夫寫得《起居注》,又得徐簡肅勉《起居注》。
>
> 前在荆州時,晉安王子時鎮雍州,啓請書寫。比應入蜀,又寫得書。又遣州民宗孟堅下都市得書。又得鮑中記泉上書。安成煬王於湘州薨,又遣人就寫得書。劉大南郡之遴、小南郡之亨、江夏樂法才、别駕庾喬、宗仲回、主簿庾格、僧正法持絓經書,是其家者皆寫得。又得招提琰法師衆義疏及衆經序。又得頭陀寺曇智法師陰陽、卜祝、冢宅等書。又得州民朱澹遠送異書。又於長沙

---

① 《南齊書》卷五二,頁 903—904。
② 《金樓子》載:"梁朝有名士,呼書卷爲黄妳。此蓋見其美神養性如妳媼也。"《金樓子校箋》卷六,頁 1226。
③ 《宋書》卷八三,頁 2114。

121

《史記》的寫本時代——公元十世紀前《史記》的傳寫與閲讀

寺經藏,就京公寫得四部。又於江州江革家,得元嘉前後書五帙。又就姚凱處得三帙,又就江禄處得四帙。足爲一部,合二十帙,一百一十五卷,並是元嘉書,紙墨極精奇。又聚得元嘉《後漢》,并《史記》《續漢春秋》《周官》《尚書》及諸子集等,可一千餘卷。又聚得細書《周易》《尚書》《周官》《儀禮》《禮記》《毛詩》《春秋》各一部。又使孔昂寫得《前漢》《後漢》《史記》《三國志》《晉陽秋》《莊子》《老子》《肘後方》《離騷》等,合六百三十四卷,悉在一巾箱中,書極精細。①

這裏提到當時典籍的存藏之所不外以下幾種:一是内府宫廷中善本書。這一類書不能隨便抄寫,一般人也不大可能見到。二是朝廷及各地的士大夫之家。家藏之書似乎一般只有數帙(數十卷)值得抄寫。三是寺廟僧人所藏,且多以卜祝及佛經類圖書爲主。另有極少數是尋常州民及都市中所見書。文中特意提到江州一帶有劉宋元嘉年間的《史記》,"紙墨極精奇"。此後遂令孔昂寫《史記》,"書極精細",置巾箱中,當爲手邊常讀之書。值得注意的是,梁元帝的手邊書共六百三十四卷,其中絶大部分是史書,尤其是前四史,然後是《老》《莊》、醫書和辭賦。其中既可見其個人的讀書志趣和讀史資鑑的功利目的,也顯示了在日常閲讀中史書分量似已超過經書。這裏提到的"劉大南郡之遴",在《梁書》卷四〇有傳,傳中提到:"時鄱陽嗣王範得班固所上《漢書》真本,獻之東宫,皇太子令之遴與張纘、到溉、陸襄等參校異同。"②此處所謂"《漢書》真本",在《梁書·蕭琛傳》另有記載:

始琛在宣城,有北僧南度,惟賫一葫蘆,中有《漢書序傳》。僧曰:"三輔舊老相傳,以爲班固真本。"琛固求得之,其書多有異今者,而紙墨亦古,文字多如龍舉之例,非隸非篆,琛甚秘之。③

按照書中描繪《漢書》真本的字迹和紙張的形貌,倒與今天在西北敦煌一帶發現的北方寫本較爲相似。雖則未必是早期傳本的原貌,但時人對史書善本的珍視可見一斑。他們一旦發現善本,即著手校勘傳寫。

此時北方傳抄書籍的風氣也很盛行,甚至市場上有專門賣書的地方。那裏不僅有經史典籍,有時甚至還能賣到近人的手稿和詩文作品。《魏書》卷二四載:

---

① 《金樓子校箋》卷二,頁515—516。
② 《梁書》卷四〇,頁573。這裏提到的"《漢書》真本"問題,《四庫全書總目提要·漢書》有辨。
③ 《梁書》卷二六,頁397。

始玄伯因苻堅亂，欲避地江南，於泰山爲張願所獲，本圖不遂，乃作詩以自傷，而不行於時，蓋懼罪也。及浩誅，中書侍郎高允受敕收浩家，始見此詩。允知其意，允孫綽錄於允集。始玄伯父潛爲兄渾誄手筆草本，延昌初，著作佐郎王遵業買書於市而遇得之。計誅至今，將二百載，寶其書迹，深藏祕之。武定中，遵業子松年以遺黃門郎崔季舒，人多摹搨之。①

南北朝都較爲重視傳抄典籍，但如蕭繹般有財力有學識，且能雇請名家抄書的，畢竟少之又少。平常士人一般是邊抄寫邊學習，很多人抄寫時纔開始接觸此類典籍。對於此類寫本，就不能不令人擔心抄寫的質量。《三國志·闞澤傳》載澤"居貧無資，常爲人傭書，以供紙筆，所寫既畢，誦讀亦遍"②。《晉書·葛洪傳》也特意提到葛洪抄書苦讀的情狀："洪少好學，家貧，躬自伐薪以貿紙筆，夜輒寫書誦習，遂以儒學知名。……時或尋書問義，不遠數千里崎嶇冒涉，期於必得，遂究覽典籍，尤好神仙導養之法。……洪不論功賞，徑至洛陽，欲搜求異書以廣其學。"③雖然此類抄寫者有的最終成爲博學鴻儒，但對大多數書手來說，只是傭書度日，抄書質量可能沒有我們想象的那麼高。因此，我們也不難推測，這一時期校勘精善、抄寫最佳的《史》《漢》本子還應在宮廷及達官手中。

五、另一個側面：一史與三史

在《史》《漢》並讀的時代，並非沒有其他的史書閱讀取徑。隨着研讀的逐步深入，《史》《漢》漸成專門之學，學者也由兼治《史》《漢》，轉爲專精一史。公元四世紀初，東晉大臣劉殷在永嘉之亂入前趙，他教育子孫的方式即尚專精：

> （殷）有七子，五子各授一經，一子授《太史公》，一子授《漢書》，一門之內，七業俱興，北州之學，殷門爲盛。④

此時的《史》《漢》儼然與五經並列。隋唐以降，這種專門之學的趨勢更加明顯，《史通·雜説》稱：

---

① 《魏書》卷二四，頁 624。
② 《三國志》卷五三，頁 1249。
③ 《晉書》卷七二，頁 1911。
④ 《晉書》卷八八，頁 2289。

《史記》的寫本時代——公元十世紀前《史記》的傳寫與閱讀

夫自古學者,談稱多矣。精於《公羊》者,尤憎《左氏》;習於太史者,偏嫉孟堅。夫能以彼所長而攻此所短,持此之是而述彼之非,兼善者鮮矣。又觀世之學者,或耽玩一經,或專精一史。談《春秋》者,則不知宗周既隕,而人有六雄;論《史》《漢》者,則不悟劉氏云亡,而地分三國。①

當時不僅是學者各專精一部,"兼善者鮮",而且發展到了"以彼所長而攻此所短,持此之是而述彼之非"的地步。子玄所述或略極端,但參《史記索隱後序》所言"隋祕書監柳顧言尤善此史。劉伯莊云,其先人曾從彼公受業","崇文館學士張嘉會獨善此書"②。似乎在隋唐之際,二史兼治的風氣已然式微。

寫本時代在《史》《漢》並稱的同時,另有"三史"之說。《漢書》甫成,人多傳誦,繼踵《史記》,成爲漢代國史。《東觀漢記》初具規模之後,習於漢事者,並須溫習,遂由《史》《漢》並稱而漸有三史之稱。三史之目漸與五經並舉,經史之學遂爲東漢以降士人習學之主流。所謂"世之學者,皆先曰五經,次云三史,經史之目,於此分焉"③。前引吴國孫權勸吕蒙讀書,已自稱讀五經而"省三史"④。又蜀國孟光"靈帝末爲講部吏。獻帝遷都長安,遂逃入蜀,劉焉父子待以客禮。博物識古,無書不覽,尤鋭意三史,長於漢家舊典"⑤。東漢靈帝時期似有專門精通"漢家舊典"的"講部吏",《史記》《漢書》《東觀漢記》作爲記載兩漢史事最重要的典籍,自當精熟。

劉宋范曄《後漢書》的撰成,以體例文辭兼善,加以章懷太子之詳注,大有取代《東觀漢記》之勢⑥。初唐沿襲六朝,稱《史記》《漢書》《東觀漢記》爲"三史"。但自永徽令頒布之後,唐代三史之目凡有三變:一爲永徽令頒布後,修改爲《史記》《漢書》《後漢書》;二是開元七年(719)令,將三史恢復爲初唐之制;三是開元二十五年令,又恢復永徽令之制,此後遂未再變⑦。唐代之所以要反覆界定三史名稱,概因

---

① 《史通通釋》卷一八,頁490—491。
② 《史記》附録,頁9—10。
③ 此處"三史"當指《史記》《漢書》《東觀漢記》。(《史通》卷六《敘事》,頁153)
④ 《三國志》卷五四,頁1274—1275。
⑤ 《三國志》卷四二,頁1023。
⑥ 關於范曄《後漢書》取代《東觀漢記》成三史之一的原因,或以爲南北學術之争,或以爲後者漸有散逸,雷聞以爲更多是因爲《後漢書》自身的優點使然,可從。(見雷聞《唐代的"三史"與三史科》,《史學史研究》2001年第1期)
⑦ 參見高明士《唐代"三史"的演變——兼述其對東亞諸國的影響》(《大陸雜誌》1977年第1期)。關於唐代"三史"的研究另參雷聞《唐代的"三史"與三史科》。又學者或引敦煌 P.2721 號寫本《雜抄・書目》"何名三史"條,説明唐代"三史"之變化,李錦綉在《敦煌典籍與五代歷史文化・史地章》部分已指寫本此處有誤。(見張弓主編《敦煌典籍與唐五代歷史文化》肆,北京:中國社會科學出版社,2006年,頁376—378)

第三章　從古寫本看漢唐之際《史記》的抄寫與閲讀

史目與科舉制度關聯密切。唐代科舉之制舉和貢舉,皆有專門的史學科目。

制舉者,"有一史科,有三史科"①。據《唐會要》,景雲二年(711)開七科舉士,第二科有"抱一史知其本末科"王楚玉等八人②,即爲能"綜一史,知本末者"③。但此後此科不常行,作爲制舉科目,開元五年有"文儒異等科,崔侃、褚庭誨及第;文史兼優科,李昇期、康子元、達奚珣及第"④。所取人員更多,但重要性在文儒之下。開元二十一年"博學科"要求"試明三經、兩史已上"⑤;德宗建中四年(783)設"博學三史科",馮伉登第⑥。長慶二年(822)因諫議大夫殷侑奏,唐設立三史科、一史科的選舉⑦,使得史學科目成爲貢舉常科。因此,三史爲制舉之科,又是禮部貢舉的常科⑧。

唐代舉士,向以進士科最爲顯貴。但進士多講文辭詩賦,對經史之學不甚看重。爲防此弊,唐太宗貞觀八年(634)即"詔進士讀一部經史"⑨。爲加强經史之學的考察,玄宗開元二十五年,因侍郎姚奕奏,下詔"其明經中有明五經已上,試無不通者;進士中兼有精通一史,能試策十條得六已上者,委所司奏聽進止"⑩。在秀才科舉中,有司也明確要求"學兼經史,達於政體,策略深正,其詞典雅",且"經通四經,或《三禮》,或三家《春秋》,兼通三史以上,即當其目。其試策,經問聖人旨趣,史

---

① 因殷侑之言"立史科及三傳科"。(見《新唐書》卷四四,頁1166)
② 〔清〕徐松撰,趙守儼點校《登科記考》卷五,頁154。
③ 〔宋〕王溥《唐會要》卷七六,《叢書集成初編》本,頁1392。雷聞斷稱此爲史學獨立成爲科目之始,爲長慶二年(822)殷侑所謂"一史科"的由來。(見雷聞《唐代的"三史"與三史科》)
④ 《唐會要》卷七六,頁1388。
⑤ 《登科記考》卷八,頁264。
⑥ 其人先登《五經》秀才科,授祕書郎;建中四年又登博學三史科(《舊唐書》卷一八九下,頁4978)。徐松《登科記考》以爲非制舉,雷聞認爲是(參雷聞《唐代的"三史"與三史科》)。
⑦ 《唐會要》卷七六"三傳(三史附)"條云:"長慶二年二月,諫議大夫殷侑……又奏:'歷代史書,皆記當時善惡,係以褒貶,垂裕勸戒。其司馬遷《史記》,班固、范煜兩《漢書》,音義詳明,懲惡勸善,亞於六經,堪爲世教。伏惟國朝故事,國子學有文史直者,宏文館宏文生,並試以《史記》、兩《漢書》《三國志》。又有一史科,近日以來,史學都廢,至於有身處班列,朝廷獎章,昧而莫知,況乎前代之載,焉能知之?伏請置前件史科,每史問大義一百條,策三道,義通七,策通二以上,爲及第。能通一史者,請同《五經》《三傳》例處分;其有出身及前資官應者,請同學究一經例處分;有出身及前資官,優稍與處分;其三史皆通者,請録奏聞,特加獎擢。仍請頒下兩都國子監,任生徒習讀。'敕旨:'宜依,仍付所司。'"準此,"三史"當指《史記》《漢書》《後漢書》。(見《唐會要》卷七六,頁1398)
⑧ 見吴宗國《唐代科舉制度研究》第三章,瀋陽:遼寧大學出版社,1992年,頁31。
⑨ 〔唐〕杜佑撰,王文錦、王永興、劉俊文、徐庭雲、謝方點校《通典》卷一七,北京:中華書局,1988年,頁402。同卷"舉人條例"下亦載,貞觀年間"進士習業,亦請令習《禮記》《尚書》《論語》《孝經》并一史。……其所試策,於所習經史内徵問,經問聖人旨趣,史問成敗得失,并時務,共十節"。(《通典》卷一七,頁422)
⑩ 《唐會要》卷七五,頁1377。

問成敗得失，并時務，共二十節。仍與之談論，以究其能"①。可見在進士科及初步選拔的秀才科，史事的掌握也是重要考核要求。

即便進士科目中不考察史學，《史記》等三史也必然是進士作文的重要參考書目。《唐會要》載：

> 乾元初，中書舍人李揆兼禮部侍郎。揆嘗以主司取士，多不考實，徒峻其隄防，索其書策。殊不知藝不至者，居文史之圃，亦不能摛其詞藻，深昧求賢意也。及其試進士文章日，於中庭設五經及各史，及《切韻》本於牀，而引貢士謂之曰："國家進士，但務得才，經籍在此，各務尋檢。"由是數日之間，美聲上聞。②

可知進士科舉中，經史小學俱屬最主要的參考典籍。但士人熱衷進士科，對史書似乎並沒有下太大的鑽研功夫。以致在高宗永隆二年(681)八月還有敕文批評"進士不尋史籍，惟誦文策，銓綜藝能，遂無優劣"的狀況③。相較更為榮耀的進士科，士人選史科甚至讀史的風習依然不盛。在《舊唐書·楊綰傳》中，對高宗至肅宗時的進士依然有"六經則未嘗開卷，三史則皆同挂壁"的批評④。

太和元年(827)二月敕云："自今已後，天下勳臣節將子弟，有能修詞尚學，應進士明經及通史學者，委有司務加獎引。"⑤可見史學為舉薦應試科目之一，而其地位似居進士、明經之下。這類科目人才較少，才能卓絕之士多不選擇史學作為仕進之途⑥。但作為一種科舉科目，後唐、後周之際仍有保留⑦。

唐人科舉須留意史書，因而唐代《史記》抄寫流播較廣。作為漢唐時期中西文化交匯之地，敦煌發現的《史記》寫本有《管蔡世家》《伯夷列傳》《燕召公世家》，三篇

---

① 《通典》卷一七，頁422。
② 《唐會要》卷七六，頁1379。
③ 《唐會要》卷七五，頁1375。
④ 《舊唐書》卷一一九，頁3430。
⑤ 《唐會要》卷七六，頁1385。
⑥ 如宣宗大中十年(856)五月，"中書門下奏：據禮部貢院見置科目內，開元禮、三禮、三傳、三史、學究、道舉、法、算、童子等九科，近年取人頗濫，曾無實藝可採，徒添入仕之門。須議條流，俾精事業。臣等已於延英面奏，伏奉聖旨，將文字奏來者，其前件九科，臣等商量，望起大中十年權停三年滿後。至時，赴科試者，令有司據所舉人先進名，令中書舍人重覆問過"。（《唐會要》卷七七，頁1401—1402）
⑦ 後唐同光四年(926)時"三史"科與"學究"科共錄取十人，後經進狀改為與"三禮""三傳"等五科一起共錄取十三人。相關討論參見前引雷聞《唐代的"三史"與三史科》。

126

共寫爲一卷(P.2627)，其中《伯夷列傳》筆畫精勁，抄寫精美，賀次君甚至譽爲"唐鈔之冠"①。這種精抄本可能是從長安流出的宮廷本，或科舉進階之用的州學讀本，供較高文化修養的士子謄寫閱讀。

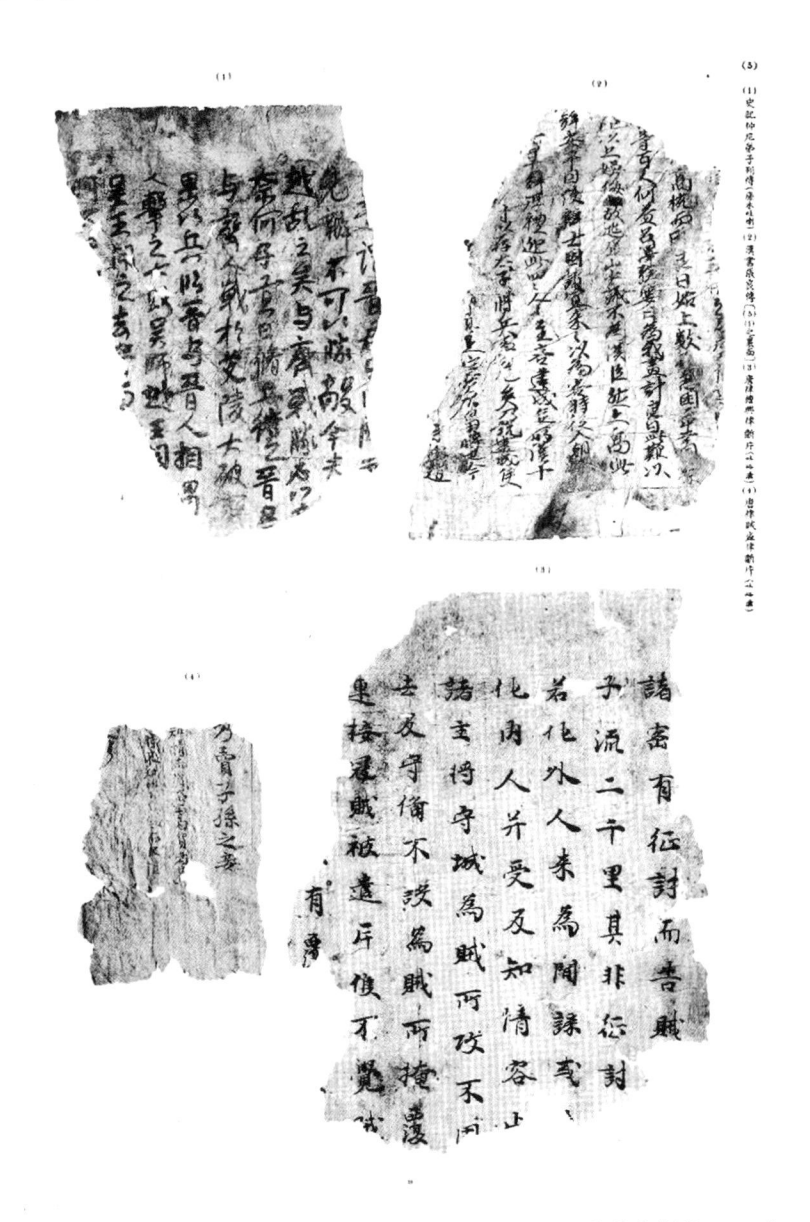

（日）香川默識編《西域考古圖譜》下卷"經籍"（五），北京：學苑出版社，1999 年。

---

① 《史記書錄》，頁 12。

敦煌出土的《雜抄》(P.3393)中開列四部書目録，應代表了當時一般民衆的基本知識結構。值得注意的是，該書目實際以《史記》開始，次列《三國志》《春秋》《老子》《三禮》《周易》《離騷經》《劉子》《爾雅》《文場秀》《莊子》《切韻》《毛詩》《孝經》《論語》《急就章》《文選》《漢書》《典言》《尚書》《兔園策》《開蒙要訓》《千字文》等①。史書之中，依然是以《史》《漢》最爲醒目。

如前所論，一史多稱《史記》或《漢書》中的一部②，而應舉之士多習《漢書》。其中原因不難推測：其一，《史記》敘三千年，事迹繁雜，學者若習《史記》，反倒不如選擇《左傳》等一經科易於記誦。《漢書》涉及時段較短，且言語整飭，敘事連貫，便於策論應答，自然多願選讀《漢書》。其二，若言三史，則三書之中亦以漢代内容爲多，記載漢史詳盡且較有權威的仍然是《漢書》。因此，在一史、三史科中，《漢書》俱爲主流。而在一般性的閱讀中，《史記》綜括三千年史事，採録典籍豐富、文辭奇瑰的緣故，自有其獨特的魅力。

第三節　從《春秋後語》殘卷看晉唐史家的《史記》閱讀
——兼論《史記》的文本衍生現象

引言

晉唐之間，議讀《史記》的風氣漸盛，士人傳抄不絶。甚至一千多年後，我們在西域敦煌一帶還能發現一些時人抄讀此書的遺存。有些是《史記》傳抄本，如公元

---

① 王重民《敦煌四部書六十年（一九〇〇——一九五九）提綱》（載王重民《敦煌遺書論文集》，北京：中華書局，1984年，頁16—21），戴仁《十世紀敦煌的基礎教育教材與學校文化》（載《法國漢學》第八輯"教育史專號"，北京：中華書局，2003年，頁93）

② 關於史書的具體内容，趙匡的奏議中有明確記載："其史書，《史記》爲一史，《漢書》爲一史，《後漢書》并劉昭所注《志》爲一史，《三國志》爲一史，《晉書》爲一史，李延壽《南史》爲一史，《北史》爲一史。習《南史》者，兼通《宋》《齊》志；習《北史》者，通《後魏》《隋書》志。自宋以後，史書煩碎冗長，請但問政理成敗所因，及其人物損益關於當代者，其餘一切不問。國朝自高祖以下及睿宗《實録》，并《貞觀政要》，共爲一史。"（《通典》卷一七，頁423）按照内容的連貫性、重要性及經典化程度，《史記》和《漢書》無疑是最主要的典籍。如武周長安三年(703)四門博士王元感表上所注書即有"《尚書糾謬》十卷、《春秋振滯》二十卷、《禮記繩愆》三十卷，並所註《孝經》《史記》《漢書》稿，……制令宏文、崇文兩館學士及成均博士，詳其可否"。這些應爲當時博士弟子常用之書。（見《唐會要》卷七七，頁1405）

第三章　從古寫本看漢唐之際《史記》的抄寫與閱讀

四至五世紀的北涼寫本《李斯列傳》殘片(俄藏敦煌文獻 Дх.2670、Дх.4666)[①]。寫卷爲《史記·李斯列傳》正文,無題字。背面爲《高昌國史》(捍王入高昌城事)。尺幅爲12×8釐米。以文字位置推測,所存當爲紙頁中部殘片,紙面有烏絲欄,紙色微黄而質地較厚[②]。存字6行,可辨認者26字,另有數字僅可見殘餘筆畫,書風介乎隸書與魏碑之間[③],尤以捺筆最爲肥厚。該殘片是目前所見存世最古的紙質《史記》寫本,它不僅給我們揭示出《史記》文本在早期流傳過程中的一些文獻問題,更讓我們領略到晉末北方《史記》寫本的神采,吉光片羽,彌足珍視。

敦煌初唐集解本《史記》殘卷四,其中《管蔡世家》《伯夷列傳》《燕召公世家》三篇共寫爲一卷(P.2627),藏於法國國家圖書館。另有《仲尼弟子列傳》(Ch.938),存兩殘片,見於《德國國家圖書館吐魯番文書》和《日本大谷文書》。

另有些雖非《史記》古寫本,但與《史記》文本關係極爲密切,乃至有些整理者誤以爲就是《史記》[④]。如吐魯番出土俄藏 Дх.11638、Дх.2663、Дх.2724、Дх.5341、Дх.5784,英藏 S.713、S.1439(釋文本),法藏 P.2569(略出本)、P.2589、P.3616、P.5523、P.2702、P.2872v、P.5010、P.5034v、P.t.1291(藏文譯本),德藏 Ch.734(盧注本),北圖藏新865等[⑤]。今試以俄藏敦煌文獻中舊題《史記·秦本紀》的寫本爲例,略見晉唐士人對《史記》的抄讀與改編。

一、俄藏"《史記·秦本紀》"及其録文

俄藏 Дх.2663、Дх.2724、Дх.5341、Дх.5784 寫本殘片,孟列夫等主編的《俄藏敦煌文獻》俱著録爲《史記秦本紀》[⑥]。該本爲殘卷,尺幅36×16釐米。四周及行間

---

① 前一殘片在孟列夫主編《俄藏敦煌漢文寫卷敍録》中著録爲第2840號 Дх-2670a,《俄藏敦煌文獻》⑨,頁326;又參見《俄藏敦煌漢文寫卷敍録》(下册),頁462—463。詳參拙文《俄藏敦煌文獻所見存世最早的〈史記〉寫本殘片及其綴合》。
② 《俄藏敦煌漢文寫卷敍録》(下册),頁462—463。
③ 施萍婷先生在《俄藏敦煌文獻經眼録(二)》中著録爲29字,但其餘或只略見筆畫一角。(見季羨林、饒宗頤、周一良主編《敦煌吐魯番研究》第二卷,北京:北京大學出版社,1997年,頁317)
④ 如俄藏敦煌文獻中也有將《秦語》誤作《史記·秦本紀》的例子。此外,德國國家圖書館所藏有Ch.734,原有整理者用鉛筆題"史記""商君傳",經榮新江先生比對,應爲《春秋後語》卷一之《秦語》。(參榮新江《敦煌文獻與古籍整理》)
⑤ 羅振玉曾輯有《鳴沙石室佚書·春秋後國語》。相關研究參見榮新江《德藏吐魯番出土〈春秋後語〉注本殘卷考釋》、陸離《俄藏敦煌寫本〈春秋後語〉殘卷探識》、陸慶夫、陸離《俄藏敦煌寫本〈春秋後語〉殘卷再探——對 Дх.11638 號與 Дх.02663、Дх.02724、Дх.05341、Дх.05784 號文書的綴合研究》。其中藏文部分參見王堯、陳踐《敦煌吐蕃文書 P.t.1291號〈戰國策〉藏文譯文證補》(此文將《春秋後語》誤作《戰國策》),王恒傑《春秋後語輯考》有引,但文書號著録有誤。
⑥ 《俄藏敦煌文獻》⑨,頁323。

《史記》的寫本時代——公元十世紀前《史記》的傳寫與閱讀

皆有界欄,畫行細。天頭2.5釐米。共有四殘片,拼接爲3紙①,存字36行②,楷書小字,字或不全。據殘存較爲完整的數行推測,寫卷每行約28—32字不等。寫卷紙色暗褐,紙質厚,網格模糊不清。有墨筆及朱筆修改痕跡,無題字。以書風及形制判斷,當爲8—9世紀寫本③。所存爲手卷頁面的上半部,卷首尾缺,起"……[臣]非六十萬不可王曰[聽]……",訖"……故天下謂之阿房宮使刑徒……"④。內容與《史記》之《白起王翦列傳》及《秦始皇本紀》多有相符⑤。寫本字小而密,可見這種本子內容頗多。寫本中所抄文句有殘落,應是所據底本即有殘缺。此外,據陸慶夫、陸離的研究,Дx.11638號殘片能與以上殘卷直接拼合⑥。現將拼合後的文字迻錄如次,並列出今本《史記》的相關文字,相異部分用黑體標出,以資參照:

(前缺)

第一紙

1……臣非六十萬不可王曰聽……

臣,非六十萬人不可。**始皇**曰:"**爲**聽……"⑦

案,此行"臣"字殘上半,"聽"字殘下半。

2送至霸因請益⁽¹⁾善田宅園池⁽²⁾甚⁽³⁾衆王曰將軍……/何⸨憂⸩……

送至灞上。**王翦行**,請美田宅園池甚衆。**始皇**曰:"將軍行矣,何憂……"

(1) "益"字本脱,右旁注補入。

(2) "池"字本作"地",後用重墨改之。

(3) "甚"字本脱,右旁注補入。

案,"/"右係據Дx.11638殘文補入。

3得封侯故及大王之面⁽¹⁾臣請園池爲子……/王大⁽²⁾笑⸨翦⸩

"……得封侯,故及大王之**嚮**臣,臣**亦及時**以請園池爲子(孫業耳。)"**始皇**大笑。(王)翦

---

① 孟列夫等人著録爲2紙,按粘貼痕跡當爲3紙。
② 孟列夫等人著録爲29行,然據書影,不計前後各有一行殘泐,亦有34行,實存爲36行。根據拼接的痕跡似爲3紙。
③ 《俄藏敦煌漢文寫卷敘録》(下册)第2841號,頁463。
④ 案,孟列夫等人在《俄藏敦煌漢文寫卷敘録》中稱寫卷終結於"……爲支輔[陛]下富有海內……",誤。此處當爲第三殘片的結尾處,而實際上最後較完整的文字爲第四殘片末行"……故天下謂之阿房宮使刑徒……"。
⑤ 《俄藏敦煌漢文寫卷敘録》將殘紙文字與《四部備要》本《史記》原文相校,只言29行,可能孟列夫等人作《敘録》時還未發現第四殘片能與之拼接。
⑥ 參見陸慶夫、陸離《俄藏敦煌寫本〈春秋後語〉殘卷再探——對Дx.11638號與Дx.02663、Дx.02724、Дx.05341、Дx.05784號文書的綴合研究》。
⑦ 以下見《史記》卷七三,頁2740。

第三章　從古寫本看漢唐之際《史記》的抄寫與閲讀

(1) "面"當爲"向"之筆誤。
(2) 原卷作"大王",旁有√形符號,當乙正。

4 者五輩或曰將軍之乞貸亦以甚矣翦⁽¹⁾……/然夫秦王麤而不信今空秦國甲士

者五輩。或曰:"將軍之乞貸,亦已甚矣。"王翦(曰:不)然。夫秦王怚而不信(人),今空秦國甲士……

(1) "翦"字殘下半。

5 委於⁽¹⁾我我⁽²⁾不請田宅爲子孫業以自堅⁽³⁾……/坐而疑我也翦既東代李信楚王聞……

委於我,我不多請田宅爲子孫業以自堅,(顧令秦王)坐而疑我邪?"王翦果代李信擊荆,荆聞①

(1) "於"字爲後補入。
(2) 後一"我"字原卷爲重文符。
(3) 本爲"固"字,殘下半,右旁注"堅"字。

6 之患發國中兵以距之翦玩至堅……/肯與戰曰休士卒洗沐而善飲食……

乃悉國中兵以拒秦。王翦至,堅(壁而守之,不)肯戰。荆兵數出挑戰,終不出。王翦日休士洗沐,而善飲食

7 撫循之翦使人視軍中戲乎曰……/距於是王翦曰士可用矣楚數挑

撫循之,(親與士卒同食。久之,)王翦使人問軍中戲乎?對曰:"(方投石超)距。"於是王翦曰:"士卒可用矣。"荆數挑

　　案,"脩"當爲"循"之訛。

8 戰秦兵不出乃引而東翦舉兵……/楚軍於蘄南殺其將項燕遂乘

戰而秦不出,乃引而東。翦因舉兵(追之,令壯士擊,大破)荆軍。至蘄南,殺其將軍項燕,荆兵遂敗走。秦因乘

9 逐之竟滅楚虜其王負翦而歸⁽¹⁾……

略定荆地城邑。歲餘,虜荆王負芻

(1) "歸"字殘下半。

10 廿六年將軍王賁滅⁽¹⁾齊虜齊王建……

二十六年,……秦使將軍王賁從燕南攻齊,得齊王建。②

---

① 以下見《史記》卷七三,頁2741。
② 以下見《史記》卷六,頁235。

131

(1) 右旁注"有"字。

│下│大定海内一統王乃下令曰寮人│以│

案,此句爲 Дx.11638 號殘卷第 8 行,今本《史記》無,具體行數不明,揆諸文意,當在此處。

11 眇之身舉兵誅暴亂賴宗厝之│神│……/咸服其辜天下大定今名號更無

眇之身,**興**兵誅暴亂,賴宗**廟**之靈,(六王)咸伏其辜,天下大定。今名號**不更**,無①

案,今本"興"字或爲"舉"字形近而誤,並可通。"厝"字或爲"廟"字簡寫而訛。秦漢時"神""靈"並可通,後世多用"靈"字。"不更",寫本脱"不"字。

12 稱成功名⁽¹⁾傳於⁽²⁾後世其議帝號群臣……

"……稱成功,傳後世。其議帝號。"**丞相綰、御史大夫劫、廷尉斯等**

(1) "名"字爲右邊批注"名"。
(2) "於"字乃右旁補注。

案,以上兩字若非批校者補入,原文反而與今本相符。或校者亦以不誤爲誤。

/│者│五帝地方五千里其外侯服諸侯│或│……

(昔)者五帝地方**千**里,其外侯服**夷服**諸侯或

案,此句爲 Дx.11638 號殘卷第 10 行。

13 朝或不朝天子不能制今陛下……/誅殘賊平定天下海内爲郡縣法令

朝或**否**,天子不能制。今陛下(興義兵,)誅殘賊,平定天下,海内爲郡縣,法令

14 由一統上古已⁽¹⁾來未嘗有│也│臣等……/│士│議古有天皇地皇人皇人皇最貴臣

"……由一統,**自**上古以來未嘗有,**五帝所不及**。臣等(謹與博)士議曰:'古有天皇,**有**地皇,**有**泰皇,泰皇最貴。'臣……"

(1) "已"寫作"て"形。

案,"泰皇",寫本作"人皇",未知何據。《索隱》云:"按:天皇、地皇之下即云泰皇,當人皇也。而《封禪書》云'昔者太帝使素女鼓瑟而悲',蓋三皇已前稱泰皇。一云泰皇,太昊也。"②是小司馬所見《史記》本亦作"泰皇",疑而未改。檢《四部叢刊三編》所收影宋本《太平御覽》卷八六"始皇帝"條、清嘉慶宛委別藏本元人撰《群書通要》戊集卷一《帝系門》"天子稱朕"條俱引作"人皇"。或《後語》已改之,"泰皇""人皇"之分歧,由來已久。

---

① 以下見《史記》卷六,頁 236。
② 《史記》卷六,頁 237。

第三章　從古寫本看漢唐之際《史記》的抄寫與閱讀

15 等昧死上尊號爲人皇帝(1)命爲制……/天子自稱爲朕王曰去人取著皇采古

"……等昧死上尊號,王爲'泰皇'。命爲'制',(令爲'詔',)天子自稱曰'朕'。"王曰:"去'泰',著'皇',采上古……"

16 帝號爲皇帝他如議乃追尊父……/爲太上皇帝又下詔曰朕聞太古有號

"……'帝'位號,號曰'皇帝'。他如議。"制曰:"可。"追尊莊襄王爲太上皇。制曰:"朕聞太古有號……"

第二紙

1 無謚中間有號成(1)死而後以行爲謚如此則子得議……/臣得議君甚無謂也朕不取焉自

"……毋謚,中古有號,死而以行爲謚。如此,則子議父,臣議君也,甚無謂,朕弗取焉。自……"

(1) "有號成"三字爲右旁注。寫本此處不通。

2 今已後除去謚法朕爲始皇帝後世以計/數二世三世至千萬世傳之無窮於是丞

"……今已來,除謚法。朕爲始皇帝。後世以計數,二世三世至于萬世,傳之無窮。"……丞①

3 相奏言諸侯故地遠者非爲置王無以/鎮之請立諸子始皇下其議群臣皆以

相綰等言:"諸侯初破,燕、齊、荆地遠,不爲置王,毋以填之。請立諸子,唯上幸許。"始皇下其議於群臣,群臣皆以②

4 爲便廷尉李斯議以周立子弟爲諸侯……/後屬疏遠相攻擊如仇讎還謀伐周

爲便。廷尉李斯議曰:"周文武所封子弟同姓甚衆,(然)後屬疏遠,相攻擊如仇讎,諸侯更相誅伐,周……"

5 天子不能禁弱從此興置之不便始皇……/爲三十六郡郡置守尉監更

"……天子弗能禁止。……置諸侯不便。"始皇……(分天下以)爲三十六郡,郡置守、尉、監。更

6 命民(1)爲黔首權天下兵器聚之咸陽……/金人十二重各千斤乃一法度

名民曰"黔首"。大酺。收天下兵,聚之咸陽,(銷以爲鍾鐻,)金人十二,重各千石,置廷宮中。一法度

(1) "民"字較爲模糊,以字推之,當爲"民"字,而闕末筆,或避諱。

---

① 以下見《史記》卷六,頁238。
② 以下見《史記》卷六,頁239。

133

《史記》的寫本時代——公元十世紀前《史記》的傳寫與閱讀

7 平量衡等丈尺車同軌書同文地東……/西至臨洮羌中南至北户
衡石丈尺。車同軌。書同文字。地東(至海暨朝鮮,)西至臨洮、羌中,南至北嚮户,
8 北至夏⁽¹⁾徙天下富豪於咸陽咸陽十二……/出行郡縣登諸山刻石
北據河爲塞,並陰山至遼東。徙天下富豪於咸陽十二……(始皇東)行郡縣,上鄒嶧山。立石,與魯諸儒生議,刻石①
(1) "夏"旁注似"大"。

  案,兩書"咸陽",未知何據。

9 紀功德⁽¹⁾焉□□□□□卅年秦始皇置/酒咸陽宫博士七十人前爲壽議僕
頌秦德,……②三十三年,……始皇置酒咸陽宫,博士七十人前爲壽。僕
(1) "德"字爲右邊注補。"焉"下空數字,所據底本當有闕文。

  案,此隸於三十年之下,似乎更合乎情理。

第三紙

1 射周青臣進頌曰他時秦地不過千里……
射周青臣進頌曰:"他時秦地不過千里,……"
2 蠻夷日月所照莫不賓服以諸侯爲郡……
"……(放逐)蠻夷,日月所照,莫不賓服。以諸侯爲郡(縣),……"
3 世自古已來所不及能始皇悦博士齊人……
"……自上古不及陛下威德。"始皇悦。博士齊人(淳于越進曰)……

  案,"及""悦"右旁各有一"√"絶符號。

4 子弟功名自爲支輔陛下富⁽¹⁾有海内……
"……(封)子弟功臣,自爲枝輔。今陛下有海内,……"
(1) "富"字乃右旁補注。

  案,寫本中"功名"當爲"功臣"之誤。

5 何以相⁽¹⁾救哉事不師古能長久者非……
"……何以相救哉?事不師古而能長久者,非(所聞也。)……"
(1) "相"字爲右旁補注。

  案,"哉"爲墨筆改成。

6 臣也始皇下其議丞相李斯曰五□□/□□三王不相□□□□□創大業

---

① 以下見《史記》卷六,頁242。
② 以下見《史記》卷六,頁254。

134

第三章　從古寫本看漢唐之際《史記》的抄寫與閱讀

"……(非忠)臣。"始皇下其議。丞相李斯曰:"五(帝不相復),三代不相(襲,各以治,非其相反,時變異也。今陛下)創大業,……"

案,"承""義"並爲"丞""議"之異寫。

7 建萬世之功非愚儒所知也於是李□/□□焚詩書以一法令始皇可之(空格)

"……建萬世之功,固非愚儒所知。……(臣請史官非秦記皆燒之。非博士官所職,天下敢有藏《詩》《書》、百家語者,悉詣守、尉雜燒之。……若欲有學法令,以吏爲師。)制曰:"可。"①

案,此處語言高度概括。句末空格,可推知每年提行另寫。

8 卅二年燕人盧生奏錄圖書曰亡秦者胡也始皇乃使蒙恬將兵三十萬北擊

三十二年,……燕人盧生(使入海還,以鬼神事,)因奏錄圖書,曰"亡秦者胡也"。始皇乃使將軍蒙恬發兵三十萬人北擊②

案,此行全。

9 胡略取河南地遂⁽¹⁾築長城以爲塞三□/□年始皇起阿房宫東西五百步南北

胡,略取河南地。(三十三年,)……城河上爲塞。③……(三十四年,)……築長城及南越地。三十五年,……先作前殿阿房,東西五百步,南北④

(1)"遂"爲後補入。

案,此處與《史記》原文不同,但高度概括了《史記》的相關内容。

10 五十丈上可坐萬人下可以建五丈旗成當更擇令名以名之既未有名而在阿之旁

五十丈,上可以坐萬人,下可以建五丈旗。……成,欲更擇令名名之。作宫阿房,

11 故天下謂之阿房宫使刑徒……/……求……

故天下謂之阿房宫。(隱宫)徒刑(者七十餘萬人,)

(後缺)

通過寫本與《史記》之《秦本紀》《白起王翦列傳》及《李斯列傳》相關文字的比勘,我們發現兩書大部分文字完全相同。其中寫本的所有内容基本都可以在《史記》中找到對應的原文。二者不同的部分,一般都是《史記》比寫本更爲詳盡。寫本所做的工作是將《史記》的"本紀"和"列傳"中相應内容重新加以整合,使之事件原委簡單明瞭,便於讀者索解。

① 以下見《史記》卷六,頁255。
② 以下見《史記》卷六,頁252。
③ 以下見《史記》卷六,頁253。
④ 以下見《史記》卷六,頁256。

二、從寫本性質看晉唐史家的《史記》閱讀與史書編纂

前述俄藏史書寫本剛被發現的時候,人們對其性質判定有誤,定名也不準確。孟列夫在其主編的《俄藏敦煌漢文寫卷敘錄》中將之歸於"紀事本末類歷史著作",但該篇的敘錄又稱"上述三種情況均多處有異文。由於該本文以時間先後順序編排,並且秦始皇稱爲王,所以有理由推測,這是司馬遷寫《史記》所使用的著作《秦紀[記]》的殘卷,現已佚失"[①]。他不僅認爲此爲太史公所見之《秦記》,而且認爲"秦記"是紀事本末體。

六朝以至《隋志》等書目,未見著録太史公所參考的《秦記》。殘片是否爲《秦記》,我們不妨翻檢此前的相關文獻。司馬遷在《史記·六國年表》裏兩次提到《秦記》。一是開篇:"太史公讀《秦記》,至犬戎敗幽王,周東徙洛邑,秦襄公始封爲諸侯,作西時用事上帝,僭端見矣。"後又稱:"獨有《秦記》,又不載日月,其文略不具。"[②]在今本《秦始皇本紀》正文之後另有大段文字[③],記述了秦王在位之年及生平大事,始於秦襄公立西時。文簡而無月日,一王寥寥數語即畢,多者不過二三十字而已,與太史公所言《秦記》特徵甚合。《索隱》亦云:"此已下重序列秦之先君立年及葬處,皆當據《秦紀(記)》爲説,與正史小有不同,今取異説重列於後。"[④]

《秦記》類著作的一大特徵是内容簡略,而寫本的敘事連人物對話都巨細不遺,明顯與此類文體相悖。此外,《史記》附文中並未將秦國歷代之秦王特意稱"王";再核之《竹書紀年》,也没有這種直接稱本朝帝王爲"王"的體例[⑤],可知前引《敘録》稱之爲《秦記》,並不準確。

寫本是否爲"紀事本末體"呢?我們今天認爲紀事本末體肇端於南宋袁樞的《通鑑紀事本末》,四庫館臣所謂"以《通鑑》舊文,每事爲篇,各排比其次第,而詳敍其始終"者[⑥]。但從殘存文字中我們却發現殘片的敘述體例不是"每事爲篇",而應是以事繫年。對之今本《史記·秦始皇本紀》,寫本所記内容約從秦始皇二十三年始皇強起王翦攻楚,至三十五年建阿房宫止。這一點從書寫行格上也能判斷。"卅年,秦始皇置酒"一句上有六字空格,也表明寫本原文按年書寫,以年領事。"廿六

---

① 《俄藏敦煌漢文寫卷敘録》(下册)第 2841 號,頁 463。
② 《史記》卷一五,頁 685—686。
③ 《史記》卷六,頁 285—290。
④ 《史記》卷六,頁 285。
⑤ 參見方詩銘、王修齡《古本竹書紀年輯證》(修訂本),上海:上海古籍出版社,2005 年。
⑥ 〔清〕永瑢等《四庫全書總目》卷四九,北京:中華書局,1965 年,頁 437。

第三章　從古寫本看漢唐之際《史記》的抄寫與閱讀

年,將軍王賁滅有虜齊王建"一行中,"廿六年"頂格書寫①。可以推斷,上一行末字或未必在行末,但必有空格,纔能讓年數頂格書寫。

準此,我們可以基本確定寫本的這一部分内容依然是編年體,而不應歸於紀事本末體。這是一種"分國繫年",而又"注重事件的完整性"的著作②。但值得注意的是,寫本的編年敘事較之《秦記》《竹書紀年》之類簡略的紀年體又有所不同,有些地方甚至比《史記》"本紀"一類的敘事更爲詳細。通過上文的比勘,我們認爲寫本主要參照的是《史記》原文,並對其中的部分語言有所改編。《秦始皇本紀》中敘述較爲簡略的部分,如始皇請王翦帶兵攻楚一段,就是再根據《史記》中的《王翦列傳》的文字予以豐富。而《史記》原文中較爲詳細的部分,編者或以爲内容繁蕪,反而有所删略。如李斯諫言焚書事件一段,記述語言概括性較强。

這種對編年體的改造與《左傳》之類的著作體例頗爲相似③。寫卷敘述人稱,前用"王",至其稱帝直接用"秦始皇",可謂史法謹嚴。尤其是文中有"初"等詞,提示敘述時間和方式。《春秋左氏傳》主記魯事而用周紀年,此用秦敘事,亦以各國之王紀年。從用字上看,今本《史記》比寫本用字更古。這些迹象都表明寫本是抄撮《史記》而爲之。陸離等認爲,此篇爲《春秋後語·秦語》,可與俄藏 Дx.11638、英藏 S.713 號殘片拼接,是孔衍掛酌《戰國策》《史記》之文而約略成篇④。S.713 寫本尾題即作"春秋後秦語下卷第三"⑤,筆迹基本相同,内容相接,因此,寫本爲《春秋後語》無疑。但校之今本《戰國策》,已不見有直接相關的文字⑥,該寫本多與《史記》文字内容相合。我們認爲這一部分的内容孔衍主要參酌《史記》而删略成文。

---

① 此處寫本語義未完,下有一段空格,可知所據底本亦爲殘本。
② 參閱康世昌《〈春秋後語〉研究》,載《敦煌學》第十六輯。
③ 劉知幾《史通·六家》之"國語家"亦稱孔衍將此書與《左傳》相較的意圖:"至孔衍,又以《戰國策》所書,未爲盡善。乃引太史公所記,參其異同,删彼二家,聚爲一録,號爲《春秋後語》。除二周及宋、衛、中山,其所留者,七國而已。始自秦孝公,終於楚、漢之際,比於《春秋》,亦盡二百三十餘年行事。始衍撰《春秋時國語》,復撰《春秋後語》,勒成二書,各爲十卷。今行於世者,唯《後語》存焉。按其書序云:'雖左氏莫能加。'世人皆尤其不量力,不度德。尋衍之此言,自比於丘明者,當謂《國語》,非《春秋傳》也。必方以類聚,豈多嗤乎!"(見《史通通釋》卷一,頁14)
④ 陸離《俄藏敦煌寫本〈春秋後語〉殘卷探識》,陸慶夫、陸離《俄藏敦煌寫本〈春秋後語〉殘卷再探——對 Дx.11638 號與 Дx.02663、Дx.02724、Дx.05341、Дx.05784 號文書的綴合研究》。
⑤ 中國社會科學院歷史研究所、中國敦煌吐魯番學會敦煌古文獻編輯委員會、英國國家圖書館、倫敦大學亞非學院編《英藏敦煌文獻(漢文佛經以外部分)》第二卷,成都:四川人民出版社,1990年,頁124—127;背面照在頁128。
⑥ 參見諸祖耿編撰《戰國策集注匯考》(增補本),南京:鳳凰出版社,2008年。

《史記》的寫本時代——公元十世紀前《史記》的傳寫與閱讀

《春秋後語》的形貌,尚可在今人輯本中窺其梗概①。《晉書·孔衍傳》稱"孔衍字舒元,魯國人,孔子二十二世孫也。……衍經學深博,又練識舊典,朝儀軌制多取正焉。……凡所撰述,百餘萬言"②。《春秋後語》當爲所撰"百餘萬言"之一。此處删略《史記》而以編年相續,頗有《春秋左氏傳》之韻味。康世昌《〈春秋後語〉研究》言此書體例"與袁樞改編《資治通鑑》爲《通鑑紀事本末》及馬驌改編《春秋左氏傳》爲《左傳事緯》,頗有同工之妙。所異者,後世紀事本末之體,並仿自袁樞,先列標題,次編年敘事;而《後語》則猶不能脱離編年之基本形式耳。"③他同時强調《後語》要早於袁樞八百年,他的構思和嘗試值得肯定。

此前,東漢荀悦修撰《漢紀》,已將《漢書》改編成編年體,删除重複,簡化敘述,避免了多重價值判斷的混亂④。《後漢書》荀悦本傳亦言《漢紀》模擬《左傳》⑤。荀悦在《漢紀》中也有不少材料取自《漢書》中"本紀"之外的"表""志""列傳"而加以重新敘述。有些是逐字逐句的引用,有些却是以簡練的語言加以概括⑥。

孔衍所做的工作是將《史記》中"本紀"部分過於簡略的記事,以"列傳"相關内容補充;將《史記》中敘事十分詳盡的部分又撮其大要加以删減使之更爲精練簡潔。這種敘述方式便於讀者按照年代時間順序瞭解歷史事件,把握歷史脈絡。雖然《春秋後語》等乃抄撮《戰國策》《史記》而成文,但從晉至唐,此書大爲流行。不僅在敦煌吐魯番地區有大量的抄讀,我們甚至還見到唐代的藏文寫本⑦,其受歡迎的程度可見一斑。

魏晉隋唐之際,改編史書的現象頗多。如晉樂資《春秋後傳》在内容與取材上與之相似而近《左傳》⑧。對歷史著作删要取其梗概的著述方法,在晉唐之際另有多種,其中與《史記》相關而見諸《隋志》者有:"《史要》十卷,漢桂陽太守衛颯撰。約

---

① 明清以降此書輯本較多,如《説郛》本、《漢魏遺書鈔》本,今人鄭良樹《春秋後語輯校》本;另有兩種較全:康世昌《〈春秋後語〉輯校》(《敦煌學》第十四、十五輯)、王恒傑《春秋後語輯考》。
② 《晉書》卷九一,頁2359。
③ 康世昌《〈春秋後語〉研究》。
④ 陳啓雲著,高專誠譯《荀悦與中古儒學》,瀋陽:遼寧大學出版社,2000年,頁138。
⑤ 《後漢書》卷六二,頁2062。值得注意的是,《史》《漢》作爲漢代的準國史,在兩漢時期並不能私自改作(西漢學者似乎開始只將《史記》作爲子書。而東漢的兩次删節本,都是受皇帝的詔命而作,此後的衍生本多在下一個朝代中完成。
⑥ 相關討論參見《荀悦與中古儒學》,頁170—189。
⑦ 參見王堯、陳踐《敦煌吐蕃文書P.t.1291號〈戰國策〉藏文譯文證補》。此文將《春秋後語》誤作《戰國策》。
⑧ 劉知幾云:"至晉著作郎魯國樂資,乃追採二史(指《戰國策》《太史公書》),撰爲《春秋後傳》。"(見《史通通釋》卷一,頁10)

《史記》要言,以類相從。《史記正傳》九卷,張瑩撰。《正史削繁》九十四卷,阮孝緒撰。"①《舊唐書》中著録有:"《秦記》十一卷,裴景仁撰,杜惠明注。《史記要傳》十卷,衛颯撰。《史記正傳》九卷,張瑩撰。《史要》三十八卷,王延秀撰。《合史》二十卷。《史漢要集》二卷,王蔑撰。《帝王略要》十二卷,環濟撰。"②又《新唐書·藝文志》載:"《東殿新書》二百卷,許敬宗、李義府奉詔於武德内殿脩撰。其書自《史記》至《晉書》删其繁辭。龍朔元年上,高宗製序。"③據兩《唐志》所載,唐代這種節略史書的著作甚多,甚至有皇帝親自下詔,命臣下纂集的。如《東殿新書》者,更有高宗爲之序。宋人將此類著作皆歸爲類書。要之,《史記》等書的衍生文本在唐代尤爲繁盛。

此外,法藏敦煌文獻中另有《漢書》之《項羽傳》(P.5009)、《蕭何曹參傳》《張良傳》(P.2973b)節抄本的殘卷。就内容而言,亦與《史記》相關,也可算作《史記》衍生文本的一種。觀其節略文字的方式,亦屬摘"要"以便閱讀④。

上文所述的改編本亦屬《史記》衍生文本的一種,它們的共同特徵在一"要"字。即節略《史記》正文,或載言或載事,或以類相從,以符合各自的閱讀需要。清人葉德輝在《書林清話》卷二亦論及寫本時代典籍傳寫的節抄現象,稱"古書無刻本,故一切出於手鈔。或節其要以便流觀"⑤,可與此相互參證。上述書目,也昭示了當時史家的《史記》閱讀方式。遺憾的是,這些《史記》的衍生文本多不存世,今天我們偶然發現殘紙片言,已較爲陌生,乃至出現誤判的情況。

三、史部經典的文本衍生現象

文本衍生現象與經典化有相反的一面:前者是以一個文本爲中心,擴散出許多内容密切相關的文本;後者是諸多相異文本最後逐漸彙集爲一個較爲穩定的文本⑥。能夠產生大量衍生文本的著作通常都是經典文本。一般認爲,中國傳統典

---

① 《隋書》卷三三,頁961。
② 《舊唐書》卷四六,頁1993—1995。
③ 《新唐書》卷五九,頁1563。
④ 關於法藏敦煌本《漢書》删節的具體内容可參見易平《法藏敦煌〈漢書〉節鈔本殘卷研究》[載《北京師範大學學報》(社會科學版)2009年第6期]。
⑤ "書節抄本之始"條下又舉例云:"如《隋志》所載梁庾仲容《子鈔》,其書雖佚不傳,而唐魏徵《群書治要》、馬總《意林》,固其流派也。宋有曾慥《類説》、無撰人之《續談助》,元有陶九成《説郛》,明有陸楫《古今説海》。其體例頗相類。"(見葉德輝《書林清話》卷二,北京:中華書局,1957年,頁30)
⑥ 關於"核心文獻"和"衍生文獻",程章燦先生有較爲系統的闡述。參看《中國古代文獻的衍生性及其他》(載《中國典籍與文化》2012年第1期)。

籍以經部文獻爲核心。經學文本可謂是從師弟子口耳相傳到書於竹帛的典型,一經整理即較爲穩定。文本一旦經典化,便容易産生許多與之相關的衍生文本。由於古代社會的統治階層定儒學於一尊,經學文本的衍生本多以注釋解說文獻爲主。這種解說本身一般很難上升爲經學文本①。

史書與經書不同:一方面,它在四部之中的重要性僅次於經;另一方面,它又沒有經書的那種"神聖性",普通作者的史料編纂著作也可以成爲史書②。古代儒生不敢以經書編輯經書,但其創作力可在史書編纂中得到滿足,甚至能以史書發揮經書的作用,褒貶古代或當代歷史,表明立場,以史經世。史學著作一旦經典化,也會産生許多與之相關而出於不同目的訴求的衍生文本。故史鈔之作,其來尚矣。《史記·十二諸侯年表》序云:"鐸椒爲楚威王傅,爲王不能盡觀《春秋》,采取成敗,卒四十章,爲《鐸氏微》。趙孝成王時,其相虞卿上采《春秋》,下觀近勢,亦著八篇,爲《虞氏春秋》。"③東漢楊終删《史記》爲十餘萬言,更可稱《史記》節略本之濫觴。而魏晉隋唐正處於史學的繁盛時期,一面是經典史籍的衍生本大量産生,甚至有不同等級的衍生本;一面又是史料漸豐,對之重新編纂以期成爲經典文本的史籍也競相問世。

清人章學誠在《文史通義》中已論及通史類著作流變衍生的過程:

> 載筆彙而有通史,一變而流爲史鈔,小史統史之類,但節正史,並無別裁,當入史鈔。向來著録,入於通史,非是。史部有史鈔,始於《宋史》。再變而流爲策士之括類,《文獻通考》之類,雖倣《通典》,而分析次比,實爲類書之學。書無別識通裁,便於對策敷陳之用。三變而流爲兔園之摘比。《綱鑑合纂》及《時務策括》之類。④

這段文字雖然是爲批評"不知者習而安焉,知者鄙而斥焉,而不知出於史部之通,而亡其大原者也"⑤的情形,却在一定程度上揭示了節略史文的史鈔、類書等著作的源流。作爲中國古代正史之首,《史記》的經典性不言而喻,故自西漢以降即有大量的相關衍生文本出現。由於種種可知與不可知的原因,大部分的衍生文本(如兩

---

① 雖有三傳,孔孟等書由經傳解說上升爲經,但這種文本本身産生的時代要遠早於其被確定經學地位的時間。
② 早期的《尚書》《春秋》雖然以今日的觀念屬於史書,但在春秋時期已經經學化了。
③ 《史記》卷一四,頁510。
④ 《文史通義校注》卷四,頁374。
⑤ 《文史通義校注》卷四,頁374。

《唐志》所載)已經湮滅於歷史的長河之中①。作爲《史記》的一種衍生文本,《春秋後語》殘片的出現給我們考察《史記》衍生文本的傳衍生態提供了一些線索。

首先,從現有相關殘片看,《春秋後語》在六朝隋唐時期曾有廣泛抄讀。閱讀目的多不在於文本本身,而是要從歷史事件中獲得現實的借鑒。這也是漢末以來一直延續的讀史風習。以《史記》《漢書》爲例,東漢楊終即受詔删《太史公書》爲十餘萬言,而荀悦亦删潤《漢書》而作《漢紀》以便帝王閱讀②。前揭《史要》《正史削繁》《合史》等相關撰作,也當出於此種目的。這種大致按年代國别,甚至以類相從的典籍即能滿足人們的需求,所以就不需要繁難的《史記》本文。《春秋後語》在當時受歡迎的程度可能超出我們今天的想象。今存敦煌寫本中的《春秋後語》不僅有繁本十卷本,還有節略本、唐五代注釋本(且不止一種音釋),甚至還有藏文譯本等二級、三級衍生文本③。可以説《春秋後語》自身在當時已經完成了經典化的過程。

但是我們也不應忘記,《春秋後語》現在已經成爲一種佚書。羅振玉云:

> 宋初敕撰《太平御覽》引《後語》六十餘事,剡川姚氏亦據以勘正《國策》,然姚氏自記謂訪之數年方得,則南宋之初已不易遘。《玉海》言《通鑑外紀》引此書,元吴師道《國策識誤》謂《後語》今不可得,賴姚本得見一二,則是亡佚於宋元之際。④

如果排除其亡佚的偶然因素,從該書性質上判斷,逐漸被人忽略也不爲無因。一是這類著作的功用被其他相關圖書替代,類似於史鈔而流於類書。比如唐宋時期類書的大量出現,檢索典籍事例更爲簡單方便。而司馬光《資治通鑑》修成以後,以其精善大有取代其他同類圖書之勢。

二是有宋以來對原典的重視。正如章學誠所云:"纂輯之書,略以次比,本無增

---

① 《史記》在這一時期的衍生文本又有《群書治要》及其他與《史記》内容相關的文獻。
② 分别見《後漢書》卷四八,頁 1599;卷六二,頁 2062。
③ 羅振玉影印本爲節略本,其《春秋後國語》提要云:"蓋彼二卷(羅氏自藏《秦語》及法國巴黎圖書館藏《魏語》)爲衍原書,此(影印)則删節之本,唐人所謂略出者也。"(《春秋後國語》提要,頁 2b)關於《春秋後語》的注本,王謨《漢魏遺書鈔》本《春秋後語》序録、章宗源《隋書經籍志考證》、羅振玉、王重民等並有言之,參見康世昌《〈春秋後語〉研究》有關注釋部分。今有一種盧注本爲德國第二次吐魯番探險隊所得,根據榮新江先生的記載,原編號 TII1578,尺幅 8.8×8.8 釐米,四邊均殘,存字六行,"字體極爲工整,……背面無字,爲正規書籍"。此文作 5 行,後來據榮先生所論更正爲 6 行。(榮新江《德藏吐魯番出土〈春秋後語〉注本殘卷考釋》)
④ 《春秋後國語》提要,頁 1a—1b。

《史記》的寫本時代——公元十世紀前《史記》的傳寫與閱讀

損,但易標題,則劉知幾所謂'學者寧習本書,怠窺新錄'者矣。"①有宋文化高度繁榮,對於重要典籍都重新雕版印行,頒布天下。一方面以定本的形式確立其權威性,一方面又加快了其傳播。宋代官方刊印典籍是按照統治階層所認可的重要性排比先後次序,先是五經、九經,然後是三史等。這種刊印活動也會促使士人更加重視九經三史類的原典,而非相關編輯著作。此外,宋代文士讀書條件相對優渥,私家藏書興盛,文士自身文化修養較高。他們讀書已經不滿足於瞭解歷史上的大事,而要直接研讀原典,甚至進行繁難的文本性閱讀。

《史記》及其衍生文本《春秋後語》正是文本衍生的典型個案。在寫本時代,這種"互文性"文本②,亦即衍生文本,極爲常見。如果我們不瞭解這種"文本的回聲",容易將之歸爲僞書,或誤作他書。如果我們將這種衍生的文本與原文本(前文本)之間進行對勘,甚至以這種衍生文本來校正原文本——事實上我們不能避免這種用衍生文本校正原文本的慾望,就會形成一種文本的循環。今天的很多所謂"定

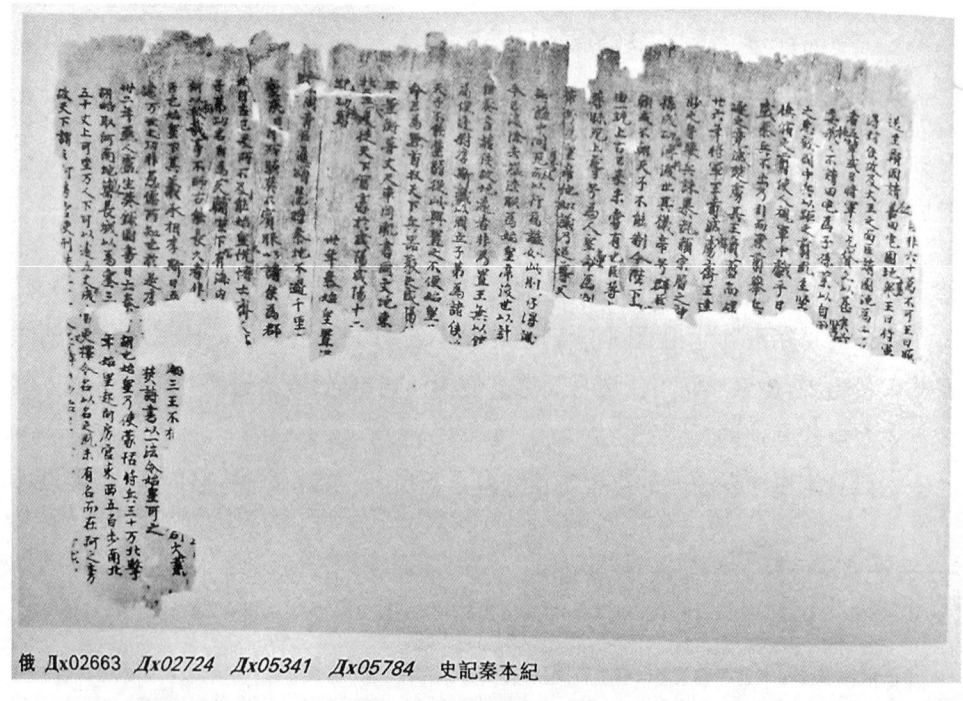

俄 Дx02663　Дx02724　Дx05341　Дx05784　史記秦本紀

《俄藏敦煌文獻》⑨,頁 323。

---

① 《文史通義校注》卷四,頁 376。
② 法國批評家、後結構主義者朱麗亞・克里斯蒂娃(Julia Kristeva)創用,見朱麗亞・克里斯蒂娃《符號學:意義分析研究》(轉引自朱立元主編《現代西方美學史》,上海:上海文藝出版社,1993年,頁 947)。

本"正是這種循環文本,其實屬於一種"混響"般的存在。當然,用《漢書》校《史記》也屬於此類現象。我們利用衍生文本校正原文本時,對不同層次的衍生本不能不加區分而加以利用。就這一意義而言,文本的校勘,實際上是一種觀念的鬥爭。同樣,對於史書文本之前的相關材料,我們也應當注意其與史書文本本身的區别。我們可用以重新認識某一歷史事件或歷史現象的不同面向,但不能用以證明史書的文本有誤,更不可不加辨別地校改原文。

國家圖書館藏盧注《春秋後語》照片,轉引自榮新江《德藏吐魯番出土〈春秋後語〉注本殘卷考釋》。

第四章　裴注八十卷集解本《史記》篇目考

簡牘時代《史記》編簡的物質形態已經難以確知，紙寫本時代《史記》文本又是何種樣貌呢？從傳世文獻的記載來看，六朝隋唐時期通行的《史記》文本多爲八十卷的集解本，敦煌及日本所存古寫本也多爲集解本。而現存有宋以降的《史記》皆爲一百三十卷，八十卷本的面貌遂不可知。通過日本尊經閣文庫本《二中歷・經史歷》所載《史記目録》[①]，我們可以初步復原八十卷本及其衍生文本的篇卷分合情況。至於該篇目録是否符合歷史事實，八十卷本又如何復歸於一百三十卷本，以及紙簡替興和寫刻演變之際，物質載體對文獻面貌又產生了哪些重要影響，這些問題還有待我們深入探討。

引言　裴氏八十卷本之舊不可復見

王鳴盛《十七史商榷》開篇"史記集解分八十卷"條云：

> 《漢志》，《史記》百三十篇，無卷數。裴駰《集解》則分八十卷，見司馬貞《史記索隱》序，《隋志》始以一篇爲一卷，又別列裴注八十卷，《新》《舊唐志》亦然，不知何人刻《集解》亦以一篇爲一卷，疑始于宋人。今予所據常熟毛晉刻正如此，裴氏八十卷之舊不可復見，不知其分卷若何。[②]

[①] 除特別説明外，本章所稱"《史記目録》"皆指據尊經閣文庫本《二中歷・經史歷》復原的《史記目録》。
[②] 〔清〕王鳴盛撰，黃曙輝點校《十七史商榷》，上海古籍出版社，2013年，頁1—2。陳垣《書〈十七史商榷〉第一條後》指出，《漢志》稱司馬遷所著非《史記》而爲《太史公》，"分八十卷"當爲"合八十卷"等，所考甚確。（陳垣《陳垣史源學雜文》，北京：人民出版社，1980年，頁58—61）

第四章　裴注八十卷集解本《史記》篇目考

王鳴盛的遺憾，在有宋以降的《史記》讀者中較爲普遍①。《隋志》及兩《唐志》所載隋唐時期《史記》約有兩種：一爲一百三十卷本，一爲八十卷的集解本②。一百三十卷本又有白文本和許子儒、王元感、徐堅、李鎮、陳伯宣等人的注本③。司馬貞稱未覩許書④，則所見當爲白文本或集解本。其《索隱序》所論，則只涉及集解本⑤。約成書於九世紀末的藤原佐世所著《日本國見在書目録》亦載"史記八十卷，漢中書令司馬遷。宋南中郎外兵參軍裴駰集解"⑥。日本弘安本及身延本《弘決外典抄》所載也俱爲八十卷，無一百三十卷的白文本，可知當時通行的也是八十卷的集解本。然有宋以降諸家目録及現存宋刻《史記》多爲一百三十卷⑦，與隋唐舊說不牟，八十卷本《史記》面貌遂不可知。近見日本尊經閣文庫舊藏鎌倉時代寫本《二中歷·經史歷》，其中具載八十卷本《史記集解》篇目，遂加迻録，略作考訂如次。

---

① 在王鳴盛之前，四庫館臣已言《史記集解》"原本八十卷，隋、唐《志》著録並同。此本爲毛氏汲古閣所刊，析爲一百三十卷，原第遂不可考"。（參《四庫全書總目》卷四五，頁 398 中）案：析八十卷爲一百三十卷不始於毛氏，宋刻已然。

② 《隋書·經籍志》載："《史記》一百三十卷目録一卷，漢中書令司馬遷撰。《史記》八十卷，宋南中郎外兵參軍裴駰注。"（《隋書》卷三三，頁 953）《舊唐書·經籍志》載："《史記》一百三十卷，司馬遷作。又八十卷，裴駰集解。又一百三十卷，許子儒注。"（《舊唐書》卷四六，頁 1987—1988）《新唐書·藝文志》載："司馬遷《史記》一百三十卷。裴駰集解《史記》八十卷。"（《新唐書》卷五八，頁 1453）

③ 《新唐書·藝文志》載："王元感注《史記》一百三十卷。徐堅注《史記》一百三十卷。李鎮注《史記》一百三十卷。開元十七年上，授門下典儀。陳伯宣注《史記》一百三十卷。貞元中上。"（《新唐書》卷五八，頁 1457）

④ 司馬貞稱："前朝吏部侍郎許子儒亦作《注義》，不覩其書。"（《史記》附録，頁 10）序文未見言及其他唐代注家，而陳伯宣注本至德宗貞元中始上，應在小司馬之後。

⑤ 司馬貞云："中兵郎裴駰，亦名家之子也，作《集解》注本，合爲八十卷，見行於代（世）。"（《史記》附録，頁 9）

⑥ 孫猛《日本國見在書目録詳考》，上海：上海古籍出版社，2015 年，頁 537。

⑦ 〔宋〕《崇文總目》"正史類"載駰集解本《史記》一百三十卷，又有唐陳伯宣注本《史記》八十七卷，注稱"今篇殘缺"（〔宋〕王堯臣等編次，〔清〕錢東垣等輯釋《崇文總目》卷二，《叢書集成初編》本，頁 43），知原本非八十七卷。《郡齋讀書志》卷五"正史類"著録《史記》一百三十卷；《讀書附志》"史類"載司馬貞"《補史記》一百三十卷"（〔宋〕晁公武撰，孫猛校證《郡齋讀書志校證》，上海：上海古籍出版社，1990 年，頁 175—177、1105）。《直齋書録解題》所載爲一百三十卷（《直齋書録解題》卷四，頁 96—97）。南宋尤袤《遂初堂書目》"正史類"《史記》有"川本、嚴州本"（〔宋〕尤袤《遂初堂書目》，《叢書集成初編》本，頁 5），"史學類"載《史記音義》《史記正義》《史記索隱》（《遂初堂書目》，頁 14），雖未明載卷數，但據現存宋本《史記》推測，也應爲一百三十卷本。

145

第一節 《二中歷·經史歷》所載八十卷集解本《史記目錄》

一、八十卷集解本《史記》篇目合併表

《二中歷》(即《掌中歷》《懷中歷》)是記載日本古事物名目的百科全書式類書,編者不明。據日本學者川瀨一馬《增訂古辭書の研究》,《掌中歷》爲保安三年(1122)三善爲康撰,《懷中歷》爲大治二年(1127)三善氏(當爲三善行康)撰。兩書之外的內容主要取自藤原資隆嘉應元年(1169)至承安元年(1171)所撰的《簾中抄》。《經史歷》的成書時代應在順德天皇時期(1210—1221)。現存最早的《二中歷》寫本爲尊經閣文庫藏十三冊本,大致書寫年代爲正中二年(1325)年前後[①]。本書所據即爲尊經閣文庫本。

《二中歷·經史歷》至少涉及三種八十卷本或準八十卷本的《史記集解》目錄,

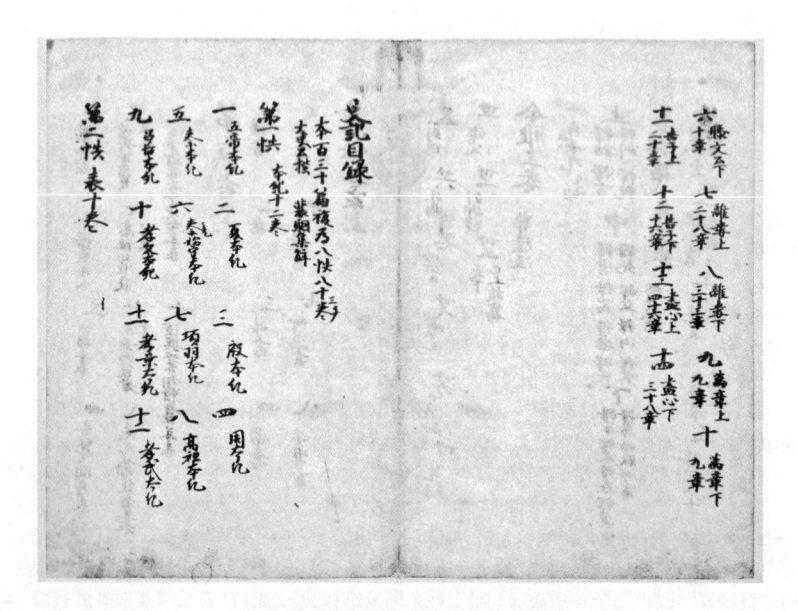

八十卷本《史記目錄》(甲本)首頁

[①] 轉引自橋本義彥、菊池紳一《尊經閣文庫所藏〈二中歷〉(附)〈掌中歷〉解説》(見前田育德會尊經閣文庫編《尊經閣善本影印集成》16,東京:八木書店,1998年,頁3、頁9)。案,尊經閣文庫本《二中歷》爲粘頁裝冊子本,縱22.7釐米,横15.4釐米。此書今本多爲十三卷,《經史歷》屬第十一卷,其中尚有數處提到《史記》,如"三史"條、"書史卷數"條等(《二中歷》第三,《尊經閣善本影印集成》16,頁6—7)。

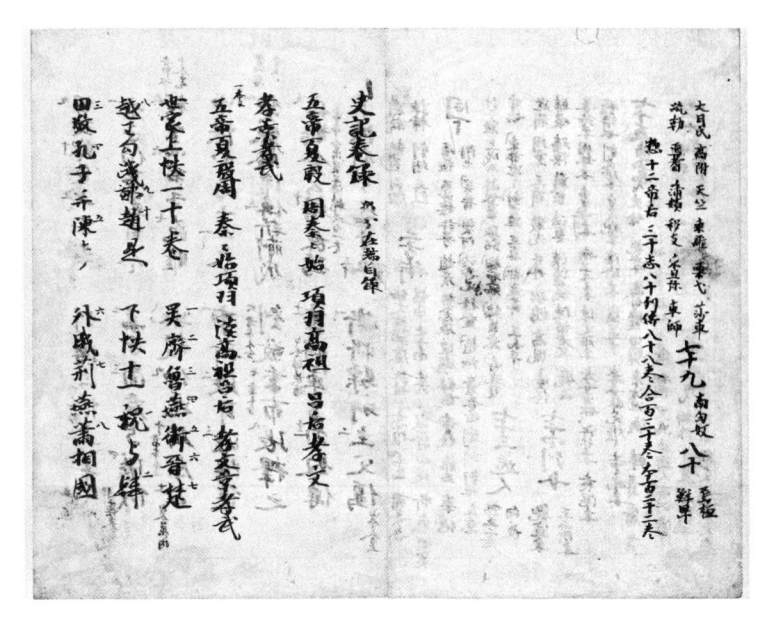

第四章　裴注八十卷集解本《史記》篇目考

刪節本《史記卷錄》（乙本、丙本）首頁

爲便於討論，我們暫且將之分別命名爲甲本、乙本和丙本。其中，甲本和丙本又各可分爲略有差異的甲 A、甲 B 和丙 A、丙 B。

甲 A 著錄在前，標題爲"史記目錄"，小注云："本百三十篇，複爲八帙八十卷。太史公撰，裴駰集解。"①甲 B 爲《目錄》篇末注文所載之本，與甲 A 僅有一篇之別。

乙本目錄與甲本相隔數頁，時代應略晚。篇首題"史記卷錄□分在端目錄"②。乙本又有"日野本"③，以《蘇秦列傳》替換乙本原錄的《張儀列傳》，其他同。

丙本並非實存本，而是乙本目錄批注所揭示的兩種本子，其中丙 A 見於墨筆批注，多稱"常本"；丙 B 見於朱筆批注，多稱"或本"。

甲本《史記目錄》屬於僅著錄帙、卷、篇名和篇序的標題目錄。乙本《史記卷錄》則以詩句形式（"本紀"四言，"世家"和"列傳"七言）記錄《史記》篇目。丙本可據乙本批注復原，"本紀"爲五言，其他同乙本。乙、丙本所載《史記》篇名與甲本略有不同，有時爲了湊足七言，常在兩字篇名後加一"傳"字。

通計各本，甲本八帙八十一（八十）卷一百三十篇，合爲八十卷或八十一卷，屬篇目抄寫分合問題。乙本和丙本爲一百三十篇的節選本，無"表""書"兩部分；又刪

---

① 《二中歷》第十一，頁 23。
② 《二中歷》第十一，頁 36—37。
③ 《史記目錄》原文中"張儀"二字右下批注"或云蘇秦　日野本"。當爲日本鎌倉時期日野家族所用之本。

去了"世家"和"列傳"的部分篇目。其中：乙本六帙七十一卷七十五篇；丙A六帙六十七卷七十八篇，丙本B六帙六十四卷七十八篇；而丙A、丙B各有一篇不同，故丙本實際涉及篇數爲七十九篇。

上述八十卷本《史記》的分帙方式與日本平安時代後期藤原通憲所撰《通憲入道藏書目錄》類似：即"本紀"十二卷，"世家"二帙二十卷，"列傳"三帙三十卷（藤原藏本無"表""書"兩部分）。不難推知，藤原通憲所藏也是八十卷的集解本《史記》[①]。

因宋刻本以降，皆以一篇爲一卷，故以新近整理的中華書局修訂本《史記》（簡稱"中華本"）作爲後人整理本的代表性文本，臚列各本篇卷合分，如表1所示：

表1：八十卷本篇目合併表[②]

卷帙	甲本（《史記目錄》）	乙本（《史記卷錄》）	丙本（常本）	中華本
第一帙本紀十二卷（十二篇）	一五帝本紀 二夏本紀 三殷本紀 四周本紀 五秦本紀 六秦始皇本紀[③] 七項羽本紀 八高祖本紀 九呂后本紀 十孝文本紀 十一孝景本紀 十二孝武本紀	五帝夏殷周秦秦始項羽高祖呂后孝文孝景孝武	五帝夏殷周秦秦始項羽漢高祖呂后孝文景孝武	不分帙，爲第1—2册；以一篇爲一卷，計十二篇十二卷
第二帙表十卷（十篇）	一三代世表 二十二諸侯年表 三六國年表 四秦楚之間月表 五漢興以來諸侯年表 六高祖功臣侯年表 七惠景間侯者年表 八建元以來侯者年表 九建元以來王子侯者年表 十漢興以來相將名臣年表	無	無	不分帙，爲2—3册；以一篇爲一卷，計十篇十卷

[①] 藤原通憲（1106—1160）爲日本平安末期貴族、學者、僧侶，日本學問世家藤原氏後裔。所記之本世代相傳，其來有自。其逝年當南宋紹興三十年，則所撰目錄及所據之本應遠早於此年。世傳景祐本刊於北宋景祐年間（1034—1038），與此已有不同。日本傳本或爲早期遣唐使傳入，要在刻本之前（詳見下文）。書目載："第百九櫃：一結史記世家上帙十号，一結本紀十二号。……第百十一櫃：〔史記〕世家上帙（原注：九箇号，欠第三号），同下帙（原注：九箇号，欠第九号）；〔史記〕傳上帙（原注：七号，欠一、二、九号），同中帙（原注：六箇号，欠六、七、八、十），下帙十号。……第百五十五櫃：史記傳四号。"〔（日）藤原通憲《通憲入道藏書目錄》，見（日）長澤規矩也、阿部隆一編《日本書目大成》第1册，東京：汲古書院，1979年，頁54—56〕案，第百九櫃所存《世家》上帙和第百五十五櫃散存的《列傳》，當屬於另一副本。

[②] 案，表中目錄原文有的篇序數字以黑體標出，以便辨識；目錄篇題與今本不同者，則以灰底標出。乙本的篇序數字，原以小字標於篇名首字右側，今改爲橫式排版，用上標方式標於篇名末字後。丙本文字係據乙本批注還原而成。

[③] "秦"字右旁注"自無"，當指《太史公自序》中作"始皇本紀"，無"秦"字。

第四章　裴注八十卷集解本《史記》篇目考

續表

卷帙	甲本（《史記目錄》）	乙本（《史記卷錄》）	丙本(常本)	中華本
第三帙書八卷（八篇）	一禮書 二樂 三律書 四曆書 五天官書 六封禪書 七河渠書 八平準書	無	無	不分帙，爲第4冊；以一篇爲一卷，計八篇八卷
第四帙世家上十卷（十三篇）	一吳太伯一 二齊太公二 三魯周公三 四燕召公四 管蔡曹五陳杞六 五衛康叔七宋微子八 六晉九 七楚十 八越王勾踐十一 九鄭十二 十趙十三	世家上帙一十卷 吳一齊二魯三燕四衛五晉六楚七越王勾踐八鄭九趙十是	同乙本	不分帙，爲第5冊；以一篇爲一卷，計十三篇十三卷
第五帙世家下十卷（十七篇）	十一魏十四韓十五 十二田敬仲完十六 十三孔十七 十四陳涉十八 十五外戚十九 楚元王廿 十六荊燕廿一齊悼惠王廿二 十七蕭相國廿三曹相國廿四 十八留侯廿五 陳丞相廿六 十九絳侯廿七 梁孝王廿八 二十五宗廿九 三王卅	下帙十一魏一與韓二田敬三孔子四並陳涉五外戚六 荊燕七 蕭相國八留侯九 絳侯十 五宗十一是	同乙本	不分帙，爲第6冊；以一篇爲一卷，計十七篇十七卷
第六帙列傳上十卷（二十六篇）	一伯夷一 管晏二 老子韓非三 司馬穰苴四 孫子吳起五 伍子胥六 二仲尼弟子七 三商君八 蘇秦九 四張儀十 五樗里甘茂十一 穰侯十二 白起王翦十三 孟子荀卿十四 六孟嘗君十五 平原君虞卿十六 魏公子十七 春申君十八 七范雎蔡澤十九 八樂毅二十 廉頗藺相如廿一 田單廿二 九魯仲連鄒陽廿三 屈原賈生廿四 十呂不韋廿五 刺客廿六	列傳三帙上十一 老子伯夷爲首卷一 弟子二 商君三 與張儀四① 樗里五 四君子六 范雎七 樂毅八 仲連 屈原十 呂十一	列傳三帙上十卷 老子伯夷爲首卷一 弟子二 商君三 與張儀四 樗里五 四君子六 范雎七 樂毅八 仲連屈原九 呂十②	不分帙，爲第7-8冊；以一篇爲一卷，計七十篇七十卷

---

① 張儀："日野本"作"蘇秦"。
② 本句"或本"作"樂毅八 仲連九 屈原 呂十"。

149

《史記》的寫本時代——公元十世紀前《史記》的傳寫與閲讀

續　表

卷帙	甲本(《史記目録》)	乙本(《史記卷録》)	丙本(常本)	中華本
第七帙列傳中十卷(二十四篇)	十一李斯廿七蒙恬廿八 十二張耳陳餘廿九 魏豹彭越卅 黥布卅一 十三淮陰侯韓信卅二 韓王信盧綰卅三 田儋卅四 十四樊酈滕灌卅五 張丞相卅六 酈生陸賈卅七 十五傅靳蒯成卅八 劉敬叔孫通三十九 季布樂布四十 袁盎晁錯四十一 十六張釋之馮唐四十二 萬石張叔四十三 田叔四十四 十七扁鵲倉公四十五 十八吴王濞四十六 魏其武安四十七 十九韓長孺四十八 李將軍四十九 二十匈奴五十	中帙分爲十二卷 李斯一 張耳二 淮陰侯三 樊酈滕灌四 傅靳蒯成五 劉敬六 季布七 張釋之八 扁鵲倉公九 韓長孺十 李將軍十一 與匈奴傳十二	中帙分爲十一卷 李斯一 張耳二 淮陰侯三 樊酈滕灌四 傅靳蒯成五 劉敬 季布六 張釋之七 扁鵲倉公八 吴王濞 魏其九 韓長孺九 李將軍十 與匈奴傳十一①	不分帙，爲第8—9册；以一篇爲一卷，計二十四篇二十四卷
第八帙列傳下甲A：十一卷(二十篇) 甲B：十卷(二十篇)	廿一衛將軍驃騎五十一 平津侯主父偃五十二 廿二南越五十三 東越五十四 朝鮮五十五 西南夷五十六 廿三司馬相如五十七 廿四淮南衡山五十八 廿五循吏五十九 汲鄭六十 儒林六十一 廿六酷吏六十二 廿七大宛六十三 游俠六十四 廿八佞幸六十五 滑稽六十六 廿九日者六十七 龜策六十八 貨殖六十九 卅一太史公自序七十②	下帙别分是十五 衛將驃騎一 主父偃二 南越三 東越四 司馬相如五 淮南衡山六 循吏七 汲鄭八 酷吏九 大宛傳十 游俠十一 佞幸十二 龜策傳十三 貨殖十四 自序十五 爲次第	下帙别分是十三 衛將驃騎一 主父偃二 南越東越 西南夷三 司馬相如四 淮南衡山五 循吏傳六 汲鄭七 酷吏八 大宛傳九 游俠十 佞幸十一 龜策傳十二 貨殖十二 自序十三 爲次第③	不分帙，爲第9—10册；以一篇爲一卷，計二十篇二十卷
合計	八帙八十一卷一百三十篇	六帙七十一卷七十五篇	六帙 丙A：六十七卷七十八篇 丙B：六十四卷七十八篇	10册一百三十篇，一百三十卷

---

① 韓長孺九 李將軍十 與匈奴傳十一：“或本”作“韓長孺 李將軍九 與匈奴傳十”。

② 甲B二十八卷之前全同甲A，二十八卷之後作“廿八佞幸六十五 滑稽六十六 日者六十七 廿九龜策六十八 貨殖六十九 卅太史公自序七十”。

③ 本句“或本”作“下帙别分是十一 衛將驃騎主父偃一 南越東越二 司馬相如三 淮南衡山四 循吏傳汲鄭五 酷吏六 大宛傳游俠七 佞幸八 日者龜策傳九 貨殖十 自序十一 爲次第”。

150

二、甲本與乙、丙本之異同

1. 甲本：一百三十篇合爲八十卷

據《經史歷》所録，甲本爲最正式的八十卷本，正文一百三十篇全。與今本一篇即爲一卷不同，此本將"世家"以降的數篇合寫在一幅卷軸之内而稱一卷，分裝八帙：十二"本紀"一帙十二卷十二篇；十"表"一帙十卷十篇；八"書"一帙八卷八篇；三十"世家"二帙：上帙十卷十三篇，下帙十卷十七篇；七十"列傳"三帙：上帙十卷二十六篇，中帙十卷二十四篇，下帙十一（十）卷二十篇。計爲八十一（八十）卷，以整數言之，亦可統稱八十卷本。

值得注意的是，甲本《史記目録》末稱："今世所用多以下帙爲十卷，以《日者》附《滑稽》末，以《貨殖》合《龜策》之下，《自序》爲第卅卷。"這説明《目録》所載八十一卷本或非常態，甲B的八十卷本可能纔是（或者説更接近）隋唐目録所載八十卷本的原貌。從内容上看，《日者列傳》與《龜策列傳》同屬占卜，性質也更爲相近，與《滑稽列傳》則相差較遠。

2. 乙本對甲本的簡選甄録

從題名上看，乙本較甲本卷題更爲簡略，這是中古時期較爲常見的題名現象。唐劉知幾《史通·題目第十一》即稱："觀夫舊史列傳，題卷靡恒。文少者則具出姓名，若司馬相如、東方朔是也。字煩者唯書姓氏，若毋將、蓋、陳、衛、諸葛傳是也。必人多而姓同者，則結定其數，若二袁、四張、二公孫傳是也。如此標格，足爲詳審。"[1]

普通讀者缺乏閱讀"表""書"的動力，這也正是乙本和丙本《史記》誕生的重要原因[2]。乙本六帙七十一卷七十五篇。其中"本紀"部分十二卷十二篇，全同甲本。"表""書"兩帙全部删去。"世家""列傳"所存，大多屬於甲本合寫於一卷之中數篇的首篇，删去了一卷之中剩餘諸篇。這些篇章被合寫於一卷，應兼顧了内容和文獻載體兩方面的考慮。

---

[1] 《史通通釋》卷四，頁86。案，雖然劉知幾所論爲史書修撰時的題名現象，乙本撮舉卷題的方式與此較爲一致。

[2] 《史通·表曆》即批評《史記》云："天子有本紀，諸侯有世家，公卿以下有列傳，至於祖孫昭穆，年月職官，各在其篇，具有其説，用相考覈，居然可知。而重列之以表，成其煩費，豈非謬乎？且表次在篇第，編諸卷軸，得之不爲益，失之不爲損。用使讀者莫不先看本紀，越至世家，表在其間，緘而不視，語其無用，可勝道哉！"(《史通通釋》卷三，頁48—49)又《史通·編次》曰："尋夫本紀所書，資傳乃顯；表志異體，不必相涉。舊史以表志之帙介於紀傳之間，降及蔚宗，肇加鑾革，沈、魏繼作，相與因循。既而子顯《齊書》、穎達《隋史》，不依范例，重遵班法。蓋擇善而行，何者遠近；聞義不徙，是吾憂也。"(《史通通釋》卷四，頁96)由上述諸語，不難窺見唐初的讀史風氣與篇卷去取之由。

《世家》上帙十卷十篇，删去甲本中的"管蔡曹五""陳杞六""宋微子八"三卷三篇。乙本編者或以爲這些都是戰國時期不太重要的小國傳記，因此删去。《世家》下帙十一卷十一篇，删去"楚元王廿""齊悼惠王廿二""曹相國廿四""陳丞相廿六""梁孝王廿八"和"三王卅"六篇。下帙所删基本都是一卷所收兩篇之中的後一篇，但首卷的《韓世家》並没有被删去。或因韓爲戰國七雄之一，上帙無傳，故存之。

《列傳》上帙十一卷十五篇，删去"管晏二""司馬穰苴四""孫子吳起五""伍子胥六""蘇秦九""穰侯十二""白起王翦十三""孟子荀卿十四""廉頗藺相如廿一""田單廿二""刺客廿六"十一篇。所删篇章同樣屬於合寫一卷中首篇之後的部分。有三處例外，應與篇卷内容相關。

其中，"老子"居首且與"伯夷"合併，又兼有篇序問題。文獻所見《史記》諸本中，正義本和景祐本將《老子列傳》調至列傳之首，分別遵唐玄宗開元二十三年敕書和宋徽宗政和八年（1118）詔而改①。亦即，乙本的《史記卷録》所據之底本只能在唐玄宗開元年間以後。

甲本另將"孟嘗君十五""平原君虞卿十六""魏公子十七""春申君十八"四篇合爲一卷，乙本一篇未删，並將之命名爲"四君子"，體現了選編者對這部分内容的重視，也兼顧了内容的完整性。第九卷《屈原賈生列傳》未被删去，應出於對屈原在歷史上的特殊地位的尊重以及對太史公此篇内容文筆的推崇。

《列傳》中帙十二卷十二篇，删去"蒙恬廿八""魏豹彭越卅""黥布三一"②"韓王信盧綰卅三""田儋卅四""張丞相卅六""酈生陸賈卅七""袁盎鼂錯四十一""萬石張叔四十三""田叔四十四""吳王濞四十六""魏其武安四十七"十二篇。同時甲本第七帙第十五卷按例應删的"劉敬叔孫通三十九""季布欒布四十"，没有删去，且又單獨成卷，故乙本較甲本多出兩卷。選者或對其内容有所偏愛，劉敬所獻之策皆關乎漢室安危，獨具以士卒之身而"脱輓輅一説，建萬世之安"的謀略與氣魄③。

---

① 參看南宋建安黄善夫本《史記·老子伯夷列傳第一》卷首篇題下引《正義》文字（《史記》卷六一，《中華再造善本》影印宋建安黄善夫家塾刻本，北京：北京圖書館出版社，頁1a），吴曾《能改齋漫録》卷一三"詔史記陞老子傳爲列傳首"條（[宋]吴曾《能改齋漫録》卷一三，上海：上海古籍出版社，1979年，頁385），王鳴盛《十七史商榷》卷五"正義改列傳之次"條（《十七史商榷》卷五，頁47）。案，南宋黄善夫三家注合刻本目録中以《伯夷列傳》爲第一，而正文中以《老子列傳》爲第一，拼合了宋刻集解本及索隱、集解二家合刻本。《目録》或用集解、索隱兩家注本，取其簡潔，故以《伯夷列傳》爲第一。賀次君及張玉春對此均有討論，後者所論尤爲明晰。見賀次君《史記書録》（頁96—97），張玉春《〈史記〉版本研究》第五章"《史記》南宋刻本研究"論黄善夫本部分（頁254—257）。

② 案，寫本原作"三一"，準前後文例，當作"卅一"。

③ 關於劉敬等篇義，參陳桐生《寓優秀文化傳統教育於〈史記〉教學之中》[載《汕頭大學學報》（人文科學版）1996年第2期]。

《列傳》下帙十五卷十五篇，相較甲本的二十篇，僅删"朝鮮五十五""西南夷五十六""儒林六十一""滑稽六十六""日者六十七"五篇。不難發現，這五篇並非《史記》的精彩篇章。而《儒林傳》被删，可能是由於編者與《漢書》相應部分作比較，以爲《漢書·儒林傳》更爲詳贍。

乙本中又有"日野本"之說。乙本《列傳》上帙正本删《蘇秦列傳》而留《張儀列傳》。"日野本"没有選取單列一卷的《張儀列傳》，而是選《蘇秦列傳》。這種異本的出現，也說明當時的日本學者會根據自己的理解和閱讀需求對原書篇目進行微調並自行甄選文本。

3. 丙本對甲、乙本的參酌

丙本屬乙本的衍生文本，"列傳"之前的部分全同乙本，與乙本的差異在於"列傳"篇目的取捨與篇卷的合併。丙本《列傳》上帙將乙本的十一卷十五篇合併爲十卷十五篇。含兩種合併方式：丙A將"仲連、屈原"合爲第九卷；丙B"仲連、屈原"不合，將"吕"合入"屈原"爲第十卷。合十一卷爲十卷，應出於方便謄寫保存的考量，更合乎書帙容量的常態①。《列傳》上帙有兩種不同類型的合卷，也說明便於傳寫的十卷本可能更符合讀者的需求。至於將《屈原賈生列傳》合於上篇還是合於下篇，或出於讀者對《史記》篇卷内容的不同理解。

丙本《列傳》上帙第六卷與乙本相同，都稱作"四君子"，而不用甲本"孟嘗君十五""平原君虞卿十六""魏公子十七""春申君十八"的詳稱。"仲連、屈原"合爲第九卷則同於甲本，可知丙A同時參考了甲本和乙本。

丙本《列傳》中帙十（十一）卷十四篇，其篇卷分合更近於甲本。此帙總卷數同於甲本的十（十一）卷，而非乙本的十二卷。較之乙本，加入了第七卷"吴王濞""魏其"兩篇。而在甲本中，這兩篇也是寫於同一卷之内（《列傳》中帙第十八卷）。

丙本《列傳》下帙分兩種情況：

丙A：十三卷（十六篇）："東越傳"下另有一篇"西南夷"，又"龜策傳""貨殖"二篇合寫爲第十二卷，其他同乙本。而甲本中"西南夷"與"東越傳"同屬一卷，乙本删之，則丙A此處近於甲本。

丙B：十一卷（十六篇）：與甲本卷數相同，篇數少四篇；比乙本多一篇《日者列傳》，少一篇《西南夷列傳》。其中，第一卷"衛將軍驃騎""主父偃"合寫，第二卷"南

---

① 前人關於書帙與篇卷關係的討論甚多，其中以馬衡、余嘉錫、辛德勇、張固也所論較深，新近從物質層面探討書帙的專論當屬馬怡《書帙叢考》（載《文史》2015年第4輯），辛德勇《由梁元帝著述書目看兩晉南北朝時期的四部分類體系——兼論卷軸時代卷與帙的關係》（載《文史》1999年第4輯）。

越""東越"合寫,第五卷"循吏傳""汲鄭"合寫,第七卷"大宛傳""遊俠"合寫,第九卷"日者""龜策"合寫,俱同甲本。

由上可知,乙本和丙本都是甲本的節選本,而非其他一百三十卷本的節略本。丙本源於乙本,又參照了甲本,屬乙本的衍生本。不難推知,選編乙本和丙本時,當時通行的《史記》文本仍然是八十卷的集解本。從乙本篇首"史記卷錄□分在端目錄"的著錄看,這種準八十卷的乙本和丙本,很可能出自平安時期日本學者之手。

三、八十卷本之"微意"

《史記》撰成之後,其列傳篇次問題多爲人所不解。清人趙翼甚至以爲:"《史記》列傳次序,蓋成一篇即編入一篇,不待撰成全書後,重爲排比。"[1]司馬貞《史記索隱序》稱:"宋外兵參軍裴駰又取經傳訓釋作《集解》,合爲八十卷。雖麤見微意,而未窮討論。"[2]雖然小司馬可能主要針對內容而言,而合一百三十篇卷爲八十卷,其分合之處我們也不難窺見裴氏對《史記》篇卷內容性質的基本認識[3]。

何以合百三十篇爲八十一卷?除了便於書帙存藏之外,這一數字當出於編者對《史記》的尊崇。太史公撰述之初,即明言其篇數有特定含義,有"二十八宿環北辰,三十輻共一轂"之説[4]。小司馬《補史記序》亦謂:"本紀十二,象歲星之一周;八書有八篇,法天時之八節;十表,放剛柔十日;三十系(世)家,比月有三旬;七十列傳,取法懸車之暮齒;百三十篇,象閏餘而成歲。"[5]裴駰所處之世,玄風甚熾。《易》爲三玄大典,用其陽數九,九九八十一至其極,蓋尊崇《史記》之義[6]。

八十卷集解本《史記》的"本紀"部分十二卷共爲一帙,以一篇爲一卷。十二本紀中《殷本紀》和《孝景本紀》較短,《秦始皇本紀》則篇幅極大,這些長短不一的篇章

---

[1] 又稱:"故《李廣傳》後忽列《匈奴傳》,下又列《衛青霍去病傳》。朝臣與外夷相次,已屬不倫,然此猶曰諸臣事皆與匈奴相涉也。《公孫弘傳》後忽列《南越》《東越》《朝鮮》《西南夷》等傳,下又列《司馬相如傳》,《相如》之下又列《淮南衡山王傳》。《循吏》後忽列《汲黯鄭當時傳》,《儒林》《酷吏》後又忽入《大宛傳》,其次第皆無意義,可知其隨得隨編也。"(《廿二史札記校證》卷一"史記編次"條,頁 6—7)

[2] 《史記》附錄,頁 7。

[3] 需要申明的是,裴駰對《史記》篇卷進行合併的本意或者依據,我們今天已然無法確知,故文中所論,僅爲擬測之詞。

[4] 《史記》卷一三〇,頁 3319。

[5] 司馬貞《史記索隱》卷三〇,清光緒十九年廣雅書局刻本,頁 10a。

[6] 《大戴禮記·易本命》稱"天一,地二,人三,三三而九。九九八十一"。(〔清〕王聘珍撰,王文錦點校《大戴禮記解詁》,北京:中華書局,1983年,頁 256)《淮南子·天文訓》:"以三參物,三三如九,故黄鐘之律九寸而宫音調。因而九之,九九八十一,故黄鐘之數立焉。"(何寧《淮南子集釋》卷三,北京:中華書局,1998年,頁 245)此外,騶衍有天下八十一分之説,而天子大駕亦以八十一乘爲極。

皆以一篇爲一卷，沒有取長補短，應該不是出於字數或文獻載體的原因，而是對其篇章性質的判斷。"本紀"是全書敘事的主線和基本框架。毫無疑問，這是編者心目中《史記》最重要的内容①。

"表""書"各爲一帙，一篇爲一卷，甚至連《十二諸侯年表》這種"長篇巨製"也沒有分卷，只能是出於篇章性質的考慮。《太史公自序》稱："並時異世，年差不明，作十表。禮樂損益，律曆改易，兵權山川鬼神，天人之際，承敝通變，作八書。"②這兩類文獻也是《史記》非常重要的内容。

三十世家篇章較多，分爲兩帙，重要性略有降低。其中上帙十三篇中，"燕召公四""管蔡曹五""陳杞六"三篇合爲第四卷。此三篇在"世家"中篇幅略短，相較戰國時期聲威赫赫的七雄諸國，後兩篇内容的重要性也略爲遜色。"衛康叔七""宋微子八"合爲第五卷，情況類似。

下帙十卷十七篇，多將相關"世家"篇目兩兩合併，惟《田敬仲完世家》《孔子世家》《陳涉世家》三篇，每篇各爲一卷。這三篇和此前篇目性質不同，而後兩篇傳主身份尤爲特殊。其他合爲一卷的《魏世家》《韓世家》述戰國兩强；《外戚世家》《楚元王世家》則帝王至親；《荆燕世家》《齊悼惠王世家》俱漢初諸侯；《蕭相國世家》《曹相國世家》係前後相隨兩相國；《留侯世家》《陳丞相世家》同爲漢初善謀功臣；《絳侯周勃世家》《梁孝王世家》爲平定七國之亂兩功臣；《五宗世家》《三王世家》載景、武二帝諸皇子。可知編選者盡量兼顧了司馬遷作史的内在邏輯，將這些内容相關的相鄰篇章合卷書寫。

列傳七十篇，以篇章多而分上、中、下三帙。上帙首卷合"伯夷一""管晏二""老子韓非三""司馬穰苴四""孫子吳起五""伍子胥六"六篇爲第一卷。前三篇與治道相關，後三篇似皆與兵相關，皆爲子書。六篇合爲一卷，或有這六篇俱爲短篇的緣故。"仲尼弟子"單爲一卷，既出於尊儒，又有篇幅相對較大的考量。前論《列傳》第六卷合戰國四貴族的四篇爲一卷（"孟嘗君十五""平原君虞卿十六""魏公子十七""春申君十八"），乙本則徑稱此卷爲"四君子"，蓋因其性質相近。"商君八"與"蘇秦九"合卷，俱戰國法家策謀之士，功高而身敗。"樗里甘茂十一""穰侯十二""白起王翦十三""孟子荀卿十四"合卷，前三篇俱秦國功臣，以權謀兵權建功爭霸；後一篇二人俱以禮法謀一統。餘下六篇皆兩兩合併爲一卷，或以篇幅，或相鄰便於合併，似

---

① 關於一百三十篇的各部分的功能主旨，參見《史記》卷一三〇，頁3319；《史記》附錄，頁7、11。
② 《史記》卷一三〇，頁3319。

無其他深意。故乙本甄選時,則全取合併篇目的首篇,删去次篇,却保留《屈原賈生列傳》。

《列傳》中帙也基本採取相鄰篇章合併的原則,或兩篇、或三四篇合爲一卷。"李斯廿七""蒙恬廿八"合爲一卷,二人同爲秦一統天下的功臣,又俱因二世即位而遭禍。"張耳陳餘廿九""魏豹彭越卅""黥布三一"皆屬秦漢之際一方諸侯,結局相似。"淮陰侯韓信卅二""韓王信盧綰卅三""田儋卅四"合卷,皆爲諸侯而終背漢。"樊酈滕灌卅五""張丞相卅六""酈生陸賈卅七"合卷,俱漢初忠義功臣。"傅靳蒯成卅八""劉敬叔孫通三十九""季布欒布四十""袁盎鼂錯四十一"合卷,皆屬相近篇章合併①。"張釋之馮唐四十二""萬石張叔四十三""田叔四十四"三篇傳主類型亦相似,近於長者,合爲一卷。"扁鵲倉公四十五"屬僅有的醫者列傳,篇幅重大,故單爲一卷。"吳王濞四十六""魏其武安四十七"合卷,皆有權勢之外戚宗室而以不德殞身。"韓長孺四十八""李將軍四十九"合爲一卷,"匈奴五十"單爲一卷,爲《史記》中頗有特色的的篇目,乙、丙本各單爲一卷。

《列傳》下帙亦爲相鄰篇章合併。"衛將軍驃騎五十一""平津侯主父偃五十二"合卷,俱爲代表武帝時期文治武功之能臣。"南越五十三""東越五十四""朝鮮五十五""西南夷五十六"合卷,爲古所謂"四夷"。"司馬相如五十七""淮南衡山五十八"一爲文學家一爲謀反諸侯,不相類,故各單爲一卷。"循吏五十九""汲鄭六十""儒林六十一"三篇皆屬心懷家國百姓,治世安民而不計個人榮辱之良臣。"酷吏六十二"與前後内容不相接,單爲一卷。"大宛六十三""游俠六十四"合卷,二者相鄰不得不合。"佞幸六十五""滑稽六十六"合卷,俱得近帝王而行事相反。"日者六十七""龜策六十八"合卷,皆關卜筮,而乙本删《日者列傳》,當以"龜策"更爲重要。"貨殖六十九""太史公自序七十"俱爲《史記》中極爲重要的文字,且篇幅較大,故各單爲一卷。乙本同。丙A將"貨殖"與"龜策"合卷,將《太史公自序》獨立成卷,突出後者。

上述諸本對《太史公書》的合併删省情況略有不同,甲本無删改,在將相鄰篇章合篇爲卷的同時,盡量遵循編者心目中太史公的原意。乙本和丙本似更注重讀者的閲讀需求,將書、表删去,僅存"本紀""世家"和"列傳",即廣義上的"傳"。"世家"和"列傳"大致只取甲本一卷中卷首的一篇,所選之本當爲研習賞讀傳記文章之用。

---

① 乙本删去最後一篇,取前三篇,又名單爲一卷。丙本亦取此三篇,而合爲一卷。則甲本編者和乙、丙本編者對此三篇性質認識有異。

劉宋裴駰集解本並未改變篇序，而唐代司馬貞對太史公原有篇序和裴駰的篇卷分合皆有微詞，在補作《三皇本紀》的同時，也重新構擬了《史記》篇序。比如他認爲《大宛列傳》"宜在《朝鮮》之下，不合在《酷吏》《游俠》之間"①，也不爲無據。寫本時代改變原書篇卷組合乃至篇序，似乎已是常態，這是刻本時代較爲罕見的現象。

四、異體字與寫本所據底本年代推斷

寫本《史記目錄》雖不到四葉，但文中涉及文字多與宋刻本不同。其中既有前文所列的異文，也有刻本中已經不用的異體字。今將相關異字列表如次：

表 2：寫本《史記目錄》異體字表

帙	叔	夷	曹	儋	陸	孺

偃	廉	稽	侯	策	袁	

上表中少數字形在宋代以降的手寫文本中亦有出現，但有些却極爲罕見。如"袁盎"之"袁"作"爰"，寫爲🖼，這種異字混用的現象在南北朝時期碑刻中可見，與北魏建義元年（528）九月三日《寇慰墓誌》近②，其他文本則絕少類似。《田儋列傳》中"儋"右下不從"言"而從"工"從"口"作🖼。甘肅武威漢簡"服傳三"及晉咸寧四年（278）十月二十二日《臨辟雍碑》作🖼③，與此字形相似。主父偃"偃"字右旁改變"匚"形結構爲"凵"形結構，作🖼，古碑刻中僅有北齊太寧二年（562）正月五日《法懃禪師塔銘》字形作🖼，與之類似④，北魏孝昌二年（526）七月二十四日《尹祥墓誌》"堰"字寫法，亦與之類似⑤。"稽"作🖼，與北魏孝昌二年十月十八日《侯剛墓

---

① 《史記索隱》卷三〇，頁 13b。
② 毛遠明《漢魏六朝碑刻異體字典》，北京：中華書局，2014 年，頁 1143。
③ 《漢魏六朝碑刻異體字典》，頁 143。
④ 《漢魏六朝碑刻異體字典》，頁 1036。
⑤ 《漢魏六朝碑刻異體字典》，頁 1039。

《史記》的寫本時代——公元十世紀前《史記》的傳寫與閱讀

誌》▨、北齊天保九年(558)二月八日《魯思明等造像記》▨字形一致①。唐初虞世南行書偶有此字形。"龜策"之"策"作"笧",與北魏永平元年(508)十一月六日《王璯奴墓誌》、北魏建義元年八月二十五日《楊濟墓誌(廣平侯)》、北魏孝昌二年(526)閏十一月十九日《元朗墓誌》、北齊天保二年(551)十月九日《崔芬墓誌》、北周建德五年(576)十月二十七日《王鈞墓誌》皆較爲一致②。

現存宋代官刻本之異字多經學官校正,字形逐步規範化③。現存《史記》宋刻本基本没有這些字形。若底本無此異字,日本抄寫者不會憑空改變字形。《目錄》集中出現許多與宋刻本字形差異較大的字,可知其底本爲宋刻本之前的古寫本。

又《經史歷》所載"書史卷數"大體按"經史子集"四部順序條列諸書,其經部大略排十二經,以《孝經》《論語》居首,《老子》《莊子》居末。以老莊居經典之末,與《經典釋文》等唐初典籍觀念一致;而以《孝經》居首,則當出於唐玄宗御注此書之後。史部之正史以《史記》居首;無《三國志》之名,而分别以《吳志》《蜀志》《魏志》單獨著錄;無魏收《魏書》之名而稱《後魏志》;最後以《太宗實錄》居末。别史中著錄《趙書》《燕書》,當是僞燕田融和北魏崔逞之作。子部《齊民要術》著錄爲《齊人要術》,避唐太宗諱。集部最後爲《文館詞林》。上述種種皆表明此本所據文獻爲唐時面貌,時間上限或在玄宗末④。

由前文篇序問題,我們基本可以判定乙本和丙本出於甲本。甲本卷末言及世間另一種篇卷分合略不同的《史記》文本(甲B),但没有提到篇序不同的文本。我們推斷,此目錄抄寫時,尚無篇序不同的寫本出現。否則,《目錄》也應提及。故乙本或在開元二十三年之後,或在北宋政和八年略晚,但甲本必然不晚於政和八年。上述異體字及同書所載其他文獻,則表明寫本《史記目錄》(甲本)所據底本年代當在唐開元二十三年之前。

---

① 《漢魏六朝碑刻異體字典》,頁368。
② 《漢魏六朝碑刻異體字典》,頁70。
③ 官刻文字自東漢熹平石經乃至唐石經,無不强調刊正字體。參見唐大曆十一年(776)張參《五經文字序例》、唐開成二年(837)釋玄度《新加九經字樣序》、清乾隆五年(1740)祁門馬氏叢書樓影刻石經原本《五經文字》附《新加九經字樣》。
④ 《二中歷》卷十一,頁6—9。案,辛德勇指出,由於《二中歷》所列書籍稱謂、卷次較爲雜亂,反映出所著錄典籍出於不同時代。[參辛德勇《中國印刷史研究》上篇"論中國書籍雕版印刷技術産生的社會原因及其時間",北京:生活·讀書·新知三聯書店,2016年,頁6—10;陳翀《三善爲康撰〈經史歷〉之文獻價值敘略——兼論唐末五代大規模刻書之可能性》,《域外漢籍研究集刊》第六輯,2010年;(日)靜永健、陳翀《漢籍東漸及日藏古文獻論考稿》,北京:中華書局,2011年,頁43—72]

158

第二節　論《史記目録》爲《集解》篇目之舊

《二中歷》所載《史記目録》是真實依據裴駰《集解》的八十卷本，還是後人按照自己對《史記》的理解而自行合併篇卷的目録？判斷的依據大致有兩條：一是傳世《史記》古寫本的篇卷分合情況；二是前代文獻，尤其是《史記》早期注本所見篇卷分合信息。根據古寫本和早期文獻的比勘，我們認爲寫本《目録》基本符合裴駰《集解》篇目之舊。試分述如次：

一、《史記目録》篇卷與現存《史記》古寫本合

雕版印刷大規模應用之前，傳世《史記》皆爲寫本。根據用字、行款等因素，我們蒐集到約21種《史記》古寫本及以古寫本爲底本的傳鈔本[1]。除去無實際篇卷比勘意義的殘葉，共得17卷。爲便於比較，現將《史記》古寫本與八十卷本《史記目録》篇卷分合異同情況列表如下：

表3：現存《史記》古寫本與八十卷《史記目録》篇卷分合比較表[2]

抄寫時代	今本篇目	存　藏	分　卷	《史記目録》
8—12世紀：中國唐宋時期，日本平安時代（794—1192）	卷九六《張丞相列傳》	石山寺	前缺，兩篇合寫爲一卷	樊酈滕灌卅五 張丞相卅六 酈生陸賈卅七 合寫（第七帙第十四卷）
	卷九七《酈生陸賈列傳》	石山寺		
	卷二九《河渠書》	神田文庫舊藏，今存東京博物館	一篇爲一卷	一篇爲一卷（第三帙第七卷）
	卷三五《管蔡世家》（P.2627）	法國國家圖書館	殘缺，兩篇合寫於一卷	燕召公四 管蔡曹五 陳杞六 合寫（第四帙第四卷）
	卷三四《燕召公世家》（P.2627）	法國國家圖書館		

---

[1]　現存《史記》古寫本及其相關研究，可參見拙文《近百年來〈史記〉寫本研究述略》（載《古籍整理研究學刊》2014年第3期）。

[2]　爲準確反映寫卷原本的物質形態，表中《史記》篇目以寫卷時代及原卷合寫、存藏情況排序。

續表

抄寫時代	今本篇目	存藏	分卷	《史記目錄》
8—12世紀：中國唐宋時期，日本平安時代（794—1192）	卷六一《伯夷列傳》(P.2627)	法國國家圖書館	前缺，爲在卷背抄寫佛經而與"管蔡""燕召公"重新剪切粘貼	伯夷一 管晏二 老子韓非三 司馬穰苴四 孫子吳起五 伍子胥六 合寫（第六帙第一卷）
	卷九《吕后本紀》	山口縣防府毛利報公會	一篇爲一卷	一篇爲一卷（第一帙第九卷）
	卷十《孝文本紀》	東北大學圖書館	一篇爲一卷	一篇爲一卷（第一帙第十卷）
	卷一一《孝景本紀》	大東急記念文庫	一篇爲一卷	一篇爲一卷（第一帙第十一卷）
	卷二《夏本紀》	高山寺舊藏，今存東洋文庫	一篇爲一卷	一篇爲一卷（第一帙第二卷）
	卷三《殷本紀》	高山寺舊藏，今寄託京都博物館	一篇爲一卷	一篇爲一卷（第一帙第三卷）
	卷四《周本紀》	高山寺舊藏，今寄託京都博物館	一篇爲一卷	一篇爲一卷（第一帙第四卷）
	卷五《秦本紀》	高山寺舊藏，今存東洋文庫	一篇爲一卷	一篇爲一卷（第一帙第五卷）
12—16世紀：鐮倉、室町時代（1185—1573）	卷一一《孝景本紀》	山岸德平氏藏，今存日本實踐女子大學圖書館山岸文庫	一篇爲一卷	一篇爲一卷（第一帙第十一卷）
	卷二《夏本紀》	臺北"國家圖書館"藏。日本寶治二年(1248)安倍時貞抄寫，章炳麟跋	一篇爲一卷	一篇爲一卷（第一帙第二卷）
	卷七九《范雎蔡澤列傳》	宫内廳書陵部	一篇爲一卷	一篇爲一卷（第六帙第七卷）
17—19世紀：江户時代(1603—1868)	卷八《高祖本紀》	宫内廳書陵部	一篇爲一卷	一篇爲一卷（第一帙第八卷）

檢視上述諸篇，可以發現《史記》古寫本的篇目合寫情況與八十卷本《史記目錄》基本一致："本紀"，一篇寫爲一卷；"書"，一篇寫爲一卷；"世家""列傳"，多爲合寫，少部分一篇寫爲一卷，已知部分的篇卷分合與《史記目錄》相同。存世《史記》寫本無"表"，又與《目錄》乙、丙本類似。

具體來説，《列傳》部分涉及的合卷情況較多。日本石山寺舊藏《史記》殘卷，第一至第六紙爲集解本《張丞相列傳》，第七至第十八紙爲集解本《酈生陸賈列傳》①，二者合寫於一卷之上。《史記目録》第七帙第十四卷有"樊酈滕灌卅五 張丞相卅六 酈生陸賈卅七"，二者完全一致。因此不難推斷，石山寺本卷首殘缺部分應爲"樊酈滕灌列傳"。

日藏《史記》古寫本中，唯宫内廳書陵部藏有《范雎蔡澤列傳》一篇單獨寫爲一卷。此卷首題"范雎蔡澤列傳第十九 史記七十九"，尾題並同。字畫與高山寺所藏類似，係鎌倉初期寫本。檢《史記目録》第六帙，其第七卷"范雎蔡澤十九"也是一篇單獨寫爲一卷。

敦煌文獻所存較爲完整的《史記》文本，當屬伯希和1908年率法國探險隊發現的P.2627號寫本。原卷存法國國家圖書館東方寫本部②。殘卷計十二紙，黄色棉紙，正面爲裴駰《史記集解》，紙背爲《金剛般若經旨贊》。殘卷存世家二，列傳一，共三部分：第一至八紙爲第一部分，共135行，内容爲《史記》卷三五《管蔡世家》；第九至十一紙爲第二部分，内容爲《史記》卷六一《伯夷列傳》；第十二紙爲第三部分，紙頭被剪斷，與第十一紙重貼，存27行，内容爲《史記》卷三四《燕召公世家》。

《管蔡世家》和《燕召公世家》同屬八十卷本《史記集解》"第四帙《世家》上"的第四卷，原卷含有"燕召公四 管蔡曹五 陳杞六"。《伯夷列傳》屬於"第六帙《列傳》上"的第一卷，原卷含"伯夷一 管晏二 老子韓非三 司馬穰苴四 孫子吴起五 伍子胥

---

① 案，水澤利忠稱卷高35.8釐米（見《史記會注考證校補》附録，頁35），而其中原紙高僅九寸二分，合30釐米［見（日）山田孝雄《石山寺藏史記解説》，載《石山寺藏史記》，東京：古典保存會，1938年］，嚴紹璗所見爲27.6釐米（見《日藏漢籍善本書録》，頁321）。

② 此本最早由神田喜一郎編《敦煌秘籍留真》刊布原卷第八、九兩紙照片，後《敦煌寶藏》《敦煌古籍叙録新編・史部一》及《敦煌書法叢刊》第11卷均有圖版。1929年，日本學者石田幹之助最早介紹［（日）石田幹之助《中央アヅ探險の成果の概觀》，《明治聖德學會紀要》32，1929年］。《敦煌典籍與唐五代歷史文化》云有十三紙，諸家記録爲十二紙，並稱此爲最早的《史記集解》本（《敦煌典籍與唐五代歷史文化》，頁345），亦不確。此卷王重民1935年撰有題記（王重民《敦煌古籍叙録》卷二，北京：中華書局，1979年，頁76），1957年水澤利忠《史記之文獻學的研究》第一章第二節有解説《史記會注考證校補》附録，頁24—25），1958年臺灣學者喬衍琯有較詳細研究（喬衍琯《敦煌卷子本史記殘卷跋》），1959年賀次君《史記書録》撰有提要（《史記書録》，頁8—13）。

六"。以此觀之,似乎法藏敦煌本《史記集解》與八十卷本《史記集解》順序不合。但敦煌本《史記集解》篇序乖謬混亂,顯然與現存任何一種《史記》文本皆不相合,剪切痕迹明顯,可知非寫本原貌。

敦煌本涉及兩個問題:其一,是否寫卷原本中《管蔡世家》即在《燕召公世家》之前。寫卷重新剪切粘貼,其目的是在無字的背面抄寫《金剛般若經旨贊》,而佛經文字順序與正面的《史記》文本順序相反。即按佛經用紙順序,《管蔡世家》實在《燕召公世家》之後,與《目錄》及今本合。寫卷背面所抄佛經文字的位置大致處在全書中間略後,可知當時還用了大量其他寫卷共同拼合,以供抄寫經文。

其二,爲何用《伯夷列傳》而不是其他相鄰篇卷拼貼。一方面,或因"世家"部分卷帙散亂,故需剪切他篇以彌補篇幅不足。目前所見敦煌文獻中,以紙背空白面抄錄經文的寫卷,其正面內容也多是三篇,可爲旁證。另一方面,《伯夷列傳》在第六帙卷首第一篇,易於殘脱。其文本面貌又與兩《世家》有所不同[①],我們推測,此傳當爲他本殘脱。因俱爲《史記》,或同處一帙之内,故剪切拼合時一併取用。因此,雖然敦煌本《史記》殘卷經重新剪貼,不易看出之前的合卷情况,但目前已知卷帙信息與《史記目錄》並不衝突。

上述諸多古寫本傳抄時間多早於《史記目錄》,而發現時間多在《史記目錄》之後數百年,地域跨度大,延續時間長,不存在有意造假的條件。兩者篇卷分合情况基本相同,足以證明《史記目錄》並非出於後人的虚造。古寫本與《史記目錄》共同的文獻源頭,只能是裴駰八十卷集解本《史記》。

二、《史記目錄》與《索隱》《正義》合

裴駰《集解》爲八十卷本,其篇卷分合已見上文。《索隱》及《正義》所據之本是否亦爲八十卷的集解本?前文已論唐代所存《史記》文本有一百三十卷本和八十卷本,司馬貞所據只可能是這兩種本子[②]。以常理推斷,《索隱》和《正義》的注文都是在《集解》的基礎上完成的,自當以集解本爲工作底本最爲便利。《索隱》和《正義》皆對《集解序》作注,則兩書所注《史記》底本應爲集解本[③]。

[①] 三篇雖筆迹相似,但兩《世家》文本皆無批閱痕迹,而《伯夷列傳》有涂黄與朱點,並有批注。《伯夷列傳》每行字數也較兩《世家》多一兩字,區別較爲明顯。賀次君甚至懷疑三卷非同一人書寫(見《史記書錄》,頁12)。

[②] 《史記》附錄,頁9—10。

[③] 蘇芃在《原本〈玉篇〉引〈史記〉及相關古注材料考論——裴駰〈史記集解〉南朝梁代傳本之發現》(載《文史哲》2011年第6期)一文中已關注到這一現象,並以《玉篇》引文考察梁代《史記集解》之面貌,用力頗深。

第四章　裴注八十卷集解本《史記》篇目考

現存兩家注中也有所用爲八十卷本的其他例證。如今存單行本《史記索隱》卷三〇論及《史記》篇卷問題，稱"蕭相國，曹相國，留侯，絳侯，五宗、三王，右六篇請各爲一篇"①。其行格略爲特殊：前兩篇每篇一行，後四篇每兩篇寫爲一行。内容也較爲奇怪：這六篇在一百三十卷本中本來即各爲一篇，何勞專論"六篇請各爲一篇"？核之八十卷本《史記目録》便知，此六篇屬"第五帙《世家》下"第十七至二十卷，每兩篇爲一卷："蕭相國廿三　曹相國廿四"在第十七卷；"留侯廿五　陳丞相廿六"在第十八卷；"絳侯廿七　梁孝王廿八"在第十九卷；"五宗廿九　三王卅"在第二十卷。《索隱》此説表明，小司馬所要改動的本子，正是八十卷集解本《史記》，故須從原來的合卷中析出。

又"魯連鄒陽屈原賈生列傳"條，《索隱》釋云："魯連、屈原當六國之時，賈誼、鄒陽在文景之日。事迹雖復相類，年代甚爲乖絶，其鄒陽不可上同魯連、賈生，亦不可下同屈平。今抽魯連同田單爲傳，其屈原與宋玉等爲一傳，其鄒陽與枚乘、賈生等同傳。"②復檢八十卷本《史記目録》"第六帙《列傳》上"第九卷爲"魯仲連鄒陽廿三　屈原賈生廿四"，故小司馬此處將兩篇合舉爲一卷③。上述例證既可表明八十卷本目録不虚，亦可知小司馬所據爲八十卷的集解本④。

再看《史記正義》。《匈奴列傳第五十》題下注云："此卷或有本次《平津侯》後，第五十二。今第五十者，先生舊本如此，劉伯莊《音》亦然。若先諸傳而次四夷，則《司馬》《汲鄭》不合在後也。"⑤可知正義本、張先生舊本（《正義》參校之本）、劉伯莊本篇序皆如此，這與八十卷集解本篇序同。《匈奴列傳》從"第五十"變爲"第五十二"固然有内容上的考量，但如果從物質層面分析，原本第五十一《衛將軍驃騎列傳》和第五十二《平津侯主父偃列傳》兩篇同屬八十卷本第八帙第二十一卷，《匈奴列傳》在第七帙第二十卷，故卷序變動會涉及後文兩篇⑥。

---

① 《史記索隱》卷三〇，頁 12b。
② 《史記索隱》卷三〇，頁 13a。
③ 單行本《史記索隱》唯有一例看似反證，"司馬相如汲鄭列傳"條，《索隱》釋云："右不宜在西夷之下。"（《史記索隱》卷三〇，頁 13a）案，此兩傳《史記目録》中不屬同一卷，在今本《史記》中亦相隔數卷，之所以連稱，當爲《西南夷列傳》以後全爲類傳，僅此兩傳爲個人傳記。故不屬反證。
④ 關於單行本《史記索隱》真偽，盧文弨《史記索隱校本序》已有討論（〔清〕盧文弨《抱經堂文集》卷四，《抱經堂叢書》本，葉 3），據文題"戊申"小注，盧氏此文當作於清雍正六年（1728）。程金造《汲古閣單本史記索隱之來源和價值》論之最詳，大略謂今單行本雖非毛晉所謂宋館閣刊印大字本，其爲宋以後舊鈔本無疑（《史記管窺》，頁 218—242）。
⑤ 《史記》卷一一〇，頁 2879。
⑥ 檢單行本《索隱》，此三卷排序正爲《衛將軍驃騎列傳》《平津侯主父偃列傳》《匈奴列傳》（《史記索隱》卷三〇，頁 7a），《正義》所指或爲索隱本。

163

既然《史記》古寫本與《索隱》《正義》所據之本皆爲八十卷的集解本,則今存一百三十卷集解本《史記》又始於何時？根據尾崎康的研究,現存宋元版《史記》有三類：集解本(12 種),集解、索隱兩家注合刻本(3 種)和集解、索隱、正義三家注合刻本(2 種)[1]。其中,集解本從北宋初期一直到元代遞有刊刻,兩家注合刻本始刊於宋乾道七年(1171),三家注合刻本始刊於南宋紹熙年間[2]。現存宋刻本中以集解本最多[3],而無論何種宋刊《史記》,皆爲一百三十卷[4]。王鳴盛以爲《史記》重新以一篇爲一卷,始於宋人校勘刻本之時,其説可從[5]。

第三節 《史記目錄》與古書篇卷的再認識

《太史公書》本無專門目錄[6],至《隋書·經籍志》始著有"目錄一卷",未題撰人[7]。兩《唐志》不載,或又亡去。早期刊本如北宋末南宋初覆刻景祐本及南宋紹興十四行刻本俱無單獨目錄[8]。現存較早的《史記》目錄出於南宋紹興十年朱中奉本[9]。中古時期,以帙(或書櫃)存書,内中分卷,卷有標題。帙(櫃)、卷等物質載體本身即爲此書的索引工具,故不需專門的目錄。可能是改爲書册之後,帙(櫃)、卷

---

[1] (日)尾崎康著,喬秀岩、王鏗編譯《正史宋元版之研究》,北京：中華書局,2018 年,頁 37—66、203—270。

[2] 關於宋刻本《史記》的刊刻過程、版本譜系,以日本學者尾崎康《正史宋元版之研究》中《史記》部分和張玉春《〈史記〉版本研究》最爲系統。上述兩書也是本文選擇宋本《史記》的代表性刻本的主要依據。宋刻本《史記》文字,除南宋初覆刻景祐本和南宋紹興十四行本外,主要據《中華再造善本》所複製的宋刻本。(參見《正史宋元版之研究》,頁 37—66、203—270)

[3] 如北宋刊北宋修本(杏雨書屋本),南宋初期覆北宋刊本(紹興杭州刊本),北宋刊小字本,北宋末南宋初刊十行本(所謂景祐刊本),南宋前期刊十行本(所謂景祐刊本的覆刻本),南宋前期淮南西路轉運司刊本,宋紹興十年(1140)邵武朱中奉刊本,南宋前期建刊本(十三行),南宋前期蜀刊大字本(九行),南宋蜀刊十三行本,元大德饒州路儒學刊本(九路本十史之一)等。(參《正史宋元版之研究》,頁 37—66、203—270;《〈史記〉版本研究》第五章"《史記》南宋刻本研究",頁 214—219)

[4] 南宋淳熙三年張杅桐川郡齋本只是删削了他心目中褚少孫所續内容,對《史記》篇卷並無新的調整。

[5] 雖然理論上不能排除刻本之前即有一百三十卷集解本的可能,但未有新的證據之前,宜以宋刻本爲限。

[6] 《太史公自序》雖論及《史記》各篇内容,但非後世意義上的索引目錄。有關先秦兩漢典籍目錄情況,參余嘉錫《目錄學發微》(頁 89—99)。

[7] 案,這一時期的《史記目錄》應與《經史歷》所載目錄性質相似,俱屬内容綱目,而非索引目錄。(《隋書》卷三三,頁 953)張玉春已注意到這一問題,並稱"《史記目錄》單出,當始於唐"(《〈史記〉版本研究》,頁 15)。

[8] 北京大學圖書館藏北宋小字本《史記》僅存三卷,未見目錄。另據安師平秋先生目驗,日本杏雨書屋藏尾崎康所稱"北宋本《史記》",也未見專門目錄。

[9] 此前僅據《中華再造善本》,未及查檢新近刊布宋刻本圖版,對刻本目錄出現時間判斷有誤。感謝陳偉文先生指正。

等物質檢索工具不存,翻檢不便,故需索引目録①。

八十卷《史記目録》中出現了刻本文獻很少提及的文獻單位:"帙"。《史記》書名之下,實有三級文獻單位:"帙"——"卷"——"篇"。簡牘時期,古書卷數無定,謄寫者根據手邊編簡情况而定,故《漢志》著録典籍多言篇數(内容)而罕言卷數(載體)②。紙寫本時期,文本易損,尤需書帙保護。書帙大量使用之後,一帙存卷多寡也逐漸固定。書帙則由一種盛書工具逐漸演變爲衡量文獻承載内容多寡的單位。梁阮孝緒《七録》著録典籍,遂以"帙""卷"爲標記。這與《漢志》以"篇""卷"著録圖書的情况形成鮮明對比。作爲典籍衡量單位的"帙""卷"關係逐漸穩定之後,則可徑以"卷"稱。唐初《隋志》以"卷"衡書,則爲這一過程完成的重要標誌③。要之,"帙""卷""篇"三者皆有文義起訖與物質起訖之意④。

關於典籍篇卷的分合變異,余嘉錫曾有精當論斷:

> 兩漢竹帛并行,故篇與卷尚不甚分⑤。其有篇卷不同者,《漢志》必兼著若干卷、若干篇。自簡策既廢,以卷代篇,《七録序》後所附《古今書最》及《隋書·經籍志》皆只計卷數,無稱篇者。傳寫之時,多所省併,而古書之篇數淆。自刻版既行,書冊裝而爲本,一本所容,當古數卷。刻書注書者,以冊之厚薄,意爲分合,而古書之卷數亦淆。於是有本是完書而以卷數之少疑其亡者,本是真書

---

① 盧文弨稱:"《史記》《漢書》書前之有目録,自有版本以來即有之,爲便於檢閲耳。然於二史之本旨所失多矣。"(盧文弨《鍾山劄記》卷四"史漢目録"條,《抱經堂叢書》本,頁 13b—14b)此説雖然對今本《史記》書前目録性質的認識較爲清晰,但稱刻本以來即有書前目録,則與史實不符。
② 或言竹簡稱篇,縑帛稱卷,或言圖則稱卷。"篇""卷""帙"的相關討論,參〔日〕島田翰《漢籍善本考》(即《古文舊書考》卷一"書册裝潢考",頁 43—66)、余嘉錫《書册制度補考》(載《余嘉錫論學雜著》,頁 539—559)、辛德勇《由梁元帝著述書目看兩晉南北朝時期的四部分類體系——兼論卷軸時代卷與帙的關係》第三部分。
③ 根據王重民的研究,書帙作爲官修目録的著録項,始於李充《晉元帝四部書目録》,終於《隋志》。"初唐可能還使用了一個較短的時期"(見王重民《中國目録學史論叢》第二章第六節,北京:中華書局,1984 年,頁 78)。新近關於書帙的物質性的研究,以馬怡爲代表。其稱敦煌文獻中多言及經帙,並存有實物。阮孝緒《七録序》所附《古今書最》所載藏書中,"從《晉元帝書目》至《梁天監四年文德正御四部及術數書目録》,書籍亦分四部,四部之下則曰'多少帙,多少卷'"。在宋初乃至卷軸存續時代,皆有書帙使用的相關記載。見馬怡《書帙叢考》,〔唐〕釋道宣《廣弘明集》卷三(《四部叢刊》本,葉 7b—19a)、〔梁〕阮孝緒《古今書最》(在葉 12a—14a)。
④ 劉咸炘論篇卷云:"篇卷之參差,乃文義起訖與物質起訖之參差也。篇、卷、册皆物質起訖之名。若文義起訖,則本無定名,惟所謂首尾,乃最適合。章則爲大起訖,中一小起訖之名。而古人罕用,皆借用篇字,蓋依文之起訖以定物之起訖也。"[見劉咸炘《目録學上編·篇卷第五》,《推十書》(增補全本)丁輯第 1 册,上海:上海科學技術出版社,2009 年,頁 267]
⑤ 案,余嘉錫以文獻載體區分篇卷,竹爲"篇",帛爲"卷"。實際使用中,"篇"與"卷"則已發展出内容與載體的區别。新近討論參見許超傑《漢書·藝文志)"篇""卷"著録標準臆測》(載《史林》2016 年第 4 期)。

而以卷數之多疑其依託者。使《别録》篇目具存，或後人著録能載篇目，則按圖索驥，不至聚訟紛紜矣。此篇目之善一也。①

今傳一百三十卷本《史記》無"帙"，"卷"與"篇"合而爲一，只存"卷"這一種文獻單位。故《史記》一百三十卷與八十卷之分，實與紙簡替興和寫刻演變之際文獻載體及書册裝幀形式的變化密切相關。正如楊守敬所云："古書分合，以唐、宋爲一大關鍵，蓋由卷子改摺本之故。今存北宋本尚多舊式，至南宋則面目全非。此唐宋《志》所以違異，而《崇文總目》又多不同於《讀書志》也。"②

行文至此，《史記》版本史上有關裴注"散注入篇"問題，結論也不言自明：裴注八十卷集解本含正文和注文③。《日本國見在書目録》等早期漢籍目録所載《史記》僅有八十卷的集解本。若此八十卷本僅爲裴駰注文，而無太史公正文，則當時日人無法閱讀《史記》，不合常識。又據顏師古《漢書敘例》，蔡謨取臣瓚《集解音義》散入《漢書》，爲史書有注本之始④。裴駰注《史記》，當遠承蔡注，近用其父裴松之注《三國志》之例，注文與正文並行⑤。

餘　　論

篇目分合看似無關緊要，王鳴盛即被詰問："讀書但當求其意理，卷帙離合有何關繫，而子斷斷若此？"⑥《史記目録》已爲我們揭示了長期以來不爲人知的《史記》中古文本的傳寫閱讀信息。魏晉六朝和唐宋之際是紙簡替興與寫刻演變的關鍵時

---

① 余嘉錫《目録學發微》，頁37—38。
② 楊守敬《日本訪書志》卷三"大廣益會玉篇"條，中國書店編輯《海王邨古籍書目題跋叢刊》第8册，北京：中國書店，2008年，頁23。
③ 張守節《史記正義》(《史記》附録，頁4)，四庫館臣皆以爲裴注本散入一百三十篇中(《四庫全書總目》卷四五，頁398中)。賀次君稱"原爲單行，故隋、唐《志》著録爲八十卷，而六朝寫本已散注於百三十篇之中，其原書次第遂不可考"(《史記書録》，頁37)；張玉春據日藏六朝《史記》寫本之例，認爲裴駰《集解》與其父裴松之注《三國志》同一體例，稱"六朝時《集解》文即分散於一百三十卷之下"(《〈史記〉版本研究》，頁15—16)。易平則以六朝寫本同抄一卷只是連續抄寫的證據，而六朝及唐寫本都没有被《集解》"合爲八十卷的任何痕迹"〔易平、易寧《六朝後期〈史記〉版本的一次重大變化——六朝寫本〈史記〉"散注入篇"考》，《南昌大學學報》(人文社會科學版)2006年第5期〕，應非實情。新近討論參陳侃理《〈史記集解〉爲注體説》，《文史》2018年第2輯。
④ 《漢書》前附《漢書敘例》，頁2。
⑤ 案，《隋志》及兩《唐志》所載裴注《三國志》皆無單行之本，可知注文與正文並行。
⑥ 《十七史商榷》，頁2。

期,也是《史記》文本形式變化最爲劇烈的兩個時段。這種變化主要體現在兩個方面:一是篇卷的分合:從一百三十篇到八十卷,再變爲一百三十卷;二是單行的注文逐漸散入《史記》正文之下,形成集注本。後者不斷發展,從集解本到集解、索隱兩家注合刻本,再到集解、索隱、正義三家注合刻本,文本注釋愈加繁複,文本内容愈便讀者索解。篇卷分合的相關研究因缺少直接文獻,一直難有突破。日本尊經閣文庫所見八十卷本《史記目錄》及其兩種衍生文本的發現,爲我們揭開了這一謎團,其在《史記》文本演變史上的意義自不待言。

八十卷本《史記》爲合卷書寫的產物,與書帙制度密切相關,是寫本時代文獻載體對文獻傳播形式產生重大影響的典型個案。同時,其篇卷分合隱含了六朝隋唐時期學者對《史記》篇章性質的認識,反映了寫本時代《史記》文本傳寫閱讀的獨特歷史面貌。而這些重要的信息,是宋刻本以降的一百三十卷本所不具備的。以此爲例,我們有理由懷疑:刻本之前的一書之目錄,具有内容指向,並非今人所見的書前檢索目錄[①]。索引目錄,大致起於南宋書卷内容增多之時,蓋翻閲不易之故。

《史記》文本至唐初仍不穩定,其篇帙分合、標題擬定,與學者所處時代背景及個人見解頗有關涉。不同學者、不同學派所傳習的《史記》文本面貌並不完全相同。通過對敦煌及日藏《史記》古寫本的仔細比勘可知,中日《史記》古寫本篇次合併情况與《經史歷》所載《史記目錄》合若符契,並非出於後人臆造。

《史記》在文本形式上經歷了從一百三十篇到八十卷再到一百三十卷的轉化,這種變化反映了讀者對該書的尊崇和恢復"真本"的努力[②]。作爲一部留有遺憾的著作,《太史公書》篇帙殘缺,部分篇序的邏輯聯繫似乎也不夠嚴密。以趙宋爲界,宋前讀者多做加法,缺佚者徑加補續,並勇於調整正文。在内容上,有褚少孫之補闕,有漢晉之際對《史記》文本的重新綴合,也有小司馬補《三皇本紀》等;在形式上,有合併篇目的八十卷本,並成爲當時傳本的主流。宋以後的讀者則多做減法,試圖盡量恢復《史記》原貌。在恢復漢代文本的努力失敗後,他們不再改動正文,而將精力放在改動注文上。這種轉變固然與《史記》以及《集解》文本經典化的歷史進程相關,更與寫本時代和刻本時代人們處理文獻的方式密不可分。兩千年來的《史記》文本傳播史已證明:無論是《二中歷》所見多種形式的八十卷本,還是删除附益文獻和訛誤内容的本子,俱爲歷史所淘汰。看似存在諸多文獻問題的一百三十卷本,反而傳刻至今。

---

① 所謂"辨章學術,考鏡源流"也當指前者,而非後世所見的檢索目錄。
② 如南宋淳熙年間張杅桐川郡齋本删除《史記》中後人附益文字,讀者反以爲不便,棄之不論。參本書第六章《〈訂正史記真本〉與〈史記〉真本問題》(原刊於《北京大學中國古文獻研究中心集刊》第十三輯,2014年)。

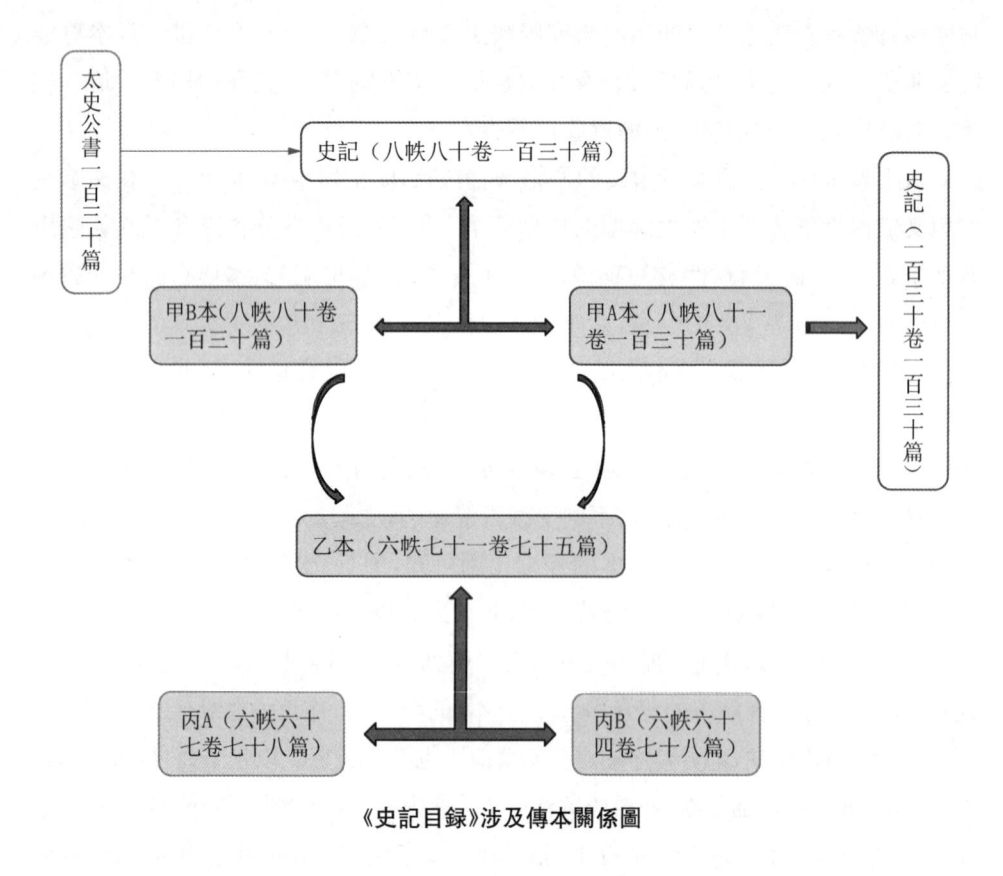

《史記》的寫本時代——公元十世紀前《史記》的傳寫與閱讀

```
太史公書一百三十篇 ──→ 史記（八帙八十卷一百三十篇）
                           ↑
   甲B本（八帙八十卷      甲A本（八帙八十一
   一百三十篇）  ←——→   卷一百三十篇）  ──→  史記（一百三十卷一百三十篇）
        ↘           ↙
         乙本（六帙七十一卷七十五篇）
                  ↑
   丙A（六帙六十      丙B（六帙六十
   七卷七十八篇） ←——→ 四卷七十八篇）
```

《史記目錄》涉及傳本關係圖

第五章　從寫本到刻本

——唐宋之際《史記》傳本的變遷

第一節　刻本時代與《史記》的文本規範

中國的印刷術源於何時，學界對此已有較爲充分的探討[①]，其中或有一些不同意見。但中國傳統典籍的刊刻時間，有明文可徵，較少異議[②]。有唐五代之際，雕版肇興，大量書籍開始逐漸由寫本轉爲刻本。與西方乃至今天印刷品的意義不同[③]，雕

[①]　關於中國印刷術起源問題的討論，可以參看張秀民《中國印刷術的發明及其影響》第一章（北京：人民出版社，1958年），劉國鈞著，鄭如斯訂補《中國書史簡編》第四章（北京：書目文獻出版社，1982年），屈萬里、昌彼得著，潘美月增訂《圖書板本學要略》卷二（臺北：中國文化大學出版部，1986年），曹之《中國印刷術的起源》第一章（武漢：武漢大學出版社，1994年），（日）島田翰《古文舊書考》（即《漢籍善本考》）卷二，（日）桑原騭藏《カーター氏著"支那に於ける印刷の起源"》（《史林》1926年第1期），（美）卡特著，吳澤炎譯《中國印刷術的發明和它的西傳》第二編（上海：商務印書館，1957年）等等。神田喜一郎《中国における印刷術の起源について》（《日本學士院紀要》1976年第2期。該文又收入《續東洋學説林》，《神田喜一郎全集》Ⅱ）認爲中國的印刷術起源七世紀後半葉，尾崎康氏認同這一説法（尾崎康著，陳捷譯《以正史爲中心的宋元版本研究》序，北京：北京大學出版社，1993年，頁1）。鄧文寬的研究已表明現存有明確紀年的印刷品爲唐文宗大和八年(834)具注曆（鄧文寬《敦煌三篇具注曆日佚文校考》，載《敦煌研究》2000年第3期）。或以元稹唐穆宗長慶四年(824)《白氏長慶集序》所載時人將元白詩"繕寫模勒"作爲中國已有雕印典籍的時間，對關於元白詩"模勒"問題，伯希和、卡特(T.F.Carter)、向達等已辨其非，新近的討論參見辛德勇《唐人模勒元白詩非雕版印刷説》（載《歷史研究》2007年第6期）。辛德勇最近在《論中國書籍雕版印刷技術產生的社會原因及其時間》（載《中國典籍與文化論叢》第16輯，2014年；後收入其著《中國印刷史研究》，北京：生活·讀書·新知三聯書店，2016年）一文中，系統論證了印刷術起源中佛傳佛教這一重要因素，並指出中國最早的印刷品爲唐開元以後的密教經咒。

[②]　參見〔宋〕葉夢得撰，〔宋〕宇文紹奕考異《石林燕語》卷八，北京：中華書局，1984年，頁116。

[③]　歐美學者研究偏重於誇大印刷術傳入歐洲對歐洲思想文化的影響，如古騰堡的印刷術催生了路德的新約，甚至促進了耶穌教的興盛。但在唐宋時期，雕版印刷的思想意義，似乎並没有這樣明顯。印刷術只是一種利於傳播的工具，因爲其傳播至歐洲的時間恰逢其新思想的醖釀期，故能風雲際會。可以想見，如果印刷術誕生於清末民初，它在中國思想史上應該也可以留下濃墨重彩的一筆。參看（美）達恩頓(Robert Darnton)著，葉桐、顧杭譯《啓蒙運動的生意：〈百科全書〉出版史（1775—1800）》(The Business of Enlightenment: A Publishing History of the Encyclopédie 1775 -1800)，北京：生活·讀書·新知三聯書店，2005年；Elizabeth L. Eisenstein, The Printing Revolution in Early Europe, Cambridge: Cambridge University Press, 1983.〔轉引自清水茂《印刷術的普及與宋代的學問》，載（日）清水茂著，蔡毅譯《清水茂漢學論集》，北京：中華書局，2003年，頁88—99。原載《東方學會創立五十周年紀念東方學論集》，日本東方學會，1997年〕

《史記》的寫本時代——公元十世紀前《史記》的傳寫與閱讀

版肇興之際,官方主持的典籍刊印,其規範文本、宣揚教化的意義,更大於文本傳播。我們只要考察刊印典籍的次序和種類,就會明白這一點:最先刊刻的都是流播極廣的常見書,刊刻也大致依照宋人心目中對於治道的重要性依次刊行,尤以經史類和常用書爲多。在那些主張刊印經籍的官員看來,雕版的意義或與漢唐以來的石經相似。

唐代的佛經、曆日等印刷品的大量出現意在宣揚佛法、流通牟利,而五代以降官方刊印經傳意在規範文本、宣傳教化。不合朝廷利益的印刷品都要禁絶,歐陽修即主張禁止書鋪隨意刻印文字。其宋仁宗至和二年(1055)《論雕印文字劄子》云:

> 臣伏見朝廷累有指揮禁止雕印文字,非不嚴切,而近日雕板尤多,蓋爲不曾條約書鋪販賣之人。臣竊見京城近有雕印文集二十卷,名爲《宋文》者,多是當今論議時政之言。其首篇是富弼往年讓官表,其間陳北虜事宜甚多,詳其語言,不可流布。而雕印之人不知事體,竊恐流布漸廣,傳入虜中,大於朝廷不便。及更有其餘文字,非後學所須,或不足爲人師法者,並在編集,有誤學徒。臣今欲乞明降指揮下開封府,訪求板本焚毁,及止絶書鋪,今後如有不經官司詳定,妄行雕印文集,並不得貨賣。許書鋪及諸色人陳告,支與賞錢貳佰貫文,以犯事人家財充。其雕板及貨賣之人並行嚴斷,所貴可以止絶者。取進止。①

歐陽修提出禁毁"妄行雕印文集"的理由有二:一是刊行文字中有不能爲敵國所知的内容,二是有非後學所需或不足師法的内容。相關處罰也十分嚴厲,如有違犯,不僅書版禁毁,犯事人員的家財及貨賣之人並有懲治。反過來看,一般著作的刊印,在一定意義上也就意味著其文字内容是被官方認可的(至少不違反官方規定)。

作爲一種官方文本,《史記》的初次刊刻在北宋淳化五年(994),並與《漢書》《後漢書》同時雕印②。《麟臺故事》卷二中"校讎"條載:

> 淳化五年七月,詔選官分校《史記》、前、後《漢書》。虞部員外郎崇文院檢討兼祕閣校理杜鎬、屯田員外郎祕閣校理舒雅、都官員外郎祕閣校理吴淑、膳

---

① 〔宋〕歐陽修著,李逸安點校《歐陽修全集》卷一〇八,北京:中華書局,2001年,頁1637—1638。
② 相關討論參見張玉春《〈史記〉版本研究》第四章"《史記》北宋刻本研究",頁106—165;(日)尾崎康《正史宋元版の研究》序章及本章部分,東京:汲古書院,1989年,頁1—12、42—93。

第五章 從寫本到刻本——唐宋之際《史記》傳本的變遷

部郎中直祕閣潘慎脩校《史記》,度支郎中直祕閣朱昂再校;又命太常博士直昭文館陳充、國子博士史館檢討阮思道、著作佐郎直昭文館尹少連、著作佐郎直史館趙況、著作佐郎直集賢院趙安仁、將作監丞直史館孫何校前、後《漢書》。既畢,遣内侍裴愈賷本就杭州鏤版。①

《玉海》卷四三"淳化校三史"條、《宋會要輯稿·崇儒四》"勘書"條等俱有相似記載②。據此,《史記》不僅有杜鎬、舒雅、吳淑、潘慎脩校勘,又經朱昂再校,校勘完畢之後即付杭州鏤版。據《宋史·王禹偁傳》,王禹偁曾與"夏侯嘉正、羅處約、杜鎬表請同校三史書,多所釐正"③,則當時校定三史者或有多人,史書所載僅爲略舉④。

《玉海》卷四三又載"咸平元年七月甲申賜諸王及輔臣新印三史。嘉祐六年八月庚申,詔三館祕閣校理《宋》《齊》《梁》《陳》《後魏》《周》《北齊》七史,書有不全者訪求之"⑤,準此,至遲在宋真宗咸平元年(998)三史已經印好。此爲《史記》之初次校刻。

《史記》之再校也在咸平年間(998—1003)。《麟臺故事》也記載了北宋時期官方對《史記》版本的校改情況:

> 咸平中,真宗謂宰相曰:"太宗崇尚文史,而三史版本,如聞當時校勘官未能精詳,尚有謬誤,當再加刊正。"乃命太常丞直史館陳堯佐、著作郎直史館周起,光禄寺丞直集賢院孫僅、丁遜覆校《史記》。尋而堯佐出知壽州,起任三司判官,又以著作佐郎直集賢院任隨領其事。景德元年正月校畢,任隨等上覆校《史記》並刊誤文字五卷,詔賜帛有差。又命駕部員外郎直祕閣刁衎、右司諫直史館晁迥與丁遜覆校前後《漢書》版本,迥知制誥,又以祕書丞直史館陳彭年同其事。至二年七月,衎等上言:"《漢書》歷代名賢競爲注釋,是非互出,得失相參,至有章句不同,名氏交錯,苟無依據,皆屬闕疑。其餘則博訪群書,徧觀諸

---

① 〔宋〕程俱撰,張富祥校證《麟臺故事校證》卷二中,北京:中華書局,2000年,頁281。
② 見〔宋〕王應麟《玉海》卷四三,南京:江蘇古籍出版社、上海:上海書店,1987年,頁813下;今《宋會要輯稿》雖傳寫多有舛誤,而資料頗有他書未見者。(見〔清〕徐松輯《宋會要輯稿》,北京:中華書局,1957年,頁2230—2231)
③ 〔元〕脱脱等《宋史》卷二九三,北京:中華書局,1977年,頁9794。
④ 關於宋代館閣校勘的研究,以王更《宋代館閣校勘研究》一書最爲系統,《史記》部分參見該書附錄"宋代館閣校書考"(南京:鳳凰出版社,2006年,頁249—250)。
⑤ 《玉海》卷四三,頁813下—814上。

本,儻非明白,安敢措辭！雖謝該通,粗無臆説。凡修改三百四十九,簽正三千餘字,録爲六卷以進。"賜衍等器幣有差。①

據此,真宗在咸平年間又命陳堯佐、周起、孫僅、丁遜、任隨覆校《史記》。至景德元年(1004)正月校勘畢,任隨等上覆校《史記》並刊誤文字五卷。蓋初校完工後隨即在杭州鏤版,賜予諸王及輔臣後,他們在閲讀中又發現了不少訛誤。《宋會要輯稿》亦載此事,文句多同,於此下又云"今之行者,止是淳化中定本,後雖再校,既已刻版,刊改殊少"②。可知任隨等所上覆校《史記》及刊誤改動較少,並没有形成新的刊本。

《史記》之三校在宋仁宗景祐年間(1034—1038):

景祐二年九月,詔翰林學士張觀等刊定《前漢書》《孟子》下國子監頒行。議者以謂前代經史,皆以紙素傳寫,雖有舛誤,然尚可參讎。至五代,官始用墨版摹六經,誠欲一其文字,使學者不惑。至太宗朝,又摹印司馬遷、班固、范曄諸史,與六經皆傳,於是世之寫本悉不用。然墨版訛駮,初不是正,而後學者更無他本可以刊驗。會秘書丞余靖建言《前漢書》官本差舛,請行刊正,因詔靖及王洙盡取秘閣古本對校,踰年,乃上《漢書刊誤》三十卷。至是,改舊摹版以從新校。然猶有未盡者,而司馬遷、范曄史尤多脱略,惜其後不復有古本可正其舛繆者云。明年,以校勘《史記》《漢書》官秘書丞余靖爲集賢校理,大理評事國子監直講王洙爲史館檢討,賜詳定官翰林學士張觀、知制誥李淑、宋祁器幣有差。③

這裏雖未明言校勘《史記》的情況,但據此前三史同校之例及余靖以校《史記》《漢書》而獲封賞的記載,可知當時校印亦有《史記》。《崇文總目·正史類》載:"《新校史記》一百三十卷。原釋:余靖等校正。見天一閣抄本。"可爲旁證。又"《三史刊誤》四十五卷"下"原釋"言余靖校《史記》④,並其證。《玉海》卷四三"淳化校三史"條亦載:

---

① 《麟臺故事校證》卷二中,頁283—284。
② 《宋會要輯稿·崇儒四》,頁2230下。
③ 《麟臺故事校證》卷二中,頁290。
④ 《崇文總目》,頁44—45。

第五章 從寫本到刻本——唐宋之際《史記》傳本的變遷

淳化五年七月,詔選官分校《史記》、前、後《漢書》。杜鎬、舒雅、吳淑、潘謹脩①校《史記》,朱昂再校。……咸平中,以校勘未精,命陳堯佐等覆校《史記》。景德元年正月丙午,任隨等上覆校《史記》刊誤文字五卷,賜帛。……景祐元年……九月癸卯,詔選官校正《史記》、前、後《漢書》《三國志》《晉書》。二年九月壬辰,詔翰林學士張觀刊定《前漢書》,下胄監盼行。祕書丞余靖請刊正《前漢書》,因詔靖盡取祕閣古本對校。踰年乃上《漢書刊誤》三十卷,至是改舊摹板。嘉祐六年八月,校《梁》《陳》等書鏤板。七年冬始集。八年七月,《陳書》始校定。熙寧二年八月六日庚子,進新校《漢書》《崇文目》:《三史刊誤》四十五卷。②

由此,《史記》第三次校定始於景祐元年九月,至景祐三年始畢。校勘官有余靖、王洙,詳定官有張觀、李淑、宋祁。所謂"至是,改舊摹版以從新校",一方面說明《史記》此時有了新的版本,另一方面也說明前咸平中覆校本《史記》未刊。而新版三史,可能在宋英宗熙寧二年(1069)始印畢。

表1:北宋初期館閣校本《史記》刊定情況簡表

校勘時間	人員	官　　職	覆校(詳定)人員及官職	成　果
淳化五年七月	杜鎬	虞部員外郎、崇文院檢討兼祕閣校理	朱昂(度支郎中、直祕閣)	刻版於杭州
	舒雅	屯田員外郎、祕閣校理		
	吳淑	都官員外郎、祕閣校理		
	潘慎脩	膳部郎中、直祕閣		
	王禹偁			
	夏侯嘉正			
	羅處約			

---

① 今案,改"慎"爲"謹",爲避宋諱。
② 《玉海》卷四三,頁813下—814上。

續 表

校勘時間	人員	官　職	覆校(詳定)人員及官職	成　果
真宗咸平元年至景德元年正月	陳堯佐	太常丞、直史館		校定新本録刊誤文字五卷刊改較少
	周起	著作郎、直史館		
	孫僅	光禄寺丞直集賢院		
	丁遜			
	任隨	著作佐郎、直集賢院		
景祐元年至三年，熙寧上印本	余靖	祕書丞	張觀(翰林學士)	《史記》刊誤改舊板、從新校
	王洙	大理評事、國子監直講	李淑(知制誥)	
			宋祁(知制誥)	

北宋校勘官本《史記》約有以上三次，而實際的刊本應該只有兩種，即淳化本和景祐刊定本，景德元年所上校本可能只在淳化本上略有修版。今存兩宋刊《史記》本多源於這兩次刊本。據尾崎康氏的研究，現存正史中唯一的北宋本爲杏雨書屋藏六十九卷殘本《史記》，或即景祐、熙寧間校刻本[①]。

《史記》校勘的具體過程雖然難以詳悉，但當時館閣士人的工作程序幸有文獻記載。宋初至寧宗時期，館閣典籍滋繁且多經抄寫校勘[②]。宋初的校勘嚴謹認真，《麟臺故事》云：

(大中祥符)八年十二月，詔樞密使王欽若都大提舉抄寫校勘三館、祕閣書籍，翰林學士陳彭年副之。先是，十月丙午，令吏部銓選幕職州縣官有文學者赴三館、祕閣校勘書籍。初，館閣書籍以其夏延火，多復闕略，故命購本抄寫。因命吏部取常選人狀，先試判三節，每節百五十字以上，仍擇可者，又送學士院試詩、賦、論，命入館校勘，凡三年改京朝官；亦有特命校勘者。京官校勘若三年，皆奏授校理。大理評事晁宗愨改官及校勘皆三年，遂令先轉官，後又一年

---

① 見《正史宋元版の研究》本章(頁 46)及終章之"《史記》"部分(頁 161—168)。
② 《宋史》卷二〇二，頁 5031—5034。相關研究參見王國維《五代兩宋監本考》卷中(《王國維遺書》第十一册，上海：上海古籍書店，1983 年)、李更《宋代館閣校勘研究》。

第五章 從寫本到刻本——唐宋之際《史記》傳本的變遷

與校理。自是校勘官遂皆四年授校理,自宗懿始也。時彭年又起請以直館、校理及吏部試中選人分爲校勘官;又令翰林學士晁迥、李維、王曾、錢惟演,知制誥盛度、陳知微,於館閣、京朝官中各舉服勤文學者一人爲覆校勘官。迥等遂以左正言集賢校理宋綬、著作郎直集賢院徐奭、太子中允直集賢院麻溫其、著作佐郎集賢校理晏殊、大理評事崇文院檢討馮元充選。凡校勘官校畢,送覆勘官覆校;既畢,送主判館閣官點檢詳校。復於兩制擇官一二人充覆點檢官,俟主判館閣官點檢詳校訖,復加點檢。皆有程課,以考其勤惰焉。①

準此,館閣校勘者先由吏部銓選"幕職州縣官有文學者",又經書判和詩、賦、論兩輪測試,方有資格參加校勘。覆校勘官、主判館閣官、覆點檢官的簡選更爲嚴格。典籍文本凡經四校:校勘者校畢,送覆校勘官覆校,再送主判館閣官點檢詳校,再送覆點檢官點檢。

入館校勘之後,根據校勘結果考校功過,以施獎懲。大中祥符九年(1016)三月,王欽若、張復、祁暐、錢易、慎鏞等以校《道藏》有功,或升或獎②。天聖三年(1025)六月,陳從易、聶冠卿、李昭邁等或降或免,"坐校勘太清樓書籹互故也"③。之前參加《史記》校定的官員,也或賜帛,或加官,以爲勸勉。

在這種嚴格選拔和層層覆校之後,官刻典籍基本代表了當時文本校勘的最高水準。尾崎康指出:一方面,宋版書尤其是北宋版的可貴正在於此;而另一方面,這也是促成其他寫本消失的一大原因④。也正因爲這些寫本的消失,使得此後一千多年人們看到的古代典籍文本多是根據宋人的"思想、知識和感覺"決定的⑤。

宋初監本書籍校勘較爲嚴格,因此質量也有保證。作爲應試或朝廷宣布的"正本",受到一般讀者的推崇理所當然。但讀者需求的增加也讓商人看到了商機,雕印之風遂盛。州府開始大量刻書,經濟發達地區開始湧現出諸多書鋪,客觀上造成了文本的大量傳播。此時擴大傳播的需求,逐漸超越了文本權威的需求。雖然彼時所據

---

① 見《麟臺故事校證》卷二中,頁286—287。該段文字亦見諸《宋會要輯稿·崇儒四》之四至五、《續資治通鑑長編》卷八五注及《皇宋事實類苑》卷三一。
② 《麟臺故事校證》卷二中,頁288。
③ 《麟臺故事校證》卷二中,頁289。
④ 尾崎康認爲,古寫本的消失也正因爲這一點:"在中國,唐鈔本逐漸消蹤匿迹,除了敦煌本之外,流傳至今的唐寫本可謂絕無僅有,其主要原因,我想恐怕就在於此。"(《以正史爲中心的宋元版本研究》,頁14)
⑤ 尾崎康云:"此外還有一個值得注意的問題是,擔當這些校勘、校訂工作的均爲當時的少壯官僚。不可否認,在校勘一千多年前的先秦典籍或二三百年前的唐人詩文時,究竟採取哪種異文,是根據宋人的思想、知識和感覺決定的。"(《以正史爲中心的宋元版本研究》,頁14)

《史記》的寫本時代——公元十世紀前《史記》的傳寫與閱讀

底本較古,但這些機構缺乏高水準的校勘人員,而又急於售賣盈利,其中舛訛可想而知①。宋陸遊《老學庵筆記》也記載了本應用監本而用麻沙本致誤的例子②。一些學者甚至由此對雕版印刷技術本身有所批評,葉夢得《石林燕語》卷八稱:

> 唐以前,凡書籍皆寫本,未有模印之法,人以藏書爲貴。人不多有,而藏者精於讎對,故往往皆有善本。學者以傳録之艱,故其誦讀亦精詳。五代時,馮道始奏請官鏤《六經》板印行。國朝淳化中,復以《史記》、前後《漢》付有司摹印,自是書籍刊鏤者益多,士大夫不復以藏書爲意。學者易於得書,其誦讀亦因滅裂,然板本初不是正,不無訛誤。世既一以板本爲正,而藏本日亡,其訛謬者遂不可正,甚可惜也。③

《麟臺故事》卷二中亦云:

> 議者以謂前代經史,皆以紙素傳寫,雖有舛誤,然尚可參讎。至五代,官始用墨版摹六經,誠欲一其文字,使學者不惑。至太宗朝,又摹印司馬遷、班固、范曄諸史,與六經皆傳,於是世之寫本悉不用。然墨版訛駁,初不是正,而後學者更無他本可以刊驗。④

寫本時代,有石經一其文字,當時所患在無定本,及有意賄改蘭臺漆書以合其私文⑤。而刻本勃興之後,所患在無善本,其中的差異引人深思。

第二節　寫本與刻本的興替
——刻本時代《史記》的形態轉變與文本校訂

淳化五年以降,《史記》進入刻本時代。即令有精審的校勘,《史記》最主要的

---

① 關於宋本之誤,參見葉德輝《書林清話》之"宋刻書多訛舛"(頁158—159)"宋刻書字句不盡同古本"(頁157)諸條;又蘇軾《仇池筆記》亦稱:"近世人輕以意改書,鄙賤之人,好惡多同,從而和之,遂使古書日就訛舛。"(蘇軾撰,孔凡禮整理《仇池筆記》卷上,《全宋筆記》第一編第九册,鄭州:大象出版社,2003年,頁197—198)
② 〔宋〕陸游撰,李劍雄、劉德權點校《老學庵筆記》卷七,北京:中華書局,1979年,頁94。
③ 《石林燕語》卷八,頁116。
④ 《麟臺故事校證》卷二中,頁290。
⑤ 《後漢書》卷七八,頁2533。

文本内容却從此深深地打上了宋人的印記,後人也幾乎都是以宋本爲中介來認識此前的經典。幸而今天尚有部分古寫本以及古寫本系統的傳鈔本,可供我們探尋那些寫刻演變之際的形制變遷。爲便於説明問題,下文擬從篇題、行格、用字、書寫符號、異文等方面揭示刻本所作的文本規範。所用《史記》古寫本,已見緒論所列,所用宋刻本基本以《中華再造善本》所收諸本爲主,重點參考以下兩種本子:一爲 1955 年二十五史編刊館據"中央研究院"歷史語言研究所藏北宋末南宋初刊十行本影印的仁壽本《史記》(即舊稱景祐監本),一爲 1955 年文學古籍刊行社影印南宋初覆刻北宋刊一百三十卷本《史記》(即紹興初杭州刊本)①。

一、篇題題寫方式

寫本與刻本《史記》的篇名皆有小題與大題。《史記》原名"太史公書",故作爲大題的"史記"二字應爲後來傳寫時所加。從題寫位置上看,古寫本與刻本篇題基本都是小題在上,大題在下,且俱有尾題。相異之處詳見下表:

表 2:《史記》寫本刻本篇題題寫異同表②

篇卷名稱	首尾題 古寫本	首尾題 宋刊本	大小題 古寫本	大小題 宋刊本
卷九六《張丞相列傳》	卷首殘,僅存尾題,作"張丞相列傳第卅六,史記九十六"	首尾題完具,作"張丞相列傳第三十六,史記九十六",尾題無大題	小題在上	略改數字寫法
卷九七《酈生陸賈列傳》	首、尾題同,作"酈生陸賈列傳列傳第卅七,史記九十七"	首尾題完具,首題作"酈生陸賈列傳第三十七,史記九十七",尾題無大題	小題在上	略改數字寫法
卷二九《河渠書》	卷首殘,僅存尾題作"河渠書第七,史記廿九"	首尾題完具,首題作"河渠書卷第七,史記二十九",尾題無大題	小題在上	同

---

① 關於兩本相關信息參見傅斯年《北宋刊南宋補刊十行本史記集解跋》(《"國立中央研究院"歷史語言研究所集刊》第十八本,1948 年,頁 488—493)、勞榦《北宋刊南宋補刊十行本史記集解後跋》(《"國立中央研究院"歷史語言研究所集刊》第十八本,1948 年,頁 497—502)、張玉春《〈史記〉版本研究》第四章(頁 106—165)、尾崎康《正史宋元版の研究》序章及《史記》部分(頁 161—180)。

② 寫本篇卷基本按照寫本抄寫時代爲序。

續　表

篇卷名稱		首尾題		大小題	
		古寫本	宋刊本	古寫本	宋刊本
卷三五《管蔡世家》		卷首殘，尾題"管蔡世家第五，史記"	首尾題完具，首題作"管蔡世家第五，史記三十五"，尾題無大題	小題在上	文字略異
卷九《呂后本紀》		首題"呂后本紀第九，史記九"，尾題"呂后本紀第九"，無大題	首題作"呂后本紀第九，史記九"，尾題作"呂后本紀卷第九"	小題在上	同
卷十《孝文本紀》		首題"孝文本紀第十，史記十"，尾題同	首題作"孝文本紀第十，史記十"，尾題作"史記卷第十"	小題在上	文字略異
卷一一《孝景本紀》	大東急記念文庫本	首題"孝景本紀第十一，史記十一"，卷末僅有小題	首題作"孝景本紀第十一，史記十一"，尾題"史記卷第十一"	小題在上	文字略異
	山岸德平文庫本	首、尾題並爲"孝景本紀第十一，史記十一"			
卷二《夏本紀》		卷首題"夏本紀第二，史記二"，尾題同	首尾題同，作"夏本紀第二"	小題在上	文字略異
卷五《秦本紀》		首題"秦本紀第五，史記五"，尾題有小題，無大題	首題作"秦本紀第五，史記五"，尾題作"秦本紀卷第五" 仁壽本首題同，尾題"秦本紀"三字	小題在上	文字略異
卷三《殷本紀》		首題"殷本紀第三，史記三"，尾題同	首題作"殷本紀第三，史記三"，尾題無大題	小題在上	文字略異
卷四《周本紀》		卷首殘，尾題"周本紀第四，史記四"	首題作"周本紀第四，史記四"，尾題作"周本紀卷第四"	小題在上	文字略異
卷七九《范雎蔡澤列傳》		首題"范雎蔡澤列傳第十九，史記七十九"，尾題並同	首題作"范雎蔡澤列傳第十九，史記七十九"，尾題無大題	小題在上	文字略異
卷八《高祖本紀》		首題"高祖本紀第八，史記八"，尾題並同	首題作"高祖本紀第八，史記八"，尾題作"高祖本紀卷第八"	小題在上	文字略異

由上表可知：第一，《史記》古寫本一般每卷都有相同的首題和尾題，其中尾題只有小題無大題的有兩例；刻本基本尾題僅有小題，無大題。第二，刻本不甚重視大題。首題有僅存小題無大題的現象，尾題中的大題基本都標示卷數。相較寫本，刻本常不刻尾題中的大題，却熱衷標示卷數，這與文本載體形態的不同有關。寫本時代，大部頭的典籍抄寫不易，有時只有部分篇章流傳，乃至"單篇別行"的現象。此時，首題和尾題的完具對讀者瞭解該篇的位置、整本書的情況較爲重要。當然，這也是防止單篇被割裂，篇次顛倒。到了刻本時代，一般書籍裝訂較爲完整，數卷甚至數十卷定爲一本，散逸情況較少，得書也較爲容易。因此，書籍的首題主要用以區别篇目，尾題也多用以表示一篇内容的結束，不需要嚴格標示全部名稱。標示"卷"數，也是針對刻本中的位置而言。此時刻本版心的功能凸顯，如北宋末南宋初刊本版心多爲《史記》大題加小類名，如"史世家"之類字樣，便於讀者翻檢。

二、行格

從簡帛到紙寫本再到宋刻本，《史記》文本行格既有承續，又有新變，列表如下：

表 3：寫本與刻本行格表[①]

寫卷及時代		傳寫（存藏）地	界欄	界欄形制（界高/界寬）	行字數	字體
《滑稽列傳》	西漢宣帝後期（前63—前57）	敦煌	簡牘	23.2 cm/0.8 cm	約40字	隸書
《李斯列傳》	北涼時期（397—439）	敦煌（俄羅斯國家圖書館）	烏絲欄	25.5 cm/1.8 cm	16至18字	介於隸書與魏碑之間
《張丞相列傳》《酈生陸賈列傳》	隋唐	石山寺	淡墨界欄	27.6 cm/2.8 cm	每紙20至22行，行14至16字，小注雙行，行18至20字	楷體有魏碑意味，精抄
《河渠書》		東京博物館	無界欄	紙高26 cm	每行16至17字不等，小注雙行，行20至25字	

[①] 此表内容參照附錄一、二的相關内容；爲便於比較，又附兩種宋刻本行格，刻本描述參見《正史宋元版の研究》終章之"《史記》部分"（頁161—180）。

《史記》的寫本時代——公元十世紀前《史記》的傳寫與閱讀

續　表

寫卷及時代		傳寫（存藏）地	界欄	界欄形制（界高/界寬）	行字數	字體
《仲尼弟子列傳》	初唐	吐魯番（日本和德國）	無界欄，依背面界欄	不詳	行19至21字	行楷
《燕召公世家》《管蔡世家》《伯夷列傳》	唐	敦煌（今藏法國國家圖書館）	四周單邊，烏絲欄	紙高28.6cm，界高21cm；天頭3.8cm，地腳4.1cm	每紙19行，行15至17字，小注雙行，行22至23字	精抄小楷
《呂后本紀》《孝文本紀》《孝景本紀》	1073年（宋神宗熙寧六年）	日本大江家國寫本（分藏日本山口縣防府毛利報公會、東北大學圖書館、大東急記念文庫）	四周有欄，行間有界	界高約26.7cm，界寬約2.3cm至2.67cm	每行17至18字，小注雙行，行24至26字	日人楷書，字體瘦長
《孝景本紀》	1127年（宋欽宗靖康二年）	日本寫本（今存日本實踐女子大學圖書館山岸文庫）	四周單邊，行間有界	界高23cm	每行14至15字，小注雙行，行21至23字	日人楷書，字體略扁
《夏本紀》《秦本紀》	平安時代末期（當南宋時1127—1279）	東洋文庫	四周單邊，行間有界	界高23.8cm至24.5cm	每紙約21行，行15至17字，小注雙行，行23至26字	日人楷書，字體略扁
《秦本紀》零簡		慶應義塾大學斯道文庫	烏絲欄	23.9cm/2.7cm	頁18行，正文滿行14至17字，小注雙行	日人楷書，字體略扁
《殷本紀》	鎌倉時代初期（1185—1333）寫本	京都博物館	四周單邊，行間有墨欄	22.9cm/2.5cm	一紙22行，行11至16字，（多爲12、13字），小注雙行，行21至23字	日人楷書，字體略扁
《周本紀》			四周單邊，行間有界	23.3cm/2.6cm	每行12至15字，以13、14字爲多；注雙行，行21至23字不等	日人楷書，字體略扁

續　表

寫卷及時代		傳寫(存藏)地	界欄	界欄形制(界高/界寬)	行字數	字體
《范雎蔡澤列傳》	鎌倉時代初期（1185—1333）寫本	宮內廳書陵部	四周單邊，行間有界	界高24.1 cm	每行14、15字，小注雙行，行18、19字	字畫與高山寺所藏諸本類似
《高祖本紀》	江戶時代初期（1603—1867）		上下單邊，行間無界	界高23.3 cm	每行15、16字，小注雙行，行25至27字不等	字迹結體較方
北宋末南宋初刊本			左右雙邊	版框22×14.7 cm,行寬1.47 cm	半葉10行，行19字，小注約27字	近歐體楷書
南宋初覆刻北宋本			左右雙邊	版框22.1×14.7 cm,行寬1.07 cm	半葉14行，行24至27字，小注32至39字	顏體歐體之間

　　比較上表臚列的《史記》傳本的相關信息，可見寫刻演變之際，文本行格形制演變趨勢較爲清晰。其一，界欄。從紙寫本再到刻本，其界欄應該承續簡牘的書寫形制。在紙寫本的初期，界欄較簡牘的一般長度要略長，可能是由隸書到楷書演化過程中，人們在紙上作書字體及字幅間距較大的緣故。到了隋唐時期，寫本的界欄基本與漢簡長度較爲一致。甚至在日本的古寫本中，其行款也頗爲一致。宋刻本的行款與寫本長度也基本一致。

　　其二，行數及字數。簡牘製作不易，每行寫字最多。唐寫本及此前的紙寫本基本都是每葉19至22行左右，宋刻本每半葉10行，那麼整葉也爲20行左右。可以判定是承續了唐寫本的行款。唐寫本、日本平安古寫本每行字數16至20字之間，小注23至26字，這與北宋末南宋初刊本字數基本相當。而早期刊刻的十四行本行數和字數俱有增加，當是出於節約成本的考慮。

　　其三，小注。小注雙行的形式近襲唐寫本，遠承簡牘及石經。雖然《史記》無簡牘注本傳世，而其他典籍的簡帛及石經文獻中雙行小注的文本已屢見不鮮。抄手在傳寫文獻的時候會因爲顧及雙行之間的對稱與整齊而增删字詞[1]，這是我們校

---

[1] 據張湧泉的研究，抄手補救雙行注文的情況，有"調整位置""删減字詞""增添字詞或符號"三類。關於這種寫本文獻特徵的更多例證，參見張湧泉《古書雙行注文抄刻齊整化研究》（載《敦煌吐魯番研究》第十二卷，2011年）。

定寫本時尤須注意的。刻本在校刻過程中,能發現此例的多加刪正,而不明此例的,或沿襲其文。

其四,字體。從簡牘到刻本,我們發現《史記》傳寫字體經歷了隸書、介於隸書和魏碑之間的字體、楷書、行楷等幾種樣態。刻本字體先以近歐體,後在歐體和顏體之間,至南宋以後似乎以顏體爲主。寫本中以《伯夷列傳》最爲精美清勁,賀次君稱之爲"唐鈔之冠"①。

其五,提行。寫本與刻本的形式區分還有很重要的一點,即某些句子和段落是否提行另書。部分內容寫本皆提行另寫,而刻本多連書以節省版面。如此則與《太史公書》的早期樣貌相去甚遠,後人若不見古寫本,則其行格無重見天日之時。這種行格的變化,又是我們今天重新整理《史記》文本時必須參考的。

表 4:《史記》寫本提行表

篇　　目	與宋刻本行格之異	涉 及 內 容
《燕召公世家》	每敘一公侯,皆提行另書②	頃侯、鄭侯、繆侯、宣侯、襄公、桓公、宣公、昭公
《管蔡世家》	敘及公侯,多提行另書	莊侯、文侯、景侯、悼侯、昭侯、成侯、剌侯、桓公、隱公、莊公、德公、昭公、文公、宣公、成公、平公、聲公等
《吕后本紀》	每年皆提行另書	吕后行年
《孝文本紀》	每年皆提行另書	孝文行年
《孝景本紀》	每年皆提行另書	孝景行年
《殷本紀》	每帝俱提行另書	帝中壬、大甲、大庚、盤庚等
《周本紀》	每帝提行另寫	周王
《張丞相列傳》	每言一丞相必提行另書	漢丞相

三、用字

刻本對寫本的文本規範,重要的一個方面是對寫本常用俗字、異體字的校改。

---

① 《史記書錄》,頁 12。
② 水澤利忠稱,《史記書錄》謂"鄭侯、繆侯、宣侯、桓侯、莊公均提行",實哀侯、桓侯、莊公未提行,甚確。(見《史記書錄》,頁 9;《史記會注考證校補》附錄,頁 27)

第五章 從寫本到刻本——唐宋之際《史記》傳本的變遷

最明顯的一點是數字表示法的不同,如"二十""三十""四十",寫本俱作"廿""卅""卌"①。刻本將這些單音節數字詞變成雙音節數字詞之後,不僅改變了《史記》早期傳本中的字數,也進一步改變了《太史公書》的原貌——今存漢代簡牘中的數字表示法與古寫本同。以《秦始皇本紀》爲例,此紀宋刻本刊載諸多始皇詔書、刻石以上所列數字皆爲雙音詞,但今存刻石文字亦爲單音詞,與古寫本同。尤其是在講求文字整飭與押韻的刻石文字中,單音詞和複音詞在讀者朗讀中形成的美感差別很大。如果今天只有宋刻本流傳下來,並且我們以爲這就是《太史公書》的早期樣貌,那就不免厚誣古人了。

這種異字有時還存留於古注之中。如《淮陰侯列傳》"以饗士大夫醳兵"下《集解》云:"《魏都賦》曰:'肴醳順時。'劉逵曰:'醳酒也。'"《索隱》:"劉氏依劉逵音。醳酒謂以酒食養兵士也。案:《史記》古'釋'字皆如此作,豈亦謂以酒食醳兵士,故字從酉乎?"②此"醳"字,寫本中多有,且常通"釋",寫本多作"醳"。

以下簡單列舉部分寫本與刻本及今本字形區別較大的例子,因日本學者在諸多寫本解說中已詳列寫本刻本字形對比表③,這裏不再一一列出寫本原字。

表5:《史記》寫本各卷異體字舉例④

卷　　名	刻　本　用　字
《河渠書》	"穿、漕、莊、騁、底、卌"等
《張丞相列傳》	"卅、壩、穿、薛、剛、劍"等
《酈生陸賈列傳》	"卅、儒、率、慢、殺、休、劍、剛、孺"等
《燕召公世家》	"煞、傾、犛、莊、卒、毳、割"等
《管蔡世家》	"廿、卅、卌""武、斑、殺、曹、葬、强、亦"等
《伯夷列傳》	"舊、辭、暴、最、操、亦、砥"等

---

① 新近的系統探討,參蘇芃《"廿""卅""卌"唐宋變革説——以〈史記〉傳本用字演變爲例》(載《唐研究》第25卷,2020年)。
② 《史記》卷九二,頁2618—2619。
③ 如那波利貞《舊鈔本史記孝景本紀第十一・解説》、武内義雄《史記孝文本紀・解説》(東京:日本貴重古典籍刊行會第一期第三回配本,1955年)。
④ 本表參考了水澤利忠《史記會注考證校補》之"史記之文獻學的研究"(見《史記會注考證校補》附録,頁24—84)。

續　表

卷　名	刻　本　用　字
《吕后本紀》	"弱、策、剛、殺、莊、亦"等
《孝文本紀》	"卅、卌""廟、桀、率、肉、備、葬"等
《夏本紀》	"鯀、殖、殺、莊、蠱、旅、砥、剛、率、桀、葬、鐵"等
東洋文庫藏《秦本紀》	"廿、卅、卌""殺、桀、葬、亦、莊、曹、害、怨、備、殖、率、孺、年"等
《殷本紀》	"曹、桀、率、割、殖、怨、葬、亦"等
《周本紀》	"廿、卅、卌""殺、弱、旅、暴、休、策、班、薊、率、備、裸"等
斯道文庫藏《秦本紀》	"廿""魚、奐、差、莊、匄"等
廳書陵部藏《史記集解范睢蔡澤列傳》	"卅、卌""溺、砥、害、旅、肉、廟、亦、殺、操、備、怨、率、其、孺、鐵"等
書陵部《史記集解高祖本紀》	"廿、卅、卌""葬、殺、怨、曹、莊、舊、亦、底、暴、操、帥、率、休"等

宋刻本所改寫的異體字、俗字中，很多是不便於一般讀者認讀的字體。而且寫本中由手寫而帶來的訛誤字也有不少，尤其在民間寫本中更是如此。宋代館閣的校勘官在規範字體和用字習慣方面有特殊貢獻，但《太史公書》早期的字體風貌我們却再也無緣覩見了。

四、書寫符號

1. 省文符（連寫符號）。《史記》寫本中無論是敦煌寫本還是日藏古寫本，幾乎所有的重文皆用連寫符號[①]。省文符號在轉變爲刻本的過程中被全部删去，再將省略的原文寫出。一方面固然爲讀者閲讀提供了方便，規範了文本，但我們參照漢晉簡牘可知，省文是漢簡等手寫載體的共有特徵，即《太史公書》原文極有可能用過省文符號。刻本改變的也是這一時期寫本甚至是西漢以來承續下來的《史記》古本的原初樣態。此外，在傳寫過程中，有些省文符號的使用難免有誤，一旦轉爲具體文字並以刻本形式固定下來，後來讀者是很難發現這種錯誤的。另外有些文句省略的，是原文如此還是抄寫脱誤，可兩存。今中華書局點校本亦有舉例，如《秦始皇

[①] 省文符號亦即重文符號，在敦煌文獻中有大量例證。可參見鄧文寬《敦煌吐魯番文獻重文符號釋讀舉隅》(載《文獻》1994年第1期)。

本紀》"聞聲爭開門而待足下通行無所累",應爲"聞聲爭開門而待足下,足下通行無所累",省"足下";《晉世家》"及期而往復見申生告之曰",應爲"及期而往,復見申生,申生告之曰",省"申生";《田單列傳》"所過城邑皆畔燕而歸田單兵日益多",應爲"所過城邑皆畔燕而歸田單,田單兵日益多",省"田單"①。這些省略和常見的古文省略稍有不同,似有脫漏。

2. 倒文符。如敦煌寫本《管蔡世家》"太史公曰:管蔡作亂","太史"寫本誤倒作"史太",二字中間書一極小倒文符。

3. 改字符。敦煌寫本《伯夷列傳》與其他兩卷鈔本不同,此本多塗黃與朱點,並有小字,前人或因觀膠卷而無由得見②。其塗黃或改全字,如第141行"孤竹君",寫本"孤"字右部原與"脈"字右部同,被黃筆改爲今字;又如"命之襄矣","襄"字被黃筆塗抹,正文當爲"衰"字。或改偏旁,如"値弘農","値"字左邊"人"旁被塗黃,而正文當作"直"。或加點表刪字,如"仲尼最獨薦顏淵","最"字右側有一黃點,正文當無"最"字,此當即所謂"點滅"也。或以黃筆補足正文,如"歲寒後別之",有黃筆在"寒後"之間加"然"字。

五、異文

日常寫本中不乏訛奪誤字,刻本校正了文字,便於閱讀,功不可沒。但通過寫本與宋刻本的比對,我們發現不少地方以寫本爲長,刻本頗有誤改之例。由於這種改動似是而非,我們很難發現其中不當之處,若無古寫本的重新發現,我們可能一直還以宋人校刻的誤本爲不誤。相較刻本而言,這些古寫本畢竟尚屬少數,以此度之,刻本中實際誤文或許更多。今略舉數卷異文爲例,略見一端:

1.《張丞相列傳》

賀次君及水澤氏列舉鈔本與"今本"不同處近二十條③,然此卷最有價值之處一爲段落行格,二爲卷末議論一段無"太史公曰"四字。此本又不避"民"諱,則非《索隱》後之物,可知唐以前傳本中即無"太史公曰",續補文字又經後人以意增刪。

2.《酈生陸賈列傳》

與今本相較,有異文近二十條④,多以寫本勝。如此本"五帝三王",今本多作

---

① 見《史記》點校後記,頁12—13。
② 參《敦煌典籍與唐五代歷史文化》"史地章",頁348—350。
③ 《史記書錄》,頁1—3;《史記會注考證校補》附錄,頁35—36。
④ 《史記會注考證校補》附錄,頁37—41。

"五帝三皇",《漢書》《漢紀》《說苑》《太平御覽》等亦作"五帝三王"。明清學者多據此議《史記》之非,不知《史記》本不誤①。

3.《河渠書》

此本雖有訛字,正如羅振玉所云:"然如《河渠書》'數歲,河移徙,渠不利,田者不能償種',今本'田'上衍'則'字;'道梁便近而水多湍石',今本奪'多'字;'引洛水至商顏下',今本'顏'下有'山'字。《集解》服虔曰:'顏音崖。或曰商顏,山名也。'則正文本無'山'字。'佗川渠陂山通道者',今本作'佗小渠披山通道者','川'譌爲'小','陂'譌'披',陂山者,鑿高使夷如陂也。"②皆以寫本爲長。

4.《管蔡世家》

"廿年秦繆公卒",今本作"二十五年,秦穆公卒";"爲太子斑取婦於楚而好景侯通焉太子斑煞景侯而自立",今本多作"爲太子般娶婦於楚,而景侯通焉。太子弑景侯而自立"③,是文字多不同而以寫本爲長。另,卷中"故附之世家言"下有"曹叔振鐸世家"六字,南宋本有"曹叔世家"四字,《索隱》本與此卷同,而張文虎刪之,謂司馬貞亂之。此寫本出而知非小司馬所改④。

此外,該本另有一處與今本不同,諸家多未言之⑤。今本"曹遂絕其嗣"下爲"太史公曰"一段,《索隱》稱"檢諸本或無此論"⑥。寫本正無此文,或即爲小司馬所見當時之通行本。此本下又接"伯邑考其後不知封"至"故附之世家言",蓋以文末無太史公贊語不合體例,故又將前文結語抄寫一過作結,今存"太史公曰"一段或爲後人補益。《史記》文本至唐初仍不穩定,可見一斑。

5.《伯夷列傳》

文中與今本不同之處較多而以寫本勝。如"余悲夷齊之意",今本作"余悲伯夷之意",是不言"叔齊",與文意不合;"孤竹君之子也"文意已足,今本作"孤竹君之二子也",或"二"字爲後人闌入;"叔齊亦不肯立而追之",今本"追"作"逃",伯夷已讓,叔齊又追伯夷,故能同歸西伯;"儻所謂天道邪非是邪",較今本"儻所謂天道,是邪非邪",質問已非天道之是非,而爲天道本身,語義更爲悲愴憤慨,足彰太史公筆力。

---

① 《史記書錄》,頁5。
② 羅振玉《古寫本史記殘卷跋》,見《雪堂校刊群書敘錄》卷下,葉59b—60a。
③ 案,賀次君謂"今本俱同",誤。(見《史記書錄》,頁11)
④ 見〔清〕張文虎《校刊史記集解索隱正義札記》卷四(北京:中華書局,1977年,頁388)。賀次君已言之(見《史記書錄》,頁11)。
⑤ 水澤利忠但列異文,其餘諸家似未見異文(參《史記會注考證校補》附錄,頁27)。
⑥ 《史記》卷三五,頁1574。

6.《吕后本纪》

寫本異文有足勝今本者，如"王陵遂病免歸"，寫本作"王陵遂稱病免歸"，語意爲通；"及諸侯丞相五人"，寫本作"及侯諸侯丞相五人"，檢下文諸侯及丞相爲諸侯者，知以寫本爲是；"或聞其母死"，寫本作"或以聞其母死"，即"或以其母死聞"之意，今本脱"以"，不通；"后安能殺吾母"，寫本"后"作"太后"，並足資校勘。正文補録之注文，與今本略有異同，比勘之下，亦可見今本合刻三家注時對注文之删併。

7.《孝文本紀》

正文中亦多有可資校勘者，試舉一例。"乃脩從代來功臣"，今本《史記》"脩"作"循"，《漢書·文帝紀》作"乃脩代來功"，何焯《義門讀書記》、張照《館本史記考證》、梁玉繩《史記志疑》皆以爲當爲"脩"，因形近而誤。此本可證前修所言不虚①。

8.《孝景本紀》

（1）大東急記念文庫藏本

今本"二年春，封故相國蕭何孫係爲武陵侯"下《集解》注云："徐廣曰：《漢書》亦作'係'。鄒誕生本作'傒'，音奚。又按：《漢書·功臣表》及《蕭何傳》皆云孫嘉，疑其人有二名。"對此，張文虎辨曰："案：鄒誕生南齊人，裴氏無由引，且其文全同《索隱》，此俗本兼采二注而誤入者。後凡類此者不復出。北宋本'誕生'二字作'説'，亦非。"②此處注文不僅引用文獻年代不合，且用語體例與《集解》他處亦大不相類。張文虎雖辨其僞，苦無版本依據。而此處寫本正無宋本等以後闌入之文，可證張氏不誤。

（2）山岸文庫藏本

以"封故相國蕭何孫係爲武陵侯"條觀之，宋刻本之誤，此本又無。與大東急記念文庫藏本相較，頗可見寫本之變化，亦足珍視。

9.《夏本紀》

卷中文字多與今本不同，如"天下於是大平治"，今本《史記》"大"作"太"。王念孫《讀書雜志》云："'太'當爲'大'。'大''太'字相近，後人又習聞'天下太平'之語，故'大'誤爲'太'耳。《群書治要》引此正作'大平治'。"寫本足證王氏之英斷。此類異文比比而在，水澤氏校異文二十餘條③。

---

① 《史記會注考證校補》附録，頁50。
② 《校刊史記集解索隱正義札記》卷一，頁106。水澤利忠亦言之（見《史記會注考證校補》附録，頁52—53）。
③ 《史記會注考證校補》附録，頁59—63。

10.《秦本紀》

卷中文字與刊本多有不同,賀次君抉發已多,如"簡公,厲公子而懷公弟也",刊本多作"簡公,昭子之弟而懷公子也",《正義》引劉伯莊語:"簡公是昭子之弟,懷公之子,厲公之孫。今《秦記》謂簡公是靈公子者鈔寫之誤。"寫本正與劉伯莊所見本合,刊本有所改易。錢泰吉謂:"據《正義》則《正義》本文'懷'作'厲'。"張文虎謂:"《秦記》謂簡公是靈公子,蓋此注'史記'字當作'秦記','厲公'當作'靈公'。"觀此寫本可知劉伯莊注不誤,而錢、張之説無據①。水澤氏校異文十餘處②。

11.《殷本紀》

此本正文及注文與今本多異,賀次君言之甚詳。如"大丁""大甲""大戊"等,今本"大"皆作"太",寫本與殷墟卜辭同。另如"炮格"今作"炮烙","牖里"今作"羑里"等亦足發覆。又寫本"是爲成湯""而色尚白"兩處無《集解》而有《索隱》文字,分別題爲"貞曰""貞云",賀次君稱此當爲《集解》《索隱》合鈔最初之形式,亦可見此卷底本寫於唐開元以後③。

12.《周本紀》

賀次君、水澤利忠列勝今本異文近二十條④。如"無簡不聽",刊本"聽"作"疑",段玉裁云:"'疑',經作'聽',作'疑'乃今文。"此卷正爲"聽";"虎賁三千人"下有《集解》"有甲士四萬五千人也,若虎賁獸,言猛"十二字,刊本無;"日夜勞來定我西土",與《索隱》本及《册府元龜》卷一三引《史記》同,刊本多脱"定"字。凡此種種足資校定,而寫本固有訛脱,無心之誤,易於辨明。

刻本對寫本的校改還突出體現在"春秋筆法"上,如寫本多作"煞"而刻本或改作"殺"或改作"弒"。如《管蔡世家》"楚太子商臣煞其父成王代立""太子煞景侯而自立""靈侯煞其父",今本俱作"弒"⑤;《燕召公世家》"周幽王淫亂,爲犬戎所殺",今本"殺"作"弒",賀次君以爲乃據《春秋經傳》竄改⑥。這種校訂是否更符合《史記》原貌,還有一種旁證,即單刻《史記索隱》所標舉的史文。如《秦楚之際月表》"其後乃放弒",《索隱》本作"後乃放殺",而注"殺音弒"⑦。

---

① 《史記書錄》,頁24。
② 《史記會注考證校補》附錄,頁71—73。
③ 《史記書錄》,頁16—19。
④ 參見《史記書錄》,頁20—23;《史記會注考證校補》附錄,頁67—70。
⑤ 此卷水澤氏校出諸多異文。詳見《史記會注考證校補》附錄,頁27—30。
⑥ 《史記書錄》,頁9。
⑦ 《史記》卷一六,頁759—760。

案,《玉篇·殺部》:"殺,所札切,斷命也;又所界切,疾也。""弒,式吏切,亦作殺。《廣韻》"殺"音"所拜切",一音"所八切";"弒"音"式吏切",訓"大逆。亦作殺"。煞,《廣韻》音"所八切",《集韻》音"式吏切",又音"所介切"。《鶡冠子·備知》:"比干、子胥好忠諫,而不知其主之煞之也。"故"煞""殺""弒"三字音近,寫本中如何寫屬通假,但刻本中如何還原則屬異文問題,這與文本校勘者的認識裁斷有關。此風或因南宋理學興盛,而歐陽修仿《春秋》而修《新五代史》已啓其端。其與梅聖俞書中云:"閒中不曾作文字,衹整頓了《五代史》,成七十四卷。不敢多令人知,深思吾兄一看,如何可得極有義類?須要好人商量。"① 顧頡剛總結爲"兩相攻曰'攻',以大加小曰'伐',有衆曰'討',天子自往曰'征',自今視之可謂無聊,章學誠評之爲'正是三家村學究技倆'"②。

六、寫本所見注文與合注痕迹

現存最早的《史記》三家注的合刻本是南宋黄善夫刊本。但在京都博物館藏《殷本紀》集解中已開始摻入《索隱》③。該卷"是爲成湯""而色尚白"兩處無《集解》而有《索隱》文字,題爲"貞曰""貞云",分别爲 73 字和 38 字。賀次君稱此當爲"《集解》《索隱》合鈔最先之形式"④。對此,張玉春認爲僅此兩條,證據不足⑤。寫卷末署"建曆元年(1211)七月十五日受之,同日即讀了",故書寫年代可基本明確。另以書風、筆致上判斷,大致爲鎌倉初期,即公元 13 世紀初。《史記》的《集解》《索隱》兩家注本有南宋乾道七年建安蔡夢弼本和淳熙三年(1176)桐川郡齋本,此後慶元二年(1196)有黄善夫三家注刻本⑥。兩家注和三家注初次合刻時間俱在此寫本之前。但根據該寫卷的文獻特徵,我們基本可以肯定其底本爲有唐以來的古寫本,而

---

① 《歐陽修全集》卷一四九,頁 2455。
② 顧頡剛《中國當代史學》,上海:上海古籍出版社,2006 年,頁 9。
③ 賀次君在《日本〈史記會注考證〉增補〈史記正義〉的真偽問題》一文中已注意到這一層問題(《文史》第十四輯,1982 年)。三家注的相關討論,另參考程金造《〈史記正義〉、〈索隱〉關係證》(《文史哲》1962 年第 6 期)、《汲古閣單本〈史記索隱〉的一些問題》(《文史》第四輯,1965 年)。
④ 《史記書録》,頁 16—19。
⑤ 《〈史記〉版本研究》"第五章"有辨(頁 206—207)。
⑥ 蘇軾《與陳季常》六:"欲借《易》家文字及《史記》索隱、正義。如許,告季常爲帶來。季常未嘗爲王公屈,今乃特欲爲我入州,州中士大夫聞之聳然,使不肖增重矣。不知果能命駕否?春甕但不惜,不須更爲遺恨也。"(孔凡禮點校《蘇軾文集》卷五三,北京:中華書局,1986 年,頁 1566)可見蘇軾在黄州時似乎並無三家注合刻本《史記》。同時也説明,當時典籍多藏州府。關於三家注合刻之始,參見賀次君《日本〈史記會注考證〉增補〈史記正義〉的真偽問題》、(日)寺岡龍含《史記三家注合刻的時代和版本系統考究》(《漢文學》1979 年第 16 輯)、張玉春《〈史記〉版本研究》第五、六章(頁 206—339)。

非某種刻本。

這兩條注文只能表明此卷傳寫者（至少是底本）曾對校過《史記索隱》，亦可見此卷底本寫於唐開元以後。清人輯釋本《崇文總目·正史類》著録有"《史記》八十七卷"，小注云："原釋：唐陳伯宣注，因裴駰説有所未悉，頗增損焉。然多取司馬氏《索隱》以爲己説，今篇殘缺。"① 則唐人取資《索隱》以補《集解》由來已久。中古時期，中國和日本的讀者較爲認可的《史記》注本還是《集解》本，或會參照《索隱》，而《正義》無與焉。至南宋寧宗以後，《正義》纔逐漸得到重視。

第三節　從《史記目録》看寫刻演變與《史記》篇名篇序之改易

一、寫刻演變與《史記》篇名改易

1. 篇名變化

後世文本輾轉謄寫，篇名容有異同，後人遂多據《太史公自序》勘正異文。但《太史公自序》中的篇名，既有語言整飭性的考量，也不排除與正文篇名不完全一致的可能。此後讀者傳抄，或隨意增減文字，或有意修訂，難免造成篇名混雜的情況②。如宋刻本《史記》書前專門的目録標題與正文標題並不完全一致，只能提供一種參考。因此，這裏的篇題比勘僅有找出相對合理或早期篇題的意義，不具有判斷《史記》篇目原始篇名的意義。

因《經史歷》所收《史記目録》刊載篇名較爲完整，我們將之作爲寫本時代《史記》篇名的代表，以與宋刻本作比較③。爲便於讀者了解篇名傳刻演變，列表比勘如下：

---

① 《崇文總目》，頁 43。
② 《史通通釋》卷四，頁 86。
③ 關於宋刻本《史記》刊刻過程、版本譜系，以日本學者尾崎康《正史宋元版之研究》的《史記》部分和張玉春《〈史記〉版本研究》最爲系統。上述兩書也是本文選擇宋本《史記》的代表性刻本的主要依據。宋刻本的文字，除南宋覆刻景祐本和南宋紹興十四行本外，主要根據《中華再造善本》所複製的宋刻本。（參見《正史宋元版之研究》，頁 37—66、203—270）。

第五章 從寫本到刻本——唐宋之際《史記》傳本的變遷

表6：篇名異文表

版本\篇名	八十卷本	史記·太史公自序	漢書·司馬遷傳	南宋覆刻景祐本	南宋紹興本	乾道七年蔡夢弼本	淳熙三年張杅本	慶元二年黃善夫本	今中華書局點校本
	秦始皇本紀	始皇本紀	同《自序》	秦始皇本紀	同覆刻景祐本	同覆刻景祐本	目錄作"始皇本紀"，正文作"秦始皇本紀"	同覆刻景祐本	秦始皇本紀
	呂后本紀	呂太后本紀	同寫本	同寫本	同寫本	呂太后	同寫本	呂后本紀	呂太后本紀
	秦楚之間月表	秦楚之際月表	同《自序》	秦楚之際月表	同覆刻景祐本	同覆刻景祐本	同覆刻景祐本	同覆刻景祐本	秦楚之際月表
	漢興以來諸侯年表	漢興以來諸侯年表	漢諸侯年表	同寫本	同寫本	同寫本	同寫本	同寫本	漢興以來諸侯王表
	高祖功臣侯者年表	高祖功臣侯者年表	高祖功臣年表	首題同寫本，尾題作"高祖功臣年表"	同覆刻景祐本	同覆刻景祐本	同覆刻景祐本	同覆刻景祐本	高祖功臣侯者年表
	建元以來王子侯者年表	王子侯年表	同《自序》	建元已來王子侯者年表	同覆刻景祐本	同覆刻景祐本	同寫本	同寫本	建元已來王子侯者年表
	漢興以來將相名臣年表	漢興以來將相年表	同《自序》	漢興以來將相名臣年表	同覆刻景祐本	同覆刻景祐本	同覆刻景祐本	同覆刻景祐本	漢興以來將相名臣年表
	樂	樂書	樂書	樂書	樂書	樂書	樂書	樂書	樂書
	吳太伯(世家)	吳世家	同寫本	首題作"吳太伯世家"，尾題作"吳太伯世家"	同覆刻景祐本	同寫本	同寫本	同寫本	吳太伯世家

191

《史記》的寫本時代——公元十世紀前《史記》的傳寫與閱讀

續 表

版本 篇名	八十卷本	史記· 太史公自序	漢書· 司馬遷傳	南宋覆刻 景祐本	南宋 紹興本	乾道七年 蔡夢弼本	淳熙三年 張杅本	慶元二年 黃善夫本	今中華書局 點校本
管蔡曹（世家）	管蔡曹（世家）	管蔡世家	同《自序》	管蔡世家，俻文中敘曹叔事迹，但世家前有"曹叔世家"四字標題	同覆刻景祐本	管蔡	管叔	管蔡	管蔡世家
孔（世家）	孔（世家）	孔子世家	同《自序》	孔子世家	同覆刻景祐本	孔子	孔子	孔子	孔子世家
曹相國（世家）	曹相國（世家）	曹相國世家	同《自序》	曹參世家	同覆刻景祐本	同寫本	曹參	同寫本	曹相國世家
絳侯（世家）	絳侯（世家）	絳侯世家	同《自序》	絳侯周勃世家	同覆刻景祐本	同寫本	絳侯周勃	目錄作"絳侯"，正文作"絳侯周勃世家"	絳侯周勃世家
樗里甘茂（列傳）	樗里甘茂（列傳）	樗里甘茂列傳	同《自序》	樗里子甘茂列傳	同覆刻景祐本	樗里子甘茂甘羅	樗里子甘茂	樗里子甘茂羅	樗里子甘茂列傳
范睢蔡澤（列傳）	范睢蔡澤（列傳）	范睢蔡澤列傳	同《自序》	同寫本	范睢蔡澤列傳	同寫本	范睢蔡澤	同寫本	范睢蔡澤列傳
魯仲連鄒陽（列傳）	魯仲連鄒陽（列傳）	魯仲連鄒陽列傳	魯仲連列傳	魯仲連鄒陽列傳	同覆刻景祐本	同覆刻景祐本	同覆刻景祐本	同覆刻景祐本	魯仲連鄒陽列傳

192

第五章　從寫本到刻本——唐宋之際《史記》傳本的變遷

續　表

版本	八十卷本	史記・太史公自序	漢書・司馬遷傳	南宋覆刻景祐本	南宋紹興本	乾道七年蔡夢弼本	淳熙三年張杅本	慶元二年黄善夫本	今中華書局點校本
篇名	淮陰侯韓信（列傳）	淮陰侯列傳	同寫本	淮陰侯列傳	同覆刻景祐本（補版）	同覆刻景祐本	同覆刻景祐本	同覆刻景祐本	淮陰侯列傳
	韓王信盧綰（列傳）	韓信盧綰列傳	同寫本	韓信盧綰列傳	同寫本（補版）	同寫本	同覆刻景祐本	同寫本	韓信盧綰列傳
	魏其武安（列傳）	同寫本	同寫本	魏其武安侯列傳	同覆刻景祐本	竇嬰田蚡灌夫	同覆刻景祐本	竇嬰田蚡灌夫	魏其武安侯列傳
	平津侯主父偃（列傳）	平津侯列傳	平津主父列傳	平津侯主父列傳	同覆刻景祐本	公孫弘主父偃	同覆刻景祐本	公孫弘主父偃	平津侯主父列傳
特點	省"世家""列傳"二字；次序＋小類卷次＋篇名＋類序（世家、列傳）	篇名＋類序	同《自序》	無專門目錄，正文：篇名＋全書篇次＋類序	同覆刻景祐本	省"本紀""世家""列傳"。目錄：小類卷次＋全書篇次＋篇名（提行）；正文同覆刻景祐本	省"世家""列傳"二字。目錄：小類卷次＋篇名；正文：同覆刻景祐本	省"本紀""列傳"。目錄：同蔡夢弼本；正文：同覆刻景祐本	目錄及正文：全書卷次＋篇名＋類序

193

結合上表，分論篇名異同如次：

(1) 十二本紀

"秦始皇本紀"，寫本《史記目錄》乙本、宋刻本及今中華書局點校本同，而《太史公自序》及《漢書·司馬遷傳》皆作"始皇本紀"。案此篇首句"秦始皇帝者，秦莊襄王子也"，連用兩"秦"字，頗顯複冗，下文也徑稱"始皇"，不稱"秦始皇"。後文則或稱"秦王"，或稱"王"。文中秦始皇或自稱"朕"，或自封"始皇帝"。秦併天下之後則皆稱"始皇"或"始皇帝"，刻石則稱"秦王"或"皇帝"，至始皇死後立廟，亦無他稱。甲本《史記目錄》雖作"秦始皇本紀"，但"秦"旁注有"無"字。則當遵《自序》及《司馬遷傳》，作《始皇本紀》。

"呂后本紀"，今中華書局點校本作"呂太后本紀"。案，金陵書局本之前的版本如日藏古寫本、宋官刻本及《漢書·司馬遷傳》等多作"呂后本紀"，南宋乾道七年蔡夢弼本及建安黃善夫本《史記》目錄皆作"呂太后本紀"。今本作"呂太后本紀"，出於張文虎刪改。《太史公自序》雖作"呂太后本紀"，辛德勇以爲出於後人追改，當以"呂后本紀"爲是①。

(2) 十表

"秦楚之間月表"，此篇題不見於他本，宋刻本、《太史公自序》《漢書·司馬遷傳》皆作"秦楚之際月表"。案，《史記》正文及《太史公自序》皆作"秦楚之際"。《太史公自序》述此篇有"八年之間，天下三擅"之語，下文篇題有"惠景間侯者年表"，或因此而誤書。

"漢興以來諸侯年表"，宋刻本皆同八十卷本，《太史公自序》亦同，惟"以"作"已"，二字古多通用。今本"諸侯"作"諸侯王"，當爲張文虎據《索隱》誤增"王"字②。檢司馬貞《史記索隱》卷六"漢興已來諸侯王年表第五"題注："應劭云：雖名爲王，其實如古之諸侯。"③應劭注文當指雖表中所列有"王""諸侯"二名，實皆如"古之諸侯"，故篇名僅稱"諸侯年表"。張文虎誤讀應氏文意，遂誤改篇名。又《史記》此篇首言商周以下諸侯分封，後云漢興以後分封王、諸侯概況，多統稱"諸侯"，末云："臣遷謹記高祖以來至太初諸侯，譜其下益損之時，令後世得覽。形勢雖強，

---

① 辛德勇《再印紙皮本補斠》"呂太后本紀"部分（見辛德勇《史記新本校勘》，桂林：廣西師範大學出版社，2017年，頁331）。
② 案，《校刊史記集解索隱正義札記》卷二稱："'王'字依索隱本增。"（頁174）
③ 《史記索隱》卷六，頁1a。中華書局點校本同（見《史記》卷一七，頁801）。

第五章　從寫本到刻本——唐宋之際《史記》傳本的變遷

要之以仁義爲本。"①準此,則此篇名當作"漢興以來諸侯年表"。

"高祖功臣侯年表",南宋覆刻景祐本首題同八十卷本,尾題作"高祖功臣年表"。南宋紹興本同覆刻景祐本,另三種宋本皆與寫本同。宋刻本《太史公自序》中皆作"高祖功臣侯者年表"。覆刻景祐本的首題與尾題不同,或因抄寫刊刻者校改未盡。檢視此篇正文多稱"功臣",沒有涉及"侯者"一詞。《漢書·司馬遷傳》正作"高祖功臣年表"②。或宋以後刊刻者見以此篇前後其他篇章多以"侯者"命名,故改篇題爲"高祖功臣侯者年表"。張文虎以爲各篇脱"者"字,而據單行本《索隱》補,稱"與《自序》合",不確③。

"建元以來王子侯者年表"之"以",覆刻景祐本及紹興本皆作"已",當宋人官刻校勘所改,今本從之。寫本及另三種宋本皆作"以",二字古通。《太史公自序》篇題作"王子侯者年表",無"建元以來"四字,當承前篇"建元以來侯者年表",省其重複之字。

"漢興以來相將名臣年表"之"相將",宋刻本、今中華書局點校本及《太史公自序》皆作"將相"。檢"年表"正文,表格内容依次爲紀年"大事記""相位""將位""御史大夫位",即"相"在"將"前。寫本此稱,更符合文本順序。

(3) 八書

"樂",宋刻本、今中華書局點校本及《太史公自序》皆作"樂書"。寫本"八書"各篇皆有"書"字。惟"樂書"無"書"字,或五經之中無樂經專書,故不寫"書"字。

(4) 三十世家

"吴太伯(世家)"之"太",覆刻景祐本首題作"大",尾題作"太",紹興本、淳熙三年張杅本同。另二種宋本、今中華書局點校本及《漢書·司馬遷傳》均作"吴太伯世家"。案,"太""大"二字古通,使用過程中有一定的隨意性。即便作爲官版的覆刻景祐本,其首題、尾題中"吴太伯"或作"太",或作"大"。甚至同一葉(如首葉)中,也是"太""大"互見。故不必細究"吴太伯"與"吴大伯"孰是孰非。值得注意的是,《太史公自序》與宋刻本皆不同,作"吴世家"。若以目録的整齊性判斷,《世家》類第二至四篇皆爲"某某公"世家,其後數篇多稱"某某國"世家,此篇作"吴太伯世家"更符合世家類命名規律。但覆檢以"某某公"命名的世家諸篇,其敘事的側重點爲此公,

---

① 《史記》卷一七,頁 803。
② 《漢書》卷六二,頁 2720。
③ 《校刊史記集解索隱正義札記》卷二,頁 188。

195

其開篇首句常用句式爲"某某公者",與此篇不同。而以"某某國"命名的世家諸篇,敘事的側重點不會集中於某公身上。"吳太伯世家"記載太伯僅數行,明顯不屬於前者。季札、吳王反而所用筆墨甚多。前四篇之後,也間出"陳杞世家""宋微子世家"等以人、以國名篇混用的例子。此篇不僅讚太伯,更有季札等人,故當從《自序》作"吳世家"。

"管蔡曹(世家)",宋刻本及《自序》皆作"管蔡世家"。案,覆刻景祐本、南宋紹興本此下提行,首題"曹叔世家"四字,下接今本"曹叔振鐸者"以下文字,乾道七年蔡夢弼本、淳熙三年張杅本、慶元二年黄善夫本並同①。今本"曹叔振鐸者"下《索隱》云:"按:上文'叔振鐸,其後爲曹,有系(世)家言',曹亦合題系(世)家。今附《管蔡》之末而不出題者,蓋以曹小而少事迹,因附《管蔡》之末,不別題篇爾。且又管叔雖無後,仍是蔡曹之兄,故顯管、蔡而略曹也。"②據此,則司馬貞所見本或無"曹叔世家"四字,但認爲題"曹叔世家"合理。張文虎校勘《史記》時刪此四字,謂爲司馬貞所亂,不確③。檢敦煌 P.2627 唐初寫本《史記集解》在今本《管蔡世家》"故附之世家言"之下,有"曹叔振鐸世家"六字④,單行本《索隱》亦有"曹叔振鐸系(世)家"六字⑤。從唐寫本到宋刻本皆以爲當有"曹叔(振鐸)世家"之標題,則八十卷本合稱"管蔡曹",更爲合理。

"孔(世家)",諸本及《自序》皆作"孔子世家"。循上文之例,此本抄寫者或以孔子不當與其他諸子並稱爲"子",故闕如。"列傳"部分有"仲尼弟子",此本不改,或以爲當尊稱如此。前述甲、乙本"孔子世家"與"仲尼弟子列傳"皆以一篇爲一卷,當出於尊崇。

"曹相國(世家)",覆刻景祐本、南宋紹興本及淳熙三年張杅本三種宋本,亦即當時的官刻本,俱稱其名作"曹參世家"。以上篇"蕭相國世家"之例揆之,當以"曹相國世家"更爲允當。但官本徑稱名,當校勘時別有所本。觀南宋坊刻本目録,其篇名有從稱官到稱名演化的趨勢,以便讀者尋檢。

"絳侯(世家)",諸官刻本作"絳侯周勃世家";蔡夢弼本同寫本;黄善夫本目録同寫本,正文篇題又作"絳侯周勃世家";《太史公自序》同寫本。今中華書局點校本

---

① 《史記》卷三五,覆刻景祐十行本,頁 5b;南宋紹興十四行本,頁 3a。
② 《史記》卷三五,頁 1570。
③ 《校刊史記集解索隱正義札記》卷四,頁 388。賀次君已言之(見《史記書録》,頁 11)。
④ 王重民據文中"淵"字缺筆、"虎"字"民"字不避,斷爲唐武德(618—626)初年寫本。(《敦煌古籍敘録》,頁 76)水澤利忠氏以之爲現存唯一唐寫本,不確。(《史記會注考證校補》附録,頁 24—25)
⑤ 《史記索隱》卷一一,頁 2b。

篇題作"絳侯周勃世家"。準上文之例,當以寫本及《自序》中"絳侯世家"爲正。篇題中出現姓名,亦爲後人便於檢索而增。

(5)七十列傳

"樗里甘茂(列傳)",宋刻本及今中華書局點校本皆作"樗里子甘茂列傳",惟《自序》《漢書·司馬遷傳》與寫本同。案,此傳正文首句稱"樗里子者"云云,標題當以"樗里子"爲正。《自序》當爲語言整飭而略"子"字,寫本遵《自序》,摘篇首二字爲題。

"范雎蔡澤(列傳)"之"雎",覆刻景祐本、蔡夢弼本、黃善夫本同,南宋紹興本、淳熙本及今本作"睢"。案,"雎""睢"二字形近易訛。核檢二字常用義,《玉篇·佳部》:"雎,王雎也。"《詩經》第一篇即爲《關雎》,以此命名,寓意甚美,合乎常情。"睢"字常用義爲水名或地名(另有"仰視"義,以此命名可能性較小),春秋時期屬宋地,而范雎爲魏人,不當以此命名。又《韓非子·外儲說左上》有"范且",顧廣圻以爲即"范雎",稱范且,"范雎也。'且''雎'同字"①。錢大昕《通鑑注辯正》:"考武梁祠畫像作'范且','且'與'雎'同。字宜從'且'不從'目'矣。古人名'且'者甚多,如穰且、豫且、龍且、夏無且之類,皆讀子余切。范雎、唐雎亦宜同此音。刊本作'睢',蓋轉寫訛混。"②《武梁石室畫像跋尾》亦稱"戰國秦漢人多以'且'爲名,讀子余切"。③ 中華書局本《校刊史記集解索隱正義札記》點校者有論,稱金陵書局初印本作"雎",張文虎又以朱筆標"睢"字,蓋欲剜改爲"睢"字④。《自序》與今本當沿襲金陵書局本,故應以"范雎"爲正。

"魯仲連騶陽(列傳)"之"騶",宋刻本及今中華書局點校本皆作"鄒"。案,漢人姓氏中"騶""鄒"二字皆有,《隸續》卷十四載"騶氏鏡"。寫本中"鄒"皆作"騶"。鄒陽爲齊人,魯地有鄒國,《説文·邑部》:"鄒,魯縣,古邾國,帝顓頊之後所封。"⑤《通志·氏族略三》載:"鄒氏,子姓。宋湣公之後。正考父食邑於鄒,生叔梁紇,遂爲鄒氏。其地今兗州鄒縣是也。齊有鄒衍、鄒忌。望出范陽。"⑥而"騶",《説文·馬部》

---

① 〔清〕王先慎撰,鍾哲點校《韓非子集解》卷一一,北京:中華書局,1998年,頁272。
② 〔清〕錢大昕《通鑑注辯正》卷一,清光緒十年(1884)長沙龍氏家塾刻本,頁3a—3b。另,今中華書局點校本二十四史修訂本《史記》亦言之。
③ 〔清〕錢大昕《潛研堂金石跋尾》卷一,頁29b—30a。
④ 《校刊史記集解索隱正義札記》卷五,頁545。
⑤ 〔漢〕許慎《説文解字》六下,北京:中華書局,1963年,頁135上。
⑥ 〔宋〕鄭樵《通志》卷二七,北京:中華書局,1987年,頁455中、下。

云:"騶,廄御也。"①其作姓氏,多在四夷。《漢書·西南夷兩粵朝鮮傳》:"閩粵王無諸及粵東海王摇,其先皆粤王句踐之後也,姓騶氏。"②《通志·氏族略四》:"騶氏,閩越王無諸之後。"③準此,則"騶衍"當作"鄒"。

復檢段玉裁《説文解字注》:"漢時縣名作騶。如《韓敕碑陰》'騶韋仲卿'足證。""周時或云鄒,或云邾婁者,語言緩急之殊也;周時作鄒,漢時作騶者,古今字之異也。"④據此,則原作"鄒",而漢時作"騶"。司馬遷作史,當書爲"騶"字。如《史記·孟子荀卿列傳》稱"孟軻,騶人也",又稱"齊有三騶子。其前騶忌,以鼓琴干威王,因及國政,封爲成侯而受相印,先孟子。其次騶衍,後孟子"⑤。覆刻景祐本此傳正文皆作"騶衍",而"鄒陽"作"鄒";"三騶子"作"騶",而下文"鄒忌"又作"鄒";其後之"騶奭"又作"騶",蔡夢弼本、黃善夫本同。是後人删改未盡,或區分未明,當以寫本爲正。

"淮陰侯韓信(列傳)",案,宋刻本、今中華書局點校本及《自序》皆作"淮陰侯列傳",《漢書·司馬遷傳》與寫本同。寫本此處多"韓信"二字,當特意爲與下篇"韓王信"相區別,以免讀者誤混。應以刻本及今中華書局點校本爲是。

"韓王信盧綰(列傳)",覆刻景祐本、張杅本、《自序》及今中華書局點校本皆作"韓信盧綰列傳",另三種宋本同寫本。南宋紹興本雖同寫本,但此葉爲後來補刻,所據之本或亦爲坊刻本。今中華書局點校本《漢書·司馬遷傳》作"韓王信盧綰傳",而兩宋版本此處有異文:北宋本作"韓信盧綰列傳"⑥;南宋本與寫本《目錄》同,作"韓王信盧綰列傳"⑦。作"韓王信"者,應是有意與上一篇"韓信"相區別而改,故當以"韓信盧綰列傳"爲正。

"魏其武安(列傳)",宋官刻本及今中華書局點校本皆作"魏其武安侯列傳",惟《自序》《漢書·司馬遷傳》同寫本。《自序》省"侯"字,當出於語言整飭的要求,篇名作全稱更爲允當。另兩種宋本目錄或作"竇嬰田蚡",或作"竇嬰田蚡灌夫",皆爲檢索人名之便而不稱封號,正文標題多作"魏其武安侯列傳"。

---

① 《説文解字》十上,頁201下。
② 《漢書》卷九五,頁3859。
③ 《通志》卷二八,頁467下。
④ 〔清〕段玉裁《説文解字注》卷一二,上海:上海古籍出版社,1981年,頁296上。《韓敕碑陰》撰於東漢永壽三年(157),字多手寫之體(見宋洪适《隸釋》卷一,《四部叢刊三編》本,頁20a)。
⑤ 《史記》卷八六,覆刻景祐本,頁1b—3a。
⑥ 《漢書》卷六二,北宋遞修本,頁12a。
⑦ 《漢書》卷六二,南宋嘉定十七年白鷺洲書院刻本,頁18a;慶元建安劉元起刻本,頁12b。

第五章 從寫本到刻本——唐宋之際《史記》傳本的變遷

"平津侯主父偃(列傳)",宋官刻本及今中華書局點校本皆作"平津侯主父列傳",《自序》作"平津侯",所論也僅及平津侯公孫弘,未言主父偃。另兩種宋本目録則逕稱"公孫弘主父偃"。寫本此條標題兩人前稱封號,後稱人名,頗不類,當遵宋官刻本之例。

2. 篇名著録方式之異同

在篇目的著録方式上,《經史歷》所載《史記目録》爲"小類卷次＋篇名＋類序"(世家、列傳部分),現存諸《史記》古寫本及覆刻景祐本題名方式亦爲"篇名＋類序＋全書篇序",蔡夢弼本、黄善夫本爲"小類卷次＋全書篇序＋篇名"[①],張杅本爲"小類卷次＋篇名"。蔡、張二本都是小類卷次居前,與他本不同。在稱名方式上,寫本《目録》一般省略同類篇題重複之字,如每部分的"世家""列傳"等字樣,此與張杅本同。而蔡夢弼本和黄善夫本目録,連本紀類"本紀"二字亦省。據此,則寫本《目録》與蔡夢弼本、張杅本,尤其是張杅本當有版本上的淵源關係。張玉春稱蔡夢弼本據"京蜀諸本校理",張杅本又源於蜀小字本[②],則此《目録》或即蜀小字本之祖本。

據今本《史記》,太史公原書僅在《自序》中著録總體篇名及類序,並無單獨目録和標題。在後來的傳抄過程中,讀者逐漸添加篇題、卷帙號和卷次。以單篇(或部分)流傳時,則必書篇名、篇序和全書次序,著録次序由小到大,便於定位;以整書存貯時,則書帙號(書櫃號)、卷序、篇名和類序,著録次序由大到小,便於檢索。由卷軸到書册,全書相對易得,爲便於檢索,書商刊印過程中遂加刻專門的目録。所編目録兼採上述兩種目録之長,即先分爲"本紀""表""書"等大類,一類之中再以卷軸篇序編寫方式類序在前,全書篇序在後,再加篇名(或人名)[③]。而今本《史記》目録排序方式,大致出於明萬曆前後吴勉學、凌稚隆等人刊本。

南宋初覆刻景祐本和南宋紹興十四行本卷首《集解序》之後皆無專門"目録",至南宋坊刻本及部分官刻(如淮南路本)始專門整理目録。既然早期讀者在抄寫研讀過程中編著了《目録》,北宋官刻本何以並未採用?筆者推測,《隋志》所載目録與《經史歷》所載《史記目録》性質相近,而與南宋再刊時所增目録性質迥異。前者是

---

① 其《史記目録》首列"帝紀一十二卷,年表一十卷,八書八卷,世家三十卷,列傳七十卷"。
② 見張杅本所附張杅淳熙丙申立秋日跋文云:"因搜筐中書,蜀所刊小字者偶隨來,遂命中字書刊之。"(另參張玉春《史記版本研究》第五章"史記南宋刻本研究",頁214—219)
③ 如蔡夢弼本"列傳"部分多逕列傳主姓名,不稱官職,類傳、合傳者名目之下皆列出每位傳主姓名。黄善夫本同。

揭示内容的特殊目録,後者爲便於檢索的索引目録。而從書籍史的角度來説,今天刻本所見作爲索引性質的檢索目録可能源於南宋坊刻,刻本之前的所謂一書之"目録",俱有特定内容指向,並非檢索目録。

二、寫刻演變與《史記》篇序調整

準《太史公自序》,《史記》篇序本不應再有變化。但自詡擁有政治權力的君王和作爲學術權威的學者却不顧作者本意,按照自己的意願自行調整篇序,以顯示自身的權威。《史記目録》的甲本篇序與今本較爲一致,但乙本和丙本則牽涉到"列傳"前三篇的排序問題①。這説明篇序之變動,也正發生於唐宋時期寫刻演變之際。今將文獻所見幾種《史記》版本"列傳"前三篇的排序情況列表如下②:

表7

版本＼篇次	六十一	六十二		六十三
八十卷本目録甲本	伯夷一(列傳卷一)	管晏二(列傳卷一)		老子韓非三(列傳卷一)
八十卷本目録乙、丙本	老子伯夷一 史記三十三	孔子弟子二 史記三十四		商君三 史記三十五
唐開元敕改本	老子、莊子居首(老子、莊子、伯夷)			
南宋初覆刻北宋景祐本(同監本)	老子列傳第一上 史記六十一	伯夷列傳第一下 史記六十二	管晏列傳第二 史記六十二	莊子韓非列傳第三 史記六十三
南宋紹興本(同索隱本)	伯夷列傳第一 史記六十一	管晏列傳第二 史記六十二		老子韓非列傳第三 史記六十三

① 關於《史記》篇序,前人多有論列。如唐司馬貞《史記索隱》卷三十(頁11a—13b)論各卷尤其是列傳部分篇序。又如明陳仁錫《陈明卿史記考》謂:"列傳次序有先後錯亂者,疑後人妄改易之也。如《刺客》當與《游俠》一類;《扁鵲》,醫方也,當與《日者》《龜策》《貨殖》一類;《吴濞》,叛王也,當與《淮南衡山》一類;《匈奴》,外夷也,當與《兩越》《朝鮮》《大宛》一類;《儒林》,當與《循吏》《酷吏》一類。"以《太史公自序》揆之,其説無據。本書只就寫本《史記目録》所涉及的篇序問題略陳管見。

② 《史記》代表性版本的擇取標準,參見前引(日)尾崎康《正史宋元版之研究》和張玉春《〈史記〉版本研究》。其中覆刻景祐本卷五、六、四八至五五配元大德九年饒州路刊本,卷一〇一至一〇五配宋紹熙建安黄善夫刊本(參《正史宋元版之研究》,頁222)。

第五章　從寫本到刻本——唐宋之際《史記》傳本的變遷

續　表

版本＼篇次	六十一	六十二	六十三
南宋乾道七年蔡夢弼集解索隱本	同上	同上	同上
南宋淳熙三年張杅集解索隱本	同上	同上	同上
南宋建安黃善夫本（同正義本）	老子伯夷列傳第一 史記六十一（老子、莊子、伯夷）	管晏列傳第二 史記六十二	申不害韓非列傳第三 史記六十三

南宋建安黃善夫本《史記·老子伯夷列傳第一》卷首篇題下有三條注文,言及唐寫本與宋刻本篇序之異：

監本《老子》與《伯夷》同傳第一,《莊子》與《韓非》同傳第三。

索隱本《伯夷》傳第一,《老子》《莊子》《韓非》同傳第三。《索隱》云："二人教迹全乖,不宜同傳。先賢已有成說,今則不可依循。宜令《老子》《尹喜》《莊周》同爲傳,其《韓非》可居《商君傳》末。"

正義本《老子》《莊子》《伯夷》居列傳之首。《正義》曰："《老子》《莊子》,開元二十三年奉敕升爲列傳首,處《夷齊》上。然漢武帝之時,佛教未興,道教已設。道則禁惡,咸致正理,制禦邪人,未有佛教可導,故列《老》《莊》於《申》《韓》之上。今既佛道齊妙,興法乖流,理居列傳之首也。"①

黃本最後稱"今依《正義》本"。據此,我們可知南宋時期幾種《史記》版本中列傳類篇序改動情況：

1. 監本改動篇序,但僅將"老子"居首,與"伯夷傳"同居第一卷,"莊子"及以下内容仍在第三卷。今存南宋初覆刻北宋景祐本與此相合,也從側面印證其屬監本系統。南宋紹興本雖屬官本,但並非監本系統。2. 司馬貞對當時《史記》篇序的其他部分並不滿意,但索隱本沒有改動列傳篇序,也沒有談到《老子傳》是否應在《伯

---

① 《史記》卷六一,黃善夫本,頁1a。

201

夷傳》之前①。據下文《正義》稱開元二十三年（735）敕書，則司馬貞此書很可能作於開元二十三年之前，否則以其"朝散大夫、國子博士、弘文館學士"的身份，不應不遵敕書。現存蔡夢弼本、張杅本俱有《索隱》，篇序並無改動，與此相合。3. 正義本將老子、莊子一起提到列傳篇首，居《伯夷傳》前，同爲列傳第一卷，以"申不害韓非"居第三卷。黄善夫本與此相符②。需要指出的是，當時的《集解》本應是默認的《史記》傳本，而《索隱》本和《正義》本當指單獨刊刻的《史記索隱》和《史記正義》，並没有專門的《索隱》或者《正義》與《史記》正文合刻的本子。

據張守節《史記正義序》，三十卷本的《正義》殺青於唐開元二十四年八月③，在唐玄宗敕升老子爲列傳之首的次年。遵敕改列傳篇序，理所當然。雖然正史中没有文獻直接言及改《史記》篇序問題，但玄宗時期對老子的尊崇却不乏記載。如《舊唐書·玄宗本紀上》云："（開元）二十一年春正月庚子朔，制令士庶家藏《老子》一本，每年貢舉人量減《尚書》《論語》兩條策，加《老子》策。"④則科舉中《老子》儼然與儒家經書同列，天下士庶家弦户誦，並立石臺刊勒⑤。開元二十三年春，玄宗"親耕籍田"，大赦天下，詔舉賢才⑥，歐陽修稱"有唐極盛之時"⑦。玄宗好文，注《孝經》，好典籍，改《史記》篇序，亦在情理之中⑧。

---

① 杏雨書屋藏北宋版十四行本《史記》以《伯夷列傳》居首，尾崎康稱不能否認爲國子監本的可能性。但據黄善夫本此注，當非監本。（參《正史宋元版之研究》，頁 40）

② 王鳴盛《十七史商榷》卷五"正義改列傳之次"條亦稱："以老子、莊子居《伯夷》之前，同爲一卷，居第一；申不害、韓非爲一卷，居第三，蓋《正義》本也。開元二十三年奉敕升老子，莊子因老而類升，張守節從之。若監本老子、伯夷同傳第一，莊子、韓非同傳第三，則又是後人所定："（頁 47）案，黄善夫三家注合刻本目録中以《伯夷列傳》爲第一，而正文中以《老子列傳》爲第一，當是拼合了宋刻集解本及索隱、集解二注合刻本。目録或用集解、索隱兩家注本，取其簡潔，故以《伯夷列傳》爲第一。賀次君及張玉春均有討論，後者所論尤爲明晰。（見《史記書録》，頁 96；《〈史記〉版本研究》第五章《〈史記〉南宋刻本研究》中論黄善夫本部分，頁 254—257）

③ 《史記》附録，頁 11。

④ 《舊唐書》卷八，頁 199。

⑤ 歐陽修《集古録跋尾》卷六"唐石臺道德經"條載："右老子《道德經》，唐玄宗注。開元二十三年，道門威儀司馬秀等請於兩京及天下應修官齋等州，皆立石臺刊勒。其經文御書，其注皆諸王所書。此本在懷州。"（《歐陽修全集》卷一三九，頁 2217）

⑥ 《舊唐書》卷八，頁 202。

⑦ 歐陽修《集古録跋尾》卷六"唐華嶽題名"條載："開元二十三年丙午，是歲天子耕籍田，肆大赦，群臣方頌太平，請封禪，蓋有唐極盛之時也。"（《歐陽修全集》卷一三九，頁 2216）

⑧ 《唐語林校證》卷四載："開元二十三年，加榮王已下官，敕宰臣入集賢院，分寫告身以賜之。侍中裴耀卿因入書庫觀書，既而謂人曰：'聖上好文，書籍之盛事，自古未有。朝宰充使，學徒雲集，官家設教，盡在是矣。前漢有金馬、石渠，後漢有蘭臺、東觀，宋有總章，陳有德教，周則虎門、麟趾，北齊有仁壽、文林；雖載在前書，而事皆瑣細，方之今日，則豈得扶輪捧轂者哉！'"〔宋〕王讜撰，周勛初校證《唐語林校證》，北京：中華書局，1987 年，頁 385—386）

第五章　從寫本到刻本——唐宋之際《史記》傳本的變遷

　　同樣熱衷文事的宋徽宗循玄宗故事,復以老子居列傳之首。吴曾《能改齋漫録》卷一三"詔《史記》陞《老子傳》爲列傳首"條有載:"政和八年(1118)詔:'《史記·老子傳》,陞于列傳之首,自爲一帙。《前漢·古今表》,叙列于上聖。其舊本並行改正。'"[①]覆刻景祐本《史記》即以《老子傳》居首[②]。這種臨時行政命令式的文本改動,没有持續多久。故南宋時期新刻的官本及坊本皆以《伯夷列傳》居首。兩宋《漢書》刊本也多將"老子"列於《古今人表》"中上",不處"上聖"。

　　表7中,八十卷本《史記目録》甲本"列傳"部分篇序和《太史公自序》及今中華書局點校本完全相同;乙本特别强調本卷篇序之變,此帙首句即稱"老子伯夷爲首卷"。又甲本此帙《列傳》一到六俱合寫於第一卷上,故改變篇序不存在涉及異卷調整的問題。乙本所據最晚當爲宋監本系統或即覆刻景祐本。表1中已見乙本目録是在甲本基礎上改編,則甲本(或其底本)應在此之前。

　　又今本《孟子荀卿列傳第十四》卷首《索隱》稱:"按,《序傳》《孟嘗君》第十四而此傳爲第十五,蓋後人差降之矣。"[③]今本《太史公自序》所載爲《孟子荀卿列傳》第十四、《孟嘗君列傳》第十五,《漢書·司馬遷傳》所載爲《孟子荀卿列傳》第十四、《孟嘗君列傳》第十六,皆是孟子在孟嘗君前[④]。以八十卷本《史記目録》甲本而論,《孟子荀卿列傳》屬於第六帙第五卷,《孟嘗君列傳》屬於第六帙第六卷。兩篇不屬一卷,且後者與其他三篇同屬"四君子",不應混雜顛倒,《索隱》此文當有差誤。大概是傳寫者以爲戰國四公子的傳記應在一處,遂私自調整篇次,而不顧《太史公自序》所言篇序。另,《匈奴列傳》卷首《正義》云:"此卷或有本次《平津侯》後,第五十二。今第五十者,先生舊本如此,劉伯莊《音》亦然。若先諸傳而次四夷,則《司馬》《汲鄭》不合在後也。"[⑤]張守節依據張先生舊本,認爲讀者將四夷傳記放在一起並不妥當。

　　需要補充説明的是,前引南宋紹興本與黄善夫本注所稱之"《索隱》"本次序同。雖有北宋皇帝敕書,但在南宋初期,篇卷的釐定還是基本準照《太史公書》的原來次

---

① 〔宋〕吴曾《能改齋漫録》卷一三,北京:中華書局,1960年,頁385。
② 此本列傳卷首字迹與原版不類,有補刻。但這種補板,應與改刊舊本無關。傅斯年《北宋刊南宋補刊十行本史記集解跋》,臺灣"中研院"歷史語言研究所集刊》第十八本,1948年,頁488—493;勞榦《北宋刊南宋補刊十行本史記集解後跋》,臺灣"中研院"歷史語言研究所集刊》第十八本,1948年,頁497—502;關於《史記》北宋本及其覆刻本的大致系統,可參見尾崎康《正史宋元版之研究》,頁37—66、203—270。
③ 《史記》卷七四,頁2343。
④ 《史記》卷一三〇,頁3314;《漢書》卷六二,頁2721。
⑤ 《史記》卷一一〇,頁2879。

203

序。這是刻本對寫本時代篇序的另一種規範。此後千餘年來，雖然傳下的刻本不下六十餘種①，但以私意更改篇序的現象基本沒有在版本中表現出來。對篇序的異議，至多也只能出現在學者的研究著作中②。

餘論　刻本時代與《史記》寫本的淡出

有宋之後，《史記》的古寫本似乎已經從人們的視野中完全消失了。至少沒有如日本那樣，至今還留存有如此之多的《史記》古寫本。其主要原因，自然是刻本的興盛與傳播。《書林清話》卷六"宋監本書許人自印并定價出售"條云：

> 宋時國子監板，例許士人納紙墨錢自印。凡官刻書，亦有定價出售。今北宋本《説文解字》後，有雍熙三年中書門下牒徐鉉等新校定《説文解字》。牒文有"其書宜付史館，仍令國子監雕爲印板，依九經書例，許人納紙墨錢收贖"等語。③

書籍刻板之後，摹印方便，理應傳播較廣。但初期刊版的主要是一些最常用的經史典籍，其他一般的書籍還是以抄寫爲主。王明清《揮麈録》一書就記載了南宋時期一些仕宦之家猶多轉録圖書的情狀④。蘇軾（1037—1101）晚年作《李氏山房藏書記》，言老儒手抄《史記》《漢書》的故事：

> 自秦、漢以來，作者益衆，紙與字畫日趨於簡便，而書益多，士莫不有，然學者益以苟簡，何哉？余猶及見老儒先生，自言其少時，欲求《史記》《漢書》而不可得，幸而得之，皆手自書，日夜誦讀，惟恐不及。近歲市人轉相摹刻諸子百家

---

① 見《史記書録》。
② 勞榦又言北宋刊南宋補刊之十行本此處爲補刊。關於篇序問題，勞榦在《北宋刊南宋補刊十行本史記集解後跋》中亦有概括："《史記》各本於《老子列傳》之處置，凡有三類，伯夷自爲列傳，老莊、韓非同傳，此《索隱》本也。老莊、伯夷同傳，韓非自爲列傳，此《正義》本也。老子、伯夷同傳，莊子與韓非同傳，此宋監本也。《索隱》本乃司馬遷之舊，《正義》本從唐玄宗開元十三年之敕令。而宋監本則從宋徽宗政和八年之敕令。"
③ 《書林清話》同條另舉數例，並詳列刻書用紙及書價。葉氏謂"可見宋時刻印工價之廉，而士大夫便益學者之心，信非俗吏所能企及矣"。（頁 143—145）
④ 〔宋〕王明清《揮麈録》，北京：中華書局，1961年。

第五章 從寫本到刻本——唐宋之際《史記》傳本的變遷

之書,日傳萬紙,學者之於書,多且易致如此,其文詞學術,當倍蓰於昔人,而後生科舉之士,皆束書不觀,遊談無根,此又何也?①

蘇軾基本生活於十一世紀,從其"余猶及見老儒先生,自言其少時"的話語,可以推斷出,這些"老儒先生"求之不易,手書《史記》《漢書》的情形,應大略發生於仁宗朝。此時《史記》雖然已開始雕版,但播布不廣。而到了"近歲"的北宋後期,至少神宗(1068—1085)、哲宗(1085—1100)時期,書籍已然到了"市人轉相摹刻""日傳萬紙"的地步,學者藏書、觀書較爲便利。大約也正在這一時期,人們多以便利之故,羅致刻本,抄寫日稀。尤其是有了官方校定的監本之後,那些古寫本也漸漸不被人們重視。

前引葉夢得《石林燕語》記載了淳化以後,隨着《史記》等書刊刻漸多,"士大夫不復以藏書爲意","世既一以板本爲正,而藏本日亡,其訛謬者遂不可正"的景象②。《麟臺故事》亦載因墨版摹印六經三史之後"世之寫本悉不用",而刻本誤文"更無他本可以刊驗"的情形③,可與此互證。寫本淡出的原因大略如是。若非敦煌遺書的出土,我們大致只能面對日本傳世的古寫本慨歎"禮失而求諸野"了。殘存的古寫本,猶在奏響寫本時代的遺音。

---

① 〔宋〕蘇軾《李氏山房藏書記》(見《蘇軾文集》卷一一,頁359)。
② 《石林燕語》卷八,頁116。
③ 《麟臺故事校證》卷二中,頁290。

第六章 《訂正史記真本》與《史記》真本問題

兩宋之際，雕版印刷技術已經成熟，許多重要的典籍基本都有了詳加校正的刻本，並逐漸取代寫本，成爲傳本的主流。但在部分讀者心中，古寫本仍有不可取代的價值，遂有學者刪省刻本，試圖恢復心目中的《史記》"真本"舊貌。然而在當時世無寫本的情況下，這一努力終究以失敗而告終。寫本文獻的湮滅也造成了四庫館臣判斷的失誤。

第一節 《訂正史記真本》與宋代《史記》刪本

《欽定四庫全書總目》卷四六載《訂正史記真本凡例》一卷（編修程晉芳家藏本）①。據前序，此爲洪遵將《史記》"手録一帙，盡汰其補亡妄益等語，而以己所校定者録於下方"②。《總目》稱"是編載曹溶《學海類編》中"，然據清道光十一年(1831)六安晁氏木活字本《學海類編》，該書名爲《訂正史記真本》，無"凡例"二字。此書舊題宋洪遵(1120—1174)撰，館臣已辨其非，以爲"其爲明季妄人託名僞撰"。如"凡例"所稱異體文字，直録《正義》"字例"之文，固不足辨③，而所稱文中的"標記圈形"④，更是明代《史記》評點風氣興起之後的現象。"凡例"形式與《史記評林》書

---

① 《四庫全書總目》卷四六，頁 416 中、下。
② 〔宋〕洪遵《訂正史記真本》，清道光十一年六安晁氏木活字《學海類編》本，葉 1a。又有道光二十八年黃秩模木活字《遜敏堂叢書》本。
③ 所舉古字基本與《索隱》相同，如"智"作"知"，"汝"作"女"，"早"作"蚤"，"惡"上安"西"，"離"邊作"禹"等（《訂正史記真本》，葉 3a）。
④ 如"音義用◎，考異用◐，刊誤用●，題評用○"。（《訂正史記真本》，葉 9b）

前凡例頗爲相似,《訂正史記真本》之作應在萬曆以後①。

雖然此書出於明人增訂,但檢核"凡例",我們發現文中涉及篇卷內容的部分每一條都有"今本"與"真本"比對校勘之語。如"本紀:《五帝》《夏》《殷》《周》,今本與真本並同。……孝明皇帝左方係東京語,並從真本删去。《項羽高祖》,今本與真本並同"②;"《游俠傳》首漫下'太史公曰'句,今本與真本並同,不敢妄意更改"③等。年表行格部分也是差異俱載,極爲詳盡,如"年表:……《秦楚之際》篇前半分爲九格,今本與真本並同,自義帝元年後真本原分廿格,今本或分廿一格者,不可從也。又真本敘趙王歇分載趙、代兩格,敘代王陳餘原在代,都一格,今本謬誤錯亂,悉爲改正"④。下文更詳細説明了某卷某處刪改多少字,詳審文意,正是"其所刊正,不盡無理"⑤。這一切説明"凡例"的撰寫者手邊似乎確有一"真本"。

何謂"真本"? 檢諸典籍,"真本"之稱,前代多有。如《漢書·河間獻王傳》稱劉德"從民得善書,必爲好寫與之,留其真",顏注云:"真,正也。留其正本。"⑥梁元帝蕭繹《金樓子》卷三《説蕃篇》將之增釋,遂稱劉德"好古文,每就人間求善書,必爲好與之,留其真本,加以金帛"⑦。魏晉六朝時期,紙簡替興,典籍多有轉寫之本,遂多稱保存原本形貌者爲真本。《南史》卷一八《蕭琛傳》載:

> 始琛爲宣城太守,有北僧南度,唯齎一瓠蘆,中有《漢書·序傳》。僧云:"三輔舊老相傳,以爲班固真本。"琛固求得之,其書多有異今者,而紙墨亦古,文字多如龍舉之例,非隸非篆。琛甚祕之。及是以書餉鄱陽王範,獻于東宮。⑧

這是傳説《漢書》"真本"的記載,舊題洪氏"《史記》真本"或受此啓發。太史公曾將其書"藏之名山,副在京師"(《史記·太史公自序》)。千餘年後,《訂正史記真本凡

---

① 二書俱爲序文加凡例形式,内容有總論有分部介紹,且《史記評林》列 18 條凡例,《訂正史記真本》有 17 條凡例。所不同的是前者側重論各家之評,而後者專列"真本"與今本異同。參〔明〕凌稚隆《史記評林》,天津:天津古籍出版社 1998 年影萬曆李光縉增補本,頁 119—125。
② 《訂正史記真本》,葉 4a。
③ 《訂正史記真本》,葉 3b—4a。
④ 《訂正史記真本》,葉 4b—5a。
⑤ 《四庫全書總目》卷四六,頁 416 下。
⑥ 《漢書》卷五三,頁 2410。
⑦ 《金樓子校箋》,卷三,頁 603。
⑧ 〔唐〕李延壽《南史》卷一八,北京:中華書局,1975 年,頁 506。《梁書》卷二六(頁 397)文字略同。

《史記》的寫本時代——公元十世紀前《史記》的傳寫與閱讀

例》忽然稱，所謂"真本者，名山中藏舊文也"①，無怪館臣目爲謬妄，直斥曰："豈有由漢及宋，尚有司馬遷真本藏於山中，遵忽然得之者耶？"②但兩宋時期未見著錄的古本非一，若按"真本"原意，即諸多傳本中的正本來理解，《史記》真本之説似無不妥。

雖然我們無法確定上述"《史記》真本"是依託何本，是否與洪遵有關，但約略與洪氏同時（淳熙年間），確有一種試圖恢復"《史記》真本"的刻本問世。今國家圖書館藏有南宋淳熙三年張杅桐川郡齋刻八年耿秉重修本《史記》，卷末所附張杅淳熙三年刊刻《史記》删本跋文云：

因搜笥中書，蜀所刊小字者偶隨來，遂命中字書刊之。用工凡七十輩，越肇始四月望，迄六月終告成。伯永請予序，予謂太史公書安敢序，當書歲月識目錄後可也。然其間有删削是正者，不可不書。舊注謂"十篇有録無書"，後褚少孫追補之。其文猥妄不經，蕪穢至不可讀，每翻閱至此，輒敗人意，不知何人遽續而傳之。凡少孫所書者，今皆删闕之，然其間亦有可喜□。《日者傳》則大類莊周書，意其□本書之殘缺者，少孫因以附益，今則以"注"字別之，或可見其遺意。又如《伯夷》《孟子》《張蒼》《倉公》《魏其》《貨殖》《自序》之類，蓋其一篇之文接連回複，不可斷絕。安可段節起題以碎亂其文？今皆連書以歸其元。……淳熙丙申立秋日，廣漢張杅謹書。

根據跋文，張杅因酷好太史公之書，故將蜀小字本《史記》以中字刊之，並將褚少孫所補"皆删闕之"，又將其間可喜者（如《日者列傳》）"以'注'字別之"。而張杅删略《史記》附益文字的依據與舊題洪氏"真本"並無二致，甚至後者的記錄更有理據。

《訂正史記真本》序云：

司馬子長所著《史記》一百三十篇，殆絕筆太初天漢之間，其書未就即遭李少卿之禍，俾身蠶室。篇中闕文誤句多不及正而十篇有録無書。迨子長殁而楊惲、褚少孫之徒以私見臆説足成之。往往篡入太始以後事，而子長之真面目遂多偽託矣。夫子長之才學宏博富麗，包涵萬象，蓋有楊惲所不聞於外家，若少孫之淺陋，又烏足以語此？今以惲與少孫之文與子長真本比長絜短，相懸固不啻徑庭

---

① 《訂正史記真本》，葉 8b。
② 《四庫全書總目》，頁 416 下。案，太史公"名山"當指書府，而非山川之山。館臣此説，或爲譏諷之言。

矣。他如"顓頊生鯀","召始皇弟授之璽"句,此正子長一時之誤,固可存而不論,論而不更者也。余於《史記》同杜當陽之嗜《左》,特手錄一帙,盡汰其補亡妄益等語,而以己所校定者錄於下方。子長有知,千載之下其許我乎?①

如果張杅本流傳至明,《凡例》所據或爲此類刪節本也不無可能。

而張杅本在宋代命運如何？淳熙八年耿秉所刻《史記》序文稱：

> 淳熙丙申(1176),郡守張介仲刊《太史公書》于郡齋。凡褚少孫所續悉削去,尊正史也。學者謂非全書,懷不滿意,且病其訛舛。越二年,趙山甫守郡取所削別刊爲一帙,示不敢專,而觀者復以卷第不相入,覽究非便,置而弗印,殆成棄物。信乎流俗染人之深,奪而正之,如是其難。然星之於月,其不侔亦昭昭矣,屏之使不得並,孰若附之其旁,則小大較然,不其愈尊乎？別以所續從其卷第而附入之,兩存其板,俾學者自擇焉。其訛謬重脱,因爲是正,凡一千九百九字,以辛丑仲秋望日畢工。澄江耿秉直之謹書。

據此可知,張杅本《史記》刊行之後,學者反而認爲這個刪本並非"原書",多懷不滿。兩年後,趙山甫打算將刊落的褚補文字另行刊刻附入,但見到的人又認爲卷次與原來不同,無法成印。因此在淳熙八年,耿秉只好將此書恢復到有褚補文字的"原貌","兩存其板",令學者自擇。我們今天所見的本子基本都附有褚補文字。

洪遵正是在淳熙元年去世的,距離張杅刻刪減本《史記》僅兩年。如果説當年洪遵刪減附益文字而自成一本,以當時的情況看,並非沒有可能。耿秉感歎"信乎流俗染人之深,奪而正之,如是其難",正説明其對張杅的立場在一定意義上是理解和支持的。張杅將之刊版,也表明當時的部分讀者有此需求。在南宋淳熙前後,應該不止一人試圖刪略褚補文字,恢復太史公原文。不同的是洪遵刪省自覽,無礙他人,而張杅試圖將之刊行,引來主流"學者"的反對,五年後終以耿秉刊印恢復褚補本而告終。張杅本和耿秉本的出現,正説明孝宗淳熙年間,學者對《史記》文本存在刪附益和存舊本之爭。②

---

① 《訂正史記真本》,葉 1a—b。
② 如果進而深求,南宋孝宗時期始而"中興",繼之北伐失敗,《史記》的喜好似乎滿足了部分學者對漢武盛世的追懷。而刪附益與存舊本的爭議,也與南宋前期主戰與主和之爭的社會心態相應。一定程度上,存舊本一派的勝利也暗合了主和派終佔據社會主流的現實。

看來輕改古本面貌並不是明人的專利,清人奉爲圭臬的宋代官刻本即已如此。雖然删附益、尊正史的立意甚好,但歷史已證明,以意删削不若"別以所續從其卷第而附入之,兩存其板,俾學者自擇焉"。張杅本的亡佚,不爲無因。

第二節 洪氏"真本"之形貌

張杅本删減的内容大致清楚之後,我們再試圖根據《凡例》所載,恢復"《史記》真本"的形貌,以見是否宋人删本更優。根據作者所列 17 條"凡例",我們發現舊題洪遵訂正的"真本"與今天的研究者所列《史記》補竄内容差別不大,正如館臣所稱"觀其所刊正,不盡無理"。

一、在形式上的改動有以下幾點:1. 在字體上儘量依《正義》恢復古言古字,但又改正了明顯的訛誤字①,所謂"書中字面真本與今本同者,從楷書同文也;真本與今本異者作篆,從先進也,觀者當自得之"②。2. 在行文行格與起訖上,"起止過接真本與今本同者,隨文録去;閒有起止各別,過接受删者,並著一圈以表其異;更有真本所無而係今增者,悉書其字於圈中"③。3. 在音訓及刊正評論上有所標記,"標記圈形有四,庶不誤觀者:音義用◎,考異用◐,刊誤用●,題評用○。用之各有攸當也"④。

二、在内容上:1. 篇目上以《太史公自序》爲篇首,又删去了他認爲是楊惲、褚少孫等人的續補文字,包括張晏所云十篇及天漢以後的内容⑤。2. 删去與武帝時語境不侔的詞句,如"孝武"等字、摻雜昭帝時事的文字及當諱而不諱的文字。删定後總字數爲"五十一萬有奇",較《太史公自序》所言少一萬六千字左右⑥。

今以彙聚古代和當代《史記》文本考訂成果的清梁玉繩《史記志疑》和《史記研究集成》⑦爲參照,將《訂正史記真本》與此後研究做一比較,各篇内容差別臚列如次:

---

① 《凡例》中未言其據爲《正義》,但據其所舉之例皆本自《史記正義·論字例》。(參《史記》附録,頁 14)
② 《訂正史記真本》,葉 9a。
③ 《訂正史記真本》,葉 9a。
④ 《訂正史記真本》,葉 9b。
⑤ 《凡例》中論及未改避諱字,今本與真本同。下有"斯又不可解"五字,觀前後文字,當爲後人批語,不能視作作者以爲有漢代傳至南宋的"真本"之證據。(參《訂正史記真本》,葉 2b)
⑥ 《訂正史記真本》,葉 2a。
⑦ 參見張大可、安平秋、俞樟華主編《史記研究集成》第二卷第十二章第五節"《史記》殘缺與續補竄附",北京:華文出版社,2005 年,頁 451—464。

"真本"所涉各篇異同比較表

"今本"《史記》篇卷		《訂正史記真本》	《史記志疑》	《史記研究集成》
本紀	《秦本紀》	删"一日千里"4字	同"今本"	同"今本"
	《秦始皇本紀》	删"襄公立,享國十二年"以下817字	同"真本"	同"真本"
		删"孝明皇帝"以下	同"真本"	同"真本"
		未言	"秦孝公據崤函之固"以下附入賈誼《過秦論》之上	同《志疑》,稱之爲《過秦論》上、中篇
	《呂太后本紀》	删篇末"太史公曰"前11字	同"今本"	同"今本"
	《孝景本紀》	全删,"止存篇目"	以爲存	以爲存
	《孝武本紀》	全删,"止存篇目"	同"真本"	同"真本"
表	《三代世表》	删"張夫子問"以下	同"真本"	同"真本"
	《十二諸侯年表》其"周魯齊晉秦楚等字,分載各公謚號之上"	删"分載各公謚號之上"的"周魯齊晉秦楚等字"	同"今本"	同"今本"
	《六國年表》篇末始皇帝元年後爲八格	"篇末始皇帝元年以後"改八格爲七格	同"今本",又認爲個别地方有行格及錯簡問題	同"今本"
	《秦楚之際月表》自義帝元年後或分廿一格	義帝元年後分廿格	近"真本",又言及其他行格問題	同"今本"
		"敍趙王歇分載趙、代兩格"		
		敍代王陳餘在代一格		
	《漢興以來諸侯王年表》	"其諸王謚號稍雜楊惲潤色語,悉爲删改"	亦言之	同"今本"
	《高祖功臣侯者年表》	删"平陽、曲周、陽河、汾陽、戴侯"中"雜出楊惲語"	亦言之	略同:曲周侯13字;陽河侯18字;汾陽侯28字;戴侯15字
	《惠景閒侯者年表》	删"遒侯、容成侯、亞谷侯"中"雜出楊惲語"	亦言之	道(當爲"遒"之誤)侯24字;容成侯15字;亞谷侯16字
		删"孝惠某年、高后某年等"		

《史記》的寫本時代——公元十世紀前《史記》的傳寫與閲讀

續　表

"今本"《史記》篇卷		《訂正史記真本》	《史記志疑》	《史記研究集成》
表	《建元以來侯者年表》	删"南奇侯、龍額侯"中"雜出楊惲語"及"當塗侯"以下	亦言之	僅列葛繹侯12字；按道侯18字；褚補同，武帝征和之後四侯
	《漢興以來將相名臣年表》	全删，"止存篇目"	缺表敘；"天漢元年"以下爲補續	征和四年之後至鴻嘉元年爲褚補，餘爲太史公本文
書	《禮書》	全删，"止存篇目"	惟存一序，餘皆後人補續	同《志疑》
	《樂書》	全删，"止存篇目"	同"真本"	"又嘗得神馬渥窪水中"一段及"凡音之起"以下爲補入，計158字
	《律書》	全删，"止存篇目"	同"今本"	篇序爲《兵書》遺文，"七正二十八舍"下爲《禮記》文
	《曆書》	删"横艾淹茂太始元年"以下	惟存一序，餘同"真本"	同"真本"；更辨出歲名下所書年號亦未後人附入
	《天官書》"蒼帝行德"一段在篇末	"'蒼帝行德'一段"移至"太史公曰"前	以爲"似缺前序"；亦言此段文字位置或不確	同"今本"
	《封禪書》	未言	以爲附入	同《志疑》
	《平準書》小論①在篇末	"真本"小論在篇首，"特爲改正"	以爲在篇末	亦置篇末
世家	《管蔡世家》	删"曹叔世家"4字	略同"真本"	同"今本"
	《孔子世家》	未言	同"今本"	同"真本"
	《陳涉世家》	删小論	同"真本"	同"真本"
	《外戚世家》	删"褚先生曰"以下	褚補部分同"真本"；另有"有男一人，爲昌邑王"爲附入	同《志疑》

① "小論"即"太史公曰"部分。

續 表

"今本"《史記》篇卷		《訂正史記真本》	《史記志疑》	《史記研究集成》
世家	《楚元王世家》	删"是爲楚文王"以下67字	删"王純立"以下27字	同《志疑》
	《齊悼惠王世家》	删"城陽景王章"至篇末小論前735字	删"是爲惠王"至"十五歲,卒"48字	删"(城陽)荒王四十六年卒"至"十五歲卒"27字
			"是爲頃"至"十一歲,卒"44字	同《志疑》
	《曹相國世家》	删篇末小論前12字①	同"真本"	同"真本"
	《梁孝王世家》	删"是爲平王"以下11字	未言	同《志疑》
		删"襄立三十九年"以下19字	同"真本"	
		删"褚先生曰"以下	同"真本"	
	《五宗世家》	删"六安王慶"以下19字	未言	未言
		删"真定王平"以下72字		
	《三王世家》	全删,"止存篇目"	同"真本"	以爲未亡,"褚先生曰"以下爲褚補
列傳	《孟嘗君列傳》	與《平原君虞卿列傳》顛倒次序	同"今本"	同"今本"
	《平原君虞卿列傳》	與《孟嘗君列傳》顛倒次序	同"今本"	同"今本"
	《屈原賈生列傳》	删"及孝文崩"以下41字	言有後人增改	同《志疑》
			删"至孝昭時,列爲九卿"8字	
	《韓信盧綰列傳》	删"子代,歲餘坐法死"以下21字	同"真本"	同"真本"

---

① 《訂正史記真本》作"十三字"(葉6b)。案,當指篇末"征和二年中,宗坐太子死,國除",凡十二字。此或手民之誤。

213

續　表

"今本"《史記》篇卷		《訂正史記真本》	《史記志疑》	《史記研究集成》
列傳	《樊酈滕灌列傳》	删"繆靖侯卒"以下34字	删"爲太常,坐法,國除"7字	删"坐法,國除"4字
	《張丞相列傳》	删"孝武時丞相多甚"以下	同"真本"	同"真本"
	《酈生陸賈列傳》	未言	以爲附入	同《志疑》
	《傅靳蒯成列傳》	全删,"止存篇目"	以爲存	同《志疑》
	《田叔列傳》	删"數歲,坐太子事"以下53字	删"數歲爲二千石"以下	列"其後刺舉三河"以下84字,多31字
		删"褚先生曰"以下		同"真本"
	《李將軍列傳》	未言	删"李陵既壯"以下	同《志疑》
	《匈奴列傳》	删"貳師聞其家"以下25字	删"且鞮侯單于既立"以下	同《志疑》
		删"有詔捕太醫令隨但"以下24字		
	《衛將軍驃騎列傳》	删"長平侯伉代侯"以下6字	同"今本"	同《志疑》
			删"六歲,坐法失侯"6字	
		删《公孫賀傳》末17字	同"真本"	同"真本"
		删《公孫敖傳》末80字	删"七歲"以下44字	同《志疑》
		删《韓說傳》末31字	删"爲光禄勳"以下14字	同《志疑》
		删《路博德傳》末9字	同"今本"	同《志疑》
		删《趙破奴傳》末21字	同"真本"	同"真本"
	《平津侯主父列傳》	删太皇太后詔以下	同"真本"	同"真本"
	《司馬相如列傳》	删小論"楊雄以爲靡麗之賦"以下28字	同"真本"	同"真本"

續　表

"今本"《史記》篇卷		《訂正史記真本》	《史記志疑》	《史記研究集成》
列傳	《酷吏列傳》	删《杜周傳》"子孫尊官"4字	删"自溫舒等以惡爲治"以下301字	删"溫舒死……歸葬"以下48字
			删《杜周傳》"周中廢"以下89字	删《杜周傳》"周中廢"以下37字
	《大宛列傳》	未言	同"今本"	以爲補入
	《滑稽列傳》	删"褚先生曰"以下	同"真本"	同"真本"
	《日者列傳》	全删,"止存篇目"	同"真本"	"褚先生曰"以下爲褚補
	《龜策列傳》	全删,"止存篇目"	同"真本"	以爲褚先生補作
《太史公自序》在書末		置書首。"今本"《平原君虞卿》《孟嘗君》《衛將軍驃騎》《平津侯主父》《匈奴》五傳"失次","從真本改正"	書末亦言傳記之失次	書末略同《志疑》

　　涉及《史記》的52篇中,《訂正史記真本》與《史記志疑》內容相同的有20篇;《史記志疑》及今人研究同者有11篇;而涉及到相關問題但《史記志疑》與今人考辨更深入的有17篇29處,完全不同的有14篇16處。完全不同的篇目中,有的是《訂正史記真本》指出《史記》文字爲附益而《史記志疑》和今人研究認爲非附益,也有的是前者已經指出文獻有問題且被今人認可,但《史記志疑》沒有發現的(如《孔子世家》)。"凡例"最大的缺陷是主張今本《史記》有十篇俱僞,但該說實自《史通》之後已占主流,甚至宋人朱熹等也概莫能外。清梁玉繩《史記志疑》也認爲至少有七篇爲後人補續,"凡例"此誤也不足爲病。總之,"凡例"對《史記》文獻的考辨頗有理據,與清人乃至今人相較也是互有短長。除以"真本"爲"太史公名山之本"外,在一定意義上,這篇文獻可以說是代表了清代中期之前關於《史記》附益文獻考辨的最高成就,其貢獻不應以出自明人之手而加以抹殺。

《史記》的寫本時代——公元十世紀前《史記》的傳寫與閱讀

第三節 《史記》"真本"之遺音

雖然《史記》真本不存,但對"真本"的追懷可謂代不乏人。南宋時張杅等試圖自己删省附益,恢復"真本"面貌。而時代稍晚,仍有一種江南本《史記》傳世。高似孫《史略》卷一"江南古本《史記》傳考"條云:

> 江南《史記》爲唐舊本,但存列傳而已。其間有字誤者,有字多者,有字少者,有脱百餘字者,有一字之間義致大不同者,是爲天下奇書。初,上蔡謝氏有録本,今略掇數字,于以見古本之精妙也。①

據高氏所記,則"江南本"《史記》爲唐寫本的一種,至南宋時尚有"上蔡謝氏"等傳抄過録②。宋佚名《南宋館閣續録》卷八載:"高似孫,字續古,慶元府鄞縣人。淳熙十一年衛涇榜進士出身,治詩賦。"③則高似孫與張杅、耿秉等生活時代也有交集。高氏於淳熙年間舉進士,當時雖有脱誤的唐時舊本,已頗爲珍稀,張杅等試圖恢復舊貌的努力也不難理解。觀《史略》小序,是書作於南宋理宗寶慶元年(1225),南宋尤袤(1127—1194)與高似孫時代相近又富於藏書,檢尤氏《遂初堂書目》,《史記》僅有川本和嚴州本,並無其他寫本④。這一"江南本"此後也未見記載,不知所終,終歸湮滅。

值得注意的是,兩宋時期言典籍傳本之可貴,多稱"古本""舊本"或"江南本",與"今本"相對。但到了明代,或是古本愈爲珍稀之故,宋人所抄之本亦徑稱"真本"。此時"真本"已由辨別傳本系統的名詞,變成了表明傳本時代的名詞。元人趙孟頫題:

> 太史公文冠千古,非蘭臺令史所可企及。顧後世之讀史者爭言《漢書》,誤

---

① 〔宋〕高似孫《史略》卷一,《叢書集成初編》本,頁15。
② 《史略》所舉"江南本"與"今本"異文,經易平先生比對發現,"江南本"與舊稱景祐本相同,與"今本"反而多不同。所謂"江南本"應與兩宋官刻本屬同一系統的古鈔本,即兩宋官刻本多源於所謂"江南本"。
③ 〔宋〕陳思《兩宋名賢小集》卷三一三云:"高似孫,字續古,餘姚人。文虎子。淳熙十一年進士,歷官校書郎,守處州。有《疏寮小集》。"所載略有不同。
④ 《遂初堂書目》,頁5。

216

矣。此宋人寫本十帙，不知的出誰手，而筆法精勁，校讎不苟，殆典午氏之忠臣歟？余爲購而藏之，以當識荆。若夫紙墨之精，收藏之善，特餘事耳。時大德改元嘉平八日，吴興趙孟頫題。①

據此跋文，元大德改元(1297)十二月趙孟頫仍藏有宋人寫本，但稱"寫本"（與刻本相對），而非"真本"。到明人筆下即有不同：

王氏舊藏宋人小楷《史記》真本一部，原是松雪翁物，計十帙，紙高四寸，字類半黍。不惟筆精墨妙，中間絶無訛謬。宋紙于明望之無簾痕，每帙用"舊學史氏"及"碧沚"二印，帙尾有趙松雪楷書題跋。予鐫《史記》時，悉取以證今本之誤，乃知昔人所記鮑史之異，良非虚語也。②

此"宋人小楷《史記》真本"，與上文所指應爲同一種。只不過在張氏筆下，"寫本"徑變爲"真本"，與"今本"相對，似乎此本真出自太史公名山珍藏。高似孫所稱江南本《史記》，只稱其爲"唐舊本"。元趙孟頫亦只稱宋人寫本《史記》"筆法精勁，校讎不苟"，到明代張丑筆下即成"真本"，且"不惟筆精墨妙，中間絶無訛謬"。個中演變，令人驚歎。文中所言王氏爲王鏊(1450—1524)，其子王延喆(1483—1541)曾刊刻過三家注合刻本《史記》。根據木記，是本始刊於嘉靖乙酉(1525)臘月，訖丁亥三月，張元濟、賀次君先生認爲雖與黄本頗相類，而並非覆刻黄本③。王士禎《池北偶談》載，王延喆曾據一人持售宋刊《史記》而一月畢工。清人葉德輝已據跋文指出此事不實，並稱王本與柯維熊刻本同出紹興本④，或當時也參校了這一類宋人寫本⑤。後人一見"真本"二字即以爲西漢藏本而目爲虚妄，有失輕率。

張丑父張應文有《張氏藏書》四卷，館臣又謂"其《山房四友譜》中所稱以《史記》

---

① 〔明〕張丑撰，徐德明校點《清河書畫舫》波字號第十"史記真本跋尾"，上海：上海古籍出版社，2011年，頁511。相關討論參見范景中《書籍之爲藝術——趙孟頫的藏書與〈汲黯傳〉》(《中國美術學院學報》2009年第4期)。
② 《清河書畫舫》波字號第十，頁510。
③ 《史記書録》，頁144—148。
④ 葉德輝《書林清話》卷十"明王刻史記之逸聞"條(頁273—274)；賀次君亦言之，或襲葉説(見《史記書録》，頁148)。
⑤ 其稱"予鐫《史記》時，悉取以證今本之誤"，張丑所刊《史記》未見刻本傳世，亦不見載於他書，或指王氏刻書。

《史記》的寫本時代——公元十世紀前《史記》的傳寫與閱讀

真本刊今本之譌者,詭誕無稽,不足與辨"①。張丑《清河書畫舫》應與其父《張氏藏書》一脈相承,但館臣論張丑《清河書畫舫》"是編獨多所訂正。……丑家四世收藏,於前代卷軸,所見特廣。其書用張彦遠《法書要録》例,於題識印記,所載亦詳。故百餘年來收藏之家,多資以辨驗真僞"②,則其相關著録分明又具有一定的權威性。或因唐代寫本入清極少,故在涉及"真本"這一問題上,館臣已不相信再有"真本"存世。此所謂"《史記》真本",應即前文所載宋人《史記》寫本。此後,清卞永譽《式古堂書畫彙考》卷十五"無名氏《宋人史記寫本》"條、清倪濤《六藝之一録》卷三八〇"王氏舊藏宋人小楷《史記》真本一部",亦據張丑《清河書畫舫》爲文,應未見此"《史記》真本"。

餘　　論

雖然《訂正史記真本》多出依託,但如果趙孟頫與張氏所見宋人寫本源于張杅本或耿秉本,而明人受其啓發,遂依託敷衍爲"《史記》真本",則一切似乎又在情理之中。舊題洪遵所撰的《訂正史記真本》雖爲明人增訂,但在一定程度上代表了清代以前對《史記》補竄文獻最深入的研究。

南宋淳熙年間恢復太史公《史記》"真本"失敗,也表明當時很少有人認爲可以恢復《史記》"真本"。明清以降,一方面是由於寫本稀少,導致人們對"真本"迷信;另一方面是有識之士只相信宋刻本,而不復相信"真本"。在不同的時代,宋人推崇唐人寫本,而清人尊奉宋刻本,好古之心並無二致。但"真本"消失以後,讀者所能接受的不是後人恢復的"僞真本",而是不亂加改動的"真僞本"。

---

① 《四庫全書總目》卷一三四,頁 1137 中。
② 《四庫全書總目》卷一一三,頁 966 下。

第七章　長安、西域與東瀛

——大江家國寫本與日本平安時期的《史記》閲讀

近百年來,隨着敦煌文獻和日藏古寫本的發現,《史記》寫本的整理和研究工作漸由基礎性的文獻影印複製和初步整理深入到詳實細密的文本考訂[①]。新世紀以來,學界開始關注其文本和物質的雙重屬性[②]。本章試以前人關注較少的日藏大江家國寫本《史記》爲例,對日藏典籍寫本及其"副文本"的文獻價值略作補説。

大江家國寫本是日本平安時期大江家《史記》研讀傳統的重要載體,存有大量刻本文獻中基本消失的書寫符號,注音、句讀類閲讀符號,點滅、倒文等校勘符號。寫本正面批注和背隱音義文獻存有數種晉唐古史佚注和他處不見的日人師説,可補史闕。寫本文獻特有的傳寫特徵和閲讀痕迹顯示了寫本時代獨特的傳寫和閲讀方式,這些正是批量生産的刻本文獻所不具備的。日藏古寫本與敦煌文獻和傳世文獻的綜合比勘,也有助於我們進一步瞭解中古時期東亞典籍傳寫閲讀的真實樣態。

第一節　《史記》文本的傳入及其在平安時期的傳寫閲讀

長安與日本列島的交流,可追溯至公元前一世紀以前[③]。據《後漢書·東夷

[①]　前期如羅振玉、楊守敬、賀次君、安平秋、嚴紹璗等,後期如瀧川資言、武内義雄、那波利貞、水澤利忠、王叔岷、趙生群、辛德勇等。《史記》古寫本的相關研究,可參看拙文《近百年來〈史記〉寫本研究述略》。

[②]　張玉春《〈史記〉版本研究》,易平《日本高山寺藏裴注〈史記·殷本紀〉文本源流考》,易平、易寧《六朝後期〈史記〉版本的一次重大變化——六朝寫本〈史記〉"散注入篇"考》,蘇芃《日本宫内廳藏舊抄本〈史記·高祖本紀〉年代新證》(《文學遺産》2019年第1期)。

[③]　王勇《漢籍東漸的傳説與史實——從文化交流的視角考察漢籍在東亞的流播》(載王勇等（轉下頁）

《史記》的寫本時代——公元十世紀前《史記》的傳寫與閱讀

傳》,倭國與漢朝的交通始於西漢武帝滅朝鮮時,至東漢光武建武中元二年(57),"倭奴國奉貢朝賀",得賜印綬①。《三國志·魏書·烏丸鮮卑東夷傳》載,景初三年(239)倭女王遣使進奉②,魏封號"親魏倭王",又遣使賫詔賜金、絹、刀、鏡等物。正始元年(240)和正始六年,亦有詔書賞賜的相關記録③。《宋書·夷蠻傳》稱倭國"世修貢職",所載順帝昇明二年(478)倭王遣使上表,多用漢典,頗具文采④。

由此,則漢字及相關"圖籍文書"傳入日本的時間應不晚於公元一世紀。至公元五世紀末時,日人已能較爲熟練地運用漢文⑤。從地理和時間上看,中國典籍當由朝鮮半島傳入日本。朝鮮半島史書《三國史記·高句麗本紀》370年條載小獸林王二年(372),高句麗正式設立太學作爲國家的最高學府。其中講授,當多爲經史。⑥ 其時約當中國東晋時期,距三史成書時代較近。《舊唐書》卷一九九《東夷列傳》載:

　　俗愛書籍,至於衡門廝養之家,各於街衢造大屋,謂之扃堂,子弟未婚之前,晝夜於此讀書習射。其書有《五經》及《史記》、《漢書》、范曄《後漢書》、《三國志》、孫盛《晋春秋》、《玉篇》、《字統》、《字林》;又有《文選》,尤愛重之。⑦

而據《古事記》及《日本書紀》等早期文獻,日本要到應神天皇十五年(284)和十六

(接上頁)《中日"書籍之路"研究》,北京:北京圖書館出版社,2003年,頁15—31)。相關研究另參(日)堀敏一《中國と古代東アジア世界:中華的世界と諸民族》(東京:岩波書店,1993年)、(日)藤田勝久《『史記』の日本傳來と受容》[《愛媛大學法文學部論集》(人文學科編)2000年第9期]。

① 見《後漢書》卷八五(頁2820—2821)。《後漢書》卷一載中元二年春正月辛未,"東夷倭奴國王遣使奉獻"(頁84),卷五載永初元年(107)冬十月,"倭國遣使奉獻"(頁208)。《後漢書》部分文字略同於《三國志·魏志·夷傳》,當從後者節録。

② 案,今本《三國志》作"景初二年",當誤。[詳見王仲殊《〈三國志·魏書·東夷(倭人)傳〉中的"景初二年"爲"景初三年"之誤》,《考古》2006年第4期]。

③ 《三國志》卷三〇,頁854—858。

④ 表中所述,其時倭國與中原的交通,當多從朝鮮半島,經使節接引觀見(《宋書》卷九七,頁2394—2396)。藤田勝久以爲,此表所用文句已有《左傳》《史記》影響的痕迹。相關討論,另見(日)藤田勝久《『史記』の日本伝來と受容》。

⑤ 早期的日本與中國的交流,參見《中國と古代東アジア世界:中華的世界と諸民族》《漢籍東漸的傳説與史實——從文化交流的視角考察漢籍在東亞的流播》。

⑥ (韓)諸海星《〈史記〉在韓國的譯介與研究》,《文史知識》1996年第8期。

⑦ 《舊唐書》卷一九九上,頁5320。

220

第七章　長安、西域與東瀛——大江家國寫本與日本平安時期的《史記》閱讀

年,百濟的阿直岐和王仁纔開始給日本的皇室導讀小學和基本經書①。日本在公元600年的飛鳥時代第一次派出遣隋使,中古時期文化交流開始常態化②。推古天皇十二年(604)正月使用曆日,當時的《十七條憲法》裏也直接或間接引用了諸多中國的傳統四部文獻,其中包括《史記》《漢書》。奈良時期的孝德天皇大化二年(646)設大學寮,天智天皇元年(662)置大學頭。此後文武天皇大寶元年(701)制定《大寶律令》,有了較爲完整的國學和考試制度。

孝謙天皇天平寶字元年(757)開始施行的《養老律令》有史生、仕丁等,設博士教官1人,助博士、音博士、算博士、書博士各2人,學生400人,算生30人。十一月九日敕"其須講經生者三經,傳生者三史,醫生者《大素》《甲乙》《脈經》《本草》……"③八世紀以來,日本的教育制度和史籍的習讀與當時頻繁的派遣學習僧和遣隋使、遣唐使入長安系統學習、購置漢籍密切相關。築島裕等學者甚至認爲,吉備真備(695—775)天平七年(735)歸國後,諸學生傳學記事始有"三史"④。這與《續日本紀》的文獻記載的情況較爲一致。

據《隋志》及兩《唐志》,隋唐時期所存《史記》約有兩種:一爲一百三十卷本,一爲八十卷的集解本⑤。一百三十卷本有白文本和許子儒、王元感、徐堅、李鎮、陳伯宣等人的注本。至於許子儒等人注本,司馬貞稱其未覩⑥,則其所見當爲白文本或集解本,而其《索隱序》所論只有集解本。當時日本學者所讀《史記》究竟是何種傳本?寬平年間(889—898)藤原佐世《日本國見在書目録》載:"史記八十卷　漢中書令司馬遷。宋南中郎外兵參軍裴駰集解。⑦　史記音三卷　梁輕車録事參軍鄒誕生撰。史記音義廿卷　唐大中大夫劉伯莊撰。史記索隱卅卷　唐朝散大夫司馬貞撰。史記新論五卷　强

---

① (日)倉野憲司、武田祐吉校注《古事記》卷中,東京:岩波書店,1958年,頁248;(日)坂本太郎、家永三郎、井上光貞、大野晉校注《日本書紀》卷十,東京:岩波書店,1967年,頁371—373。新近討論參見童嶺《六朝隋唐漢籍舊鈔本研究》第一章"公元九世紀前漢籍東傳叢考"(北京:中華書局,2017年,頁19—55)。
② (日)大庭脩《漢籍輸入の文化史:聖德太子から吉宗へ》(東京:研文出版,1997年)中《善鄰國寶記》引《經籍後傳記》稱聖德太子購入書籍。
③ 天禄元年(970)源爲憲《藤原爲光的長子松雄君所撰教科書"口遊""書籍門廿五曲",《史記》《漢書》《後漢書》謂之三史"。《二中曆》"經史"卷"三史 史記 漢書 後漢書 一云 史記 漢書 東漢漢記 見史記發題 吉備大臣三史櫃入此三史"。[見(日)築島裕《本邦史記傳承史上における高山寺本史記の位置》,載高山寺典籍文書綜合調查團編《高山寺古訓點資料第一》,東京:東京大學出版會,1980年,頁511]
④ 見《本邦史記傳承史上における高山寺本史記の位置》,頁510。
⑤ 《隋書》卷三三(頁953);《舊唐書》卷四六(頁1987—1988);《新唐書》卷五八(頁1453)。
⑥ 《史記》附録(頁9—10);《新唐書》卷五八(頁1457)。
⑦ 案,築島裕所引《日本國見在書目録》"令"作"合","裴"作"斐",當誤。(《本邦史記傳承史上における高山寺本史記の位置》,頁511)

蒙撰。太史公史記問一卷。"①平安末期藤原通憲(1106—1160)《通憲入道藏書目錄》之第十三櫃、第百九櫃、第百五十五櫃等皆載有《史記》的"本紀""世家""列傳"和相關注解②。準此,我們略可推見《史記》傳入日本初期的傳本和注本情況。兩目所載《史記》皆爲八十卷的集解本③,與日本現存《史記》古寫本情況相合。

又,日人近藤守重(正齋)《正齋書籍考》稱:

> 皇朝傳本,有石山寺古鈔卷子本《史記》殘篇,系天平年間(729—748)鈔字,即李唐傳膳之真本,最古之奇本,海内之至寶也。惜有殘缺,僅賴佛經得以保存。余嘗游石山,親睹此真本。字體奇古,紙墨如新,亦好書,幸甚。④

日本滋賀縣石山寺舊藏《史記》寫本今存《張丞相列傳》《酈生陸賈列傳》與《河渠書》。由於寫卷紙背爲石山寺中興名僧淳祐内供手寫"金剛界次第"(首尾一卷),水澤利忠以該僧圓寂時間論,推斷天歷七年(953)爲寫卷之下限⑤。又以文中不避"民"諱,推測底本當爲太宗即位(627)前抄寫⑥。《河渠書》卷尾及接縫處有"藤"字朱印及押字,係右大臣藤原忠平(880—949)手澤。《經籍訪古志》稱"考紙質字樣,當是八百年前鈔本"⑦。

京都市高山寺舊藏《史記》寫本今存《夏本紀》《殷本紀》《周本紀》《秦本紀》四卷,皆有高山寺印,抄寫時間爲鎌倉初期(1185—1333)。高山寺始建於奈良時期,最早即爲真言宗的密教道場,鎌倉時代建永元年(1206)後鳥羽天皇賜名高山寺,明惠上人主事中興⑧。明惠上人出身高雄神護寺真言宗,又去東大寺學習華嚴宗,並將真言宗和華嚴宗融合。而東大寺等真言宗寺廟的創立者爲日本著名的僧人和學問家空海(774—835)。

---

① 《日本國見在書目錄詳考》,頁537—547。
② (日)藤原通憲《通憲入道藏書目錄》[見(日)長澤規矩也、阿部隆一編《日本書目大成》第一卷,東京:汲古書院,1979年,頁56下]。
③ 據通憲所載《史記》"本紀"和其他部分分卷可知其所據爲八十卷本。詳見本書第四章。
④ (日)近藤正齋《正齋書籍考》(《日本書目大成》第三卷,頁331—335)。
⑤ 見《史記會注考證校補》附錄,頁33。
⑥ 《史記書錄》以爲六朝寫本,誤解羅氏文意。神田喜一郎、水澤利忠等言之。(見《史記會注考證校補》附錄,頁33)
⑦ 見《史記會注考證校補》附錄,頁35。
⑧ 高山寺網站,2020年5月5日訪問。https://www.baidu.com/link?url=5GHrv2abAu1vk7g99vcqNIqdY-21t5XlVh8CEhnjK22PWeWkKQwoan7yISXOArOp&wd=&eqid=969a5371000735ee000000055eb03dbb

第七章　長安、西域與東瀛——大江家國寫本與日本平安時期的《史記》閱讀

空海曾於公元804至806年入唐修習密宗佛教,回國後帶回大量內外典籍[1]。東大寺內古典籍,有唐寫本《玉篇》《冥報記》及平安時代寫本《篆隸萬象名義》等。其中,《冥報記》爲円行阿闍梨將來。円行爲空海高弟,入唐八家之一。《篆隸萬象名義》平安時期永久二年(1114)抄寫,題"東大寺沙門大僧都空海撰"[2]。我們推測,包括《史記》寫本在內的高山寺漢籍(或其底本)可能由空海等歸國所攜。

這些早期《史記》寫本的留存,源於日本貴族及士人前後相繼的漢籍閱讀傳統。相關資料以日本學者築島裕和藤田勝久的歸納最爲全面[3],今略撮錄如次:

時　間	人　物	相　關　記　錄	文獻出處
天平七年(735)	吉備真備	入唐修學歸國,助學生傳學始有三史	《扶桑略記》
天平勝寶九年(757)	孝謙天皇	諸國博士周知,紀傳生習三史	《續日本紀》
神護景雲二年(768)九月十一日	稱德天皇	敕令,記述"白鳥、白龜赤眼,青鳥白髮尾",引用了《史記·龜策列傳》原文	《續日本紀》
神護景雲三年十月十日	稱德天皇	太宰府稱"府庫但蓄五經,未有三史正本,涉獵之人其道不廣。伏乞,列代諸史各給一本,傳習管內,以興學業。詔賜《史記》《漢書》《後漢書》《三國志》《晉書》各一部"	《續日本紀》
弘仁五年(814)	嵯峨天皇	"史記竟宴,賦得太史公自序傳"一首	《凌雲集》
弘仁七年六月	嵯峨天皇	天皇讀《史記》	《日本書紀》
弘仁九年	嵯峨天皇	詠《史記》,菅原清公"賦得司馬遷一首"	《文華秀麗集》卷中
承和九年(842)九月五日	仁明天皇	敕相模、武藏、常陸、上野、下野、陸奧等國寫進三史	《續日本後紀》
貞觀三年(861)左右		於右丞相(良相)省中直廬,讀《史記》竟,詠史得《高祖》《應教》	《田氏家集》

---

[1] 日本僧侶多兼修內外典,攜帶回來的書籍中外典約占三分之一。(王勇、大庭脩主編《中日文化交流大系·典籍卷》第一章,杭州:浙江人民出版社,1996年,頁84)

[2] 相關介紹,亦可參考高山寺網站 https://kosanji.com/about/national_treasure/#a_01,最近訪問時間,2020年10月8日。

[3] 參《本邦史記傳承史上における高山寺本史記の位置》(頁510—512)、《『史記』の日本伝來と受容》。

223

《史記》的寫本時代——公元十世紀前《史記》的傳寫與閱讀

續　表

時　間	人物	相　關　記　錄	文獻出處
貞觀五年五月朔	正躬王	涉讀《史》《漢》，善屬文	《三代實錄》
貞觀八年正月廿四日	利基王	少年入學，頗涉《史》《漢》，承和末年爲文章生	《三代實錄》
貞觀十七年四月廿八日	清和天皇	天皇讀《史記》，"參儀從三位行左衛門督兼近江朝臣音人侍讀。"惟良高尚都講	《三代實錄》《日本紀略》
寬平四年（892）左右		《史記》竟宴、詠史、得毛遂	《田氏家集》
昌泰二年（899）	醍醐天皇	文章博士藤原菅根講《史記》	《類聚符宣抄》
昌泰三年六月十三日	醍醐天皇	文章博士三善清行講竟菅根讀藤原菅根所遺《史記》	《類聚符宣抄》
延喜元年（901）五月十五日	醍醐天皇	北堂（即文章道院）《史記》竟宴	《日本紀略》
延喜六年五月十六日	醍醐天皇	天皇始讀《史記》於式部大輔藤原朝臣菅根，以少内記同博文爲都講	《日本紀略》
延長三年（925）五月八日	醍醐天皇	伊豫權守、文章博士橘公統講《史記》於北堂（文章道院）	《日本紀略》
天慶二年（939）十一月十四日	朱雀天皇	是日天子讀《史記》於左中弁藤原在衡朝臣，以式部丞三統元夏爲尚復	《貞信公記》
天曆三年（949）十月十六日	朱雀天皇	文章博士紀在昌始講《史記》	《日本紀略》
天曆四年五月	朱雀天皇	皇帝誕生（冷泉天皇），湯殿始儀式，浴殿儒者紀在昌讀《孝經》，文章博士三統元夏讀《古文孝經》，大學頭橘敏通讀《史記・黄帝本紀》，明經博士十市良佐讀《禮記》《尚書》	《御産部類記》
寬弘五年（1008）九月	一條天皇	第二皇子（後一條天皇）誕生，湯殿始讀《史記・魯世家》《漢書・文帝紀》《後漢書・明帝紀》	《御堂關白記》
寬弘六年十一月廿五	一條天皇	皇子（後朱雀天皇）降誕之時，東宮學士菅原宣義讀《後漢書・章帝紀》。當夕，東宮學士藤原廣業讀《史記・五帝本紀》	《御堂關白記》

224

第七章　長安、西域與東瀛——大江家國寫本與日本平安時期的《史記》閱讀

續　表

時　　間	人　物	相　關　記　録	文獻出處
寬弘六年十二月二日	一條天皇	東宫學士藤原廣業讀讀《史記·五帝本紀》"帝堯篇"	《御堂關白記》
寬弘七年八月廿八日	一條天皇	藤原道長作棚廚子,收"三史,八代史,文選,文集,(修文殿)御覽、道道書、日本記具書等、令·律·式等具,并二千餘卷"	《御堂關白記》
寬治六年(1092)七月二十日	藤原師通	藤原師通看《史記》之旨	《後二條師通記》
寬治六年十二月十四日	藤原師通	藤原師通從左府(源俊房)許借《史記》本紀第十卷	《後二條師通記》
保延三年(1137)	藤原賴長	藤原賴長修學漢籍有《史記》五十一卷:"本紀一至六,世家一至十七,列傳一至廿八"	《臺記》

上表中涉及最多的是天皇、太子讀《史記》的例子,應源於漢唐以降帝王經筵侍讀傳統[1],其中又以唐宋尤盛。如《舊唐書》卷八《玄宗紀上》載,開元三年"冬十月甲寅,制曰:'朕聽政之暇,常覽史籍,事關理道,實所留心,中有闕疑,時須質問。宜選耆儒博學一人,每日入内侍讀。'以光禄卿馬懷素爲左散騎常侍,與右散騎常侍褚無量並充侍讀。"[2]宋代經筵侍讀,相沿不改,史書多有載録。宋朝和日本交流不絶,同時俱有經筵侍讀,可謂漢唐文化的異域同風[3]。

此外,日本早期的貴族文學中稱述或引用《史記》文本的例子也頗有不少,表明《史記》讀者範圍也在逐漸擴大。平安中期朱雀天皇承平年間(931—938)源順所撰《和名類聚鈔》已大量引用《史記》,涉及正文和注文,注文部分的反切多不見於三家

---

[1] 相關討論參見張帆《中國古代經筵初探》(《中國史研究》1991年第3期)、傅璇琮《唐翰林侍講侍讀學士考論》[《清華大學學報》(哲學社會科學版)2004年第5期]、朱瑞熙《宋朝經筵制度》(《中華文史論叢》第五十五輯,1996年)、姜鵬《北宋經筵與宋學的興起》(上海:上海古籍出版社,2013年)、鄒賀《君德成就:宋朝經筵制度研究》(西安:陝西人民出版社,2017年)。

[2] 《舊唐書》卷八,頁175。相關討論見傅璇琮《唐翰林侍講侍讀學士考論》。

[3] 宋人趙明誠《金石録》載有日本康保五年(968)詔書,知當時中日交流不絶。([宋]趙明誠《金石録》卷三〇"日本國諰"條,《四部叢刊續編》本,葉11a)又《皇宋事實類苑》卷四三引《楊文公談苑》載,景德三年有日本僧人寂照(號圓通大師)來貢,"不通華言",筆談云"書有《史記》《漢書》《文選》《五經》《論語》《孝經》《爾雅》"等。([宋]江少虞《宋朝事實類苑》卷四三"日本僧"條,上海:上海古籍出版社,1981年,頁569—570)

注,或偶與《索隱》合①。這種現象與日藏大江家國本《史記》寫本反切用字情況基本一致。平安中期以降的假名文學作品中也間涉及《史記》,如《宇津保物語》載,右大辨、右近少將、式部丞、文章博士、春宮學士等三十人,學生十人,秀才(文章得業生)四人,講讀《史記》②;《枕草子》言及讀物有"文集、《文選》、新賦、《史記·五帝本紀》";《紫式部日記》言及作者幼時,兄式部丞藤原惟規(藤原爲時之子)傍時聞讀書,旁注"史記"③。

《史記》是平安時期文章道學生必修的重要典籍,而世代傳習《史記》的博士家的習讀情況又是何種樣貌呢?

第二節　大江家族與博士家的《史記》學

一、大江家族的漢學修養

中國典籍傳入之後,日本讀者所習四部典籍與中國中古時期近似,主要是儒家經典、三史紀傳、老莊佛道和《文選》④。平安時期,宮廷博士分明經道、紀傳道、明法道和算道四科。紀傳道的教科書主要有三史、《文選》、大經。至九世紀,紀傳之學和文章學興盛,紀傳道機關文章院開始創立。承和元年(834),又分設東曹、西曹,由菅原、大江兩家分掌。菅原清公和大江音人是兩曹最初的負責人。其中大江家學爲紀傳道(又稱文章道),主歷史和漢文。至天慶(938—946)年間,大江朝綱(886—957)和大江維時(888—963)並出,獨佔文章博士,此爲大江家的極盛時期⑤。

---

① "《史記》云:暴風雷雨。""《史記》云:長安中有相工田文者……""《史記》云:絕亢而死。亢音胡郎反,又去聲,亦唐韻。從口,作吭,訓上同。""《史記》注云:庡,所綺反,與徙同。""《史記》注云:屬,居灼反,與腳同字。""《史記》云:土偶人、木偶人。偶音五狗反,俗云形。""《史記》云:廉頗强飯斗酒,食肉十斤。飯音符萬反,亦作餅"等。(參見京都大學文學部國語學國文學研究室編《諸本集成倭名類聚抄》,京都:臨川書店,1968年)

② (日)河野多麻校注《宇津保物語》二"田鶴の群鳥",東京:岩波書店,1962年,頁244—245。

③ 見築島裕《本邦史記傳承史上における高山寺本の位置》,頁512。

④ 王勇《漢籍東漸的傳說與史實——從文化交流的視角考察漢籍在東亞的流播》。相關研究另參(日)堀敏一《中國と古代東アジア世界:中華的世界と諸民族》、(日)藤田勝久《〈史記〉の日本伝來と受容》。新近討論參見童嶺《六朝隋唐漢籍舊鈔本研究》第一章"公元九世紀前漢籍東傳叢考"。

⑤ 參看(日)井上辰雄《平安儒者の家:大江家のひとびと》第五章《菅·江二家の確立と紀傳道の展開》,東京:塙書房,2014年,頁122—129。

第七章　長安、西域與東瀛——大江家國寫本與日本平安時期的《史記》閱讀

《二中歷·儒職歷》"式部大輔"有"大江維時、大江齊光、大江匡衡、大江匡房",其餘以藤原家和菅原家最多①。"學士侍讀"條②、"開 侍讀"條③、"儒者辨"條,"文章博士"條、"大博士"條等俱有大江家④。平安初期以來,《二中歷》所載研習《史記》者有:正躬王、利基王、參議大江音人、都講惟良高尚、文章生源順、侍講藤原冬緒、文章博士式部大輔藤原菅根、博士藤原在衡、文章博士三善清行、文章博士橘公統、尚復三統元夏、東宮學士藤原廣業、弓削公賴、大江通直、參議大江朝綱(音人之孫)、文章博士大江匡衡、惟宗朝臣等,也是基本以大江、藤原兩大家族爲中心。宮內廳書陵部藏永正七年(1510)三條西實隆加點本《史記正義·五帝本紀第一》有"善 清—江 匡—橘 直　已上三說並存",即記錄三善清行、大江匡衡(匡房)、橘直幹的學說⑤。大江氏的先祖是平城天皇之子阿保親王子。至大江家國,已是大江家族中第七代⑥。大江家的學問優長者,主要有以下幾位⑦:

大江音人(811—877),平城天皇曾孫,備中權介正六位本主(始土師傅姓,後賜大枝朝臣姓)長子,貞觀八年改大枝爲大江,號江相公。《扶桑略記》稱其"從菅原清公學《後漢書》,深通外典,天長末文章生,後承和四年秀才,後東宮學士"⑧。作爲大江家族學問的開創者,其學問以三史較有特色。日本《三代實錄》清和天皇貞觀十七年四月廿八日載:"是日帝始讀《史記》,參議從三位行左衛門督兼近江權守大江朝臣音人侍讀,少內記正七位下惟良宿禰高尚爲都講,參議民部卿正四位下兼行伊豫守藤原朝臣冬緒,特被喚侍講席。"⑨

大江朝綱,文章博士,朱雀朝參撰國史,敕撰(承平六年)《新國史》四十卷,爲當時詩壇第一人。《本朝文萃》九載後江相公大江朝綱所作"春日侍前鎮西都督大王

---

① 《二中歷》卷二,頁88。
② 有"大江音人 清和 三""大江惟時""大江齊光 康保三""大江匡衡 尚復""大江匡衡　長往二三 信 替""大江舉周 川""大江舉周 後三""大江匡房 光""匡房 近召";"儒有七家"條,載"西曹 菅家 高家 藤家 江家 紀家 善家"等(見《二中歷》卷二,頁91)。
③ 有"如正 匡衡,孝言匡房"等(見《二中歷》卷二,頁91)。
④ 《二中歷》卷二,頁96—97。
⑤ 《本邦史記傳承史上における高山寺本史記の位置》,頁516。
⑥ 川口久雄氏曾詳爲梳理"大江氏系圖",參見(日)川口久雄《平安朝日本漢文學史の研究》(增訂版)附表(東京:明治書院,1964年)。
⑦ 相關討論參見(日)川口久雄《平安朝日本漢文學史の研究》(增訂版)序說,頁102—105。
⑧ (日)皇圓《扶桑略記》卷二〇,《日本漢文史籍叢刊》第二輯第10册,上海:上海交通大學出版社,2014年,頁121。另見《平安儒者の家:大江家のひとびと》序章第一部分《大江音人——大江家の始祖》(頁9—48)。
⑨ (日)藤原時平《日本三代實錄》卷二七,《國史大系》第四卷,東京:經濟雜誌社,1897年,頁412—413。

《史記》的寫本時代——公元十世紀前《史記》的傳寫與閲讀

讀史記應教"一文,稱"鎮西都督大王受史記於吏部江侍郎(大江匡衡)"①。《紫式部日記》亦載,寬弘五年(1008)九月十一日,皇子誕生,文章博士藤原廣業於勾欄爲讀《史記》一卷。又夕時,大江舉周(大江匡衡之子、後東宫學士、大學頭)在御湯殿讀《史記·文帝紀》②。

大江維時,大江音人之孫,大江千古(亦文章博士)之子,文章生,經部文章得業,四十一歲爲文章博士,大學頭,東宫學士,世稱江納言,屬學識淵博的稽古型學者。朱雀院承平二年(932)二月廿二日,第十四親王(村上天皇)《御注孝經》進講(《貞信公記·紀略》)。承平五年十一月某日,進講《文選》。《紀略》載,天慶二年十月某日,北堂《文選》進講。天慶四年八月五日,成明親王《文選》竟宴。被譽爲"當代第一學孺",並在大江朝綱死後繼任國史修撰③。

《史記》寫本的抄寫者大江家國,其實并不是大江家族的佼佼者,但其爲學讀史頗有家學淵源。祖輩有大江匡衡(952—1012),文章博士。七歲讀書,九歲讀詩言,十三加元服,十五入學,十六寮試奉。遵江家庭訓"稽古之力",承帝師教養的江家傳統。四十七歲秋天,《孔子世家》江家解説敕問,加點進上,升殿侍讀。又《尚書》十三卷、《老子》五千、《文選》六十卷、《毛詩》三百篇,加孫羅注,加鄭子箋。搜尋《史記》滯義,追謝司馬遷(《江吏部集》卷中)④。春秋釋奠,爲皇帝及皇子皇孫講讀大量典籍。尤其愛好史書傳記,對三史、文選、紀傳之學情有獨鍾,哀歎"三史文選,師説漸絶"(《江談抄》六)。

父親爲大江佐國。十一世紀末,大江家《史記》之學逐漸衰微,《中右記》所載寬治八年事,此時的大江家顯然已風光不再,只是江家後人還作爲一種昔日榮耀加以回顧而已。《中右記》寬治八年九月六日條:

上卿 源道俊 召予 藤原宗忠 於仗座,言談世事次,……又問云:《史記》之中有亂脱之由,雖承未知何卷,如何?被答云:五帝本紀三所,韓世家二所者,委向本書可傳者。又問云:《史記》之中稱大史公,若大史談歟?將又司馬遷歟?如何?被答云:極秘事也。往年從師匠佐國(大江佐國),口傳所

---

① 見《本邦史記傳承史上における高山寺本史記の位置》。
② 以上見《本邦史記傳承史上における高山寺本史記の位置》。而據前引《皇朝事實類苑》記載,就在這一年,菅原道長給留宋日僧寫信并傳到了宋人手中。(《宋朝事實類苑》卷四三"日本僧"條,頁570)
③ 參看《平安儒者の家:大江家のひとびと》第五章《菅·江二家の確立と紀傳道の展開》,頁122—129。
④ 《平安儒者の家:大江家のひとびと》序章第三節《大江維時(江納言)—三代の侍讀》,頁81—108。

第七章　長安、西域與東瀛——大江家國寫本與日本平安時期的《史記》閱讀

聞也。太史公已非談并遷二人,是云東方朔也。司馬遷作史記時,多以東方朔爲筆者也,仍以東方朔説,稱大史公也者。予答云:尤有興,更未知事也,不可外聞,但此事若見何書哉?將又只口傳歟?返報云:百詠之中,史詩注文已顯然也。此間更萬人不見付者,件倭漢事爲備後覽,以藤中納言説所記付也。①

大江家國之兄爲大江通國,有《新樂府廿句和歌題序》(豬熊本《朝野群載》卷一)。作爲學問世家,大江家族文獻有《江談抄》和《江家次第》等。後者詳載平安末期朝廷年中行事及其他儀典。《江談抄》爲藤原實兼整理的大江匡房談話記録②,含職事、詩文及平安末貴族故事。

《史記》寫本的抄寫者大江家國,爲大江朝綱之玄孫,主計助③。抄寫時的身份爲國子諸生④。大江家國在應德元年(1084)至應德三年爲文章生⑤,其抄讀《史記》當在此以前。

自平安至鐮倉時代,日本宮廷設立博士家職位,主要有明經兩家、文章三家。明經兩家爲清原家和中原家。博士家多自寫課本傳於子孫,常以宋之前寫本和宋刻本校對⑥。大江家國寫本《史記》即是這種傳於子孫的自寫史書課本。相關讀書儀軌,可參見《江家次第》卷一七載江家"御讀書始事":

> 博士進御案,再膝行取御書,打開書紐小卷,置於案上,回本座。次尚復稱文(可用吳音)。次(東宮儀)博士以漢音讀《御注孝經序》,太子跟讀。
>
> 次博士開文讀《御注孝經序》漢音此寬和例也。⑦

---

① 見《本邦史記傳承史上における高山寺本史記の位置》,頁516。
② 日本國會圖書館藏有大江匡房像,宮内廳書陵部藏有大江匡房手書《文選·出師表》。
③ 《史記會注考證校補》附録,頁45。
④ 案,案《二中歷》卷七《官名歷》"博士"條下有"學生"下注云:"國子諸生。"(《二中歷》卷七《官名歷》,頁90)
⑤ (日)遠藤珠紀《官務家·局務家の分立と官司請負制》表1,《史學雜誌》2002年第3期。
⑥ (日)高橋智著,楊洋譯《日本室町時代古鈔本〈論語集解〉研究》,北京:北京大學出版社,2013年,頁99。
⑦ 儀式中涉及文具有:"其前立書案,案面推紙,其上置《御注孝經》,卷紙置之御點圖,角筆等。"讀書程序爲:侍讀置書於座前,昇長押上膝行進寄御案前置笏,把御書披之置御案上,次披御點圖,把笏退着本座,先披書,次尚復同披,次尚復云文吳音,次侍讀取笏讀云'御注孝經序'(漢音),次尚復云此許,次天子令讀件五字給,次尚復又讀件五字。[見(日)大江匡房《江家次第》(新訂增補故實叢書)第二十三回,東京:明治圖書出版株式會社,1955年,頁451]

《江家次第》卷二〇又記載了攝政關白家子書始的相關儀式，先令陰陽師勘日時，以可然博士爲師，儀式與上文類似。所讀之書爲《史記·五帝本紀》或唐玄宗《御注孝經》。攝政關白家子學書儀式相關記錄如下表[①]：

場　地	時　　間	生徒年齡	授業者	教　本
京極殿	長德四年(998)	七　歲	博士匡衡朝臣	古文孝經
攝政殿	天喜二年(1054)	十三歲	博士實綱朝臣	五帝本紀
二條關白殿	延久四年(1072)四月廿七日	十一歲	博士	五帝本紀
攝政殿	寬治二年四月十七日	十一歲	博士行家朝臣	五帝本紀
中將殿	天仁二十年(1127)二月廿一日	十三歲	博士敦宗朝臣	五帝本紀

二、大江家國寫本識語與博士家《史記》之傳習

日藏古寫本《吕后本紀》《孝文本紀》《孝景本紀》，卷軸裝，筆迹相同，俱爲延久五年大江家國所寫，康和三年(1101)家行見合，建久七年(1196)讀移。《孝文本紀》末有建仁二年(1202)識語，或後來此卷藏者有異[②]。各寫本卷末識語迻錄如下：

時事 卷次	書	點　合	受　訓	以祕本見合(藤原家行)	讀　了	讀　移
吕后本紀第九	延(久)五(年)正(月)廿四(日)辰(時)書了(大江家國)	同年同月廿九日點合了(大江家國)	延(久)五(年)四(月)一(日)受訓了學生大江家國	康和三年正月廿七日以祕本見合了家行之本也	同年同月廿九日讀了(藤原家行)	建久七年十二月十八日黄昏讀移了拾遺(花押)[③]

---

① 《江家次第》(新訂增補故實叢書)第二十三回，頁 521—522。
② 《史記會注考證校補》附錄，頁 45。
③ "延久七年"，水澤利忠錄文作"延久年"，脱"七"字，又將"拾遺"二字與花押同錄一行。檢原文，當屬後一行。嚴紹璗《日藏漢籍善本書録》錄文不誤。(參《史記會注考證校補》附錄，頁 43)

第七章　長安、西域與東瀛——大江家國寫本與日本平安時期的《史記》閱讀

續　表

時事 卷次	書	點合	受訓	以祕本見合(藤原家行)	讀了	讀移
孝文本紀第十	延(久)五(年)二(月)七(日)夜於燈下書了(大江家國)	同年同月九(日)巳剋點合了學生大江家國之本①	延久五年四月四日受訓了(大江家國)	康和三年二月三日巳時許以祕本見合了家行	同年同月十二日未剋許訓了(藤原家行)	建久七年十二月十九日黄昏讀移時通② 建仁二年十月六日於燈下一見矣(花押③)
孝景本紀第十一	延(久)五(年)暮春十二(日)晡時執筆,同剋書了學生大江家國	同月同日於燈下合了(大江家國)	同年四月受訓了(大江家國)	康和三年二月廿日晡時見合了家行之本也	同年同月同日子時許受(訓)了(藤原家行)	建久七年十二月十九日於燈下讀移了(花押)

上表所録識語顯示了平安時期日本學者《史記》閱讀的諸多信息。首先,如前文所述,抄寫者大江家國出身學問世家,抄寫時的身份爲國子諸生。這三卷寫本正是其爲文章生之前十年左右所寫④。而此後署名的"家行",乃藤原俊成的叔父藤原家行,又是藤原南家之學頭。因此,研究寫本的抄寫和習讀方式具有極爲特殊的學術價值,即大江家國寫本代表了平安時期博士家學的正統習讀方法。此卷雖爲日人寫本,但其中的批注和校語,顯示了該本與中國中古時期文獻習讀傳統有著緊密的承續關係。

其次,在具體習讀方法上,他們秉持"抄寫(墨筆)→校勘(朱筆)→句讀(朱墨點)→訓讀(標音)→文義(注釋)→修訂性批注(師説)"的學習步驟。抄寫所據的底本,應即博士家傳本,校勘異文則據别家之本及宋刻本。其訓讀、句讀以及文義訓釋也謹守師説。以文本爲核心的學習方法雖然在我國古籍中有所披露,但這種記

---

① 《日藏漢籍善本書録》迻録此處識語多誤,如"延五二七夜","夜"作"野";"九巳"(九日巳時)作"九日"。(《日藏漢籍善本書録》,頁321—322)。
② "十九日",嚴氏録文脱"十"(《日藏漢籍善本書録》,頁322)。水澤利忠録文"讀移"作"讀移了",誤衍一"了"字;且"時通"當另起一行,水澤氏將之併作一行(見《史記會注考證校補》附録,頁44)。
③ 見《史記會注考證校補》附録(頁43—44),嚴氏云此爲土御門天皇建仁二年識語。
④ 大江家國在應德元年至應德三年爲文章生[參(日)遠藤珠紀《官務家・局務家の分立と官司請負制:中世前期における朝廷運營の變質》表1]。

231

《史記》的寫本時代——公元十世紀前《史記》的傳寫與閱讀

録習讀全部過程的文獻實物却極爲罕見。

其三,在抄寫和習讀時間上,三卷書寫時間俱爲延久五年(當北宋神宗熙寧六年)的正月二十四日辰時、二月七日夜、三月十二日申時。學習進度大致每月一卷[①]。從抄寫速度看,一個時辰(兩小時)内,平均抄寫 2 750 字左右,即每分鐘 22 字,每字用時 5 秒左右。從校勘速度看,第一卷在抄寫五天之後校勘完畢,第二卷兩天之後校勘完畢,第三卷則在當天校勘完畢(下午書寫完畢,當晚校畢)。書寫工具一般用墨筆,校勘用朱筆。從受訓進度看,三卷文本書寫完畢後,統一在四月受訓。第一卷用了三天時間講授,第二、三卷未直接記載相關信息,也應類似。約三十年後,藤原家行在康和三年(當北宋徽宗建中靖國元年)以大江家學本爲底本進行校勘。學習時間也分別在正月二十七、二月初和二月末,學習進度與大江家國相似;讀書時刻近似上午、下午和晚上皆有,並不固定。文本校勘完成之後三五天内受訓,最後一卷進度最快,下午校勘,午夜受訓。至近百年後的建久七年(當南宋寧宗慶元二年),没有校勘,只有訓讀,讀書時間也由春季改爲冬季,閱讀速度加快,一天一卷至兩卷。從學習進度上看,在平安中後期,日本漢籍博士家學的閱讀傳統在逐漸衰落。學者抄寫速度逐漸加快,習讀時間更短,程序更爲簡單。日藏古寫本典籍中,另有博士家傳寫《尚書》文本與此情形類似,施加點讀、批注、識語,而時代晚於《史記》[②]。

第三節　大江家國寫本的傳寫特徵及其致誤規律

大江家國寫本《史記》雖有不少内容足資今本之校勘,但寫本的意義不僅在讓我們關注古今文本字句異同,更在於讓我們瞭解寫本時代的文本傳寫和閱讀特徵。今以此三卷寫本爲例,略述如次。

[①] 這種學習進度可能是因爲學習者大江家國的學習能力或者其他情況導致。按照平安時代紫式部的《源氏物語》所載,聰慧如夕霧,四五個月可讀完《史記》等書。

[②] 如 13 世紀中期清原家《古文尚書》寫本十三卷,每卷卷末有當時《尚書》講師清原教授龜山天皇文永年間(1264—1275)、伏見天皇正應年間(1288—1293)識語;15 世紀初清原氏《古文尚書》寫本三卷(卷四至六),每卷末有清原秀賢識語;後柏原天皇永正十一年(1514)清原宣賢《尚書》寫本三卷(卷五、六、九),中原家《古文尚書》寫本存卷十一殘卷,有自後堀河天皇貞應三年(1224)中元師弘識文、後宇多天皇弘安五年(1282)中元師種識文、後醍醐天皇元亨三年(1323)中元長賴手識語;又後醍醐天皇元德二年(1330)中元家《古文尚書》寫本,今存一卷(卷六),中元康隆爲傳學於其子而繕寫。(見嚴紹璗《日本藏漢籍珍本追蹤紀實:嚴紹璗海外訪書志》,上海:上海古籍出版社,2005 年,頁 185—190)

第七章　長安、西域與東瀛——大江家國寫本與日本平安時期的《史記》閱讀

一、書寫符號與文本內容之關涉

書寫符號主要爲連寫符，這在簡牘中寫本中已大量出現，一般作兩豎點①，大江家國諸寫本凡涉及重複文字，皆用連寫符號。如《孝文本紀》"問左右郎中令張武‥等‥"，即"問左右郎中令張武等。武等"。此類連寫符號常與閱讀符號連用，標示文本內容及讀法，如《孝文本紀》"方今高帝子獨淮南王与大‥王‥又長"，其中大王用連寫符號，"王"右下有一點，表此處當斷，即"方今高帝子獨淮南王與大王，大王又長"。

連寫符號在帶來書寫便利的同時，也容易導致相應的譌誤。如同卷"以爲莫宜寡人，寡人不敢辭"，寫本作"以爲莫宜寡人‥不敢辭"。"寡"字右下角加兩點，表連寫，應是書寫過程中忘加連寫符，後來校勘時補入。如果校勘過程中沒有發現這一符號的脫漏，則正文即有脫文。又如同卷"哭臨宮殿中。殿中"，寫本作"哭臨宮殿‥中‥"，今本作"哭臨宮殿。宮殿中"，則今本所據底本應作"哭臨宮‥殿‥中"，連續兩稱"宮殿"，古語中較少文例，當以寫本爲是。這種錯誤在不使用連寫符號的刻本中不易出現，我們在校勘文本過程中應注意此類譌誤，明其致誤之由，以便更正。

二、閱讀符號與中古讀者的閱讀實踐

1. 注音符號與音讀

（1）寫卷音注與古音"點發"之例

寫本中音讀符號較多，主要集中於多音字和疑難字。標記形式是在字的左下、左上、右上、右下標空心圈或實心圓點，分別表示字的平、上、去、入四聲，前人謂之"點發"。錢大昕稱"自齊梁人分別四聲，而讀經史者因有點發之例"，唐初已盛行，至"宋以來改點爲圈，如相臺岳氏刊《五經》"即是②。張守節《史記正義》總結唐代

---

① 參見管錫華《中國古代標點符號發展史》，成都：巴蜀書社，2002年。
② 〔清〕錢大昕撰，孫顯軍、陳文和點校《十駕齋養新録》卷五"四聲圈點"條，南京：江蘇古籍出版社，1997年，頁114。另見〔清〕趙翼《陔餘叢考》卷二二"音字用點"條（上海：商務印書館，1957年，頁428）。今人對此訓詁現象的討論參見周祖謨《四聲别義釋例》（載周祖謨《問學集》，北京：中華書局，2004年，頁91—92）、齊佩瑢《訓詁學概論》第二章（北京：商務印書館，2015年，頁102—103）。

233

《史記》的寫本時代——公元十世紀前《史記》的傳寫與閱讀

《史記》寫本音注方式,其"音字例"云:

> 文或相似,音或有異。一字單録,乃恐致疑。兩字連文,檢尋稍易。若音上字,言"上"別之。所音下字,乃復書"下"。有長句在,文中須音,則題其字。①

又"發字例"云:

> 古書字少,假借蓋多。字或數音,觀義點發,皆依平上去入。若發平聲,每從寅起。又一字三四音者,同聲異唤,一處共發,恐難辯別。②

張守節所謂"題字",即摘字爲音。陸德明《經典釋文》及大量佛教文獻即用這種注音方式,應爲當時通例。"若發平聲,每從寅起",即從字左下角起。"寅"字在易圖中處於左下,其餘三聲,則應在巳、申、亥處,"當四維之位"③。(如右圖)此與敦煌文獻音讀之例相應,王重民著録陳隋時期敦煌精鈔本《文選》時,以標四聲之法"爲前人所未見",專論其中所存句讀點識規律,與大江家國寫本一致④。大江家國寫本《史記》音注方式,既有實心點,又有空心圈,保留了寫本和刻本兩種標音方式⑤。

據清李道平《周易集解纂疏》所附易圖繪製

如《孝文本紀》寫卷中"高帝長子"之"長"左上有一圈,表上聲。而"酺五日"之"酺"左下角與右上角均有標音符號,當爲不同讀者或同一讀者不同閱讀時間内所作的標記。檢《廣韻》,"酺"平聲,並母,薄胡切。《集韻》中則有平、去二聲,與寫本同:前者爲模母,蓬逋切;後者莫母,蒲故切。"典客劉揭"之

---

① 見《史記》附録,頁16。
② 《史記》附録,頁16。
③ 《十駕齋養新録》卷五,頁114。
④ 《敦煌古籍敘録》,頁316—319。
⑤ 又,根據小林芳規研究,空心點實際爲濁音符號,大江家用"。"而菅原家用"。。"。但這種一字有兩處空心圈的標注,應俱屬讀音標調方式。目前三卷寫本中基本都用單圈,無菅原家雙圈標識法,且基本屬於正常標音符號,似無證據表明此即大江家所用的濁音符號。(轉引自《本邦史記傳承史上における高山寺本史記の位置》,頁516)

第七章　長安、西域與東瀛——大江家國寫本與日本平安時期的《史記》閱讀

"揭"右上有空心圈,表聲調爲去聲,右下注反切"唐去例反",所引與《集韻》合。

三卷寫本中幾乎每頁都有空心標音符號,根據字音繁難程度不同而隨機分布。難字及多音字愈多,所用空心標音符號也愈多。一般文字首次出現或有特別讀音的會標注音讀,既有四周圈標調,又有直音和反切。直音和反切可能是一個閱讀層次,而四周標調是另一種更早的標調,甚至有可能爲早期師説,反映的是先後幾個讀者留下的不同層級的文獻閱讀痕迹。

（2）直音標注

寫本中直音標注法是在該字右下加兩連續小點,再注出直音字,如"此其屬意非止此也","屬"右下注"燭"。注文中亦有注音,如李奇注"庚其繇文也","繇"右下注"宙"。檢《廣韻》"繇"字有三種反切,而"直祐切"爲其一種。"收帑"之"帑"右下注"奴",左下亦圈標平聲調,與《廣韻》"乃都切"音同。"天示之以菑"之"菑"左下注"音灾,灾也",直音並釋義。有兩字注音方式不同的,如"詿誤"前字注"卦",後字注"紀賣反";"馴道"右注"音訓",天頭又補録"劉上音訓,下音導",當爲劉伯莊的《史記音義》佚文。值得注意的是,《史記·萬石張叔列傳》"皆以馴行孝謹"句裴駰《集解》引徐廣注云:"馴,一作'訓'。"此條音注也間接揭示了列傳中徐廣所見本異文産生的原因:可能是音訓之文竄入正文。

（3）反切法

反切法是古代最常用的標音方法之一。寫本中常有反切加四周標調的注音方式,如"參乘"之"參"左下有一圈,旁注"七含反"。案,《廣韻》《集韻》等韻書反切用字與此不同,《廣韻》有"倉含切""七紺切"等音,或參互擇取而成,或別據他韻書。"乘"字右上有圈,表去聲,左下注"食證反"。案,《廣韻》此字有"食陵切""實證切"二音,而此反切用字亦撮合二音而成。"劉郢"之"郢"右下注"以井反",與《集韻》同。《集解》"羹頡侯"之"頡"右下小字注云"紀八反",今本無。案,中古韻書"頡"字反切無用此二字者,應屬於日人切語。又如"西鄉"之"鄉"下小字注云"許讓反",也與中國中古韻書反切多有不同:其與《廣韻》反切上字同,下字不同;與《集韻》則兩字皆不同。又,南北朝以上多謂"某某反",唐季以降韻書多用"某某切",三家注釋音也多用"某某反",今此大江家寫本多用"某某反",也明其底本非唐末以前的本子。

（4）直音、反切、標注合用型

寫本中多有幾種注音方式聯合使用之例,如"歆"字,左下有空

235

心平聲標調，右有直音"金"，左標"切許今反"。案，《廣韻》此字音"許金切"，《韻略》音"虛今切"。"辟疆"之"辟"右下圓圈標音爲入聲，並注"壁"直音。"疆"左下圓圈標音爲陰平聲，右注"其良反"。《廣韻》《集韻》並音"居良切"，"其""居"俱屬見母，切音一致。"劇郡"之"劇"右下標圈，又注"其戟反"。《廣韻》作"奇逆切"，《集韻》及《韻略》俱作"竭戟切"。案，"其""竭"俱屬群母，切音一致。

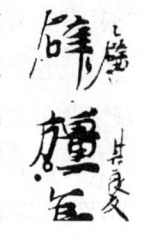

又如"人人自安，難動搖"之"搖"右下有一點，爲斷句符號，左下和右上分別有一個空心圈，當爲標音符號。這兩種標記代表了兩種讀法，左下爲平聲，右上爲去聲，而字左漢字注云"鄒音曜"。案，《廣韻》此字一音平聲"餘昭切"，一音去聲"弋照切"。右邊古日語注音"ルルコト"。這表明至少兩個以上的讀者對此自音注進行審定。

這幾種標記適可與日本漢籍學習中音讀與訓讀現象相印證。九世紀中葉有音博士和音生。九世紀末十世紀初，訓讀開始，日本漢文學萌芽。吳音（南朝傳入日本的金陵雅音）退出，漢音（隋唐北方音）流行，以漢音直讀唐音（宋以後音）。

十一世紀後，外交停止，音博士教育斷絕，漢文訓讀解讀能力下降，但文字的訓點語逐漸固定，各種訓點本在十世紀中葉後相繼出現。訓點語固定之後，師資相承傾向加強，菅原家和大江家家學逐漸形成。《江家次第》卷五（釋奠）言"每業生問者生，學生着南砌床子，音博士讀發題，漢音，近代不讀。座主博士訓讀發題"①。據小林芳規的研究，《史記》古寫本中《殷本紀》爲藤原家訓點，《周本紀》多爲菅原家訓點②。

據此，我們有理由懷疑大江家國寫本音注所據可能是日本韻書。如《孝文本紀》"典客劉揭"之"揭"右上有空心圈表句讀，右下注反切"唐去例反"。案，《廣韻》此字有"去例切"音。既然唐音如此，則可反證其所用音切非"唐"音。考菅原是善曾作《東宮切韻》二十卷，是善又與大江家國祖上大江音人俱從學於菅原清公，此本所記反切或出自《東宮切韻》。考慮到大江家國時爲"學生"，是有一定資格的國子諸生，當時文章道考試所用音讀可能須遵《東宮切韻》。

---

① 《江家次第》（新訂增補故實叢書）第二十三回，頁521。
② 《本邦史記傳承史上における高山寺本史記の位置》，頁516。

第七章　長安、西域與東瀛——大江家國寫本與日本平安時期的《史記》閱讀

大江家國寫本《吕后本紀》"遂遣人分部悉捕諸吕男女"句,"分"右旁批注云"扶問反"。今本三家注並無上述切音文字。檢《倭名類聚抄》引《東宫切韻》,"分"字反切作"扶問反"或"扶粉反"。復檢《集韻》《廣韻》等,"坌"字並音"蒲悶切"。又"坋"字,《東宫切韻》作"扶問反"或"蒲頓反",而《廣韻》該字有"符問切""房吻切",最後列其他讀音時始有"步寸切"①。讀者引用韻書反切字,一般徵引字頭下首先出現的反切字,而不是捨本逐末。以此推之,今本《吕后本紀》及另兩篇大江家國寫本所用音切爲《東宫切韻》可能性較大。其他音切字雖與王仁昫刊本《切韻》及《廣韻》《集韻》等所用字不同,但因《東宫切韻》原書亡佚,僅存輯本②,故難以一一印證。

2. 實心圓點句讀符號

實心圓點有三種位置:一種在字右下角,一種在字左下角,一種在字正下方。通常情況下,中間點表短停頓,右下點表較長停頓或句絶。實心圓點當爲空心點的簡化形式(空心爲一閱讀工具,其標注方式類似於鈐印),或在字右下角,或在字正下方,屬於斷句意義不同。此見於宋刻本,如官刻本《周禮》即有大量空心標注③。南宋毛晃、毛居正《增修互注禮部韻略》卷四"讀"字條下:

> 句讀,凡經書成文語絶處謂之句,語未絶而點分之以便誦詠謂之讀。今秘省校書式:凡句絶,則點於字之旁讀,分則點於字中間。④

寫本《孝文本紀》"諸侯王·列侯·使者·侍祠·天子.歲獻祖宗之廟"中間點停頓最短,其次左下,右下點最長。今中華書局點校本作"諸侯王列侯使者侍祠天子,歲獻祖宗之廟",這種現代的標點符號則不易表現更爲細膩的短停頓。

又《孝文本紀》"丞相陳平、太尉周勃等使人迎代王。代王問左右郎中令張武等。張武等議曰",寫本書作:

---

① 參見閆福新《〈図書寮本類聚名義抄〉所引『東宫切韻』考》附表1《反切音注が切韻系韻書との異同》,東北師範大學2008年碩士學位論文,頁31。
② 如清顧震福輯本(見《小學鉤沈續編》卷五,葉16b—17a)。
③ 《周禮》卷一,《四部叢刊》本。
④ 〔宋〕毛晃、毛居正《增修互注禮部韻略》去聲五十候。案,武億以爲"句""讀"二字此處皆當訓爲"止"。〔清〕武億《經讀異考》所附《句讀敘述》上卷,清道光二十三年(1843)重刻本,頁2a—2b]相關討論另參見任遠《句讀學論稿》(杭州:浙江古籍出版社,1998年)。

丞相陳平・太尉周勃等・使人迎代‥王….問左右郎中令・張武…
等…議曰

文中表示斷句的點略複雜："平"字正下方有一長點，表示短停頓，"等"字正下方點，也表示語義短停頓。"王"右下角有一點，應表示長停頓。這裏有兩處標記牽涉到對文本的異文及其内容的不同理解：

一是"令"字正下方中間的墨點，表示停頓，即這位讀者所理解的張武，並非郎中令。而檢後文可知，文帝即位後對昔日舊臣俱有封賞。時中尉宋昌拜"爲衛將軍，鎮撫南北軍。以張武爲郎中令，行殿中"[①]。張武似乎不應再爲原職，儘管中央比郡國的官職高。當然，這只是對這種讀法的一種理解，當時張武是否爲郎中令是另一問題。

二是今本"張武等"三字皆重複，而寫本中只是在"武等"二字下有連寫符號。這表明寫本中的文字應爲"張武等，武等"，省一"張"字。省略後非但不影響文意，字句反而更簡潔，較今本於義爲長。寫本中"武"字右下爲一類似今天逗號形的標記，"等"字右下有一長橫點，這兩種符號分別提示此處讀法的差異：一種爲"代王問左右、郎中令張武。武等議曰"，另一種爲"代王問左右、郎中令張武等。武等議曰"。前者需要寫作"代王問左右・郎中令張武‥等議曰"，後者須寫作"代王問左右・郎中令張武‥等‥議曰"。而依今本，則應寫作"代王問左右・郎中令張‥武‥等‥議曰"。還有一種讀法"代王問左右、郎中令張武。張武等議曰"，其寫法爲"代王問左右・郎中令張‥武‥等議曰"。而這幾種讀法的區別只在於連寫符號的位置。在寫本時代，這種訛誤不能避免，此處正是一典型個例。

類似的例子見敦煌寫本 P.2627《史記・管蔡世家》"是爲悼‥侯‥父曰隱‥太‥子‥有‥靈侯之太子"，今本作"是爲悼侯。悼侯父曰隱太子友。隱太子友者，靈侯之太子"。這裏即因用連寫符而省略了"者"字。不難推知，在連寫符號普遍運用的寫本時代，此種情形並不稀見。其他敦煌寫本如 P.3729《左傳・昭公五年》"示卜楚丘，楚丘曰"，宋刻及今本無下文"楚丘"二字，當連寫符號缺失，或脱漏而致闕文。相對來説，注文所加標點較少，有時甚至不加點。

這種斷句符號也有其表意優點，尤其是表達斷句的短停頓上，如《孝文本紀》："立太子母爲皇‥后….姓竇氏.上爲立后故・賜天下・鰥寡・孤獨・窮困・及年

[①] 《史記》卷一〇，頁 417。

第七章　長安、西域與東瀛——大江家國寫本與日本平安時期的《史記》閱讀

八十以上·孤兒九歲以下·布帛·米肉·各有差(數)."寫本"皇后"二字有連寫符,表重複出現一次。在"皇后""竇氏""有差"三詞後字右下標實心點,表長斷句。其餘實心點在字正下方,表短停頓。而今本的現代標點作"'……立太子母爲皇后。'皇后姓竇氏。上爲立后故,賜天下鰥寡孤獨窮困及年八十已上孤兒九歲已下布帛米肉各有數"[①],大停頓基本相同,而後一長句中間詞語停頓不清,尤其不便初學。實心點讀可能與指導初學者有關,屬初學者的閱讀痕迹。

漢語尤其是古漢語的語流較爲渾融,不少詞句難以精確地切分,不似今人語言表述相對清晰。用現代標點切分語句,長處在於句子切分簡單、清晰、明瞭,便於今人理解。弊端也很明顯：作者無此句法意識,讀者以此句法解讀,其間必有隔膜。作者自身的語言習慣使得不同著作的語義脈絡皆有不同。以統一、標準的現代符號切分,我們應該截取何種古文爲切分標準,還需要再斟酌。就此而言,古人讀書注重"授讀",講求家法、師法,不爲無因。而"注""疏"二字,更是對古書解讀特徵精準而形象的概括。當然,閱讀符號也有一定的隨意性。可能不同讀者甚至是同一讀者在不同時期、不同閱讀環境下所標記的同一符號含義即有差異,這一點也較難區分。

絕大多數的宋刻本並沒有標點,讀者閱讀時,需要根據自己的理解重新斷句、釋讀。在某種意義上,宋人面對的是一種開放性的文本。每一次標點,都是一種文本意義的重新解讀。這種文本形式爲讀者的解讀提供了更多的可能性,意蘊更爲豐富。宋人對古籍的重新闡釋和認知與此不無關聯。新刻本的這種開放性,也是追求精確的標點本所不具備的。更何況,這種"精確"也只是特定時空、特定語境下的一種解讀而已。孟子云："不以文害辭,不以辭害志。"(《孟子·萬章上》)古人看似模糊的句讀切分,對古漢語相對含混的意蘊反而有相對精確的把握。

3. 校勘符號

寫本時代,中日學者在校讀文獻時,都會使用類似的校勘符號。這在大江家國寫本中的體現主要有以下幾種：

(1)點滅與删除符號

《孝文本紀》"賜民爵一級,女子百户牛酒,酺五日",注文中"飲食"下衍一"爵"字,右旁加兩點以"點滅"之,作"爵"。又敦煌本《史記·伯夷列傳》"仲尼最獨薦顔淵爲好學","最"字右側有一黃點,正文當無"最"字,此即所謂"點滅"。二者所用符

---

① 《史記》卷一〇,頁420。

號相同,可知日本平安時代寫本的文本處理方式遵循的仍是遣唐使等從長安習得的閱讀規範。

同卷"除"字抄寫時誤書,於字右加兩點點滅。第二個"除"字點滅符號右下又注"二",以爲標記。"楚王"誤書爲"楚君王",衍"君"字,右加右捺墨點並直接以墨杠抹之,作" "。"秉德",誤書作"康德",右捺墨杠涂之,右加勾乙號,左注"秉"字,作" "。"爲"誤書"爲",左撇墨杠涂之,右書"爲"①,作" "。又,同卷"若舉"與右"今不選"兩行之間,"不"右下注"漢無"二字,似所據《漢書》之本脱"不"字。今本《漢書》多有此字,未知其所據何本,可知當時讀者也以《漢書》校《史記》。

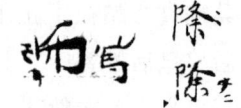

唐張守節《史記正義》亦載唐人閱讀《史記》時,以朱筆點字,以示校勘之事。如卷五八《梁孝王世家》"李太后亦私與食官長及郎中尹霸等士通亂",《正義》云:"張先生舊本有'士'字,先生疑是衍字,又不敢除,故以朱大點其字中心。"②案,食官長及郎中尹霸等是士人,言太后與之"通亂",其義亦通。張先生只是存疑,不擅改舊本,其對底本的處理態度可見當時文本傳授的基本規範。

(2) 倒文符號

寫本中的倒文符號一般作鉤狀,如右圖。《孝文本紀》"諸吕所奪齊楚故地"之"故地",寫本誤抄爲"地故",遂於有旁加一鉤形倒文符。或恐讀者不識,又重寫注爲"故地"二字。

不僅正文如此,注文亦用倒文符號。如注文"此"字有誤,右旁寫正字,以勾乙號標出,作" "。同頁,"帑"字誤,左右側各有校記,各注出正字,以勾乙號標出,作" "。從字迹判斷,左右標注並非出自同一讀者之手。同卷"東牟侯爲濟北王",寫本"爲"作"而",左點滅右注"爲",以勾乙號示意。此頗可與敦煌文書相印證。敦煌寫本《管蔡世家》"太史公曰管蔡作亂","太史"寫本誤倒作"史太",二字中間書一極小倒文符,如右圖③。

大江家國寫本校勘符號的使用頻率並不均衡,個別頁面出現訛誤較多,或與抄

---

① 書寫符號之運用似與抄寫者當下心態與習慣相關,如此處用墨杠方式塗改誤字的方式就接連出現,而此前未見。
② 《史記》卷五八,頁 2087—2088。
③ 黄永武主編《敦煌寶藏》第 122 册,臺北:新文豐出版公司,1986 年,頁 599。

寫者心態有關。一句之中訛誤較多的部分,甚至要同時使用幾種閱讀和校勘符號纔能完成對文本的處理。如寫卷複製本頁 30 七行文字中有兩處誤倒,一處脫文,一處衍文:"祀上帝諸神","諸神"作"神諸",加倒文符號,右注"諸神";"孟夏四月",脫"夏",右注出;"當有玉英見","有玉"作"玉有",誤倒,以倒文符正之;"於是天子","是"字作"赤",此字右行相應位置正爲"赤",當是抄寫者看錯行。值得注意的是,此頁的初步校勘(以筆迹判斷,當與抄者爲同一人)也有兩處訛誤:"答禮","答"字右注"益",殊不可解;"當有玉英"已加倒文符,而校者於"當"右注"有"。其他如"以諭朕意於單于"下脫"今單于"三字,又注補出,但抄手誤將底本上一"單于"看作下一"單于",遂脫三字;"以全天下元元之民",寫本脫"元"字而直接於"下"字下加省文符,右注補"元元"二字;"楚相蘇意爲將軍,軍句注",寫本"將"下直接加省文符,脫"軍"字,右注補。

第四節　批注、師説與背隱義

一、日人師説與正本

大江家國寫本的批注也保留了部分古注佚文和日本平安時代博士家的"師説"及參考他本校讎寫本文字的情況[1],多集中於《孝文本紀》,今轉録如次:

1. "惠仁以好德","仁"字左下小注:

> 人,師説:"'仁'作'人',異本。"

2. "漢與匈奴約爲昆弟",左注"興異本",地腳補注:

> 師説:"《集注》並師合書皆作'興'字爲是也。唯《漢書》作'与'耳。"師説《集注》及或本'与'作'興'者誤也。其義甚難也,可依《集注》也。

---

[1] 案,張玉春《〈史記〉日本古注疏證》引言中謂日本國立民俗博物館藏南宋黃善夫本《史記》批注中"師説""師云"等本自月舟壽桂(幻雲,1460—1533)《幻雲抄》、桃源瑞仙(1430—1489)《桃源抄》、藤原英房(1292—1348)《英房抄》。而大江家國寫本題記最晚時間爲建仁二年(1202),則當時所稱"師説"顯與幻雲、英房無涉。(見張玉春疏證《〈史記〉日本古注疏證》引言,濟南:齊魯書社,2016 年)

案，此處所引《集注》當爲晉灼《漢書集注》，涉及文本至少有"《集注》引書""師合書""或本"、《漢書》等。於此可知日本學者當時大致所據文本及對校文本。此處"興"顯爲"與"字形近而誤。後人抄寫《漢書》時，將"與"字簡寫爲"与"，日本抄手沒有意識到二字聯繫，以爲此處亦爲漢人常用"漢興"一詞，遂與文義不合。批注中的"異本"，也説明了這只是部分抄手的失誤。

3."騎八萬五千人詣匈奴"天頭批注：

　　師説："'高奴'作'匈奴'非也，《集注》'高奴'。"

寫本"匈"右注"高"，爲抄手之誤。底本之誤略久，其師據《集注》正之，是。今本正作"高奴"。

4."召尉他"天頭批注：

　　師説："'他'字上有'貴'字非也。《漢》作'貴他'。"

此處應是批注字衍入正文，師説辨之。

5."其奚哀志之有"地腳補録：

　　師説："'哀念'爲正本也。唯《集注》'念'字作'志'字，異本也。或本又有'悲'字，非也。"

案，"哀志"，今本正作"哀悲"，《漢書》作"哀念"。今檢漢魏典籍多作"哀念"，"志""悲"當皆爲"念"字形近而誤。此師説稱"正本""異本""或本"，則所校之本不一，且見《集注》之本。"正本"所指文本，當屬博士家傳之本[①]。

[①] 在鐮倉、室町兩個時代，將漢籍中根據家傳舊鈔本的"的本"與新進入的宋刊本進行對校，是普遍現象。現存最古的對校當是東洋文庫所藏清原賴業（1121—1189）手校《春秋經傳集解》卷十，他在保延六年（1140）使用宮中北宋刊本，仁平三年（1153）、四年用古本、正義本，久壽二年（1155）、保元元年（1156）利用其他古本，治承四年（1180）、五年參照家藏本合校，又據《經典釋文》校勘。很多是給出旁注，不論對錯。[（日）長澤規矩也著，童嶺譯注《日本書志學研究史》，載童嶺編《秦漢魏晉南北朝經籍考》，上海：中西書局，2017年，頁332—351。原載（日）長澤規矩也《書志學序説》第一篇第三章，東京：吉川弘文館，1960年]

第七章　長安、西域與東瀛——大江家國寫本與日本平安時期的《史記》閱讀

6. "自當給喪事服臨者,皆無踐"天頭批注:

　　師説云:"'踐'字有文通也。先伏儼之説,後孟、晉之説,俱先嘗無文通有義通,但被讀音,無他説。"

案,師説釋"踐"字謂伏儼以音近字釋義,而孟康、晉灼僅注音近字,並無釋義。"伏儼",《史記》注作"服虔",師説所據與《史記》有異而與《漢書》注釋完全相合,則其所據者爲《漢書》。

7. "各有差數"卷背,先録"數"字,又寫師説:

　　師説:"此'數'字,鄒、劉兩家不音,如字可讀之,而《集注》本殊勞上聲,輕讀之,因之,依此説。"

正面天頭又録:"《集》'有差數',正本是'有差',亦有'數'。"此録師説對"數"字音讀的看法。從"鄒、劉兩家不音",推測出當讀"如字"。《集注》本雖不讀"如字",姑且依從。

8. "而後相謾"正文"謾"下注:"欺也。""謾"字背録《集義》與師説:

　　師説:"欺也。唯或本作'慢'字,雖□同耳。"

案,此條卷背先録《集義》:"案《通俗文》音莫諫反,《字林》音巳山反,師古又莫連反。"引證字書之後,師説釋義,又以文本對勘。批注後録司馬貞《索隱》:"韋昭云:'謾,相抵讕也。'《説文》云:'謾,欺也。'謂初相約共行祝詛,後相欺誑,中道而止也。"又以韋昭注及《説文》辨析之。《集解》引《漢書音義》《索隱》及《漢書》顔注,皆節略類似文字。

9. "今吾聞祠官祝釐,皆歸福朕躬"背録:

　　師説:"良家説云:''福'字絶句也。'安家説:''美'字絶句。'先堂:'安家説可爲先。'何者?《封禪書》:'祝釐歸福於朕,百姓不與焉。'然則良説家(家説)合此也。"

243

《史記》的寫本時代——公元十世紀前《史記》的傳寫與閱讀

案,"師説"之前有師古注:"釐,本字作禧,假借用耳,同音僖。"《史記》相關文字今本作"今吾聞祠官祝釐,皆歸福朕躬,不爲百姓,朕甚愧之。夫以朕不德,而躬享獨美其福,百姓不與焉,是重吾不德"①。良家説斷句當爲"夫以朕不德,而躬享獨美其福,百姓不與焉",安家説斷句爲"夫以朕不德,而躬享獨美,其福百姓不與焉"。這裏稱述"先堂",若爲大江家國筆録,則其先堂爲"大江佐國"。大江佐國論《史記》內容,見前引《中右記》。

10."得符瑞玉杯"背録:

師説:"'玉'字上有'符瑞'兩字也。《集》並先師點書无之。《郊祀志》云:'平使人持玉杯,上書闕下獻之。平言上曰:"闕下有寶玉氣。"''符瑞',異本。"

案,此注進一步表明日人早期《史記》釋讀參考的主要是《漢書》及相關注解。《漢集義》自不待言,本注《漢書》。而新垣平使人獻玉杯見《史記·封禪書》,此引《漢書·郊祀志》。日人傳授《史記》,也是師徒相傳,法度謹嚴。抄寫者所稱"師説",而"師説"又稱引"先師"。師法相傳授者,至少有文本、句讀、讀音、釋義等相關文本問題。

11."周亞夫爲將軍,居細柳"背録:

師説:"'細柳'有義通三也。馬貞雖難如淳,然裴氏引之不可棄也。服虔云:'在長安西北。'姚察丞云:'兵備胡寇,不應屯軍昆明池南。'服説是也。《太康地記》云:'長安北棘門宮西有細柳鄉。'案《三輔故事》云:'在石激(檄)西直城門外,阿房宮西北淮(今本作維)中。'如《故事》所説亦非渭北也。《匈奴傳》云:'長安西細柳。'顏游秦以張揖爲是也。"

"師説"考辨詳實,頗見功力。所引文本有《太康地記》佚文,姚察佚文,顏游秦《漢書決疑》佚文。師古依顏游秦説。其人所見文獻甚多,《三輔故事》在《日本國見在書目録》有載,而《太康地記》在《漢書》中徵引不多,此條屬佚文,不知是否從當時古注中録出。

"師説"中稱述有"良家""安家"等博士家説,自引"師説"非良家與安家

---

① 《史記》卷一〇,頁429。

244

第七章 長安、西域與東瀛——大江家國寫本與日本平安時期的《史記》閲讀

可知。文中又述其先堂,則授《史記》者亦非家族父輩可知。又寫本脱"昭爲輒侯。三月,有司請立皇后。薄"正文13字,注文7字。因脱誤文字與下行相關文字首字相同,可知抄手在抄寫時誤看下行,此段涉下文而脱。所補脱文亦加點讀符號和空心圈注音,當迻録原本。而補注字體同正文,可知這部分文字的校勘者與抄寫者爲同一人,所抄底本當爲師説正本。

通觀"師説",涉及文本校勘、句讀、字音、字義和史文理解,解説較爲全面。所見傳本和注解資料較宋人以降學者更爲豐富,論説有據,辨析詳明。音義擇取基本合理,偶有涉及古文語法文例之處的誤解。其説與古注並列,亦不稍遜。

此外,寫本背録文字有專辨日本其他博士家異説者,如"發中尉材官屬衛將軍"行背録:"良家以爲中尉與材官也;江家:中尉之材官也。即以爲材官武而當屬中尉歟?"案,此條背注稱説良家和江家異説,雖並列之,而當以良家爲近。《漢書・高帝紀》載高祖十一年秋七月,淮南王反,"上乃發上郡、北地、隴西車騎,巴蜀材官及中尉卒三萬人爲皇太子衛,軍霸上"[1]。此處"中尉""材官"指中尉及材官所屬之兵卒。文帝時期徵發情況應與此相似,故當材官、中尉分列。結合上文論良

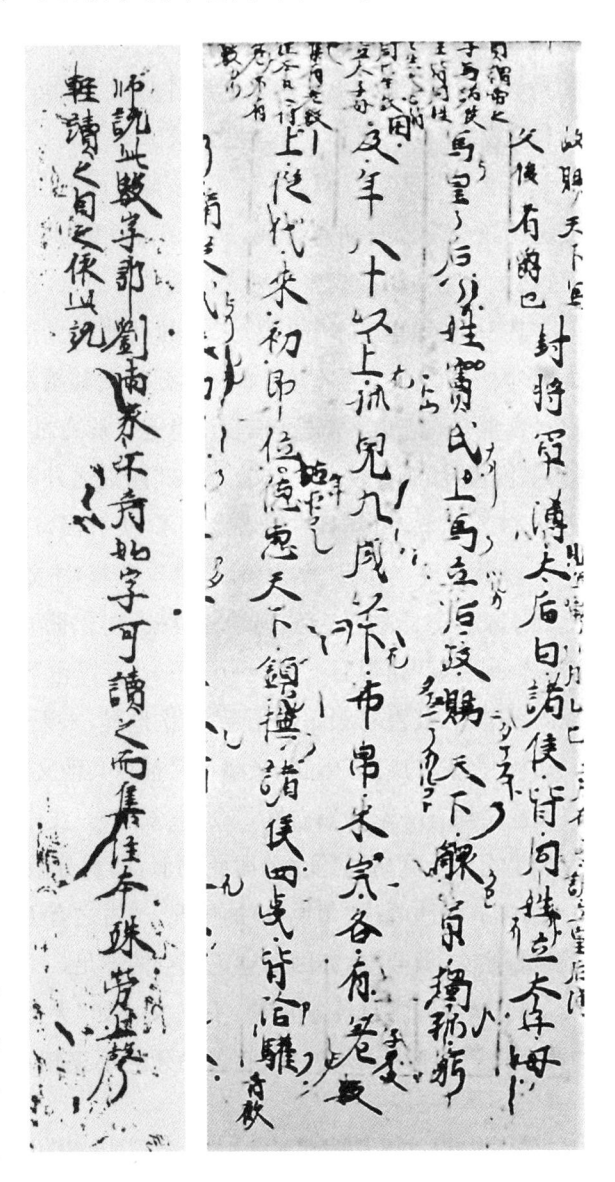

---

[1] 《漢書》卷一下,頁73。

家和安家句讀異説,可知三善惟良等爲代表的良家史學修養更勝一籌,實力不容小覷。

二、批注與背隱義

寫本行間、天頭地腳及卷背多有平安時期讀者的批注,不少内容不見於今本。佚注涉及晉代《太康地記》、徐廣《史記音義》,劉宋時期裴駰《史記集解》,南齊鄒誕生《史記音義》,唐代顔游秦《漢書決疑》、顧胤《漢書古今集義》、劉伯莊《史記音義》和相傳爲陸善經的《史記決疑》等,計八種34條①。其中又以《漢書古今集義》内容最爲豐富,寫卷正面和背面皆有録文。

寫卷相關文字背面多有注釋,或録正面空白處無法謄寫的《集解》《索隱》注文;或記師説、家説,或别有含義,適與正面相表裏②。背隱義從後往前複製,雙行小字,與正面注文相似或差異略大。就内容而言,背録文字大致分以下幾種情況:

其一,補録集解本《史記》未載的其他常見注家文字,無異文。之所以録於背面,多因正面空間不夠。如《孝文本紀》"此其屬意非止此也"句③,寫卷背録:"師古曰:'言常有異志也。屬意,猶言注意也。屬音之欲反。'"案,此條《史記》無注,讀者抄録《漢書》顔師古注,無異文。又如"四荒之外不安其生"背録《索隱》及《漢書》師古注,文無大異,可見日本學者參酌了《史》《漢》注文。

"大橫庚庚,余爲天王,夏啓以光"下《集解》注文較多,《索隱》注文亦多,寫本天頭與地腳分録部分《索隱》文字。寫卷背面録《索隱》開頭"荀悦云:'大橫,……'……諸侯更帝位";地腳録"荀悦云:'繇,……'……音胄也";天頭録"《漢書》蓋寬饒"至注尾。以内容推斷,其書寫順序當先卷背,次地腳,末天頭。而不於背面一次録完者,或本只爲釋"大橫""庚庚"兩語,後讀者又補録其他文字於地腳天頭。值得注意的是,這三處注文均有一定的獨立性。今本《索隱》一注中即有兩處"荀悦云"、兩處"按"語。可能小司馬所見荀悦《漢紀》與此類似,即爲分散之注,且非止一處,注者將之蒐集一處,遂有一注兩出"荀悦云"的情況。"古之有天下者莫長焉,用此道也"背録較長《索隱》注文,與今同,亦因寫卷正面空間不足。

其二,補録常見注家注釋,有異文。如"犬牙相制"句,正文天頭批注《索隱》:"貞言封子弟土境大〔交〕接,有若犬牙之不正相當而相銜入也。"背録《索隱》及《漢

---

① 詳見本章附録"日藏大江家國寫本《史記》所見中古佚注八種考述"。
② 關於寫本文獻紙背"音隱""背隱義"的討論,參見鄭阿財《論敦煌文獻展現的六朝隋唐註釋學——以〈毛詩音隱〉爲例》。
③ 因爲批注佚文基本集中於寫本卷十《孝文本紀》,下文凡不列篇名者,皆屬《孝文本紀》。

第七章　長安、西域與東瀛——大江家國寫本與日本平安時期的《史記》閱讀

書》師古注。《索隱》與正面天頭處文字同,而筆迹不類,此似後補錄;但與卷末康和三年識文筆迹相類,當出同一人,或同爲藤原家行所錄。師古注與今本同。或讀者見背面師古注,遂將正面《索隱》迻錄,與之比較。案,所錄《索隱》文字正面和背面基本相同,而與今本有三處不同:"土境",今本作"境土";"有若",今本作"若";"之",今本無。"土境"一詞多爲魏晉六朝史書所沿用,而"境土"宋以後所用爲多;"有若"作"若",當出抄寫刪省。背錄之顔注與正文天頭之《索隱》筆迹相似而與背錄之《索隱》筆迹不同。背錄《索隱》與正面天頭注文内容同而筆迹不類,應出於後來補錄。

當然,寫本所錄注釋異文,很可能是抄寫者誤書。如"宋昌參乘"背錄《漢書》師古注,而"尊者居左"之"左"和"戎事則稱車右"之"右"皆誤作"在";"其餘"誤作"其駿"。"列侯頃王后"背錄《索隱》:"別人封爵也。頃王后是代之頃王后。"今本作"別人封爵,非也。頃王后是代王后",寫本"爵"下當脱"非"字。"天子法駕"背錄《索隱》文,唯"大駕公卿奉引"作"小駕公卿奉引",當誤。"誹謗之木"背錄《索隱》兩行,乃寫卷正面天頭所錄《索隱》剩餘部分,其中"木貫柱"今本作"木貫表柱"。"肉刑三"背錄《索隱》,其中"崔浩按《漢律序》",今本作"崔浩《漢律序》";"以淫亂挨類不矣",不可解,今本作"以淫亂人族序,故不易之也",今本是。"嘗欲作露臺"背錄《索隱》文字,與今本略同,唯末多"漢作基"三字,今本《漢書》及顔注均無,或所據異本也。"以中大夫令勉"背錄《索隱》,以"索"標示,較少見,其他多用"貞";"改衛尉爲中大夫令是官號",今本作"改衛尉爲中大夫令,則中大夫令是官號",寫本注文之底本當無"則"字,又脱連寫符號,遂誤。

其三,不錄常見注家注釋,僅釋音義。如"以全天下元元之民"背錄:"元元:《光武紀上》注,謂黎元也。猶喁‧可矜憐之辭也。"此與上"庚"字條相鄰,正文、《集解》《索隱》注皆無此文。又如"而禪天下"背錄:"劉《音義》:禪亦作嬗,亦作媟,同時戰反。"此頁正面無空間,故書於背。又如"陪朕"背錄"陪朕:輔",解釋文義。

其四,背錄不見於今本三家注的注釋,這部分批注的文獻價值也最爲突出。如"封淮南王舅父"行背錄:

> 廣曰:"古人以母之姊妹比於母,故爲從母;若母之兄弟比於父,故云白(舅)父,非外祖也。此記當時之言耳。"

此段文字今本《集解》無,當爲裴注所引徐廣注之佚文。又如"匄以告朕"正面天頭

247

錄有《漢集》"憪"字釋音。背錄：

《漢集》："樂產及顧監以白爲正，音盖云云□也；案今諸本爲正字者多明白啓告，理目可解，無煩爲白。"

"禀禀鄉改正服封禪矣"背錄：

今案，《決疑》全取禀禀鄉改正服封禪矣九字。注云："禀禀然鄉於此道但謙讓未成也。"

其五，在三家注之外，補充其他注家注文。如"以給傳置"背錄《索隱》文字，其中"雅"作"疋"；"三十"作"卅"；"以置馬取□"，今本作"以馬取匹"；"丁戀"後脱"反"字；"急者乘一馬曰乘置也"，今本作"如置急者乘一馬曰乘也"。寫本抄錄《索隱》文字之後又錄有：

《集義》："如淳曰：'傳輸之傳'，《風俗通》云：'置者，度其遠近姓‥問置之。'傳音丁戀反。師古曰：'置，傳驛之所，因名置，他皆類此。'"

又如"九月，初與郡國守相爲銅虎符、竹使符"，卷背錄文有《索隱》及《漢書》顔注，與今本略同。後又錄：

陸云："第一至第五，在（品按，當爲左）五枚，右一枚；右留符節臺，左以與郡。國家有徵發，先使第一至郡，未迎，又第二，以次至第五。竹使符則析爲兩行，先使第一，皆與上同。"

案，此段文字詳細解説符節動態使用情況，未見他書徵引。當爲陸善經《史記決疑》内容[①]。

[①] 見水澤利忠《史記文獻學研究》第二章"史記古板本標記"第四節"陸善經史記注佚文"（《史記會注考證校補》附錄，頁253—261）。而據水澤氏所言，已輯有上百條佚文。陸善經事迹見向宗魯《書陸善經事》（載屈守元《昭明文選雜述及選講》，天津：天津古籍出版社，1988年）、（日）新美寬《陸善經の事迹に迹就いて》（《支那學》第9卷第1號，1937年）、汶廣《補唐書陸善經傳》（《説文月刊》第二卷合訂本，1942年）、虞萬里《唐陸善經行歷索隱》（載虞萬里《榆枋齋學術論集》，南京：江蘇古籍出版社，2001年，頁794—806）。

第七章　長安、西域與東瀛——大江家國寫本與日本平安時期的《史記》閱讀

"大紅十五日,小紅十四日,纖七日,釋服"背錄:"漢注服虔云云,應劭云云,此以日易月也。……"至師古注文與今本略同,唯末字"也"作"耳"。此下空一字,復錄《漢集義》:

> 《集義》:"劉德云云。鄭氏云:音當言大功。晉灼曰:服、劉是說(說是)也。孟康云:大紅、小紅,小祥導也。《禮》:十二月而小祥謂之練,練衣紅緣也。廿五月大祥,廿七導,導即纖也。如淳云:纖從(縱)表縞裏,將涂(除)喪之服。崔浩云:終三年者,廿五月而除;取首尾三年者,全月之數。三年卅六月,以日易月,故卅六日也。顏監云云。案應劭之説卅六日漢有舊制,翟方進後母終,既葬,六月除服。以爲身備漢相,不敢踰國家之制。此足爲明。晉灼解前'嘉之'亦云'以日易月'。其言大紅、小紅、纖者,亦除煞以漸也。《禮儀志》云:'釋大紅,服小紅,十一升都布練冠(冠)。釋小紅,服纖。釋(纖),服黃冠。'又帝王不終三年之喪,此乃秦制,文帝因之也。《史記》秦昭王五十八(六)年秋王卒①,孝文元年除喪,十月即位是也。而荀悅以爲三年通喪也,而廢之以虧大孝非也。"

這部分內容不見於三家注,非常清晰地顯示了中古學者對三家注之外的注釋文本的閱讀和擇取。

背隱義是寫本時代特有的文獻注解方式。雖然就古書的物質形式而言,蝴蝶裝在理論上仍可以作背隱義,但背面注解與正面印刷文字作者不同,字跡有異,明顯屬於兩種文本形式,無法實現寫本正面和背面字跡和解釋渾然一體,密不可分的效果。自刻本有包背裝以降,字體及文本複製方式和載體形式俱有變化,不可能再有背隱義這一注解方式。而敦煌卷子常常兩面皆有書寫。有的正面和背面內容並無關聯,甚至爲了書寫另一面而破壞此前的文本內容。如法藏敦煌文獻中 P.2627 正面爲《史記》,背面爲佛經《金剛般若經旨讚》。但部分文本的正面和背面又存在密切聯繫,如《史》《漢》對讀等閱讀方式②。

寫本批注及卷背隱義所見中古時期《史記》閱讀傳統,確與明清之後不同。一是《史記》習讀首正文字、校異本、疏通文字音義;二是對讀文獻除了裴駰《集解》以

---

① 案"八"當爲"六"字形近之誤。據《史記·秦本紀》及《六國年表》,秦昭襄王在位五十六年,非五十八年。
② 見吐魯番寫本《仲尼弟子列傳》殘片,參見榮新江《〈史記〉與〈漢書〉——吐魯番出土文獻劄記之一》。

外，主要是《漢書》相關文獻，如《漢書集義》等；三是重視師法，音讀訓釋相沿不改，別有參酌，另加注出。對三家注經典化過程而言，此時《史記》習讀開始重視司馬貞《索隱》，師法之外，大量補充小司馬訓釋。而這種訓釋並没有出現在正文之下，只是旁批於天頭地腳，內容較多者則録於卷背。這説明日本延久五年學士大江家國抄寫之際，小司馬之文並没有附入注釋正文，形成兩家注，但也得到讀者充分重視。其與《集解》並行，形成兩家注已勢在必然。這與中國宋刻本所見兩家注合刻本形成時間基本相合。三家注經典化之後，諸家師説基本不見流傳。《正義》偶爾透露了張先生傳授文本的零星信息①，而大江家國寫本正是這一時段《史記》文本習讀的活化石。

餘論　長安、西域與東瀛：日藏古寫本的再思考

關注研究對象的文本性（textuality）和物質性（materiality）是學界新近興起的一種研究視角②。作爲主要倡導者之一的陸揚先生在《作爲複數的"文本性"與"物質性"》一文中強調，需要注意物質載體對時人文本觀感的影響。誠然，古今精神傳承有一定的内在連續性，很多精神認同往往是通過物質形式得以實現的，如祭祀禮儀、拜謁古迹過程中的追憶和體認，思想和情感上的皈依與同情等。在某種程度上，我們是以物質承載精神，以物質反映精神，以物質實現文化傳承。

雕印的文字相對而言是一種異質性的存在，寫本經特定人物的親手抄寫，因而具有獨特的物質紀念性。正如李清照在《金石録後序》中睹物思人，深情

---

①　《史記》卷五八，頁2088。

②　2017年11月1日至2日，北京大學中國古代史研究中心和北京大學歷史系主辦，陸揚教授主持召集的"文本性與物質性交錯的中古中國——中古研究新前言國際研討會"在北京大學召開。會議圍繞"物質性"與"文本性"展開了諸多富有啓發性的討論，並正式在國内學界倡導這一研究方向。隨後，陸揚在《文匯報》上正式刊發《作爲複數的"文本性"與"物質性"》（2018年3月30日第2版）一文。2018年4月6日至7日，中國人民大學文學院古代文本文化國際研究中心主辦的"寫本及其物質性（Manuscripts and Materiality of Text）"國際研討會在中國人民大學召開。陸揚教授提出："一方面文本意義會受到其物質呈現方式的影響，另一方面中古時期的許多物質製作背後也隱含著特定文本邏輯的支撐。文本性和物質性的交錯製造出了一種意義更爲豐富的新事物，新事物的意義必須還原到其物質形式和文本環境下纔能得以理解。"美國普林斯頓大學助理教授丹妮拉·麥赫法（Daniela Mairhofer）也提出了文本編輯過程中文本性與物質性的交互影響：文本材料、裝幀形式和版面安排體現了物質性，批注等副文本的整合所構成的文本實體反映了文本性；進而分析分頁、書寫與閱讀的關係，以及文本結構與文本邏輯等。

第七章　長安、西域與東瀛——大江家國寫本與日本平安時期的《史記》閱讀

追憶與亡夫趙明誠"賭書消得潑茶香"，手錄之書寄託著對家人和昔日幸福生活的無限懷念。對於大江氏而言，這三卷寫本爲先賢手澤，相關批注也記載了不同時空的讀者之間以及讀者與文本之間思維交流的印迹，因而具有特殊的紀念性。

寫本文獻作爲個性特徵較強的一種物質形式，其獨特性和差異感都與刻本這種大規模批量複製的文本形式差別較大。寫本文獻生成以後即成爲一種開放性文本，在不同時代、不同地域、不同的讀者手中，其文本意義都在不斷轉換，等待讀者新的體味、理解與詮釋。從七世紀初到九世紀末，日本前後十幾次向中國派遣唐使，不斷學習吸收中華文化的優長。雖然日本自894年即廢止了遣唐使制度，但盛唐長安文化的影響仍然長期留存。日藏《史記》寫本兼具政治禮儀和知識習讀的雙重功能。上至需要經筵講讀的天皇，下至士人學者，他們對漢文寫本文獻的閱讀儀式和閱讀行爲，俱有對盛唐長安中華文明閱讀傳統的體認和皈依的意味[1]。日人的寫本閱讀與其説是一種漢文學習，不如説是對以長安爲中心的盛唐文明的體認、皈依和追懷，以及日本自身自立自強的願望。作爲博士家的家傳文本，如何精確地校勘異文，審音、辨字、釋義，對抗其他學派的質疑問難，極爲重要。因此，詳載諸多閱讀痕迹的大江家國寫本《史記》的特殊意義自不待言。

無論是中國西北的敦煌、吐魯番寫本，還是東亞京都所留存的傳世《史記》寫本，其文本意義皆指向當時的文化中心——長安，指向盛唐長安的文化盛況。日本平安時代大致相當於中晚唐至南宋中期，正是雕版印刷從出現到成熟的時期。大江家國寫本的抄讀時間（1073—1202）與敦煌藏經洞的封閉時間（1035，當北宋仁宗景祐二年）基本銜接。這是寫刻演變之際文本形態逐步改觀和定型的關鍵時期，也是《史記》由集解本到三家注合刻本的演化定型時期。其音注方式保存了敦煌寫本、宋刻本和日人訓讀的文本特徵，顯示了寫刻演變的層累痕迹。

在典籍文本跨文化傳播方面，現存敦煌本和日藏大江家國寫本《史記》也爲我們揭示了東亞漢字文化圈中的典籍閱讀現象。敦煌距長安、江南等核心文化區較遠，抄讀者多爲中下層士人、僧侶和學童；此時日本同樣爲唐文化的輻射區，但讀者層級則相對較高。兩地的抄讀者變相模擬了文化中心長安乃至中原地區的典籍閱讀景象，從而在某種程度上實現了不同文化場域中閱讀現象研究的分層、對接與融

---

[1] 在鐮倉、室町兩個時代，日本學者根據家傳舊鈔本的"的本"與新進入的宋刊本進行對校，是普遍現象。他們或許認宋刊本在文本上的部分優點，但寫本的意義並非純文本可以替代，由此可見一斑。這種情況下正文與注文、校勘與批注容易混淆。

合。三地在閲讀中的音讀、句讀、批注等抄寫閲讀符號等方面頗有異同，大江家國寫本也爲我們勾勒出了中古時期東亞漢字文化圈漢文典籍的閲讀方式及其在跨文化傳播中影響與接受的歷史圖景。

附録　日藏大江家國寫本《史記》所見中古佚注八種考述

日本現存《史記》古寫本中，《吕后本紀》《孝文本紀》《孝景本紀》三篇，俱爲延久五年大江家國氏所寫，康和三年家行見合，建久七年讀移[①]。據行格、用字等文獻特徵，知其底本爲宋刻本之前的古寫本[②]。寫卷在抄寫《史記》正文的同時，又在卷中及卷背謄録了與正文相關的中古史注。内容涉及晉代《太康地記》、徐廣《史記音義》，劉宋時期裴駰《史記集解》，南齊鄒誕生《史記音義》，唐代顔游秦《漢書決疑》、顧胤《漢書古今集義》、劉伯莊《史記音義》和相傳爲陸善經的《史記決疑》等八種佚注，計34條。相關文本的異文校勘，前賢所論已詳[③]，本文則對不見於今本的古注文字進行系統輯考，進而指出寫本批注在探討中古時期《史記》傳寫閲讀特徵方面的獨特價值。

一、晉《太康地記》

《太康地記》或稱《晉太康三年地記》等。《舊唐志·經籍志》載"《地記》五卷。太康三年撰"，不著撰人[④]。該書今佚，王謨、畢沅、黄奭、王仁俊等並有輯本，以畢氏本較全，而周中孚已指出其中疏誤[⑤]。寫本批注中有一條諸輯本及我國傳統典籍

[①] 相關著録參見（日）水澤利忠《史記之文獻學的研究》(《史記會注考證校補》附録，頁43—53)。

[②] 有關日藏《史記》古寫本及其判定的研究，參看（日）小助川貞次、池田證壽、渡邊さゆり《"国家図書館"(台北)所藏本史記夏本紀釋文》(《訓点語と訓点資料》第122輯，2009年)及拙文《近百年來〈史記〉寫本研究述略》。

[③] 較爲重要者如（日）瀧川資言《史記會注考證》(北京：文學古籍刊行社，1955年)、（日）水澤利忠《史記會注考證校補》、王叔岷《史記斠證》、〔漢〕司馬遷撰，〔宋〕裴駰集解，〔唐〕張守節正義《史記》(北京：中華書局，2013年)。

[④] 《舊唐書》卷四六，頁2015。

[⑤] 相關輯本著録參見張國淦《中國古方志考》。此書另著録《太康土地記》十卷，與《太康三年地記》不同(張國淦編著《中國古方志考》，北京：中華書局，1962年，頁55—57)。顧江龍在新近的討論中將"太康三年地記"和"太康土地記"俱列爲《太康地記》之異稱(參見顧江龍《〈太康地記〉考——兼論王隱〈晉書·地道記〉和〈元康地記〉》，《文史》2018年第4輯)。

252

皆未刊載的佚文,可補輯本之缺。

"《太康地記》云:長安北棘門宮西有細柳鄉。"(《孝文本紀》"周亞夫爲將軍,居細柳"句背録)

正文卷背所載録佚文的批注全文爲:

> 師説:細柳有義通三也。馬貞雖難如淳,然裴氏引之不可棄也。服虔云"在長安西北",姚察丞云"兵備胡寇,不應屯軍昆明池南",服説是也。《太康地記》云:"長安北棘門宮西有細柳鄉。"案《三輔故事》云:"在石激(檄)西直城門外,阿房宮西北淮①中。"如《故事》所説,亦非渭北也。

案西漢細柳位置,前人多有爭議。或謂長安西北,或謂西南。而今西安以"細柳"命名的鄉村也有數處,或在西漢長安城遺址西北,或在長安城西南昆明池西。根據出土的西漢"細柳倉"瓦當,已基本可確認在西漢未央宮西北,渭河北岸②,服説及《太康地記》所載不誤。

二、晉徐廣《史記音義》

《史記音義》,晉徐廣撰。《隋志》載爲十二卷③,兩《唐書》皆著録爲十三卷④。一卷之差,或爲傳寫之誤,或分卷不同。其書唐時尚存,宋以降無聞。九世紀末日本學者藤原佐世所編《日本國見在書目録》雖未見載録,而平安時期寫本尚見徵引,則批注者所見之本,或爲九世紀以後傳入。

1. "廣云:凡中子,非大非小,處其中間者耳,非必三人居中。"(《孝文本紀》"孝文皇帝,高祖中子也"句背録)

案此條注文其他文獻未見著録,當爲徐廣《史記音義》佚文。未稱裴駰或"集解"字樣,也未在正文之下,與其他《集解》注文位置不同,非引裴注可知。《孝武本紀》的《索隱》注稱"武帝第九",而不駁"孝景中子"之説,則所見之本當存有此注。

---

① "淮",今本作"維",是。本文所録佚文的標點皆爲筆者所加。
② 何清谷《三輔黃圖校釋》卷二"長安九市"條、卷六"倉"條(北京:中華書局,2005年,頁98—99、347)。專門討論見曹發展《漢"百萬石倉"與"細柳"地望考》(載《陝西歷史博物館館刊》第15輯,2008年);辛德勇《論細柳倉與澂邑倉》[載辛德勇《舊史輿地文録》,北京:中華書局,2013年,頁185—200。原載《陝西師範大學學報》(哲學社會科學版)2010年第2期]。
③ 《隋書》卷三三,頁953。
④ 《舊唐書》卷四六(頁1988)、《新唐書》卷五八(頁1453)。

《史記志疑》卷七以《史記》稱文帝、武帝"中子"爲非①，王先謙云："子長曰伯，末曰季，居中者皆爲中子，非必次二也。文帝前後有三男，竇后生景帝，而《史記·景紀》云孝文之中子也，亦其證。"②千餘年前，已有徐廣注闡明其故。

2."廣曰：古人以母之姊妹比於母，故爲從母；若母之兄弟比於父，故云曰(舅)父，非外祖也。此記當時之言耳。"(《孝文本紀》"封淮南王舅父"行背錄)

案此段文字今本《集解》無，先唐注家名"廣"者只有徐廣較爲知名，故"廣曰"以下當爲裴注未取的徐廣《史記音義》文字。日本宫内廳書陵部藏元彭寅翁刻本《史記》批注與此相似，文字有節略而稱"劉曰"③，當爲唐劉伯莊的《史記音義》節引徐廣注文。

三、劉宋裴駰《史記集解》

作爲三家注之首，裴駰《史記集解》久附《史記》正文之下，歷代傳抄，難免脱訛。因爲缺失直接證據，學者多稱《索隱》和《正義》文字節略訛脱，對《集解》反而很少論及。大江家國寫本《孝文本紀》即存有一例。

"適，音徒厄反也。"(《孝文本紀》"適見于天"句"天"字正下方雙行小注)

案今本《史記》此處無注文，《漢書》雖有注而與此音注文字不同。因注文爲雙行小注，又在所釋正文之下，與寫卷中《史記集解》文字位置相同而與其他注解文字位置迥異，故當爲《集解》文字。檢《漢書·王莽傳》"適見于天"下顔注："適音讁。讁，責也，音徒厄反。見音胡電反。"④其正文與反切字皆與《史記》寫本相同，或師古所見《史記》之本中尚有此條《集解》。水澤利忠《史記會注考證校補》稱"'天'下有'《集解》：適音徒厄反也'八字"，檢寫本實無"集解"二字，則所錄有誤⑤。王叔岷《史記斠證》列出此六字注文，也推測爲裴氏《集解》佚文⑥。

四、南齊鄒誕生《史記音》

《隋書·經籍志》載"《史記音》三卷，梁輕車錄事參軍鄒誕生撰"⑦。《新唐書·

---

① 《史記志疑》卷七，頁265、277。
② 〔漢〕班固撰，〔清〕王先謙補注《漢書補注》卷六，上海：上海古籍出版社，2008年，頁223。
③ 張玉春《史記日本古注疏證》十，濟南：齊魯社，2016年，頁73。
④ 《漢書》卷九九下，頁4158。
⑤ 《史記會注考證校補》卷十，頁18。
⑥ 《史記斠證》卷十，頁388。
⑦ 《隋書》卷三三，頁953。

第七章　長安、西域與東瀛——大江家國寫本與日本平安時期的《史記》閱讀

藝文志》略同①。《舊唐書·經籍志》書名作《史記音義》②，與《索隱序》合。《日本國見在書目錄》亦作《史記音》，孫猛也以"史記音義"爲正③。蓋此書兼有音義而音多義少，故稱名略有不同。因中日早期文獻皆稱《史記音》，故以此爲準。顏師古《漢書·司馬相如傳》題注稱："近代之讀相如賦者多矣，皆改易文字，競爲音説，致失本真，徐廣、鄒誕生、諸詮之、陳武之屬是也。今依班書舊文爲正，於彼數家，並無取焉。"④司馬貞《史記索隱序》亦稱："南齊輕車録事鄒誕生亦作《音義》三卷，音則微殊，義乃更略。"⑤可見其書不被唐代學者看重。但司馬貞所列六朝《史記》音注較少，因"爾後其學中廢"（《索隱序》），故南齊至唐初《史記》注解唯有此書，理應珍視。

《日本國見在書目錄》載有《史記音》，則寫本批注所引鄒氏注文或即爲初唐傳本，而非出於他書轉引。除今本《史記》注引用內容之外，寫本批注所見鄒誕生音注如下：

1. "鄒：欺與反。""鄒音滯。"（《吕后本紀》"太后遂斷戚夫人手足，去眼，煇耳，飲瘖藥，使居廁中，命曰'人彘'"批注）

案此句"去"字左下批注"鄒：欺與反"，此後諸家小學書雖未見和批注"去"字反切上下字都相同的例證，但單字相同者頗有，且多集中於六朝隋唐時期。如《後漢書·仲長統傳》"以廉舉而以貪去"李賢注、《文選·晉紀總論》"如室斯構而去其鑿契"所引公孫羅《音決》，"去"字反切上字皆爲"欺"字；敦煌本 S.2053va《禮記音》、S.1439《春秋後語釋文》"去"字反切下字皆作"與"，與鄒誕生音合⑥。"彘"，右下批注云"鄒音滯"，而中古多用反切，未見用"滯"字直音之例。

2. "鄒：之亦反。"（《吕后本紀》"據高后掖，忽弗復見"句）

案此句"據"字右下批注"鄒：之亦反"，今本無此注。其音切與《漢書》顏注"摭"字同。

3. "鄒音 缺 ，或說先信也，後敬也。"（《孝文本紀》"法正則民慤"句天頭批注）

案此句"慤"字右注"苦角反，謹也，信也，誠也。"音切與《廣韻》合。此處録鄒氏

---

① 《新唐書》卷五八，頁 1453。
② 《舊唐書》卷四六，頁 1988。
③ 孫猛對相關資料有較詳細梳理，但其稱《遂初堂書目》著録《史記音義》爲鄒誕生所作，此說存疑。唐以後未見徵引，而劉伯莊《史記音義》流傳的可能性更大。（見《日本國見在書目詳考》，頁 542—543）
④ 《漢書》卷五七上，頁 2529。
⑤ 《史記》附録，頁 7。
⑥ 宗福邦、陳世鐃、于亭主編《古音匯纂》，北京：商務印書館，2019 年，頁 216—218。

直音,相關釋義批注不見他處,當爲佚注。

4. "鄒氏本作疑字,音擬。劉氏本又作音擬,言比擬與上,南諸氏皆作擬字。"(《孝文本紀》"擬於天子"之"擬"字左側批注)

案此記鄒氏本異字及音注,今本無。

5. "鄒同貞:啼","鄒:營"。(《孝文本紀》"緹縈"之"緹"右注"音體",左注"鄒同貞:啼";"縈"右注"紆營反",左注"鄒:營"。)

案此佚注所引鄒氏"緹縈"二字音注皆爲直音,旁注《索隱》注音,以資比較。其"縈"右注"紆營反",本於《史記·扁鵲倉公列傳》"縈"字小司馬音注。"緹"字今本《索隱》注云:"緹音啼。鄒氏音體,非。"與寫本注引鄒氏音與司馬貞音注相同之説有異,寫本注文或有誤。

6. "禪,如字,鄒音善"(《孝文本紀》"禪場"句天頭補注)

案"禪場",今本作"墠場"。此行天頭補注:"禪,如字,鄒音善。《漢書》作'壇場'。師古:'築地爲場。幣,祭神之帛也。'"

7. "鄒:弋締"(《孝文本紀》"稟稟鄉改正朔封禪矣"句批注)

案"稟稟鄉改正朔封禪矣",今本作"廩廩鄉改正服封禪矣"。"朔"字右下注"服"字,文末批注:"鄒:弋締",小注:"翼音。如淳云:弋,皂也;締,厚繒也。言至儉也。賈誼云:文帝自衣皂締也。"又卷末跋云:"私勘此紀,此'弋締'之文,又'太史公曰'之末至無此文,如鄒音本可有'太史公曰'之末?今所疑鄒誕生見如何本乎?"小注之文除首二字之外,基本爲《漢書·文帝紀》卷末顏注。批注中鄒誕生音所注文字當爲《史記》"上常衣綈衣"一句,今本《孝文本紀》繫於文帝後六年末。據鄒誕生注,則其所據之本該段文字與《漢書》相似,亦在卷末[①]。

8. "鄒:作公反"(《孝景本紀》"令徒隸衣七緵布"天頭"升"字批注)

案"升"字右注"作紅反。鄒:作公反"。今本《史記》此下無《集解》,《索隱》云:"七緵,蓋今七升布,言其粗,故令衣之也。"《正義》:"衣,於既反。緵,祖工反。緵,八十縷也。與布相似。七升布用五百六十縷。"皆無鄒誕生音。《漢書》亦無此注,所錄反切當爲鄒氏佚注。

[①] 内容從"孝文皇帝從代來"至"興於禮義"(見《史記》卷一〇,頁433)。清人梁玉繩最早發現此條錯簡,並稱繫於後七年"襲號曰皇帝"下(《史記志疑》卷七,頁262)。孫猛《日本國見在書目錄詳考》鄒誕生"史記音三卷"條下已注意此問題,但同梁氏説,恐不確。(孫猛《日本國見在書目錄詳考》,頁542—543)張文虎亦同《志疑》(《校刊史記集解索隱正義札記》卷一,頁105)。筆者以爲應在卷末"制曰:'可'"之後,"太史公曰"之前。

第七章　長安、西域與東瀛——大江家國寫本與日本平安時期的《史記》閱讀

五、唐顏游秦《漢書決疑》

《漢書決疑》十二卷，唐顏游秦撰，顏師古注《漢書》時多有取資。《新唐書·藝文志》著錄有顏游秦《漢書決疑》十二卷①。《舊唐書》有顏延年《漢書決疑》十二卷。案"顏延年"當爲"顏游秦"之誤②。《日本國見在書目錄》未見著錄，寫本注文或轉引自他書。而直接徵引《漢書決疑》原文的極少，今本《史記》僅《司馬相如列傳》"蒙鶡蘇"句下《索隱》引《決疑》一條："鶡音曷。《決疑注》云'鳥尾爲蘇'也。"③故寫本雖僅增加了一條注文，却對我們瞭解此書體例頗有幫助。

"今案，《決疑》全取'禀禀鄉改正服封禪矣'九字。注云：'禀禀然鄉於此道，但謙讓未成也。'"（《孝文本紀》"禀禀鄉改正朔封禪矣"背録）

案，此條注文今本《史記》及《漢書》注未見著錄。而此句《史記》三家注亦無注釋。此所謂"注云"，當爲《決疑》文字。《決疑》此處正文全録"禀禀鄉改正服封禪矣"九字，再書注文十三字。可知《漢書決疑》採用摘字爲訓的注釋體例。

六、唐顧胤《漢書古今集義》

《漢書古今集義》二十卷，唐顧胤撰。顧胤，蘇州吳人，唐高宗永徽年間爲起居郎，後授弘文館學士，仕至司文郎中。撰武德、貞觀兩朝國史八十卷，另參撰《太宗實錄》二十卷，《舊唐書》卷七三、《新唐書》卷一〇二有傳④。宋高似孫《史略》卷二"漢書雜傳"載顏（今案，當爲"顧"字）胤《漢書集義》二十卷⑤，此後則未見著錄，或亡於宋元之際。《日本國見在書目錄》有載，卷數同⑥。大江家國寫本《孝文本紀》所存佚文如下：

1. "《漢集義》云：謂舉有德義以匡輔己之不能終其大位。"（"舉有德以陪朕之不能終"行天頭批注）

案此條佚文釋《史記》省略的句意，以爲"不能終"指"大位"，三家注於此下皆無注解。

2. "《漢集》：顧秘曰設 ? ，置也，謂置立此法。"（"高帝設之以撫海內。今釋宜

---

① 《新唐書》卷五八，頁 1454。
② 《舊唐書》卷四六，頁 1988、2019。
③ 《史記》卷一一七，頁 3035。
④ 《舊唐書》卷七三，頁 2600。《新唐書》胤本傳未載作《漢書集義》事（參《新唐書》卷一〇二，頁 3985）。
⑤ 《史略》卷二，頁 26。
⑥ 《日本國見在書目錄詳考》，頁 562。

建"行天頭批注)

案"設"下字迹不能辨別,疑爲"之"字,釋所設的具體内容,或失之苛細,三家注於此皆無注解。"顧秘",即"顧秘監"之省稱,當指顧胤。今本《史記·衛將軍驃騎列傳》司馬貞《索隱》注引《集義》亦稱"顧秘監"①。而批注既云"《漢集》",又稱"顧秘監",或輾轉傳抄所致。

3. "《集》:'有差數',正本是有'差'亦有'數'。"("賜天下鰥寡孤獨窮困及年八十已上孤兒九歲已下布帛米肉各有差"行天頭批注)

案此條無《集解》,所謂"集"當即《漢集義》。寫本"各有差"下補一"數"字,作"各有差數",今本作"各有數"。檢諸典籍,或作"各有差",或作"各有數",無"各有差數"之例,或抄者見有以上兩種異文而折衷爲之。這裏提到的"正本",應爲抄者所據底本,其校本或作"各有數"。《漢集義》則是對"有差"的詞義作解釋。

4. "《漢集》:蘇云'鄭氏音瞷,其目疑貌也。切胡山反。目多白也'。"("故憪然念外人之有非"行天頭批注)

案此條注文今本《集解》引孟康《漢書音義》云:"憪然猶介然也。非,奸非也。"《索隱》引蘇林注云:"憪,寢視不安之貌。"②與《漢書》顏注所引蘇林注同。而顧胤注所引之蘇注與上述兩書皆不同,或蘇林注文不止顏師古及司馬貞所引部分,故批注者據《漢集義》補足兩書未引的剩餘内容。而"目多白"意,雖與《廣韻》及《慧琳音義》卷六三引唐元庭堅《韻英》釋義一致,但顯然與上下文語境不符,蓋屬司馬貞所謂"餘説皆疏"之類③。"胡山反",反切上下字與《切韻》同,而《漢書》顏注及《索隱》皆作"下板反"。

5. "《漢集》作'弋綈'。應劭曰:'黑繒也。'孟康曰:'弋,黑也。'案《説文》云'綈,厚繒也,匹重二斤,音大奚反'。"("上常衣綈衣"行天頭批注)

案,據《漢集義》及應劭、孟康注,今本"衣綈衣"三字早期文本當作"衣弋綈"。《集解》引如淳曰:"賈誼云'身衣皁綈'。"④又《史記·樂書》"孝文好道家之學,以爲繁禮飾貌,無益於治,躬化謂何耳"句下《正義》注云:"《孝文本紀》云上身衣弋綈,所幸慎夫人令衣不曳地,幃帳不得文繡,治霸陵皆以瓦器。"⑤與《漢集義》合。《漢書》

---

① 《史記》卷一一一,頁2926。
② 《史記》卷一〇,頁423。
③ 《史記》卷一〇,頁422—423。
④ 《史記》卷一〇,頁433。
⑤ 《史記》卷二三,頁1160。

第七章　長安、西域與東瀛——大江家國寫本與日本平安時期的《史記》閱讀

贊亦云"身衣弋綈",注云:"如淳曰:'弋,皁也。賈誼曰"身衣皁綈"。'師古曰:'弋,黑色也。綈,厚繒。綈音大奚反。'"[1]亦即,《漢書》本及上引注家所見皆當作"衣弋綈"[2]。王叔岷稱"弋與黓通",《爾雅·釋天》:"(太歲)在壬曰玄黓。"《廣雅·釋器》:"黓,黑也。"師古注當本乎此。

6. "《集義》:按《字林》音皇"。("天下旱,蝗",右注"胡佀反""胡孟反")

案三家注此字無音釋,顧書引晉呂忱《字林》爲直音。檢早期小學典籍中,《廣雅·釋蟲》曹憲音及《唐韻》並以"皇"字標注直音,可知批注所云有據而呂著多爲隋唐學者採錄。

7. "《漢集》:服虔曰'音屬也'。"("屬國悍爲將屯將軍"行天頭批注)

案三家注未釋音,僅注人名職官信息。此據服虔音釋,注出漢人讀音。顧氏注音或以時代先後爲序,儘量採錄早期音釋資料。

8. "《漢集》:晉灼云'上言郡國諸侯宜各爲孝文立廟,如說是'云云。"("歲獻祖宗之廟"行天頭補注)

案此條批注全文爲:"師古曰:張說是也。既云天子所獻祖宗之廟,非謂郡國廟也。《漢集》:晉灼云'上言郡國諸侯宜各爲孝文立廟,如說是'云云"。檢今本《史記》注云"《集解》:張晏曰:'王及列侯歲時遣使詣京師,侍祠助祭也。'如淳曰:'若光武廟在章陵,南陽太守稱使者往祭是也。不使侯王祭者,諸侯不得祖天子也。凡臨祭祀宗廟,皆爲侍祭。'"[3]《史記》《漢書》注文無"漢集"以下內容。據此,批注所引《漢集義》並不認同顏師古對張晏、如淳二家之說正誤的判斷,抄者附錄《漢集義》,爲存異說。史文明言"諸侯王列侯使者侍祠天子,歲獻祖宗之廟"[4],而如淳引"南陽太守稱使者往祭"之例以釋之,與正文明顯不符。

除了在正文行間及天頭、地腳添加批注外,寫本另有幾處《漢集義》以"背隱義"形式著錄於寫本卷背,與上述注釋正反參雜。今以卷背錄文原次序臚列如下:

9. "《漢集》:樂産及顏監以白爲正,音蓋云云,乞也;案今諸本爲丐字者,多明白啓告,理目可解,無煩爲白。"("匃以告朕"句背錄)

案此條《集義》所論條目考辨"匃"字異文。"白"當爲"匃"俗寫"匂"(《龍龕手

---

[1] 《漢書》卷四,頁134—135。
[2] 王叔岷遍檢《漢書·東方朔傳》《潛夫論·浮侈篇》《漢紀》《金樓子》《帝王略論》《北堂書鈔》卷一二八、《太平御覽》卷六八九及卷六九七引《風俗通》等書,文本皆作"弋綈"。(見《史記斠證》卷十,頁403)寫本所引《漢集義》又增加一文本證據。
[3] 《史記》卷一〇,頁437。
[4] 《史記》卷一〇,頁436。

鑑·勹部》）字轉寫之訛。"辷"字不見於今本《史記》，原本當作"叵"（《龍龕手鑑·雜部》），即"勹"之俗字。"勹""叵""辷"實一字之異寫。《集義》提到的"顏監"爲顏師古。檢《漢書》"勹以啓告朕"句下顏注云："勹音蓋。勹亦乞也。啓，開也。言以過失開告朕躬，是則於朕爲恩惠也。《商書·說命》曰'啓乃心，沃朕心'。"①音義部分與《漢集義》所述内容相符。

樂産，今本三家注或作"樂彦"，《索隱》引樂産説十餘次而無此條文字，《正義》引一次②。檢宋刻本《史記》中也多作樂彦，《通鑑》胡三省注引《索隱》亦多作樂彦。兩《唐志》載有樂産所著《王佐秘珠》與《神樞靈轄》。程金造以爲當作樂彦，其人又注《漢書》，爲陳隋時人，甚或下至唐初③。汲古閣本《索隱》中"樂彦""樂産"兩出，明是一人而傳寫形近致誤。就致誤規律而言，一般"産"之繁體字形"產"易因簡寫而訛爲"彦"。寫本"産"的字形相當清晰，他處批注《索隱》文中亦皆作"樂産"，這爲"樂産"説提供了新的證據。

10. "《漢書集義》云：案謂楚王以下皆執德義以陪輔，豈爲預選舉而云必用其子也？"（"豫建太子"以下背錄）

案，批注中間有一字殘損，疑爲"豈"字。大臣建議文帝"豫建太子"，文帝稱"楚王，季父也，春秋高，閱天下之義理多矣，明於國家之大體。吳王於朕，兄也，惠仁以好德。淮南王，弟也，秉德以陪朕。豈爲不豫哉！諸侯王宗室昆弟有功臣，多賢及有德義者，若舉有德以陪朕之不能終，是社稷之靈，天下之福也。今不選舉焉，而曰必子，人其以朕爲忘賢有德者而專於子，非所以憂天下也。朕甚不取也"④。此處釋讀針對這一段文字而發，非一字一句之解釋。又，此處正面亦錄有《漢集義》，筆迹相同。

11. "《集義》：如淳曰'傳輸之傳'；《風俗通》云：'置者，度其遠近姓之間置之。'傳音丁戀反。師古曰：'置，傳驛之所，因名置，他皆類此。'"（"以給傳置"卷背先錄《索隱》文字，次錄《漢集義》佚文）

案，批注所引《風俗通》"度其遠近姓之問置之"一句，今本作"度其遠近之閒置之也"⑤。寫本"姓"字不可解，或爲衍文。"問"當爲"閒"之誤。又顏注依次引漢如

---

① 《漢書》卷四，頁116。
② 應三玉《〈史記〉三家注研究》，《史記研究集成》第十二卷，頁494—495。
③ 程金造編著《史記索隱引書考實》，北京：中華書局，1998年，頁477—480。
④ 《史記》卷一〇，頁419。
⑤ 〔漢〕應劭撰，王利器校注《風俗通義校注·佚文》，北京：中華書局，1981年，頁578。

第七章　長安、西域與東瀛——大江家國寫本與日本平安時期的《史記》閱讀

淳注、《風俗通》及唐顏師古注,史料梳理以漢代文獻及其相關注解爲主。顧注之前的《索隱》則依次引《廣雅》《續漢書》,最後引如淳注。顧注與《索隱》內容重複者極少,應是後者對前者的有意避讓。日人此條批注讓我們得以窺見唐人注解策略之一端。

12."《集義》：案《通俗文》音莫諫反；《字林》音亾山反；師古又莫連反。"（"而後相謾"之"謾"字背錄）

案,"亾"爲"亡"之俗字,敦煌文獻中多有。隋唐時期,"莫""亡"二字常作爲明母字的反切上字。考《通俗文》和《字林》音更爲相近（"諫""山"同屬山攝開口二等字）,師古音略有變異（"連"屬山攝開口三等字）。以此注爲例,顧注不僅以時代爲序,詳列注文,史源清晰,有助今人瞭解字音流變線索,又不隱沒前賢之功,殊爲難得。

13."《集義》：劉德云云。鄭氏云：音當言大功。晉灼曰：服、劉是說也。孟康云：大紅、小紅、小祥導也。《禮》：十二月而小祥謂之練,練衣紅緣也。廿五月大祥,廿七導,導即纖也。如淳云：纖從表縞裏,將除喪之服。崔浩云：終三年者,廿五月而除；取首尾三年者,全月之數。三年卅六月,以日易月,故卅六日也。顏監云云。案應劭之說卅六日漢有舊制,翟方進後母終,既葬,六月除服。以爲身備漢相,不敢踰國家之制。此足爲明。晉灼解前'嘉之'亦云'以日易月'。其言大紅、小紅、纖者,亦除煞以漸也。《禮儀志》云：'釋大紅,服小紅,十一升都布練冠。釋小紅,服纖。釋(纖),服黃冠。'又帝王不終三年之喪,此乃秦制,文帝因之也。《史記》秦昭王五十八（六）年秋王卒,孝文元年除喪,十月即位是也。而荀悅以爲三年通喪也,而廢之以虧大孝非也。"（"服大紅十五日,小紅十四日,纖七日,釋服"背錄："漢注：服虔云云。應劭云云,此以日易月也。……"至師古注文與今本略同,唯末字"也"作"耳"。此下空一字,接錄上文）

案此爲寫本所錄《漢集義》文字最長的一條,考辨漢喪服禮制,駁顏注,足見顧胤之學。今本《史記》此處《集解》引服虔注及應劭注,《索隱》引劉德注。《漢書》顏注引服虔、應劭及晉灼注,是引服、晉二注駁應注"以日易月"之說,主要依據是禮制服喪雖稱三年,實爲二十七月,非三十六月。日本宮內廳書陵部藏元彭寅翁刻本《史記》所批注《正義》基本同《漢書》顏注。彭本又批注《通鑑》胡注及劉攽注[1]：胡注釋"服"；劉攽則同意顏注,否定"以日易月"之說。

---

[1] 《史記日本古注疏證》卷十,頁79。

顧胤《漢集義》則先引劉德及鄭玄注，正"紅"字音讀；次引晉灼、孟康及如淳注，釋"大紅、小紅"衣制；次引崔浩"以日易月"之説。值得注意的是，所引音義諸注，皆爲顔注所未載。次"顔監云云"，指顔師古注，師古曾爲秘書少監。最後按語集中駁師古否定"以日易月"説，舉《漢書·翟方進傳》翟方進後母葬，三十六日除服，以證應劭説爲漢代實際施行情況；然後又引《續漢書·禮儀志》，釋大紅、小紅及纖服之制①；最後又補釋"帝王不終三年之喪"乃秦制，非文帝首創，駁荀悦舊説。案荀説見《漢紀·文帝紀下》：

《書》云："高宗諒闇，三年不言。"孔子曰："古之人皆然。""三年之喪天下之通喪"。由來者尚矣。今而廢之，以虧大化，非禮也。雖然以國家之重，慎其權柄，雖不諒闇，存其大體可也。②

綜觀顧氏此注，雖書名爲《漢書古今集義》，但所引文獻有意採録許多爲顔師古未引及否定的文獻。顧氏注文對經史，尤其是史部文獻采擷較師古注豐富，並注意依據豐富史料，駁斥前人誤説。此後司馬貞《索隱》注文也重點論述"以日易月"之説，駁斥顔注，説明他同意顧氏觀點。在史料徵引上，司馬貞重點拈出劉德注③，基本不提顧胤所列證據，可見唐人注史有意相互避讓與求異的傾向。顧胤略晚於師古，司馬貞又在顧胤後數十年，諸家注釋，幾乎互不稱引，亦與後世不同。

七、唐劉伯莊《史記音義》

《舊唐書·經籍志》載劉伯莊《史記音義》三十卷，《新唐書·藝文志》著録爲二十卷④。此後《直齋書録解題》及《宋史·藝文志》皆著録爲二十卷，當以二十卷爲正⑤。《日本國見在書目録》亦載劉伯莊《史記音義》二十卷，著録于《索隱》之前⑥。朱東潤《劉伯莊〈史記音義〉輯佚》輯有佚文233條⑦；牛巧紅又加以補輯，續得23

---

① 相關文字原文，參見《後漢書》志第六《禮儀下》，頁3148。
② 〔漢〕荀悦撰，張烈點校《漢紀》卷八，北京：中華書局，2002年，頁127。
③ 據顔師古《漢書敘例》，劉德亦東漢注家，北海人。（見《漢書·敘例》，頁4）
④ 《舊唐書》卷四六，頁1988；《新唐書》卷五八，頁1456。
⑤ 《直齋書録解題》，頁105—106；《宋史》卷二〇二，頁5074。
⑥ 《日本國見在書目録詳考》，頁543—545。
⑦ 朱東潤《劉伯莊〈史記音義〉輯佚》，載朱東潤《史記考索（外二種）》，頁211—235。

第七章　長安、西域與東瀛——大江家國寫本與日本平安時期的《史記》閱讀

條,共 256 條①,但二人皆未録寫本批注。

1. "劉《音義》:'襌亦作嬗,亦作嬋,同時戰反。'"(《孝文本紀》"今縱不能博求天下賢聖有德之人而襌天下焉"背録)

案寫本所録劉伯莊音注,今本《史記》《漢書》皆無載。《漢書·文帝紀》此句顏注云:"晉灼曰:'嬗,古襌字。'"②劉氏所引異文或參考了晉灼注。

2. "劉作清,貞作請。"(《孝文本紀》"齊王舅父駟鈞爲清郭侯"句旁批注)

"劉"當指劉伯莊《史記音義》,"貞"當指司馬貞《史記索隱》。今本《索隱》注文不涉此字,單行本摘録此字,亦作"清",不作"請"③。可知單行本《索隱》與寫本批注者所據本不同,二者容有一誤。《史記》此處字義皆不及《漢書》易解,《漢書》作"靖郭侯",顏注云:

> 如淳曰:"邑名也,六國時齊有靖郭君。靖音静。"師古曰:"《外戚恩澤侯表》云鄔侯駟鈞以齊王舅侯,今此云靖郭,豈初封靖郭後改爲鄔乎? 鄔音一户反,又音於庶反。"④

今案《史記·惠景閒侯者年表》載"清都侯"駟鈞,《孝文本紀》作"清郭侯"駟鈞,《史表》"清都侯"引《索隱》作"清郭侯"。臨淄出土齊國官署封泥有"請郭邑丞""請郭鄉印"可證,當據改⑤。"鄔"亦爲"郭"字之誤。

3. "劉音齊,《索》音遲。"(《孝文本紀》"祁侯"行天頭批注)

案此條批注引《索隱》文與今本同,唯此六字爲今本所無,或師説所加。《索隱》云:"《漢書音義》祁音遲。"⑥《史記·曹相國世家》"取碭、狐父、祁善置"句下《索隱》注云:"劉氏音遲,又如字。"⑦"祁"字直音作"齊"者,古籍中未見此例。

4. "鄒氏本作'疑'字,音擬。劉氏本又作'音擬,言比擬與上'。南諸氏皆作'擬'字。"(《孝文本紀》"擬於天子"句左下批注)

---

① 牛巧紅《劉伯莊〈史記音義〉考評——以〈史記索隱〉〈正義〉所存佚文爲例》,《古籍整理研究學刊》2013 年第 2 期。
② 《漢書》卷四,頁 112。
③ 《史記索隱》卷四,葉 1b。
④ 《漢書》卷四,頁 115。
⑤ 相關討論參見馬孟龍《西漢侯國地理》(上海:上海古籍出版社,2013 年,頁 69)。
⑥ 《史記》卷一〇,頁 426。
⑦ 《史記》卷五四,頁 2021—2022。

263

案此條注"擬"字音訓，可知鄒誕生本和劉伯莊本原文皆作"疑"字，而讀爲"擬"字，義爲"比擬"。批注者所見南諸氏本徑作"擬"，不作"疑"，當經後人篡改。雖二字古通，鄒氏及劉氏所錄更符合早期文本用字習慣。

5."劉上音訓，下音導。"（"故夫馴道不純而愚民陷焉"行天頭批注）

案此劉伯莊以直音法對"馴道"二字釋音。

八、陸善經《史記決疑》

六朝隋唐時期精通經史而稱陸氏者有二人最爲著名：一爲宋齊時期"書櫥"陸澄，一爲唐人陸善經。據《舊唐書·經籍志》，陸澄有《漢書新注》一卷[①]。《史通·補注》稱"陸澄所注班史，多引司馬遷之書"[②]，寫本所引很可能爲陸澄《漢書》注文。據水澤利忠考證，其他文本中"陸氏"批語頗存先秦事迹，又稱"決疑"，故推斷批注出自陸善經的《史記決疑》。《日本國見在書目錄》載陸善經所注之書甚多，幾可謂遍注群經，但未見提及此書。是否有《史記決疑》之書，尚有疑問。觀此本所引，多與禮制相關，即便爲陸善經之書，也可能是後人雜取陸善經著作中辨析禮制疑義的相關內容而萃爲一書，故稱"決疑"，未必專爲《史記》而作。今暫依水澤氏之說，列爲唐人陸善經書。

1."陸云：第一至第五，左（在）五枚，右一枚；右留符節台，左以與郡。國家有徵發，先使第一至郡，未回，又第二，以次至第五。竹使符則析爲兩行，先使第一，皆與上同。"（《孝文本紀》"九月，初與郡國守相爲銅虎符、竹使符"句卷背錄文有《索隱》和《漢書》顏注及此段文字）

案，此段文字詳細解釋左右符節的數量和使用方法，足補漢代符節制度文獻之缺，彌足珍貴。其解釋申說的對象是應劭的注文，相關內容未見他書徵引。此屬史籍中典制問題，寫本所引兩處注文與《史》《漢》文句貼合無間，當爲專注而非泛論。

2."上或服作'服朔'，是兩字異本。陸作'改服封禪矣'，瓚作'改正'。"（《孝文本紀》"禀禀鄉改正朔封禪矣"右下注）

案，準上文，此"陸作"云云即陸善經所引文本作"改服封禪矣"。《漢書·文帝紀》無此文，又寫本"朔"字右下注"服"字，左注"私案，'服'字不可，爲異本"。

[①]《舊唐書》卷四六，頁1988。
[②]《史通通釋》卷五，頁123。

第七章　長安、西域與東瀛——大江家國寫本與日本平安時期的《史記》閱讀

這條批注記載幾種古本異文："服"爲服虔，"陸"爲陸善經，另有一人姓氏字迹不清，似草書"瓚"字。"改正朔"三字分別有"改正服"（今本）、"改服朔"（服虔）、"改服"（陸氏）、"改正"（瓚）四種異文。水澤利忠《史記會注考證校補》載伊佐早謙舊藏慶應大學圖書館藏元彭寅翁刻本批注云"一本無服字"，與前揭第四種異文相合①。今本此句正文作"廩廩鄉改正服封禪矣，謙讓未成於今"②，當指賈誼建議文帝"改正朔，易服色"，文帝"謙讓未遑"事③。後公孫臣和新垣平亦論改易服色事，文帝雖有所動而終未施行。三人所議皆兼有改正和改服兩事，故寫本正文和後兩種異文不確。檢《漢書》、唐宋史注及類書，皆稱"改正服"，無"改服朔"例，當以"改正服"爲正。

3. "今七升布，言其麤，故令衣之。陸氏云：'緵，蓋當古之升也。'"（《孝景本紀》"令徒隸衣七緵布"行天頭批注）

案，今本《史記》此處無《集解》，《索隱》注云："七緵，蓋今七升布，言其粗，故令衣之也。"《正義》注云："衣，於既反。緵，祖工反。緵，八十縷也。與布相似。七升布用五百六十縷。"④無陸氏注。單行本《索隱》亦無"陸氏云"以下文字，而"粗"作"麤"⑤。《漢書》注本亦無相關文字。因與今本《索隱》文字相連，批注應爲《索隱》佚文。而天頭批注内容，或爲《索隱》早期文本。

"緵""升"二字古音相近而通，故以"七緵布"作"七升布"。《漢書·王莽傳》孟康注與《正義》同，皆謂"八十縷也"⑥。"緵"或作"稯"，本指穀物之數，《國語》："其歲收，田一井出稯禾、秉芻、缶米。"⑦《聘禮記》："四秉曰筥，十筥曰稯，十稯曰秅。"⑧段玉裁《說文》注云"禾四十秉爲稯"⑨。又引申爲布縷之數，《說文·禾部》"稯"字下云："布之八十縷爲稯。"⑩《儀禮·喪服第十一》鄭注亦云："布八十縷爲升。'升'字當爲'登'。登，成也。今之《禮》皆以'登'爲'升'，俗誤已行久矣。"⑪賈公彥疏：

---

① 《史記會注考證》卷十，頁37。
② 《史記》卷一〇，頁437。
③ 《史記》卷八四，頁2492。
④ 《史記》卷一一，頁448。
⑤ 《史記索隱》卷四，葉3a。
⑥ 《漢書》卷九九中，頁4142。
⑦ 《國語集解·魯語下》，頁207。
⑧ 轉引自〔清〕鄒漢勳撰，蔡夢麒校點《鄒叔子遺書七種·讀書偶識六》，長沙：岳麓書社，2011年，頁125。
⑨ 《說文解字注》七篇上，頁327下。
⑩ 《說文解字注》七篇上，頁327下。
⑪ 《儀禮注疏》卷二八，〔清〕阮元校勘《十三經注疏》，臺北：藝文印書館，2001年，頁339下。

"今亦云八十縷謂之宗。宗即古之升也。"①故段玉裁云:"宗、緵、登、升,一語之轉。"②王引之或引《西京雜記》載鄒長倩遺公孫弘書曰:"'五絲爲䌰,倍䌰爲升,倍升爲緘,倍緘爲紀,倍紀爲緵,倍緵爲襚。'"③其"升""緵"所稱縷數與經注不同,今不取。又"緵"或作"總""䌽""䋶""稯",皆音近義通④。"稯"爲布縷之數,除"七稯"之外,尚有"十稯""八稯"之別,其數不固定,以數多者爲佳⑤。

餘論

上述批注涉及六朝隋唐時期的至少八種佚注,從内容上看,很多古注已爲顔師古、司馬貞、張守節等集成的注家所吸收,未收的有價值的條目較少。這可能是上述古注亡佚的一個重要原因。另一方面,佚注也保存了一些前人不甚關注,但對我們今天瞭解當時的語言、地理、職官、禮制等社會歷史信息頗有價值的珍貴文獻,其中又以顧胤《漢書古今集義》所存佚文最爲豐富。據程金造先生統計,《史記索隱》全書引顧注 36 條左右,而可據大江家國寫本批注補入的就有 13 條,占今存文字的三分之一強。學術史上關於陳隋間學者"樂彦""樂產"之爭,未有定論,而今人多以"樂彦"爲正,大江家國寫本《集義》則爲"樂產"説提供了一條有力的佐證。《漢書古今集義》又記載了《孝文本紀》正文中"有差數"和"衣弋綈"兩處有價值的異文,爲我們今天校勘《史記》提供了有益的參考。此外,寫本還提供《孝文本紀》的一處 290 字左右的錯簡信息。凡此種種,都可以揭示《史記》早期傳本的面貌。

作爲一個相對獨立的文本系統,大江家國寫本及其批注也反映了平安時代日本學者學習《史記》時所面對的文本世界和閱讀傳統。大量釋讀音義的批注顯示,早期的《史記》習讀首正文字、校異本,注重疏通文字音義。批注中間雜的對日人師説的徵引和辨析,也説明他們重視師説,傳承沿襲音讀訓釋,別有參酌則多注明史源。批注及注文處理的原則又以補充異説爲主。這就決定了《史記》舊本、歷代師

---

① 《儀禮注疏》卷二八,頁 342 上。
② 《説文解字注》七篇上,頁 328 上。
③ 〔清〕王先謙撰,吳格點校《詩三家義集疏》卷二,北京:中華書局,1987 年,頁 95—96。
④ 如《詩經·陳風·東門之枌》"越以䌽邁",《傳》:"䌽,數;邁,行也。"《箋》:"越,於;䌽,總也。於是是以總行。欲男女合行。"《玉篇·彳部》:"䋶,子紅切。數也。《詩》曰:'越以䋶邁。'"孔《疏》:"䌽謂麻縷,每數一升而用繩紀之,故䌽爲數。王肅云:'䌽數,續麻之縷也。'"(見袁梅《詩經異文彙考辨證》,濟南:齊魯書社,2013 年,頁 224—225)
⑤ 《吐魯番出土文書》第一册所載前秦時期《阿斯塔那三〇五號墓文書》載:"前屬催奸吏買八緵布四匹,竟未得。"(擬題爲《倉曹屬爲買八緵布事》,見韓理洲等輯校編年《全三國兩晉南朝文補遺》,西安:三秦出版社,2013 年,頁 164 上)

第七章　長安、西域與東瀛——大江家國寫本與日本平安時期的《史記》閱讀

説（授讀）、前代史注和小學典籍是當時最基本的參考文獻。因與《史記》內容重合較多，《漢書》及相關注解也是研讀《史記》的重要參考資料。由此我們也不難推知唐代學者所能參考的基本史料、面對問題時的思考方式、撰述方式以及史料取捨和避讓的基本原則。

就三家注經典化過程而言，公元十一世紀左右，日本學者習讀《史記》時開始重視司馬貞的《索隱》。在師説之外，大量補充小司馬訓釋。另一方面，這也説明日本延久五年大江家國抄寫《史記》之際，小司馬之文並沒有附入注釋正文。但其與《集解》並行，形成兩家注，已勢在必然。現存最早的兩家注合刻本爲南宋乾道七年蔡夢弼東塾刻本[①]，這與寫本所見讀者的閱讀需求基本相合。

從文本形式上看，《孝文本紀》寫本還採用了"背隱義"這種正面和背面同時批注的文獻注解和閱讀方式[②]。該卷所錄《漢書古今集義》第1—6條記於寫卷正面，而第7—13條則全部寫於背面，正反參雜，相互印證。其他注文如小司馬的《索隱》等文字較多者，也旁批於天頭地腳及卷背。前後翻閱比勘，也給人更多的涵泳咀嚼的反思空間。自刻本有包背裝以降，字體及文本複製方式發生變化，載體形式有異，不可能再有背隱義這一寫本時代特有的史籍注解與閱讀方式。雖然刻本時代背面無字的蝴蝶裝在理論上仍可以作背隱義，但背面手寫的批注與正面印刷文字判然有別，明顯屬於兩種文本形式。雖然這種字形差別使得正文和讀者的批注不易混淆，但在閱讀體驗上也進一步擴大了讀者和文本之間的距離感。閱讀文本時潛在的對話對象也由前代書手變爲捉刀的刻工，文本"權威性"的判斷標準也由學人變爲機構，即由傳承師法的學者變爲刊本背後的刊刻機構。上述種種寫本時代特有的傳寫方式和批閱痕迹，正是寫本特徵的活化石，值得研究者持續關注。

---

① 《史記》兩家注及三家注合刻本的相關討論，參看張玉春《〈史記〉版本研究》第五章（頁206—219）。
② 鄭阿財《論敦煌文獻展現的六朝隋唐註釋學——以〈毛詩音隱〉爲例》中已注意到上述材料，並對姚氏所稱"音隱""背隱義"之類另有隱而未發之意有辨。新近的討論參見蘇芃《隱義：一種消失的古書形制》（《光明日報》2017年4月15日第11版）。

第八章　餘論：《史記》閱讀的四個向度

引　言

　　典籍閱讀涉及閱讀史、書籍史、社會史以及接受美學等相關領域，而此前的相關研究，多是在長時段内運用社會學方法對書籍的"生産、發行、接受"作三棱鏡式觀察，對具體典籍的閱讀實踐往往無暇顧及①。近年來，不少學者嘗試以西方書籍史的視角觀照中國古代某一時段書籍的出版、印刷和傳播，但他們對具體典籍閱讀分析的乏力同樣令人感覺美中不足②。接受美學的批評方法注重文本細讀及對接受、傳播與影響的分析，但對於其他閱讀方式則罕有涉及③。故此，本章試圖以具體典籍爲中心，考察典籍的閱讀方式與文本、社會、學術之間的互涉。

　　《史記》爲我國正史之首，雖爲一書而"兼有四部書性質"④，其流傳時間悠久，讀者衆多，閱讀層次紛繁，歷史地位和文本面貌變化較爲劇烈，無疑是考察閱讀向

---

① 有關國外書籍史的研究見安占華《法國書籍史研究簡介》(《世界史研究動態》1986年第1期)，孫衛國《西方書籍史研究漫談》(《中國典籍與文化》2003年第3期)，王余光、許歡《西方閱讀史研究述評與中國閱讀史研究的新進展》(《高校圖書館工作》2005年第2期)。新近的述評可以參見張仲民《從書籍史到閱讀史——關於晚清書籍史/閱讀史研究的若干思考》(《史林》2007年第5期)，秦曼儀《書籍史方法論的反省與實踐——馬爾坦和夏提埃對於書籍、閱讀及書寫文化史的研究》(《臺大歷史學報》第41期，2008年6月)，于文《西方書籍史研究中的社會史轉向》(《國外社會科學》2008年第4期)，洪慶明《從社會史到文化史：十八世紀法國書籍與社會研究》(《歷史研究》2011年第1期)，黃敏蘭《羅伯特·達恩頓的書籍史研究》(《史學理論研究》2012年第4期)。

② 參見賈晉珠(Lucille Chia)，*Printing for Profit: The Commercial Publishers of Jianyang, Fujian (11th - 17th Centuries)*, Cambridge: Harvard University Asia Center, 2003；包筠雅(Cynthia J. Brokaw)，"On the History of the Book in China", in Cynthia J. Brokaw and Kai-Wing Chow, eds., *Printing and Book Culture in Late Imperial China* (Berkeley and Los Angeles: University of California Press, 2005)；(日)井上進《書林的眺望：伝統中國の書物世界》《中國出版文化史：書物世界と知の風景》；(美)周紹明著，何朝暉譯《書籍的社會史：中華帝國晚期的書籍與士人文化》等。

③ 參《接受美學與接受理論》。

④ 阮芝生《〈史記〉的特質》，《天人古今》1994年第3期，頁8—13。

度的理想個案。檢視兩千年來的《史記》傳寫閱讀史,我們發現大致有四個基本向度:一是指向作者,關注作者的寫作意圖及其當下指涉,可稱之爲政治性閱讀;二是指向社會,關注文本的現實應用價值,可稱之爲應用性閱讀;三是指向文本,關注典籍自身的文獻特性,可稱之爲文獻性閱讀;四是指向讀者,滿足讀者自身瞭解知識、獲得審美愉悦的超功利目的,可稱之爲審美性閱讀[①]。這四種閱讀方式皆以文本爲出發點,在具體的閱讀過程中又互有交集。閱讀方式的選擇雖與文獻自身的性質有關,但更取決於閱讀者自身的知識背景及其當下處境,不會超越其所屬的"解釋共同體"(interpretive community)。這種閱讀向度的分析模式能夠在較長時段中對作者、讀者、文本、社會等要素進行立體觀照,一定程度上也適用於其他典籍。

第一節 政治性閱讀

典籍閱讀過程中,作者的寫作意圖及其當下指涉往往是同時代讀者首先關注的要素。值得注意的是,這種政治性閱讀對作者寫作意圖的判定不是出自對文獻語境的細密解讀,而是源於讀者自身的現實處境及當下需要。就《史記》而言,後世傳言漢武帝閲《史記》而删削之,可爲政治性閱讀的一個注腳,這一問題在前文第一章中已有詳細討論。而文獻中明確記載對《史記》進行政治性閱讀的帝王是東漢明帝。《文選》卷四八《典引》序稱,永平十七年(74),漢明帝詔集賈逵、傅毅、杜矩、展隆、郗萌等至雲龍門,特命小黄門趙宣持《史記·秦始皇帝本紀》,詢問他們對篇中司馬遷贊語的看法。班固遂撰文予以回稟[②]。班氏的奏文從歷史事實出發,認真

[①] 本章有關典籍閱讀向度的提法參考了M.H.艾布拉姆斯總結的"作品、藝術家、世界、欣賞者"四要素,並得到廖可斌先生的指正,謹此致謝。參見(美)M.H.艾布拉姆斯(Meyer Howard Abrams)著,酈稚牛、張照進、童慶生譯,王寧校《鏡與燈: 浪漫主義文論及批評傳統》(*The Mirror and Lamp: Romantic Theory and the Critical Tradition*),北京: 北京大學出版社,2004年,頁4—6。

[②] 文曰:"永平十七年,臣與賈逵、傅毅、杜矩、展隆、郗萌等,召詣雲龍門,小黄門趙宣持《秦始皇帝本紀》問臣等曰:'太史遷下贊語中,寧有非耶?'臣對:'此贊賈誼《過秦篇》云,向使子嬰有庸主之才,僅得中佐,秦之社稷未宜絶也。此言非是。'即召臣入,問:'本聞此論非耶? 將見問意開寤耶?'臣具對素聞知狀。詔因曰:'司馬遷著書成一家之言,揚名後世,至以身陷刑之故,反微文刺譏,貶損當世,非誼士也。司馬相如洿行無節,但有浮華之辭,不周於用,至於疾病而遺忠,主上求取其書,竟得頌述功德,言封禪事,忠臣効也。至是賢遷遠矣。'臣固常伏刻誦聖論,昭明好惡,不遺微細,緣事斷誼,動有規矩,雖仲尼之因史見意,亦無以加。臣固被學最篤,受恩浸深,誠思畢力竭情,昊天罔極! 臣固頓首頓首。伏惟相如《封禪》,靡而不典;楊雄《美新》,典而亡實。然皆游揚後世,垂爲舊式。臣固才朽不及前人,蓋詠《雲門》者難ёnd為音,觀隋和者難爲珍。不勝區區,竊作《典引》一篇,雖不足雍容明盛萬分之一,猶啓發憤滿,覺悟童蒙,光揚大漢,軼聲前代,然後 (轉下頁)

《史記》的寫本時代——公元十世紀前《史記》的傳寫與閱讀

分析了當時秦國面臨的形勢,認爲賈誼、司馬遷對秦王子嬰的批評没有道理,並讚揚其車裂趙高的壯舉,"健其決,憐其志",稱"嬰死生之義備矣"①。明帝當時並未直接指出班固論説的是非,只評論賈、馬二人的"忠"與"賢",以此指明史家應秉持的政治立場。他批評"司馬遷著書成一家之言,揚名後世,至以身陷刑之故,反微文刺譏,貶損當世,非誼士也",而認爲"司馬相如洿行無節,但有浮華之辭,不周於用,至於疾病而遺忠,主上求取其書,竟得頌述功德,言封禪事,忠臣効也。至是賢遷遠矣"②。在明確自己解讀方式的失誤之後,班固遂作《典引》以"覺悟童蒙,光揚大漢",宣示忠心。雲龍門問對集中體現了封建帝王的政治性閱讀與史臣的文獻性閱讀的不同。前者的典型特徵是關注作者的寫作意圖及其政治影響,至於典籍撰述水準的優劣、是否真實準確等且置之不論;後者則在歷史和文獻的脈絡中討論文本和事件自身,側重於就事論事。

　　帝王的政治性閱讀也影響了典籍及其作者的歷史命運。班固在《漢書》裏明確批評司馬遷"其是非頗繆於聖人,論大道則先黄老而後六經,序遊俠則退處士而進姦雄,述貨殖則崇勢利而羞賤貧"③。西漢武帝以降,儒家思想作爲官方意識形態而定於一尊,班固的這種批評實則從根本上否定了《史記》的政治取向。東漢中後期,學者多認爲今本《史記》的十篇亡闕是因爲武帝删削,《武帝本紀》尤非原貌④。《太史公自序》卷末《集解》引衛宏《漢書舊儀注》云:"司馬遷作《景帝本紀》,極言其短及武帝過,武帝怒而削去之。後坐舉李陵,陵降匈奴,故下遷蠶室。有怨言,下獄死。"⑤雖然這種説法的可靠性尚有爭議⑥,但衛宏所云即便不是西漢的歷史事實,也必然是東漢前期政治性閱讀的社會現實在學者心理上的投射。明、章以後,《史記》閱讀漸歸沉寂,甚至終漢之世,《史記》僅有一二略注,《隋志》所載也只存宋、梁三家注解⑦,這

(接上頁)退入溝壑,死而不朽。臣固愚戇,頓首頓首。……"(《文選》卷四八,頁 2158—2159)。關於此文的相關釋讀可參見拙文《略論東漢史學之轉向》(載《中華文史論叢》2012 年第 1 期)。
① 班固的應答文字見於今本《史記·秦始皇本紀》文末的附益文獻。(《史記》卷六,頁 290—293)
② 《文選》卷四八,頁 2158—2159。
③ 《漢書》卷六二,頁 2737—2738。
④ 《史記》亡篇的相關討論見余嘉錫《太史公書亡篇考》。另參趙生群《〈史記〉編纂學導論》,易平《張晏〈史記〉亡篇之説新檢討》,張大可《史記研究》。
⑤ 《史記》卷一三〇,頁 3321。
⑥ 相關討論參見郭沫若《"太史公行年考"有問題》《關於司馬遷之死》,劉際銓《司馬遷生年爲建元六年辨》,袁傳璋《太史公生平著作考論》第二章第四部分。
⑦ 司馬貞《史記索隱後序》:"始後漢延篤乃有《音義》一卷,又别有《章隱》五卷,不記作者何人,近代鮮有二家之本。"(《史記》附録,頁 9)《隋書·經籍志》僅載劉宋裴駰注《史記》八十卷、徐野民《史記音義》十二卷,梁鄒誕生《史記音》三卷。漢注無一存者。(見《隋書》卷三三,頁 953)

種現象也應與當朝的襃貶密不可分①。

由於讀者的特殊身份,政治性閱讀也使得典籍以閱讀爲媒介反過來對政治及學術產生重大影響。東漢明帝一朝,國史修纂開始由史家的個人撰作改爲群體修史,《東觀漢記》即是第一部群臣共同修纂的國史②。由雲龍門問對,我們不難推知修史制度改變的政治考量。漢明帝對《史記》的政治性閱讀不僅促使其取締古史官制度,確立此後延續兩千餘年的官方修史的基本模式和指導思想,也進一步削弱了史家襃貶當世的獨立的文化權力。

閱讀方式的選擇雖與文獻自身的性質有關,但更取決於讀者自身的身份與處境。時代不同,屬於"解釋的共同體"的讀者對《史記》進行政治性閱讀的姿態却没有改變。東漢末年,王允誅滅董卓並欲殺蔡邕,即以武帝不殺司馬遷,遂使謗史流傳爲誡③。魏明帝曹叡也認爲"司馬遷以受刑之故,内懷隱切,著《史記》非貶孝武,令人切齒"④。在帝制時期,當權者對典籍的政治性閱讀代不乏人,原因也如出一轍。而這種探求作者寫作意圖的閱讀方式,在一定程度上難免引發"誅心"之論,相關事例史不絕書。《史記》在兩漢遭到删削禁傳,後世却傳誦日廣,備受推崇,一個重要原因是該書在後世不再是"當代史"。在典籍傳播史上,當時的禁書在不同的政治環境下却成爲暢銷書的情況屢見不鮮。政治性閱讀所影響的不僅是典籍的命運,更是作者的命運,其損益的標準只在於是否符合當時統治集團的政治利益。同時,讀者對典籍的閱讀評價也反映了其自身的政治立場。政治性閱讀有時關係到典籍的存亡和個人的榮辱安危,這是作者不得不考慮的首要因素,並在歷史上不斷演繹著權力、學術與文本之間的互動。

第二節　應用性閱讀

一般而言,共時性的讀者首先會探求作者的寫作意圖,而歷時性的讀者則主要關注典籍的應用價值。應用性閱讀是一種從文本到社會的閱讀方式,其主要特徵

---

① 白壽彝以爲"正宗觀念、壟斷修史、推崇《漢書》,這種歷史意識的強化,反映了政治統治上的要求"。(白壽彝主編《中國史學史》,北京:北京師範大學出版社,2004年,頁114)
② 關於這一點可參看拙文《略論東漢史學之轉向》。
③ 《後漢書》卷六〇下,頁2006。
④ 《三國志》卷一三,頁418。

《史記》的寫本時代——公元十世紀前《史記》的傳寫與閱讀

是讀者只從是否有用的立場來判定典籍的價值。這是大多數讀者的閱讀取向，也是典籍得以傳衍的一個重要原因。從實用角度閱讀文本可謂淵源有自，《周易》即稱"君子以多識前言往行，以畜其德"（《易·大畜·象傳》），《詩》也多重"詩教"和"殷鑒"，《尚書》則強調其能"疏通致遠"①。孔子也多從應用角度看待典籍，稱："六藝於治一也。《禮》以節人，《樂》以發和，《書》以道事，《詩》以達意，《易》以神化，《春秋》以義。"②《太史公自序》中司馬遷和壺遂的對話也充分説明了史書對於治道的作用："夫《春秋》，上明三王之道，下辨人事之紀，别嫌疑，明是非，定猶豫，善善惡惡，賢賢賤不肖，存亡國，繼絶世，補敝起廢，王道之大者也。"③雖論《春秋》，也是太史公對修史原因的一種説明。

《史記》的應用性閱讀在漢代即已開始，揚雄《法言·君子》即稱："淮南説之用，不如太史公之用也。"④西漢帝王早期禁止臣下閱讀《史記》，一方面固然是因其"是非頗繆於聖人"，多有對漢朝不利的言辭；另一方面也要防止他們讀史爲用。漢成帝時，大將軍王鳳禁止東平思王劉宇求諸子及《太史公書》，云：

> 諸子書或反經術，非聖人，或明鬼神，信物怪；《太史公書》有戰國從橫權譎之謀，漢興之初謀臣奇策，天官災異，地形阨塞：皆不宜在諸侯王。不可予。⑤

這段文字昭示了權臣防止他人對《史記》進行應用性閱讀的基本考慮。正因爲如此，頒賜《史記》的個别篇目，也就成爲一種特别的信任和恩寵。《後漢書·竇融列傳》載竇融忠於光武，責讓隗囂，"（光武）帝深嘉美之，乃賜融以外屬圖及太史公《五宗》《外戚世家》《魏其侯列傳》"⑥。《後漢書·循吏列傳》亦載王景因修浚河渠有功，明帝賜以《山海經》《河渠書》《禹貢圖》⑦。

漢代以降，權勢階層讀史、論史的風氣頗熾，他們閱讀的著眼點多在於資政⑧。

---

① 相關討論參見白壽彝主編《中國史學史》第一卷第五章"歷史知識的運用"（上海：上海人民出版社，2006年，頁215—247）。
② 《史記》卷一二六，頁3197。
③ 《史記》卷一三〇，頁3297。
④ 《法言義疏》卷一二，頁507。
⑤ 《漢書》卷八〇，頁3324—3325。
⑥ 《後漢書》卷二三，頁803。
⑦ 《後漢書》卷七六，頁2465。
⑧ 魏文帝曹丕《典論》"自敘"稱："余是以少誦詩、論，及長而備歷五經、四部，《史》《漢》、諸子百家之言，靡不畢覽。"（《三國志》卷二，頁90）

第八章　餘論：《史記》閲讀的四個向度

曹丕即常與臣下談論《史記》中事物，以觀鑒時政①。吴國孫權不僅自己熟稔《史》《漢》，也要求部下熟讀。最爲後人熟知的例子是他教示吕蒙讀書，其中已將讀史致用的目的表述得非常清楚②。

蜀國孟光與秘書郎郤正論太子讀書事，亦稱："今天下未定，智意爲先，智意雖有自然，然亦可力强致也。此儲君讀書，寧當傚吾等竭力博識以待訪問，如博士探策講試以求爵位邪！當務其急者。"③值得注意的是，孫權與孟光不僅强調要讀史致用，還指出他們讀書與博士讀書旨趣的差異。

南北朝時期，北方少數民族政權的統治者也以讀史資政。《魏書》卷二四《崔玄伯傳》言北魏時期"太祖曾引玄伯講《漢書》，至婁敬説漢祖欲以魯元公主妻匈奴，善之，嗟歎者良久"④。後趙王石勒雅好文學，讓儒生讀《春秋》《史記》《漢書》諸傳，而自以其意論古帝王善惡、朝臣賢愚⑤。他們聽讀史書的主要目的不是爲了獲取"聽故事"的審美愉悦，而同樣是爲了"古爲今用"，以史資治。

文獻所載的三國時期的史書讀者中，軍吏可能比士人還要多。或以之推演戰局，如吴國留贊曾爲郡吏，"好讀兵書及三史，每覽古良將戰攻之勢，輒對書獨歎"⑥。晋朝時，匈奴人劉淵不僅習讀經書兵法，而且"《史》《漢》、諸子，無不綜覽"⑦。出於學習軍事韜略的需要，有些不識字的將軍甚至請人誦讀《史》《漢》故事，如蜀國將軍王平使人讀《史》《漢》紀傳，"備知其大義"，"論説不失其指"⑧。由於他們有著豐富的統治經驗，對史書中的治道得失、方國策略自有深切感觸，閲讀時所産生的閲讀體驗也非那些紙上談兵的文士所能比擬。由此，唐宋以降，從敦煌地區到市井的勾欄瓦舍"講史"之風較爲盛行即不難理解。今天我們在敦煌烽燧出土的漢簡中發現《史記》的相關文句⑨，也是兵將讀史致用風習的一個見證。

---

① 《史記·滑稽列傳》卷末《集解》記載曹丕問群臣"三不欺，於君德執優"，這顯然是針對《滑稽列傳》褚先生續文中"三子之才能誰最賢哉？辨治者當能别之"一句而發。（見《史記》卷一二六，頁3213）
② 《三國志》卷五四（頁1274—1275）。有關《漢書》閲讀的情況，可參見《六朝精神史研究》第四部分第十章"顏師古以前的《漢書》學"一節。
③ 光靈帝末爲講部吏，"博物識古，無書不覽，尤鋭意三史，長於漢家舊典"。（《三國志》卷四二，頁1023—1025）
④ 《魏書》卷二四，頁621。
⑤ 參見《十六國春秋輯補》卷一四（頁104—105）。另《晋書》卷一〇五亦載此事，文字略有異同（頁2741）。
⑥ 《三國志》卷六四，頁1445。
⑦ 《晋書》卷一〇一，頁2645。
⑧ 《三國志》卷四三，頁1050。
⑨ 《流沙墜簡》三"簡牘遺文"，頁67；《史記會注考證校補》圖版二〇六；《漢晋西陲木簡彙編》，頁7。

273

《史記》的寫本時代——公元十世紀前《史記》的傳寫與閱讀

魏晉以降,《史》《漢》所記已非"當代史",政治性閱讀自然轉爲以史爲鑒的應用性閱讀。所謂"以古爲鏡,可以知興替"①。正如太史公所云:"居今之世,志古之道,所以自鏡也,未必盡同。帝王者各殊禮而異務,要以成功爲統紀,豈可緄乎?觀所以得尊寵及所以廢辱,亦當世得失之林也。"②二十四史的閱讀也多以應用性視角爲主,以兵書乃至商戰的角度讀歷史典籍,也與古人的應用性閱讀一脈相承③。可以預見,今後的讀者也將會在不同程度上結合各個時代的需要對經典進行新的應用性閱讀。

前揭孫權和孟光都指出應用性閱讀和文獻性閱讀的不同,而這兩種閱讀方式的結合則產生了各種"資治"之作。如唐杜佑撰《通典》即爲"徵諸人事,將施有政"④。宋司馬光的《資治通鑑》是作者有意識地將讀史致用之風訴之著作的典範,其進《進書表》云:"專取關國家盛衰,繫生民休戚,善可爲法,惡可爲戒者,爲編年一書。"⑤

除供帝王閱讀的特殊文獻外,應用性閱讀重在讀史致用,一般對文本精確性的要求並不太高。如《史要》《正史削繁》《合史》等⑥,這些按年代國別或以類相從的典籍即能滿足人們的需求,因而不需要再去閱讀繁難的《史記》本文。閱讀目的不在於文本本身,而是要從歷史事件中獲得現實的借鑒,這是漢末以來一直延續的一種讀史風習⑦。這一點,中外似乎頗爲一致:在十六世紀歐洲,公衆閱讀也是"注意教訓和寓意而不注重事實,注意一個情勢的一般要點,而忽略特殊的細節"⑧。

---

① 《舊唐書》卷七一,頁 2561;亦見於《新唐書》卷九七,文字略有不同(頁 3880)。
② 《史記》卷一八,頁 878。
③ 當然,在帝制時代無論從治國思想還是治國手段上,最典型的致用之作當屬經書。而"百無一用是書生"的俗語,也主要是因爲他們多無應用性閱讀。
④ 《通典》卷一,頁 1。
⑤ 〔宋〕司馬光《資治通鑑》卷末《進書表》(〔宋〕司馬光編著,〔元〕胡三省音註,"標點資治通鑑小組"校點《資治通鑑》,北京:中華書局,1956 年,頁 9607)。司馬光又有《資治通鑑考異》三十卷,則屬於文獻性閱讀著作。
⑥ 見諸《隋書·經籍志》的有:"《史要》十卷,漢桂陽太守衛颯撰。約《史記》要言,以類相從。《史記正傳》九卷,張瑩撰。《正史削繁》九十四卷,阮孝緒撰。"(《隋書》卷三三,頁 961)《舊唐書》著錄有:"《秦記》十一卷,裴景仁撰,杜惠明注。《史記要傳》十卷,衛颯撰。《史記正傳》九卷,張瑩撰。《史要》三十八卷,王延秀撰。《合史》二十卷。《史漢要集》二卷,王蔑撰。《帝王略要》十二卷,環濟撰。"(《舊唐書》卷四六,頁 1993—1995)
⑦ 劉家和認爲典籍"致用"也應有一定的限度,即要符合歷史事實,否則即爲"濫用"。相關討論參見劉家和《史學的求真與致用問題》(載劉家和《史學、經學與思想:在世界史背景下對於中國古代歷史文化的思考》,北京:北京師範大學出版社,2005 年,頁 18—19)。
⑧ 彼得·柏克(Peter Burke)著,賈士蘅譯《知識社會史——從古騰堡到狄德羅》,臺北:麥田出版社,2003 年,頁 299。

第八章　餘論：《史記》閱讀的四個向度

第三節　文獻性閱讀

　　文獻性閱讀是一種從文本到文本的閱讀，讀者以各個時代的學者爲主。較爲完整的文獻性閱讀一般要經歷初步的字詞音義注解，流傳漸廣之後的異文羅列與辨析以及文句疏釋，史實考辨等幾個階段。文獻性閱讀既是閱讀的初步任務，又會隨着典籍的流傳而不斷發展、衍生，形成一種闡釋史，其豐富程度主要取決於文本自身的經典性及其闡釋空間。學者不斷考訂文獻，釋讀文本，進一步推動了文本經典化的過程。反之，文獻性閱讀的多寡也從一定意義上驗證了文獻的經典程度。這種閱讀以經學著作最爲典型。

　　對《史記》最早進行文獻性閱讀的著作是東漢延篤的《史記音義》[①]。此後又有徐廣《史記音義》、劉伯莊《史記音義》、鄒誕生《史記音》、裴駰《史記集解》等[②]。後漢班氏父子、陳元、張衡等都曾對該書的文獻史實間有辨析[③]，較爲系統的考辨則有三國時期譙周的《古史考》等[④]。《史記》的文獻性閱讀早期以三家注爲代表，即劉宋時期裴駰《史記集解》、唐司馬貞《史記索隱》和張守節《史記正義》[⑤]。此後還有不少對《史記》文本進行考訂的著作，如清代梁玉繩的《史記志疑》，日本學者瀧川資言的《史記會注考證》及水澤利忠的《史記會注考證校補》等，堪稱三家注之後文獻性閱讀的又一高峰。各個時代的《史記》相關研究成果極爲豐富，乃至形成一種專門之學——"史記學"。[⑥]

　　文獻性閱讀對文本面貌的改觀在《史記》中也有較爲典型的體現。從西漢武帝時期殺青到晉宋之際基本定型，《史記》文本主要經歷了四個層累的過程：一是西

[①]　《史記索隱後序》云《史記》"古今爲注解者絶省，音義亦希。始後漢延篤乃有《音義》一卷"（見《史記》附錄，頁9）。

[②]　參見《隋書》卷三三（頁953），《舊唐書》卷四六（頁1987—1988），《新唐書》卷五八（頁1453、1456）。

[③]　《後漢書》卷四〇上《班彪傳上》多陳述《太史公書》內容得失（頁1325—1327），卷三六《范升傳》載范升舉"太史公違戾《五經》，謬孔子言，及《左氏春秋》不可錄三十一事"（頁1229），卷五九《張衡傳》也稱其"條上司馬遷、班固所敍與典籍不合者十餘事"（頁1940）。

[④]　該書作者譙周的相關著述，參見《三國志》卷四二，頁1033。

[⑤]　我們今天能見到的最早的三家注合刻本是南宋黃善夫本。關於三家注及其版本的討論，見張玉春《〈史記〉版本研究》。

[⑥]　"史記學"的提法參見張新科《史記學概論》。有關《史記》研究成果的整理可參見張大可、安平秋、俞樟華主編《史記研究集成》（北京：華文出版社，2005年）。

275

漢的文本殘缺與宣元之際褚少孫的續補；二是成哀之際馮商續書；三是東漢以後讀者將相關文獻附於正文之後，以資比勘，其中尤以卷六《秦始皇本紀》所附內容較多且層次複雜，不僅附入太史公捨棄的《過秦論》其他部分的文字（下篇和中篇），還有《秦記》和班固的奏疏；四是抄讀者的批語闌入正文。這些複雜的文本問題都需要我們釐清文獻層次，梳理出文本累積和衍生的相關歷程①。它們是閱讀史的一個見證，部分內容已很難從正文中剝離出來。南宋淳熙三年張杅曾刊印過一種刪去《史記》附益文獻的簡本，終因不被讀者接受而逐漸消亡②。

雖然文獻性閱讀一般不關注作者的寫作意圖，但有時深入辨析典籍文意又不免要"知人論世"，瞭解作者的相關經歷和時代背景③，並在一定程度上進行"語境解讀"（Contextualist Approach）。歷代典籍評論著作中，雖著手於典籍文獻，但從政治性、應用性角度分析的比比而在。《史記》評點中也有不少出於政治考慮的批語，從資政的角度編纂典籍，也進一步推動了經世史學，如"三通"一類典章制度文獻的興盛。應用性閱讀與文獻性閱讀相結合的成果也頗爲可觀，如出於醫學類《扁鵲倉公列傳》、經濟類《貨殖列傳》、地理類《河渠書》、天文類《天官書》等，皆有很多專門的注解文獻④。

文獻性閱讀受眾有限，一般大眾多選擇應用性閱讀而非文獻性閱讀，因此很多優秀的文獻性閱讀著作不爲人知。以戲劇、影視、詩歌等群眾"喜聞樂見"的通俗文本形式加以改編，纔能擴大典籍的傳播範圍，增強影響力。反之，純粹的文獻性閱讀的意義也很難超出文獻本身及鑽研文獻的學者圈，故經典閱讀的暢銷書一般不會是嚴格的文獻性研究著作。

對於文獻性閱讀的局限性我們也要有充分的警覺。蘭克（Leopold von Ranke,

---

① 《史記》卷六（頁276—294）。此前康有爲、崔適等從今古文經學的角度論述《史記》爲劉歆補竄，甚至僞篇數十，不免疑古過當。如康有爲《新學僞經考》之"史記經說足證僞經考"、崔適《史記探源》。張大可統計《史記》補竄文字有四萬六千多字，具體附益篇目及文字參見張大可《史記研究》之"《史記》殘缺與補竄考辨"部分。

② 參見國家圖書館藏南宋淳熙三年張杅桐川郡齋刻八年耿秉重修本《史記》跋文。

③ 如美國學者海登·懷特（Hayden White）的研究注重通過考察文本的形式和結構判別作者態度及其寫作語境。[參見（美）海登·懷特著，陳新譯，彭剛校《元史學：十九世紀歐洲的歷史想像》，南京：譯林出版社，2004年]

④ 此類書數量繁多，僅醫學類即有我國明代張驥《史記扁鵲倉公傳補註》；日本江戶時期滕惟寅解，滕正路補《扁倉傳割解》，豬飼彥博《讀扁倉傳割解》，池原雲洞《扁鵲倉公傳》，菅井倉常《扁倉傳註》，村井琴山《扁鵲傳解》《扁鵲傳考》，中茎謙《扁鵲倉傳正解附陰陽論》，石坂宗哲《扁鵲傳解》，堀川濟《影宋本扁鵲倉公傳考異》，丹波元堅《影宋本扁鵲倉公傳》，江濟丹波門下《影宋本扁鵲倉公傳》，堀川濟《扁鵲傳備參》，多紀元簡等《扁鵲倉公傳彙考》，海保漁村《扁鵲倉公傳續考》；明治時期山田業廣《扁鵲倉公傳集解》，伊藤鳳山《扁鵲傳問難》等（參見楊海崢《日本〈史記〉研究論稿》，北京：中華書局，2017年，頁141—170）。

1795—1886)宣稱研究歷史要"如其本來面目"(Wie es eigentlich gewessen)[①],文獻性閱讀並非沒有基於個人經歷與學養的預判(prejudice, die Vorurteilung)[②],很難做到完全的客觀與正確。此外,我國古代記載文獻的材料及載體較爲單一,流傳下來的典籍多是文獻性閱讀的產物,這令我們產生一種錯覺,即文獻性閱讀佔據絕對主流。但文獻性閱讀不能取代其他的閱讀方式,在一定意義上,文獻性閱讀纔是非主流。如果今天的研究者只對典籍進行文獻性閱讀,對典籍的理解與闡釋難免帶有一定的狹隘性。

第四節　審美性閱讀

審美性閱讀是直接指向讀者自身的閱讀方式,屬於一種非功利性的閱讀,或者以非功利性目的爲主的閱讀。所謂"知之者不如好之者,好之者不如樂之者"(《論語·雍也》)。對於審美性閱讀而言,典籍閱讀之樂在於吟詠文句,涵養性情,啓益心智。讀者閱讀《史記》是希望瞭解相關的歷史知識,滿足自己的求知欲或者好奇心。講求功利固然游離典籍自身,文獻的煩瑣考證也不免背離作者的寫作意圖,抹殺典籍的審美愉悦性。

讀者從審美性閱讀的角度觀照文本時,向內發現了文章之美[③]。西漢文章兩司馬,《史記》的審美特性毋庸置疑。歷代皆以《史記》爲"至文",謂其運思"圓而神",在辭藻、敘事及人物描寫等方面皆有後人難以企及之處[④]。東漢時期的學者已對司馬遷的文筆大加讚譽,班固稱西漢"文章則司馬遷、相如"[⑤]。晉朝張輔也以爲《史記》"逴辭流離""辭藻華靡"[⑥]。審美性閱讀的"自覺"與時代密切相關。由於古文運動的興起,唐宋以下著名的文章家無不盛讚《史記》。唐代韓愈對之含英咀

---

① 伊格爾斯(Georg lggers)認爲此句翻譯有誤,當譯作"本質上,事情如何發生"。[參見(英)西蒙·岡恩(Simon Gunn)著,韓炯譯《歷史學與文化理論》,北京:北京大學出版社,2012年,頁6—7]
② 這種闡釋學上的前判斷,劉家和將之界定爲思想上的"定見"(見劉家和《史學在中國傳統學術中的地位》,載《史學、經學與思想》,頁79)。
③ 袁菖《司馬遷史記文學之研究》論及《史記》"情感""想像""描寫"等幾個方面文學特質(載《國立中央大學半月刊》1930年第13期)。
④ 《史記》文學性研究相關討論參見張新科《〈史記〉與中國文學(增訂版)》(北京:商務印書館,2010年)。
⑤ 《漢書》卷五八,頁2634。
⑥ 《晉書》卷六〇,頁1640。

華,吟詠沉潛,得其雄渾;柳宗元出入《史記》,得其"峻潔"①。宋代三蘇對《史記》的敘事筆法、文章風格也多有鑽研②。明代前後七子、王慎中、唐順之、茅坤、歸有光等皆對太史公之文禮敬有加。至清代尚有桐城文派振其餘波。他們不斷學習《史記》寫作技巧,采摭《史記》文辭以助文章③。此外,尚有不少詩文詞作品明用或暗用《史記》典故。可以說,《史記》文本已融入唐宋以降的文學長河中。

《史記》的審美性閱讀也激發了讀者的形象體驗和審美愉悅。茅坤《刻漢書評林序》以爲《史記》"惟其以風神勝,故其遒逸疏宕如餐霞,如嚙雪,往往自齒頰之所及,而指次心思之所不及,令人讀之,解頤不已"④。或謂《史記》"疏宕遒逸,令人讀之,杳然神游於雲幢羽衣之間"⑤。屠隆稱:"其蒼雅也如公孤大臣,龐眉華美,峨冠大帶,鵠立殿庭之上,而非若山夫野老之翛然清枯也;其葩豔也如王公后妃,珠冠繡服,華軒翠羽,光采射人,而非若妖姬豔倡之翩翩輕妙也。"⑥這些審美體驗興象瑰奇,令人神往,也是《史記》審美特性的重要體現。

審美性閱讀的另一特徵是能夠激發讀者的情感共鳴。這種共鳴使得作者的精魂游走於不同的時間和地域,每一次共鳴的產生,都是作者精神的一次復活。太史公希望《史記》能夠"傳之其人"的意義也正在於此。明代茅坤即描述過自己對太史公的感慨悲歌產生共鳴時的情狀,稱"讀《遊俠傳》即欲輕生,讀《屈原賈誼傳》即欲流涕,讀《莊周》《魯仲連傳》即欲遺世,讀《李廣傳》即欲立鬥,讀《石建傳》即欲俯躬,讀《信陵》《平原君傳》即欲好士"⑦。情感共鳴的產生在一定程度上參與塑造了民族性格。後人對大漢雄風的認知,很大程度上源于太史公如椽巨筆的描繪和對其中所流露的情感體驗的認同。

審美性閱讀在文獻中的體現是《史記》評點之風大熾。《史記》審美性閱讀文獻

---

① 清人劉熙載云:"太史公文,韓得其雄。"〔〔清〕劉熙載《藝概》卷一,上海:上海古籍出版社,1978年,頁13〕韓愈《答劉巖夫書》云:"漢朝人莫不能爲文,獨司馬相如、太史公、劉向、楊雄爲之最。"《進學解》稱自己作文"上規姚姒,渾渾無涯;下逮莊騷、太史所錄"。柳宗元《報袁君陳秀才避師名書》云:"太史公甚峻潔,可以出入。"《答韋中立書》云:"參之太史以著其潔。"相關討論參見張新科《〈史記〉文學經典的建構過程及其意義》(《文學遺產》2012年第5期)及《〈史記〉與中國文學(增訂版)》。
② 如蘇洵對太史公敘事"互見法"的抉發,蘇轍《上樞密韓太尉書》對太史公文章風格與個人壯遊天下的閱歷關係等。
③ 《欽定四庫全書總目》稱歐陽修《新五代史》"敘述祖《史記》,故文章高簡"。(《四庫全書總目》卷四六,頁411下)參見張新科《褒貶祖〈春秋〉,敘述祖〈史記〉——歐陽修〈新五代史〉傳記風格探微》[《陝西師範大學學報》(哲學社會科學版)2012年第2期]。
④ 〔明〕茅坤《刻漢書評林序》,明萬曆九年(1581)凌稚隆刻本《漢書評林》卷首。
⑤ 〔明〕茅坤《刻史記鈔引》,明泰昌元年(1620)閔振業刻本《史記鈔》卷首。
⑥ 〔明〕屠隆《由拳集》卷二三,《四庫全書存目叢書》集部第180册,濟南:齊魯書社,1997年,頁674。
⑦ 〔明〕茅坤《與蔡白石太守論文書》,《四庫全書存目叢書》集部第105册,頁292下。

第八章　餘論：《史記》閱讀的四個向度

數量的高峰無疑在明代。當時諸多評家都對該書推崇備至，如楊慎《史記題評》、唐順之《荆川先生批點精選史記》、王慎中《王遵巖史記評鈔》、鍾惺《史記正文》、茅坤《史記鈔》、歸有光《評點史記例意》等。明代歸有光的五色套印評點本《史記》堪稱精美，而凌稚隆《史記評林》彙集衆評，可謂集其大成。降及清代，此風依然不衰，相關著作有李晚芳《讀史管見》、吳見思《史記論文》、牛運震《史記評注》等，程餘慶《史記集説》輯録了清人主要的相關論著①。這些評點之書的重點不在於考訂文獻，而是注重對文本審美特徵的分析，是審美愉悅的一種抒發和體現。同時，審美性閱讀也推動了《史記》向近似文類的擴展，我們在《水滸傳》《三國演義》《紅樓夢》等小説名著中也能見到《史記》構思的痕迹②。

審美性閱讀的特點在於無功利性，如果過分强調典籍的文章之美並將之推展到一種極端，細分章法、筆意、用詞等並以之應付科舉或者撰寫論文，這無疑又落入應用性閱讀的窠臼（只不過這種"應用"是從文本到文本的），只會削弱甚至抹殺閱讀的審美特性。應對科舉考試的科段分析導向，無論是史學文本還是經學與文學文本，只能加强讀者的應試手段而非審美感受。那些以審美爲旨趣的評點之作，往往因爲符合科舉考試的需求而大量翻印。

不可否認，純粹意義上的審美性閱讀很難達到，有時甚至會出現對典籍瞭解越多，審美體驗越低的情形。以典籍研究爲職業的閱讀者往往爲典籍的審美性閱讀所吸引，却又不得不以應用性閱讀而終，從而在一定意義上也消解了典籍的審美特性。無用之用或爲大用。如果一部典籍不是用來商戰，不是用來治人，甚至不是用來"研究"的，而讀者依然願意閱讀，這種著作一定具有恒久的生命力。

結　　語

在討論讀者閱讀方式的同時我們不應忽略，作者同時也是第一個讀者③。作

---

① 〔清〕程餘慶撰，高益榮、趙光勇、張新科編撰《歷代名家評注史記集説》，西安：三秦出版社，2011年。
② 相關論述參見戚蓼生《石頭記序》《戚蓼生序本石頭記》卷首，北京：人民文學出版社，1975年；馮鎮巒《讀聊齋雜説》《馮鎮巒《讀聊齋雜説》，載蒲松齡撰，盛偉編《蒲松齡全集》第1册，上海：學林出版社，1998年，頁919—927）、何彤文《注聊齋志異序》《何彤文《注聊齋志異序》，載丁錫根《中國歷代小説序跋集》，北京：人民文學出版社，1996年，頁142—143）、陳忱《水滸後傳論略》，（陳忱《水滸後傳論略》，清紹裕堂刻本《水滸後傳》卷首）、張竹坡《批評第一奇書金瓶梅讀法》第三、四條（見皋鶴堂本《金瓶梅》卷首）、毛宗崗評《三國演義》（毛宗崗《讀三國志法》，羅貫中著，毛綸、毛宗崗點評《三國演義》序，北京：中華書局，2009年，頁8）等。
③ 秦曼儀《書籍史方法論的反省與實踐——馬爾坦和夏提埃對於書籍、閱讀及書寫文化史的研究》。

《史記》的寫本時代——公元十世紀前《史記》的傳寫與閱讀

者在經歷這四種閱讀方式的同時,也會根據自己的閱讀體驗不斷修正文本內容。政治性的考量是寫作過程中無法回避的要素,在一定意義上,它貫穿於整個寫作(閱讀)過程,那種看似無政治傾向性的寫作本身就體現了其政治立場。司馬遷在寫作過程中也非常注意寫作意圖的表達和隱藏,如他在《太史公自序》中對自己寫作意圖的反復申明,其與壺遂的對話又欲言又止,隱而不發。作者在尊重事實、秉筆直書的原則下並不回避自己的政治評判。司馬遷不僅在正文中以"太史公曰"的形式發表見解,在文本內容和結構安排上也多有體現①。在應用性閱讀方面,他對理想讀者(the model reader)充滿期待②,希望此書有用於世而"藏之名山,副在京師","傳之其人通邑大都"③。司馬遷"紬史記石室金匱之書",對文本進行文獻梳理,字斟句酌,以期達到"厥協《六經》異傳,整齊百家雜語"的審美追求。因而該書在文獻性和審美性方面更令後人讚歎。

上文以《史記》爲例探討了典籍閱讀的四種向度。在具體閱讀實踐中四者並非截然分離,兼涉幾種而以某一方面爲主成爲常態。由於境遇不同,讀者在不同時期也會從不同的方面進行閱讀。這幾種讀法對文本各有要求,也會分別留下不同性質的閱讀痕跡。政治性閱讀的讀者位高權重,符合其政治利益的會大加褒揚,從而便於文本的傳播;對不合其政治利益的文本則會產生破壞性的影響,其極致則爲"焚書坑儒"。文獻性閱讀者可能會推進對文本本身的研究,使讀者的閱讀不會過多地背離作者和文本,但研究成果的過度積累則有可能會導致繁瑣考證和過度闡釋。應用性閱讀能夠擴大文本的流播,加强其影響,但時常脱離文本自身。有人愛其文辭,有人注重其鑒戒,有人關注文本,他們在各個時代做出與大環境有關的闡發,並從中不斷找尋自我。相關閱讀史讓我們更多看到的不是《太史公書》本身,而

---

① 如對項羽、吕后的評判及將之入於本紀的安排等。即班氏父子批評的"其是非頗繆於聖人,論大道則先黄老而後六經,序遊俠則退處士而進姦雄,述貨殖則崇勢利而羞賤貧"。(見《漢書》卷六二,頁2737—2738)

② 指那種按照文本要求,以文本應該被閱讀的方式去閱讀文本的讀者。(參楊學功《從解釋學視角看馬克思文本研究——兼評"重讀馬克思"的兩種取向》關於"作者"和"讀者"理論的相關表述,另見《接受美學與接受理論》)。

③ 見《報任安書》(《漢書》卷六二,頁2735),在《太史公自序》中也有類似的表述(《史記》卷一三〇,頁3320)。相關討論參見李長之《司馬遷之人格與風格》第三章"司馬遷和孔子",張大可《司馬遷的一家之言》《司馬遷一家言之界説》。日人狩野直喜在《司馬遷的經學》中也認爲《史記》"記錄事實只是其表,其字裏行間往往寓有作者對事實作出的倫理性判斷,或者表達著對相關人物的愛憎之情"。[(日)狩野直喜著,周先民譯《中國學文藪》,北京:中華書局,2011年,頁156—170]

這種寫作態度一方面獲得了"其文直,其事核,不虛美,不隱惡","有良史之材"的讚譽,但另一方面也令其受到統治階層及代表統治階層利益的士人的批評。(見《漢書》卷六二,頁2738)

第八章　餘論：《史記》閱讀的四個向度

是那些讀者及其時代。

重新審視讀者的閱讀方式，對我們瞭解經典文本的變遷頗具啓發。政治性閱讀改變了文本，讀者也會根據應用性閱讀的需要對文本重新編輯，從而產生了一系列的衍生文本。部分讀者或出於恢復"真本"的期待對之補綴，或出於對其他讀者誤讀的恐懼而進行注釋。雕版印刷技術出現之後，讀者也試圖通過刊印的方式保存最接近原本的善本。但是，各個時代的讀者多會根據自己的判斷發現不同的"真本"，對"真本"的探求也一直難有定論。不同的閱讀訴求，導致讀者常會採用更符合各自需要的文本形式。同時，應用性閱讀而非文獻性閱讀佔據主流，也是粗劣的文本得以大量流傳的重要原因。

典籍的力量在於閱讀。在某種程度上，未經閱讀的典籍沒有意義，也不會發揮相應的作用。閱讀的四種向度只是一種閱讀行爲的觀察視角，我們也可以通過其中一種閱讀方式透視其他幾種閱讀要素。作者出自不同目的撰寫典籍，讀者在不同的立場採取不同的視角和取徑閱讀典籍，從而獲得不同的心理體驗與審美愉悦。讀者在作品中更關注自己的閱讀需求，但這未必是文本中作者想傳達的寫作意圖。"物以類聚，人以群分"。不同讀者群面臨不同的問題，產生不同的思考方式和閱讀路徑。而不同的閱讀維度也導致讀者之間很難進行有效的溝通和交流，情感上也不易產生共鳴。典籍本身恰似多棱鏡，讀者投射典籍的眼光很少在閱讀中交融，反而折向讀者自身。對於一部作品來説，何種閱讀是最有意義的，也不可一概而論。就人文精神的構建而言，或許超越功利的審美性閱讀更值得期許。

美國史學家柯文在《歷史三調》中討論了基於不同立場的觀察者所觀察到的歷史事件，這對透視歷史的"真相"頗有啓發[1]。在日常生活中，閱讀視角的變化似乎也頗能體現讀者群體的思維差異。立場決定了視角，視角同時也體現了立場。那些多種身份交織的讀者，會採取何種立場與視角，值得反思[2]。所謂讀書，是心理體驗，也是立場轉換。在一定意義上，對歷史事件甚至歷史本身，我們不妨以"泛文本"視之，典籍閱讀同時也是一種對"過去"的閱讀，閱讀面向的探尋也能幫助我們構建歷史解讀的豐厚維度。

---

[1] （美）保羅·柯文著，杜繼東譯《歷史三調：作爲事件、經歷和神話的義和團》，南京：江蘇人民出版社，2000年。

[2] 如蘇軾"八面受敵"讀書法，強調每一次閱讀都從不同的方面去體會文意，這就需要讀者不斷轉換閱讀視角。（見〔元〕陳秀明編《東坡文談錄》，《叢書集成初編》本，頁12）

附録　現存《史記》古寫本敘録

　　《太史公書》(《史記》)殺青之際即以寫本形態傳世。北宋淳化五年以後,《史記》刻本出現,古寫本逐漸淡出歷史。除了西北地區發現的幾件殘卷外,我國基本少有《史記》古寫本傳世。相較而言,日本有著較爲延續的《史記》抄寫研讀傳統,並保有博士家系統、寺廟系統及據宋本或五山版校正的傳抄本系統等諸多《史記》古寫本及其傳抄本①。寫本中字體和數字標記法、行格等與刻本及源於刻本的鈔本有著明顯的差異②。據此,我們將源於刻本的鈔本剔除,綜括海内外的相關文獻,目前查檢到宇内所存《史記》古寫本及古寫本系統的寫本共21件,簡要臚述如次③：

1. 西漢《滑稽列傳》殘簡

　　漢木簡本《史記·滑稽列傳》之《淳于髡傳》,英國斯坦因發掘,收於民國三年(1914)上虞羅氏宸翰樓《流沙墜簡》中④。沙畹本原簡號 T.vi.b.i301。"木簡出敦六乙",長17.4釐米,廣0.8釐米,殘存《淳于髡傳》三十一字,隸書。釋文作：

久不相見卒然相黨以驩道故以請語當此之時臣竊⑤樂之酖至四五什若耐□⑥

---

①　據現有文獻記載,至晚在公元八世紀中期,《史記》即已傳入日本。九世紀藤原佐世《本朝見在書目録》"正史家"中,不僅載有集解本《史記》,更有諸多音釋之作。菅野真道之《續日本紀》"天平寶字元年十一月癸未日"記"經生者五經,傳生者三史",而平安時代《拾芥抄》謂"《史記》《漢書》《後漢書》謂之三史。或曰《史記》《漢書》《東漢紀》謂之三史。吉備大臣三史櫃入此三史"。嚴紹璗推測吉備真備750年9月第十一次任遣唐使團副大使,來中國當在此之前。(參《日藏漢籍善本書録》,第320—321頁;《史記會注考證附校補》,第2118頁;《日本國見在書目録》,第8頁)

②　關於《史記》寫本去取原則及未收録情況,參見拙文《近百年來〈史記〉寫本研究述略》。

③　池田英雄的記載頗有脱漏,筆者所補現存日本平安時代以前的就有高山寺藏《史記·周本紀》、山岸文庫藏《孝景本紀》、斯道文庫藏《秦本紀》,參《從著作看日本先哲的〈史記〉研究——古今傳承1300年間的變遷》。

④　《流沙墜簡》三"簡牘遺文"(頁67)、"簡牘遺文考釋"(頁218)。又見《史記會注考證校補》册八圖版二〇六、張鳳影印《漢晉西陲木簡彙編》收之(頁7)。

⑤　竊：沙畹釋爲"慶"。

⑥　□：勞榦增補爲"男"字。案,此字似"則"字。

羅氏釋:"惟今本作'卒然相覷歡然道故以私情相語飲可五六斗經醉矣若乃州閭之會',與此有異同。至簡中'飲'字作'歠'與卷一'醫方類'中'歠盡'之'歠'同。"

此簡字迹規整,大小如一,字距相當,與雜存信牘書風頗不類。這種字距與字體大小與出土於敦十五甲等地的醫方類書籍頗爲相似①,當爲著意抄寫之典籍。此類簡牘完整的形制爲長23.2釐米,廣0.5釐米②,《史記》書寫的形制亦應大致如此。以殘簡存字推斷,一支整簡可書約40字。這種形制也更適合書寫文字繁多的書籍。

據羅氏卷末所附錄圖表,是簡出於敦六乙,爲漢時"凌胡燧(原注:據烽燧類第二十六、第二十七,器物類第十一諸簡),大煎都候官治所(原注:據簿書類第六簡)"。同出敦六乙的尚有數種曆譜,據沙畹及羅振玉推定,所載年月分別爲西漢宣帝元康三年、神爵三年和五鳳元年八月③。簡本《史記》書寫時間亦當在此前後。此距楊惲公布《太史公書》時間極近,而流傳已及邊陲。其文字與今本多異,當時傳抄訛誤可見一斑。

2. 北涼寫本《李斯列傳》殘片

俄藏敦煌文獻 Дx.2670 號《史記》殘片,孟列夫主編《俄藏敦煌漢文寫卷敘錄》中著錄爲第 2840 號 Дx‐2670a④。寫卷爲《史記·李斯列傳》正文,無題字。背面爲《高昌國史》(擇王入高昌城事)。尺幅爲 12×8 釐米。以文字位置推測,所存當爲紙頁中部殘片,紙面有烏絲界欄,紙色微黃而質地較厚⑤。共 6 行,可辨認者 26 字,另有數字僅可見殘餘筆劃,書風介乎隸書與魏碑之間⑥,尤其以捺筆最爲肥厚。釋文:

······且二世之治······/······也□忠臣□······/······非不諫也

---

① 圖見《流沙墜簡》一"小學術數方技書"(頁 22),釋文見"小學術數方技書考釋"(頁 95—99)。
② 《流沙墜簡》"小學術數方技書考釋",頁 96。
③ 《流沙墜簡》"小學術數方技書考釋",頁 290—294。
④ 《俄藏敦煌文獻》⑨,頁 326;又參見《俄藏敦煌漢文寫卷敘錄》(下冊),頁 462—463。
⑤ 《俄藏敦煌漢文寫卷敘錄》(下冊),頁 462—463。
⑥ 施萍婷在《俄藏敦煌文獻經眼錄(二)》中著錄爲 29 字,但其餘或只略見筆畫一角。

而……/……□器有數宮……/……於利民□□……/……□弟不顧其□……

俄藏 Дx.4666 號殘存三行半，僅有編號，無擬題①，收於《俄藏敦煌文獻》第十一册，無其他相關著錄。保存狀況較俄 Дx.2670 號《史記》殘片差，字色較淡，似經水洗。釋文：

（前缺）……有節車……/……而無益……/……逆於□……

經比定，該殘片與 Дx.2670 號殘紙字句相接，尤其是兩殘片的"昆""車"二字筆劃相接，幾乎不爽毫釐，爲 Дx.2670 號殘紙第四、五、六行上部。"利民"，南宋黃善夫本及諸傳本作"民利"。通檢《史記》本書，"利民"凡數見，而作"民利"者，僅此一例。復檢先秦舊籍，所見"利民"者比比而在，故當以"利民"爲是②。

據字體及行款，孟列夫氏推斷爲 4—5 世紀寫本③，大致可信。以出土地推測，當爲北涼寫本。該殘片是目前所見存世最古的紙質《史記》寫本。寫卷不僅給我們揭示出《史記》文本在早期流傳過程中的一些文獻問題，更讓我們領略到晉末北方《史記》寫本的神采，吉光片羽，彌足珍視。

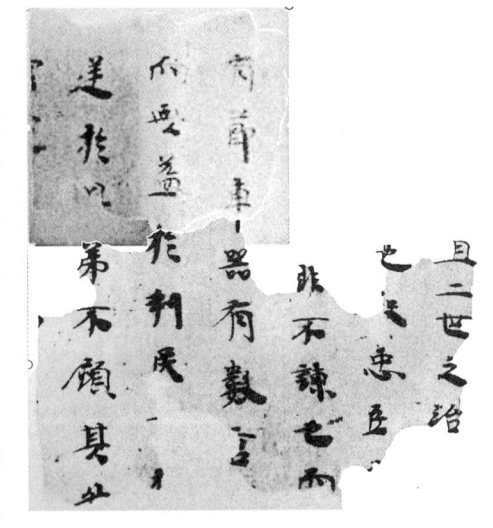

此圖據《俄藏敦煌文獻》拼接。其中上圖見《俄藏敦煌文獻》⑪（頁 292），下圖見《俄藏敦煌文獻》⑨（頁 326）。

3. 吐魯番寫本《仲尼弟子列傳》殘片

德藏吐魯番出土文獻殘片，原編號爲 TIIT1132，係德國第二次吐魯番探險隊在吐魯番吐峪溝所得，現編號爲 Ch.938v④。背面殘存一紙上面部分的 5 行，行 3 至 5 字，

---

① 《俄藏敦煌文獻》⑪，頁 292。
② 詳見拙文《俄藏敦煌文獻所見存世最早的〈史記〉寫本殘片及其綴合》。
③ 《俄藏敦煌漢文寫卷敘錄》（下册），頁 463。
④ 《唐寫史記仲尼弟子列傳斷片——吐峪洞出土》，此圖較爲清晰。案，榮新江在《〈史記〉與〈漢書〉——吐魯番出土文獻劄記之一》一文中稱《西域考古圖譜》將大谷探險隊所獲殘片出土地標爲"庫木吐喇"，在古龜茲，今庫車西北。然依此日文圖片標題，當以吐魯番之吐峪洞爲是。

285

《史記》的寫本時代——公元十世紀前《史記》的傳寫與閲讀

爲紙的下面部分（與正面倒書），行書，無界欄，内容爲《史記》卷六七《仲尼弟子列傳》中《子貢傳》部分；正面爲班固《漢書》卷四〇《張良傳》，字體在楷書與行書之間，有烏絲欄。此外，《西域考古圖譜》所刊日本大穀探險隊所得吐魯番文書，一面是《史記·仲尼弟子列傳》，另一面是《漢書·張良傳》。兩殘片字體形制全同，當爲同一寫本。但兩地所存寫本並不能直接綴合，《史記》殘片位於右下角，大穀文書殘片在左上角，前者的首行和後者的末行在同一行，中間上下約差七字左右①。

經與今本比對，寫本行 19 字至 21 字不等。書寫《史記》的一面雖無界欄，但與正面《漢書》行數相同，字數相近，知其就背面界欄書寫，紙質較薄。《史記》筆法豐腴，略草，而《漢書》行書字體瘦勁，小字嚴謹，且有界欄，應當是時間略前之精鈔本，《史記》抄寫時間略後②。以書風論，當俱爲唐朝前期寫本。

將寫本《史記》殘片與宋本及此後傳本相較，頗有異同，揆諸文義，多以今本勝，知非當

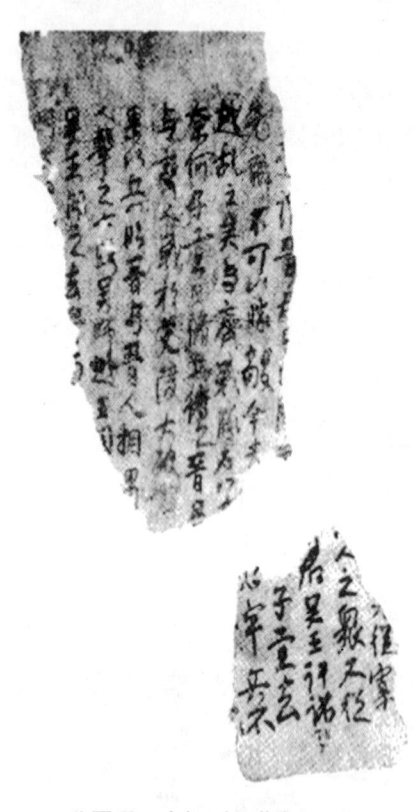

此圖爲《〈史記〉與〈漢書〉——吐魯番出土文獻劄記之一》一文附圖

時精鈔本。俗寫簡體如"與"作"与"。内容上，"應卒"之"卒"，寫本譌做"牢"；"子貢因去之晉"，寫本作"子貢去之晉"，無"因"字；"越亂之必矣；與齊戰而勝"，寫本無"必""而"二字；"修兵休卒以待之"，寫本作"脩兵待之"。雖爲訛奪，亦可作《史記》寫本流傳過程可能産生訛誤之標本。正如榮新江先生所云，這兩件《史記》殘片的意義更在於向我們揭示了唐代的一種《史》《漢》並讀的閲讀方式。

4—5. 石山寺所藏集解本《史記》殘卷（兩卷）

卷軸裝，前襯表紙，後附禮紙，正文以黄麻紙書寫。卷高 35.8 釐米，麻紙高約

---

① 榮新江先生首次發現兩殘片可拼合。
② 榮新江《〈史記〉與〈漢書〉——吐魯番出土文獻劄記之一》一文附有照片，但圖中《史記》拼合下部殘片向右偏兩行。據榮氏考訂，德藏寫本殘片現由西脅常記著録於所編德藏文獻目録附圖版（Tafe16），但未提與大穀文書之關聯。

27.6釐米,共十八紙,其中第一至六紙爲集解本《張丞相列傳》,第七至十八紙爲集解本《酈生陸賈列傳》①。除第一紙較短僅19釐米外,其餘長分别由56釐米至64釐米不等,總長953釐米。四周有淡墨界欄,界幅約2.8釐米。

《經籍訪古志》云舊鈔卷子本,近藤正齋之《正齋書籍考》稱此本爲"天平年間(729—748)鈔字,即李唐傳膽之真本","字體奇古,紙墨如新"②。由於寫卷紙背爲石山寺中興名僧淳祐内供手寫"金剛界次第"(首尾一卷),水澤利忠以該僧圓寂時間推斷天曆七年爲寫卷之下限③。又以文中不避"民"諱,推測底本當爲太宗即位前抄寫④。這種論斷對該卷獨特的書體在中國書法史上的定位關注不足,對於日人一般不在中國古寫本上直接施加標點的閱讀習慣也未能重視。寫卷字畫剛勁快厲,山田孝雄以爲有唐代書風,并推測或日本書手所爲。然細觀此卷,用筆有濃重碑體意蕴,而略帶楷意。這種處於過渡時期的書體,最有可能在六世紀下半葉至七世紀初北方寫本中體現出來⑤。此卷行格疏朗,抄寫精工,無一字批校。羅振玉1918年曾予影印,收入《海東古籍叢殘》之二⑥。各卷分述如次:

4.《張丞相列傳》

卷首殘缺,起"錯客有語錯"⑦至篇末,小題在上,大題在下,尾題"張丞相列傳第卅六　史記九十六"。除首頁外,每紙20至22行,行14至16字,小注雙行,行18至20字⑧。以《酈生陸賈列傳》格式推測,前當並有相同之首題。寫卷每言一丞相必提行另書,而今本多連書以節省版面。卷中多寫本常有特徵,如同字連用則用連寫符;"三十"作"卅";時有譌字,又率多異字,如"壖"作"堧"等。賀次君及水澤氏列舉鈔本與"今本"不同處近二十條⑨,然此卷最有價值之處一爲段落行格,二爲卷

---

①　水澤利忠稱卷高35.8釐米(《史記會注考證校補》附録,頁35—36),而其中原紙高僅九寸二分,合30釐米(見《石山寺藏史記解説》)。嚴紹璗所見爲27.6釐米,按當時用紙形制,以嚴氏説近是(見《日藏漢籍善本書録》,頁321)。

②　轉引自《史記之文獻學的研究》,頁33。

③　《史記之文獻學的研究》(《史記會注考證校補》附録,頁33)。

④　《史記書録》以爲六朝寫本,誤解羅氏文意。神田喜一郎、水澤利忠等言之。(見《史記會注考證校補》附録,頁33)

⑤　關於古寫本書風演變,大致可參見藤枝晃《北朝寫經の字すがた》所徘序列。雖非一種文獻,但書風演變之迹,大略可循。

⑥　羅振玉《古寫本史記殘卷》,見羅氏印本《海東古籍叢殘》,1918年。

⑦　水澤利忠等皆作"錯客有語錯",今本皆爲"客有語錯",嚴紹璗所見本亦爲"客有語錯",或後脱首"錯"字。(見《日藏漢籍善本書録》,頁321)

⑧　案賀次君著録行格有誤。(見《史記書録》,頁1)

⑨　《史記書録》,頁1—3;《史記會注考證校補》附録,頁35—36。

《史記》的寫本時代——公元十世紀前《史記》的傳寫與閱讀

末議論一段無"太史公曰"四字。此本又不避"民"諱,則非《索隱》後之物,可知唐以前傳本中即無"太史公曰",續補文字又經後人以意增删。

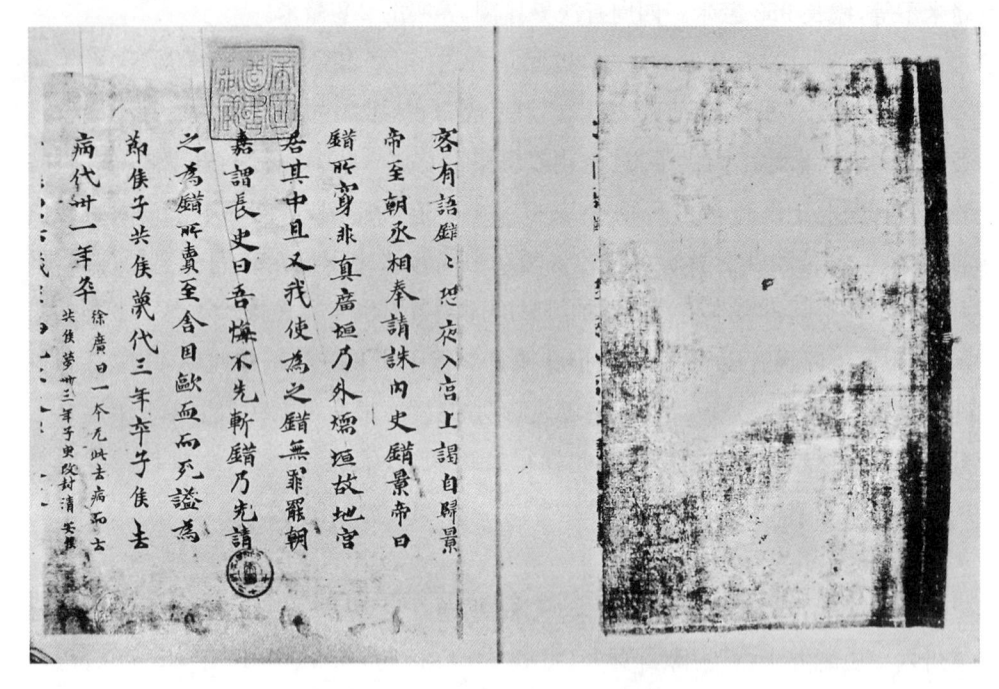

此圖爲日本古典保存會 1938 年複製本

5.《酈生陸賈列傳》

寫卷首、尾題并存,小題在上。卷末近一紙脱落,從"雪足枚矛曰"至"陳留令曰"315 字脱。尺幅與前卷同。行 14 至 17 字,小注雙行,行 18 至 20 字。與上卷相連書寫,字體與前卷相同,亦爲周隋寫本,文中"儒、率、慢、殺、休、劍、剛"等多異字。

與今本相較,有異文近二十條[1],多以寫本勝。如此本"五帝三王",今本多作"五帝三皇",《漢書》《漢紀》《説苑》《太平御覽》等亦作"五帝三王"。明清學者多據此議《史記》之非,不知《史記》本不誤[2]。

以上兩卷藏日本滋賀縣石山寺,明治三十三年(1900)四月被指定爲日本國寶。

---

[1]《史記會注考證校補》附錄,頁 37—41。
[2]《史記書錄》,頁 5。

此圖爲日本古典保存會 1938 年複製本

6. 石山寺藏《集解》本《河渠書》殘卷

卷首殘闕，起"山東西歲百餘石"（此行下半殘泐）至卷末。末題"河渠書第七史記廿九"，小題在上。卷尾及接縫處有"藤"字朱印及押字，係右大臣藤原忠平手澤。卷首有"容安軒主"白文印一顆，卷尾有"須靜堂""香嵒秘玩"朱文印，其中"容安軒主""香嵒秘玩"爲神田香巖用印，"須靜堂"爲貫名海屋（1778—1863）印，知曾爲二人收藏①。

此卷全長 165.3 釐米，高 26 釐米②；界高約 22 釐米，界幅約 2.6 釐米。每行 16、17 字不等，小注雙行，行 20 至 25 字不等。文中"穿、漕、莊、底"等多異字，"四十"寫作"卌"，多爲古寫本所特有。

此本雖有訛字，正如羅振玉所云："然如《河渠書》'數歲，河移徙，渠不利，田者不能償種'，今本'田'上衍'則'字；'道梁便近而水多湍石'，今本奪'多'字；'引洛水至商顔下'，今本'顔'下有'山'字。《集解》服虔曰：'顔音崖。或曰商顔，山名也。'則正文本無'山'字。'佗川渠陂山通道者'，今本作'佗小渠披山通道者'，'川'譌爲'小'，'陂'譌'披'，陂山者，鑿高使夷如陂也。"皆以寫本爲長。

---

① 參大阪市立美術館編《唐鈔本》，杉村邦彦《史記集解卷第二十九》解説，頁 167—168。
② 水澤利忠《校補》所錄爲 25.5 釐米（見《史記會注證校補》附錄，頁 41）。

289

《史記》的寫本時代——公元十世紀前《史記》的傳寫與閱讀

《經籍訪古志》稱"考紙質字樣,當是八百年前鈔本",并據朱印推定爲藤原忠平手澤本,即抄寫於其在世年間①。水澤利忠據羅振玉《古寫本史記殘卷跋》及神田喜一郎《容安軒舊書四種》解說②,認爲至少可以確定該本直接摹寫唐鈔本。據字體及文中不避"民"諱,可知底本當爲中國所寫且不晚於初唐,時代較前兩卷稍後,較法藏敦煌本時間(618—626)略前。

1918年羅振玉影印該卷,收入《海東古籍叢殘》之二,題名《古寫本〈史記〉殘卷》。1919年楊守敬《留真譜》將該卷首尾數行影刻,神田喜一郎《容安軒舊書四種》亦收之,并附解說。是卷藏日本滋賀縣石山寺,爲日本重要文化財。

此圖錄自《唐鈔本》,頁43

7—9. 敦煌出土《集解》本三卷

寫卷由伯希和1908年率法國探險隊發現,原卷存法國國家圖書館東方寫本部③。殘卷編號P.2627,計十二紙,黃色棉紙,正面爲裴駰《史記集解》,紙背爲《金

---

① 見《史記會注考證校補》附錄,頁35。
② 羅振玉《古寫本史記殘卷跋》:"二卷書迹皆清勁,後卷尤快厲,均千年前寫本也。"神田喜一郎《容安軒舊書四種》云:"顧見存太史公書,從石山本爲最古,以此卷互照,書法清勁,皆唐人手述,至其抄寫年代,未易遽定孰爲先後也。"《史記會注考證校補》附錄,頁34。
③ 最早由神田喜一郎編《敦煌秘籍留真》刊布原卷第八、九兩紙照片,後《敦煌寶藏》《敦煌古籍敘錄新編·史部》及《敦煌書法叢刊》第11卷均有圖版。1929年,日本學者石田幹之助最早介紹[見(日)石 (轉下頁)

290

剛般若經旨贊》。殘卷存世家二,列傳一,共三部分:第一至八紙爲第一部分,共135行,內容爲《史記》卷三五《管蔡世家》。第九至十一紙屬第二部分,計44行,內容爲《史記》卷六一《伯夷列傳》。其中第9紙有朱點塗黃①,第十一紙末有餘白,並有"陰進"二字,或與紙背文書有關。第十二紙爲第三部分,紙頭被剪斷,與第十一紙重貼,存27行,內容爲《史記》卷三四《燕召公世家》。

寫卷首尾殘缺,有烏絲單界欄,而第11紙末無字處有數行烏絲欄,可見是先於紙上畫欄後抄寫。紙高28.6釐米,一紙長約43釐米,天頭3.8釐米,地腳4.1釐米,紙縫0.3釐米。每紙19行,行15至17字不等,《集解》爲小注雙行,行22、23字不等。寫卷用筆極規整,爲精鈔本。以紙背文獻觀之,抄寫佛經時將原《史記》寫卷重新剪貼,原序當爲:第十一至十二紙+餘紙→第一至八紙+餘卷→第九至十一紙②。以字迹判斷,三卷當出一人之手,其中《伯夷列傳》字迹最爲工整。王重民據文中"'淵'字缺筆,'虎'字、'民'字不避",斷爲唐武德(618—626)初年寫本③。各卷分述如次:

7.《燕召公世家》

首尾殘缺,起"作甘棠之詩"至"武公十九"。寫本爲黃棉紙,紙高28.6釐米,界高21釐米,四周單邊,行間有界欄,行16、17字不等,小注雙行,行22、23字不等。寫本"釐""莊""卒""虣"等多爲異字,又"殺"作"煞","頃"作"傾"。行格上,頃侯、鄭侯、繆侯、宣侯、襄公、桓公、宣公、昭公,每敘一公侯,皆提行另書④。重複字體多用連書符,數字二十、三十皆用"廿、卅"表示,與日藏《史記》古鈔本及今存之秦刻石同。另"桓公因割燕所至地",寫本"因"字似誤書而塗墨,旁小字另書"因"字,筆迹與正文相似。

(接上頁)田幹之助《中央アヅ探險の成果の概觀》]。《敦煌典籍與唐五代歷史文化》云有十三紙,實諸家記錄爲十二紙,文中稱此最早的《史記集解》本,亦不確(頁345)。1935年王重民撰寫有題記(載《敦煌古籍敍錄》卷二,頁76),1957年水澤利忠《史記之文獻學的研究》第一章第二節有解說(見《史記會注考證校補》附錄,頁24—25),1958年臺灣學者喬衍琯《敦煌卷子本史記殘卷跋》有較詳細研究,1959年賀次君《史記書錄》有提要(頁8—13)。本文對以上文獻多有參考。

① 由於以前研究者所據多爲黑白圖版,對朱筆及塗黃多未見,李錦繡能見原卷,測量精確,發見朱黃塗點,爲此前學者所未及。(參《敦煌典籍與唐五代歷史文化》"史地章",頁346)
② 案,水澤氏稱卷高21釐米,絹質,不確。當爲界高21釐米左右,黃棉紙。又云其裝裱次序與《史記》一致,並誤。(見《史記之文獻學的研究》,頁24—26)
③ 見《敦煌古籍敍錄》卷二,頁76。水澤利忠氏以之爲現存唯一唐寫本,不確,見《史記之文獻學的研究》第一章第二節;《史記會注考證校補》附錄,頁24—25。
④ 水澤利忠稱,《史記書錄》謂鄭侯、繆侯、宣侯、桓侯、莊公均提行,實哀侯、桓侯、莊公未提行,甚確。(見《史記書錄》,頁9;《史記會注考證校補》附錄,頁27)

寫本異文有足資比勘者，如"周幽王淫亂，爲犬戎所殺"，今本"殺"作"弒"，賀次君以爲乃據《春秋經傳》竄改①；"秦封，始列爲諸侯"，今本無"封"字。頗可考見時人改動之迹。

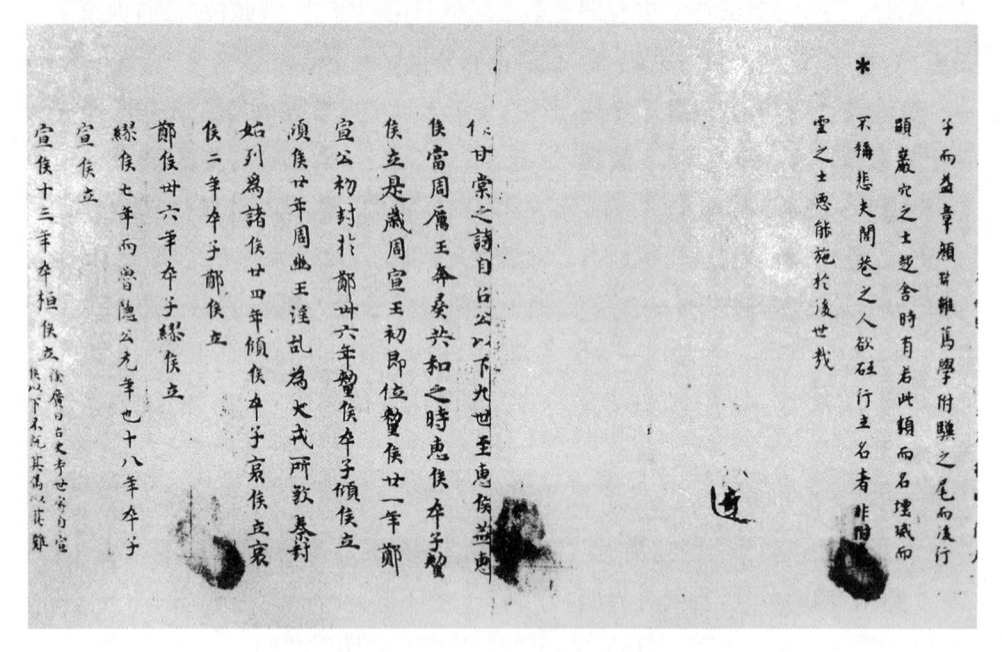

此圖錄自黃永武博士主編《敦煌寶藏》第122冊，
臺北：新文豐出版股份有限公司，1985年，頁611下

8.《管蔡世家》

首尾殘，起"蔡侯怒嫁其弟"，訖"曹遂絕祀"。其後又將"伯夷考其後不知封"至"故附之世家言"部分重新抄寫②。有尾題"管蔡世家第五　史記"，大題在下，與上卷同。紙高28.6釐米，界高21釐米，每行15至17字不等，四周單邊，有界欄。"武""斑""殺""曹""葬""强"等多爲俗寫異字。"太史公曰管蔡作亂"之"太史"，寫本誤倒作"史太"，二字中間書一極小倒文符。莊侯、文侯、景侯、悼侯、昭侯、成侯、聲侯、桓公、隱公、莊公、德公、昭公、文公、宣公、成公、平公、聲公等皆提行。

文字可供校勘者如"楚太子商臣煞其父成王代立""太子斑煞景侯而自立""靈

---

① 《史記書錄》，頁9。
② 賀次君稱此卷自"蔡侯怒嫁其弟"起至篇末"叔鐸之祀忽諸"存，不確（見《史記書錄》，頁9）。水澤利忠已言之（見《史記會注考證校補》附錄，頁29）。

侯煞其父"三句之"煞",今本俱作"弑"①;又如"廿年秦繆公卒",今本作"二十五年,秦穆公卒";又如"景侯爲太子斑取婦於楚,而好景侯通焉。太子斑煞景侯而自立",今本多作"景侯爲太子般娶婦於楚,而景侯通焉。太子弑景侯而自立",是文字多不同而以寫本爲長②。另,寫本"故附之世家言"下有"曹叔振鐸世家"六字,南宋本有"曹叔世家"四字,《索隱》本與此卷同,而張文虎删之,謂司馬貞亂之,而該寫本爲《集解》本,寫卷出而小司馬得白③。

此外,該本另有一處與今本不同,諸家多未言之④:今本"曹遂絶其嗣"下爲"太史公曰余尋曹共公"一段,《索隱》稱"檢諸本或無此論"⑤。寫本正無此文,或即爲小司馬所見當時之通行本。而寫本"曹遂絶祀"下又接"伯邑考其後不知封"至"故附之世家言",蓋以文末無太史公讚語不合體例,故又將前文結語抄寫一過作結,今存"太史公曰"一段或爲後人補益。寫本時代文本之不穩定性,可見一斑。

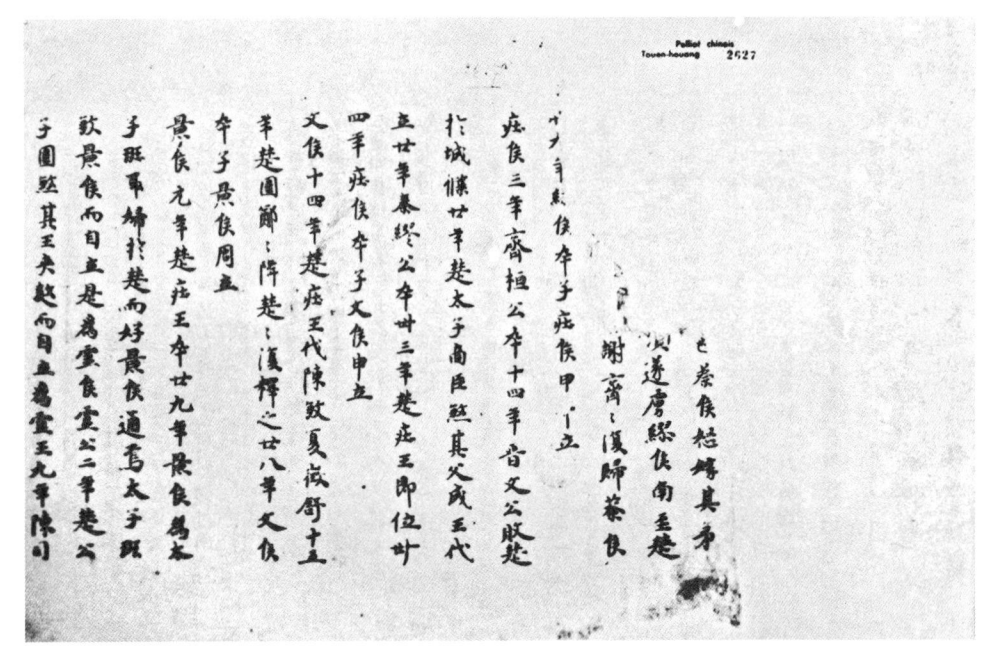

此圖録自《敦煌寶藏》第122册,頁606下

---

① 水澤氏已校出諸多異文(《史記會注考證校補》附録,頁27—30)。
② 案,賀次君謂"與今本同",誤(見《史記書録》,頁11)。
③ 見《校刊史記集解索隱正義札記》卷四,頁388。賀次君已言之(見《史記書録》,頁11)。
④ 水澤利忠但列異文,其餘諸家似未見異文(參《史記會注考證校補》附録,頁27)。
⑤ 《史記》卷三五,頁1574。

9.《伯夷列傳》

卷首殘缺，起"太史公曰余登箕山"至卷末。紙高 28.6 釐米，界高 21 釐米，四周單邊，有界欄，每行 15 至 19 字不等，小注雙行①。是卷字迹較上兩卷更爲清勁，賀次君稱之爲"唐鈔之冠"②。卷中"舊、辭、暴、最、操、亦、砥"等多爲異字。

與其他兩卷鈔本不同，此本多塗黃與朱點，並有小字，前人或多因所見爲膠卷而無由注意此點③。塗黃或改全字，如第 141 行"孤竹君"，寫本"孤"字右部原與"脈"字右部同，被黃筆改爲今字；又如"命之襄矣"，"襄"字被黃筆塗抹，正文當爲"衰"字。或改偏旁，如"值弘農"，"值"字左邊"人"旁被塗黃，而正文當作"直"。或加點表删字，如"仲尼最獨薦顏淵"，"最"字右側有一黃點，正文當無"最"字，此即所謂"點滅"。或以黃筆補足正文，如"歲寒後別之"，有黃筆在"寒後"之間加"然"字。

此圖錄自《敦煌寶藏》第 122 册，頁 610 下

---

① 賀次君言行十六字，小注雙行二十一字，不確（《史記書錄》，頁 12）。水澤氏已言之（《史記會注考證校補》附錄，頁 32）。
② 《史記書錄》，頁 12。
③ 參《敦煌典籍與唐五代歷史文化》"史地章"，頁 348—350。

文中與今本不同之處較多而以寫本勝。如"余悲夷齊之意",今本作"余悲伯夷之意",是不言"叔齊",與文意不合;"孤竹君之子也"文意已足,今本作"孤竹君之二子也","二"字或爲後人闌入;"叔齊亦不肯立而追之",今本"追"作"逃",伯夷已讓,叔齊又追伯夷,故能同歸西伯,作"追"是;"儻所謂天道邪非是邪",與今本"儻所謂天道,是邪非邪"相較,所質問的已非天道之是非,而爲天道本身,語義更爲悲愴憤慨,足彰太史公筆力。

10—12. 大江家國寫本三卷

三卷筆迹相同,俱爲延久五年大江家國所寫,康和三年家行見合①,建久七年讀移,內容分別爲《呂后本紀》《孝文本紀》《孝景本紀》。三卷之初當爲同一人所寫,《孝文本紀》末有建仁二年識語,或後來此卷藏者有異②。各卷分述如次:

10.《呂后本紀》

《呂后本紀》一卷,日本延久五年學士大江家國抄寫點合。是本爲卷軸裝,十三紙,278 行,楮紙。總長 645 釐米,卷高 31 釐米,界高 24 釐米③。其中第四、六紙較長,約 56.7 釐米,第十三紙最短,約 43 釐米④。四周單邊,有界欄,界寬約 2.3 釐米,每行 17、18 字,小注雙行,行 24 至 26 字不等。首題"呂后本紀第九　史記九";尾題"呂后本紀第九",無大題。寫卷爲大江家國一人墨書,字體瘦長。欄上及行間有補入注文,多爲司馬貞《索隱》,另有朱筆句讀及日文訓點。古典保存會影印本卷末有"猶与"條司馬貞釋文。文中"策""剛""殺""莊""亦"等多異字,每年提行另書。

此卷雖爲日人寫本,但抄寫時間合北宋神宗熙寧六年,而文中多有俗字,行格亦與今本略異,所用底本爲唐寫本無疑。卷中或以細圈、或以朱點施於字角,以標注字音,朱筆點斷亦無大誤。與前揭唐寫本《伯夷列傳》讀書風習頗類。寫本異文有足勝今本者,如"王陵遂病免歸",寫本作"王陵遂稱病免歸",語意爲通;"及諸侯丞相五人",寫本作"及侯諸侯丞相五人",檢下文諸侯及丞相爲諸侯者,知以寫本爲是;"或聞其母死",寫本作"或以聞其母死",即"或以其母死聞"之意,今本脫"以",不通;"后安能殺吾母",寫本"后"作"太后",並足資校勘。正文補錄之注文,與今本

---

① 大江家國,據水澤利忠言,爲大江朝綱之玄孫,主計助;"家行"乃藤原俊成的叔父藤原家行,藤原南家勸學院之學頭。(《史記會注考證校補》附錄,頁 46)

② 《史記會注考證校補》附錄,頁 45。

③ 嚴紹璗云紙高 28.5 釐米,不知何據;而水澤利忠稱高 31 釐米,與古典保存會影印本卷末山田孝雄解說一致。(參《日藏漢籍善本書錄》,頁 321)

④ 參見古典保存會影印本卷末山田孝雄解說。

《史記》的寫本時代——公元十世紀前《史記》的傳寫與閱讀

略有異同,比勘之下,亦可見今本合刻三家注時對注文之刪併。卷尾有識語,今迻錄如下:

<blockquote>
同年同月廿九日點合了

延五　正　廿四辰書了

延五四一受訓了

學生大江家國

康和三年正月廿七日以秘本見合了　家行之本也

同年同月廿九日讀了

建久七年十二月十八日黃昏讀移了

拾遺　(花押)[①]
</blockquote>

是本爲日本公爵毛利元昭氏舊藏,後存山口縣防府毛利報公會,1931年12月被指定爲日本國寶。

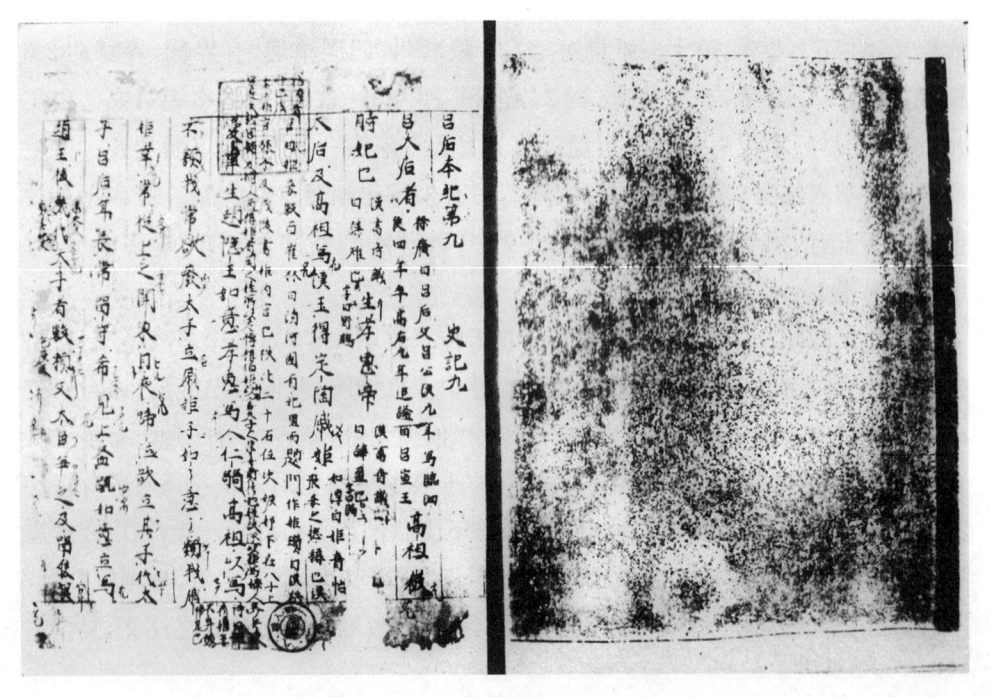

此圖爲1935年日本古典保存會影印本

---

① "建久七年",水澤利忠錄文作"建久年",脱"七"字,又將"拾遺"、花押與之同錄一行,檢影印本,當屬後一行。嚴紹璗《日藏漢籍善本書錄》錄文不誤。(參《史記會注考證校補》附錄,頁43;《日藏漢籍善本書錄》,頁321)

296

附錄　現存《史記》古寫本敘錄

11.《孝文本紀》

卷軸裝，十六紙。全長 973 釐米，除最後一紙外，餘紙長 52 釐米至 56 釐米不等。卷高 31 釐米，界高 24 釐米，楮紙，四周單邊，有界欄①。行 16、17 字，小注雙行，行 24 至 26 字。首題"孝文本紀第十　史記十"，尾題同。文中"廟""桀""率""肉"等多爲俗體異字，"三十""四十"作"卅""卌"，與前同。正文墨書，有朱文標點，以圈點進行四聲標調，與前揭《吕后本紀》同。欄外及行間多有補録文字，紙背亦有補録注文，以"貞""索"標示《索隱》，以"師古""師説"標示《漢書》顏師古注及日本博士家學説的相關文字，可與今注參校。

正文中亦多有可資校勘者，試舉一例。"乃脩從代來功臣"，今本《史記》"脩"作"循"，《漢書·文帝紀》作"乃脩代來功"，何焯《義門讀書記》、張照《館本史記考證》、梁玉繩《史記志疑》皆以爲當作"脩"，因形近而誤。此本可證前賢所言不虛②。

卷末識語亦迻録如下：

延久五年四月四日受訓了
延五二七夜於燈下書了
同年同月九巳剋點合了
學生大江家國之本③
康和三年二月三日巳時許以秘本見合了　家行
同年同月十二日未剋許訓了④
建久七年十二月十九日黄昏讀移
時通⑤
建仁二年十月六日於燈下
一見矣　　　（花押）⑥

此卷爲日本狩野亨吉博士舊藏，今存東北大學附屬圖書館，1952 年被指定爲日本國寶。

---

①　總十六紙，而第十六紙長僅 12 釐米左右，故《日藏漢籍善本書録》誤作十五頁。據武内義雄解説，紙高約 31 釐米，非嚴氏所云 29 釐米。（參《日藏漢籍善本書録》，頁 321；《東北大學所藏國寶史記孝文本紀解説》，頁 1—6）
②　《史記會注考證校補》附録，頁 50。
③　《日藏漢籍善本書録》迻録此處識語多誤，如"延五二七夜"，"夜"作"野"；"九巳"（九日巳時）作"九日"。（見《日藏漢籍善本書録》，頁 321—322）
④　嚴氏録文多不分行格，且此處斷句不確。（見《日藏漢籍善本書録》，頁 322）
⑤　"十九日"，嚴氏録文脱"十"（《日藏漢籍善本書録》，頁 322）。水澤利忠録文"讀移"作"讀移了"，誤衍一"了"字；且"時通"當另起一行，水澤氏將之併作一行（見《史記會注考證校補》附録，頁 44）。
⑥　《史記會注考證校補》附録，頁 43—44。嚴氏云此爲土御門天皇建仁二年識語。

297

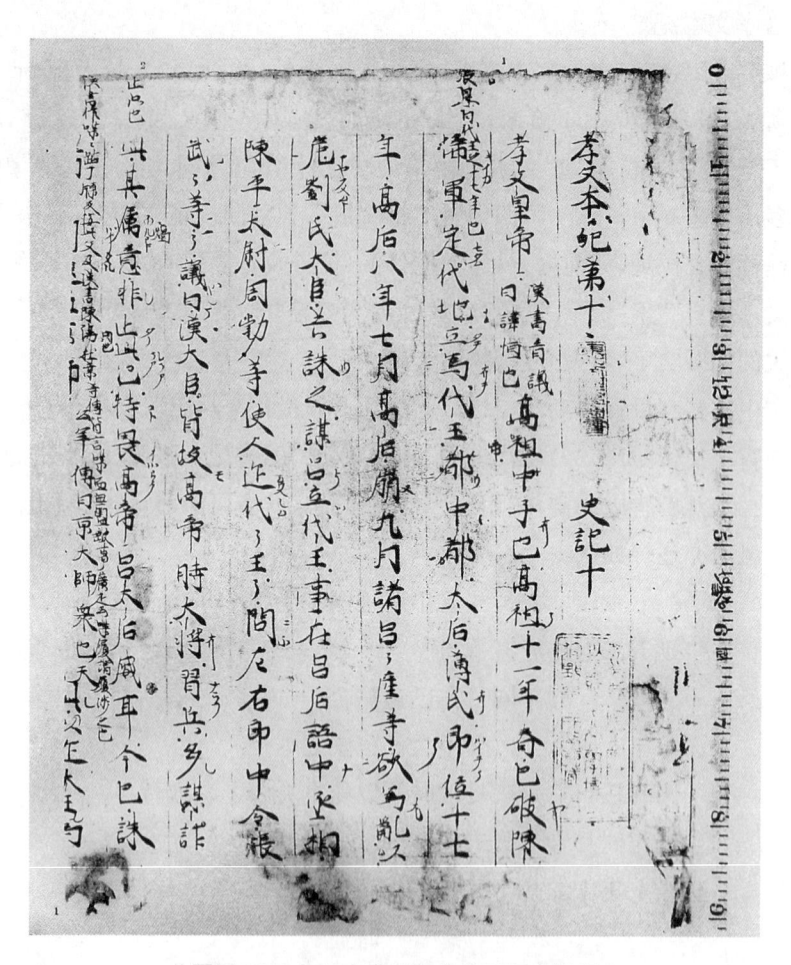

《史記》的寫本時代──公元十世紀前《史記》的傳寫與閱讀

此圖爲 1954 年日本貴重古典籍刊行會影印本

12.《孝景本紀》

卷軸裝,共六紙,楮紙。總長 259 釐米,卷高 29.2 釐米,界高約 26.7 釐米①,有烏絲界欄,界寬約 2.67 釐米。每行 15 至 21 字,小注雙行,20 至 23 字,共 100 行②。首題"孝景本紀第十一　史記十一";尾題"孝景本紀第十一",無大題。每年皆提行另書。正文爲墨書集解本《史記·孝景本紀》,字旁有朱點句讀和注音,注音方法與《孝文本紀》同。行間及欄外間有補録脱字,朱墨兼用。另有墨書片假名音注,故日

---

① 嚴氏謂長 259.0 釐米,幅寬(高)29.3 釐米;水澤利忠稱卷高 31 釐米,界高 24 釐米。今用五島美術館大東急記念文庫解説。[參見《日藏漢籍善本書録》(上册),頁 322;《史記會注考證校補》附録,頁 51;那波利貞《舊鈔本史記孝景本紀第十一解説》,京都大學文學部創立三十周年紀念出版,1935 年,頁 2]

② 此處那波利貞言每行 15 至 17 字;水澤利忠言正文每行 17、18 字,並有誤(出處同上)。

298

附錄　現存《史記》古寫本敍録

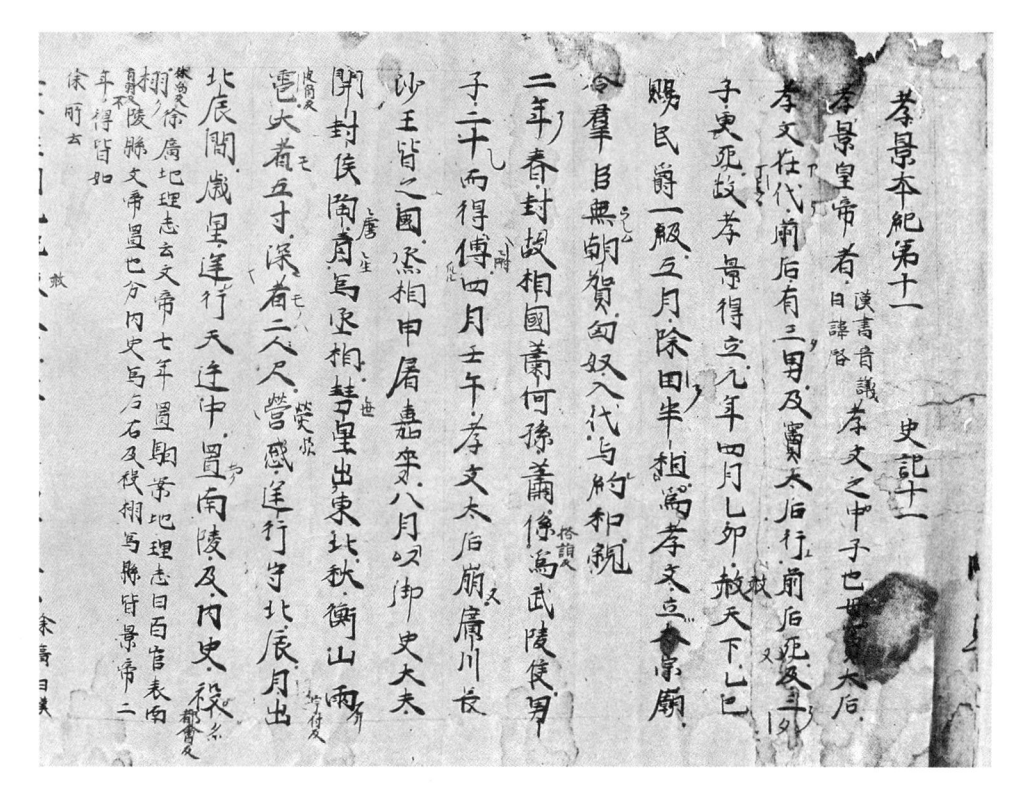

此圖爲吴海先生 2010 年據京都大學複本拍攝

本學者多據之研求日語古音。

　　文字上,寫本多有可寶,如今本"二年春,封故相國蕭何孫係爲武陵侯"下有《集解》注云:"徐廣曰:《漢書》亦作'係'。鄒誕生本作'傒',音奚。又按:《漢書·功臣表》及《蕭何傳》皆云孫嘉,疑其人有二名。"對此,張文虎辨曰:"案:鄒誕生南齊人,裴氏無由引,且其文全同《索隱》,此俗本兼采二注而誤入者。後凡類此者不復出,北宋本'誕生'二字作'説',亦非。"[1]此處注文不僅引用文獻年代不合,且用語體例與《集解》他處亦大不相類。張文虎雖辨其僞,苦無版本依據。而此處寫本正無宋本等以後闌入之文,可證張氏所言不虛。

　　寫本卷末識語從左至右依次爲:

---

[1]《校刊史記集解索隱正義札記》,頁 106。水澤利忠亦言之(見《史記會注考證校補》附録,頁 52—53)。

299

> 同年四月受訓了
> 　同月同日於燈下合了
> 延五暮春十二晡時執筆同剋書了
> 　學生大江家國
> 康和三年二月廿日晡時見合了　家行之本也
> 　同年同月同日子時許受了
> 建久七年十二月十九日於燈下讀移了　（花押）①

此卷原爲古梓堂文庫（舊久原文庫）藏本，今存大東急記念文庫，1955年被指定爲日本國寶。

13. 山岸德平藏本《孝景本紀》

此卷共五紙，卷軸裝，頁面有殘，楮紙。卷高26釐米，界高23釐米。四周單邊，有界欄，每行14、15字，小注雙行，行21至23字不等。該卷首尾題全，大題在下，爲"孝景本紀第十一　史記十一"。此本並非每年提行另書，而正文與大江家國寫本《孝景本紀》訛誤相承，當源於同一寫本系統。以"封故相蕭何孫蕭係爲武陵侯"條觀之，宋刻本之誤，此本又無。與大江家國鈔本相較，頗可見寫本之變化，亦足珍視。

卷末識語有：

> 此本依有訛謬他本所移也
> 　大治二年九月二日申時書寫了
> 　　文保元年（1317）四月二日請渡了　　散位　惟宗康俊②

卷背另有識語，筆迹潦草，難以確認。據卷尾識語，是本寫於日本大治二年（1127），比前揭大江家國所寫前三卷晚五十三年。字體格式與前三卷區別較大，與高山寺所藏本較近。惟宗家族鐮倉時代熱衷於《史記》的研讀，惟宗康俊所鈔《史記》今有存者。《經籍訪古志》載"正和五年惟宗康俊卷本，崇蘭館藏。現存五帝、周、秦、孝武本紀四卷。未見"，正和五年爲文保元年前一年。另求古樓舊藏《夏本紀》第一行

---

①　此卷錄文，各家多誤。"同年四月受訓了"之"四月"，那波利貞作"同月"。考三卷"同"字皆不作此字形，而前兩卷亦爲"四月"受訓，當爲"四月"。此外，識語最後一行首字最高，那波利貞此處錄文不確。"延五暮春"，水澤利忠作"延久暮春"。嚴氏此段錄文分別作"同年同月受訓了同年同月燈下合了"，誤"同月同日"爲"同年同月"；"晡"作"哺"；"剋"作"尅"，又脫"同年同月同日子時許受了"一行。嚴氏稱鳥羽天皇手識"建久七年十二月十九日於燈下黃昏讀移了時通"（花押），衍"黃昏""時通"，未知何據。（見《日藏漢籍善本書錄》，頁322；《史記會注考證校補》附錄，頁44；《舊鈔本史記孝景本紀第十一解說》，頁3）

②　《史記會注考證校補》附錄，頁44—45。

附録　現存《史記》古寫本敘録

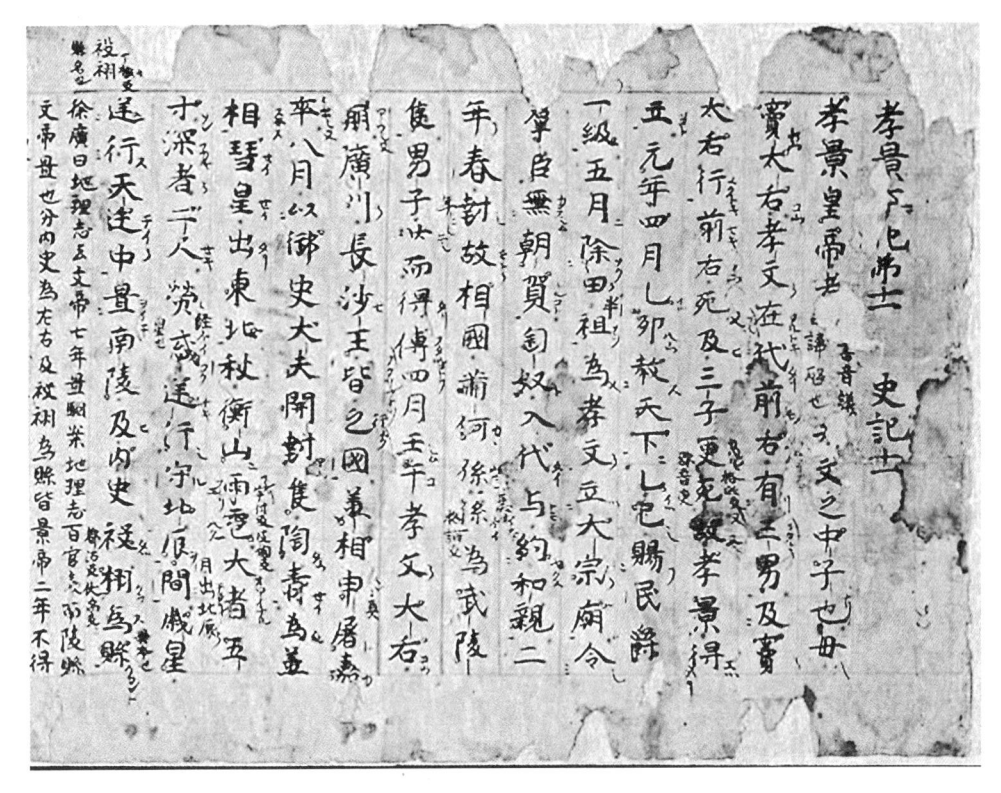

此圖出自日本實踐女子大學山岸文庫網站，最新訪問時間：2011年2月28日。
網址：http://www.jissen.ac.jp/library/collection/shiki/basic/shiki.html

書"文和三年（1352）應鐘廿七日　讀合畢。大監物惟宗守俊"，距文保元年有35年①。

14—17. 高山寺舊藏本四卷

高山寺舊藏有夏、殷、周、秦四《本紀》，羅振玉《雪堂校刊群書敘録》稱此與高山寺藏《殷本紀》乃"一帙而紛失者"②。水澤利忠推定爲平安末期③。觀其字體行格，《夏本紀》《秦本紀》字體略草，每行存字較多，而《殷本紀》《周本紀》書風更爲工整，每行字數也較少。雖整體書寫年代相差不遠，似非一人所寫。

14.《夏本紀》

卷軸裝，楮交斐紙，頁面有殘泐，計十七紙④，全長779釐米，一紙長51釐米，高

---

① 《史記會注考證校補》附録，頁46—47。
② 羅振玉《雪堂校刊群書敘録》卷下《日本古寫本史記殷本紀跋》。
③ 《史記會注考證校補》附録，頁55。
④ 水澤利忠言計十六紙，當未計封紙。（見《史記會注考證校補》附録，頁59）

301

《史記》的寫本時代——公元十世紀前《史記》的傳寫與閱讀

28.8 釐米。四周單邊,有界欄,界高 23.8 釐米①。每紙約 21 行,行 15 至 17 字,小注雙行,行 23 至 26 字不等②。首題"夏本紀第二　史記二",尾題同。卷首小題與大題之間有"高山寺"長方陽文朱印(1.7×4.8 釐米)③。此本亦有朱墨點讀痕迹兩種,一在鎌倉初期(1185—1333),朱點標句讀,抹點或注片假名,或注四聲;一在日本南北朝時期(1336—1392)④。原封面部分殘存,高 28.1 釐米,有殘缺,長 12.0 釐米,亦楮交斐紙,紙端背面寫有"史記二　乙九十六箱"。現封面爲藍地二重銀色菱紋,爲入藏岩崎文庫後新補⑤。

文中"鯀""殛""殺""莊""蠱""旅""砥""剛""率""桀""葬""鐵"等多異字,每帝提行,數字及連寫方式並與此前之古寫本合。文中不避"民"諱,可知該本底本爲唐太宗之前的本子或五代時期寫本。而字體與前石山寺藏本相似,或二者底本時代相近。水澤利忠據《秦本紀》識語,言此亦爲天養二年(1145)日本學者所鈔⑥。

卷中文字與今本不同者,如"天下於是大平治",今本《史記》"大"作"太"。王念孫《讀書雜志》云:"'太'當爲'大'。'大''太'字相近,後人又習聞'天下太平'之語,故'大'誤爲'太'耳。《群書治要》引此正作'大平治'。"此本足證王氏之英斷。此類異文比比而在,水澤氏校出二十餘條⑦,多以寫本爲長。另,水澤利忠據森立之舊藏、大東急記念文庫藏慶長古活字本《史記·夏本紀》識語,云求古樓舊藏有安倍鈔本《夏本紀》,今不可見⑧。

此卷原藏日本京都高山寺,今歸東洋文庫附屬岩崎文庫,於 1952 年 11 月被定

---

① 水澤氏言此本卷高 27.8 釐米,界高 23.5 釐米,又稱印寬 1.5 釐米,或個人測量誤差,今以東洋文庫解說爲準。(見《史記會注考證校補》附錄,頁 59)

② 水澤利忠言行十五、六字,東洋文庫解說言十七字,皆不確。(見《史記會注考證校補》附錄,頁 59;東洋文庫日本研究班編纂《岩崎文庫貴重書書誌解題》第四册,東京:東洋文庫,2004 年,頁 72;石塚晴通《岩崎文庫貴重書書誌解題稿——広橋本之の部-1-》,《東洋文庫書報》第 22 號,1991 年)

③ 水澤利忠稱墨印(《史記會注考證校補》附錄,頁 54),不確,蓋所見爲複製件。(見《岩崎文庫貴重書書誌解題稿——広橋本之の部-1-》)

④ 參見石塚晴通《岩崎文庫貴重書書誌解題稿——広橋本之の部-1-》。

⑤ 《岩崎文庫貴重書書誌解題》第四册,頁 72。

⑥ 賀次君以爲中國唐寫本,僅以字體、用筆而言,與日本學書風近而距中國書風較遠。但其所據底本爲宋以前寫本無疑。(見《史記書錄》,頁 14)另,東洋文庫解說以爲平安時代院政(1086—1185)末期寫本。東洋文庫《和漢書目錄》亦稱平安末鈔本。

⑦ 《史記會注考證校補》附錄,頁 59—63。

⑧ 賀次君稱岩崎文庫本即求古樓舊藏,無據。水澤利忠引《經籍訪古志》稱求古樓舊本"界高 25.4 釐米,四周單邊,行間有界。每行十三、四字,注雙行,行十八、九字"。闕正文 392 字。又,森立之舊藏、大東急記念文庫藏慶長古活字本《夏本紀》第三葉左上欄有"作蓺以下,古抄本存至卷末。丁丑十二月十六日午後,朱筆以一校□,七十一翁枳園。"考今存《夏本紀》行格及闕文皆與此不同。(見《史記會注考證校補》附錄,頁 59、63)

附錄　現存《史記》古寫本敍錄

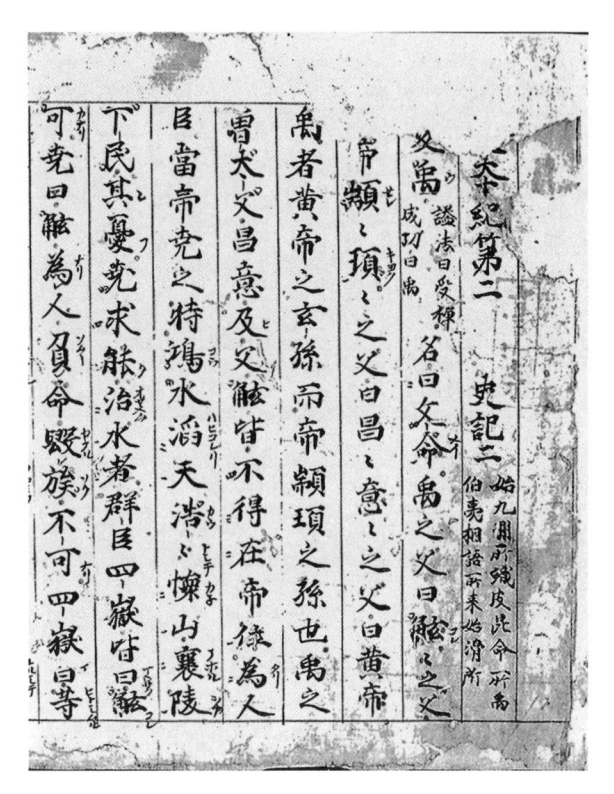

此圖爲岩崎文庫網站掃描件圖 26，
網址：http://61.197.194.13/zenpon/zenpon_index.html

爲日本國寶①。

15.《秦本紀》

卷軸裝，楮交斐紙，計二十九紙，一紙長 53.0 釐米，全長 1 423 釐米，卷高 28.5 釐米，界高 24.5 釐米②。首題"秦本紀第五　史記五"，卷首大題下有"高山寺"淡色朱文印一(4.7×1.6 釐米)③。此卷有天養二年(1145)標句讀之朱點及標示四聲與片假名之墨書，又有院政末期標示片假名的朱、墨書；甚至有鐮倉中期之前標示片假名之墨書④。卷末有小題，無大題。封面爲藍地二重銀色菱紋，與《夏本紀》同爲

---

① 此卷諸家並未言闕，但今岩崎文庫網站所提供掃描件圖次序錯亂，且自"其土青驪"至"東至砥柱"中缺數紙，近 250 字，未知何故。(參見岩崎文庫網站：http://61.197.194.13/zenpon/zenpon_index.html)

② 參見東洋文庫日本研究委員會編《岩崎文庫貴重書書誌解題》第四册，頁 72；石塚晴通《岩崎文庫貴重書書誌解題稿——広橋本之の部-1-》。

③ 水澤利忠稱墨印，(《史記會注考證校補》附録，頁 54)不確，蓋所見爲複製件。(參石塚晴通《岩崎文庫貴重書書誌解題稿——広橋本之の部-1-》)

④ 《岩崎文庫貴重書書誌解題稿——広橋本之の部-1-》。

《史記》的寫本時代——公元十世紀前《史記》的傳寫與閲讀

入藏岩崎文庫後新補①。

一紙約21行,四周單邊,有界欄,行16、17字,小注雙行,行24至27字。"殺""桀""葬""亦""莊""漕""害""怨""備""殛""率""孺""年"等多異字,數字多作"廿、卅、卌"。又每帝提行另書,與此前古寫本同。卷中不避"民"諱,可知此本底本爲唐太宗之前或五代寫本。據卷末識語,此本抄於日本天養二年。

卷中文字與刊本多有不同,賀次君抉發已多,如"簡公,厲公子而懷公弟也",刊本多作"簡公,昭子之弟而懷公子也",《正義》引劉伯莊語:"簡公是昭子之弟,懷公之子,厲公之孫。今《秦記》謂簡公是靈公子者鈔寫之誤。"寫本正與劉伯莊所見本合,刊本有所改易。錢泰吉謂:"據《正義》則《正義》本文'懷'作'厲'。"張文虎稱:"《秦記》謂簡公是靈公子,蓋此注'史記'字當作'秦記','厲公'當作'靈公'。"觀此寫本可知劉伯莊注不誤,而錢、張之説無據②。水澤氏校異文十餘處③。

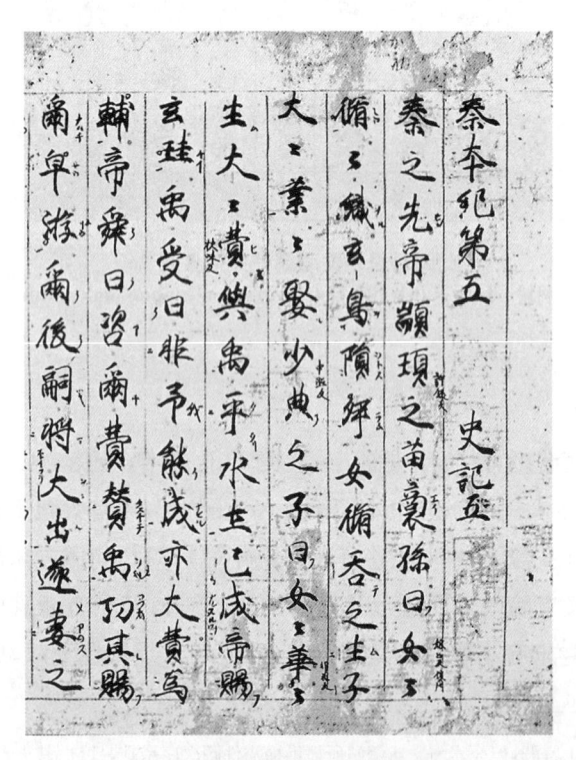

岩崎文庫網站掃描件圖28,
網址:http://61.197.194.13/zenpon/zenpon_index.html

---

① 《岩崎文庫貴重書書誌解題》第四册,頁72。
② 參《史記書録》,頁24。
③ 《史記會注考證校補》附録,頁71—73。

《秦本紀》卷末識語如下：

秦本紀第五

永萬元年十二月廿六日　傳記之畢

以吉本可比校之也

嘉應二年(1170)應鐘十二日　日南於崇仁坊殿以家説被授①

天養二年八月八日　書寫就之　八月十二日移點了②（花押）

此卷爲高山寺舊藏，今存東洋文庫附屬岩崎文庫，1952年被指定爲日本國寶。

16.《殷本紀》

《殷本紀》《周本紀》兩卷非一人書寫，但據筆迹當俱爲鎌倉初期寫本③。另據建長二年(1250)寫本《本經藏現存高山寺聖教目録》著録《史記》十二卷，但又稱"《史記》十卷不具"，蓋當時只存《殷本紀》《周本紀》，建長二年以後亦散出。另十卷或同屬《史記》之《本紀》部分，建長二年之前已散於他處。

《殷本紀第四》一卷，卷軸裝，首尾完具。寫卷爲楮交紙，共十三紙，264行，全長717釐米。一紙長(第二紙起)54.8釐米，22行，行11至15、16字不等，以12、13字居多④，小注雙行，行21至23字不等。紙高29.4釐米，界高22.9釐米，四周單邊，有界欄，界幅2.5釐米。

卷首小題旁有"日出先照/高山之寺"長方單廓陽文朱印(2.6×5.7釐米)一，小題、大題之間及第二紙右邊有"高山寺"朱印一，又兩紙粘合處背面均有"高山寺"朱印，曾爲内藤湖南所藏⑤。末署：

建曆元年(1211)七月十五日受之同日即讀了

故書寫年代可基本明確。另以書風、筆致上判斷，亦屬鎌倉初期，13世紀初大致

---

① 案"永萬元年十二月廿六日"之"十二月"，水澤利忠録作"二月"，蓋涉上"年"字而誤(《史記會注考證校補》附録，頁54)，考日本長寬三年六月五日(1165年7月14日)始改元"永萬"，故元年不應有二月，嚴氏録文此處不誤。然嚴氏所録"傳記之畢"，作"傳領之畢"；"以吉本可比校之也"，作"以吉本可作校之歟"；"日南於崇仁坊殿以家説被授"句末多"了"字，不確(見《日藏漢籍善本書録》，頁322)。

② 識語從右向左依此書寫。

③ 築島裕解説稱此爲"現存《史記》寫本中最古之本"，不確。(見築島裕《高山寺藏史記解題》，載高山寺典籍文書綜合調查團編《高山寺古訓點資料第一》，頁274)

④ 築島裕言行十三字(《高山寺藏史記解題》，頁274)，水澤利忠言行十五六字(《史記會注考證校補》附録，頁64)，賀次君言行格與字數，俱不確(《史記書録》，頁16)。

⑤ 水澤利忠所據多爲複製本，言所鈐爲墨印，不確。(見《史記會注考證校補》附録，頁54)

《史記》的寫本時代——公元十世紀前《史記》的傳寫與閱讀

無誤。

卷上有朱墨兩色訓點，其中假名多用墨書，點斷與訓讀符號用朱書，訓點年代當均爲建曆元年。文中"曹""桀""率""割""殛""怨""葬""亦"等多異字。帝中壬、大甲、大庚、盤庚等俱提行另書，與宋刻連書或空格不同，知其祖本爲宋以前古寫本無疑。此本正文及注文與今本多異，賀次君言之甚詳。如"大丁""大甲""大戊"等，今本"大"皆作"太"，寫本與殷墟卜辭同。另如"炮格"今作"炮烙"，"牖里"今作"羑里"等亦足發覆。又寫本"是爲成湯""而色尚白"兩處無《集解》而有《索隱》文字，分別題爲"貞曰""貞云"，賀次君稱此當爲《集解》《索隱》合鈔最初之形式，亦可見此卷底本寫於唐開元以後①。

此卷原藏高山寺，現寄託於京都國立博物館。1927年被指定爲日本國寶，戰後又改爲日本重要文化財。1917年羅振玉影入《吉石盦叢書四集》②。

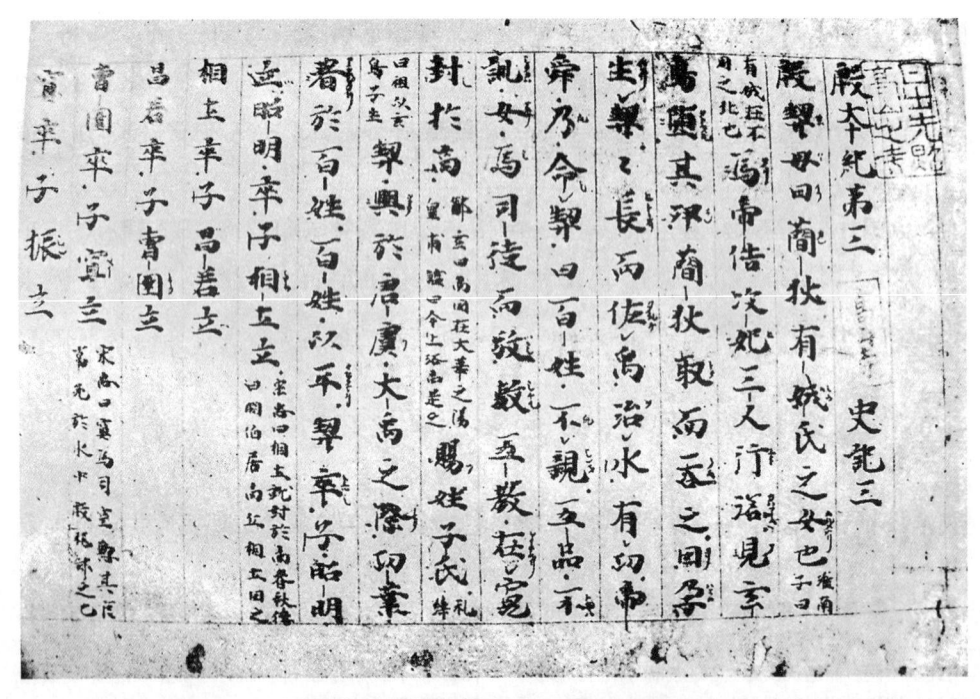

此圖爲《史記會注考證校補》卷首圖版三

---

① 《史記書錄》，頁 16—19。
② 見《吉石盦叢書四集》，1917年上虞羅氏印本。

306

附録　現存《史記》古寫本敍録

17.《周本紀》殘卷

《周本紀》一卷,卷軸裝,首缺正文約 180 字,卷末小題、大題俱存。尾題小題旁有"日出先照/高山之寺"朱印,大題下有"高山寺"朱印,紙背銜接處亦有"高山寺"朱印①。裝潢、用紙與《殷本紀》同,爲楮交斐紙,共三十八紙,各紙背上部標有序號。全長 1 892.7 釐米,718 行。紙高 28 釐米,一紙長(第二紙起)49.8 釐米;界高 23.3 釐米。四周單邊,有界欄,界幅 2.6 釐米。每行 12 至 15 字,以 13、14 字爲多②;小注雙行,行 21 至 23 字不等。卷中"殺""弱""旅""暴""休""策""班""薊""率""備""裸"等多異字。另以"廿、卅、卌"等表數字。每帝基本提行另寫,亦可知其底本爲宋以前古寫本。

可供校勘之異文甚多,賀次君、水澤利忠列勝今本者近二十條③。如"無簡不聽",刊本"聽"作"疑",段玉裁云:"'疑',經作'聽',作'疑'乃今文。"此卷正爲"聽";"虎賁三千人"下有"有甲士四萬五千人也,若虎賁獸,言猛"十二字,刊本無;"日夜

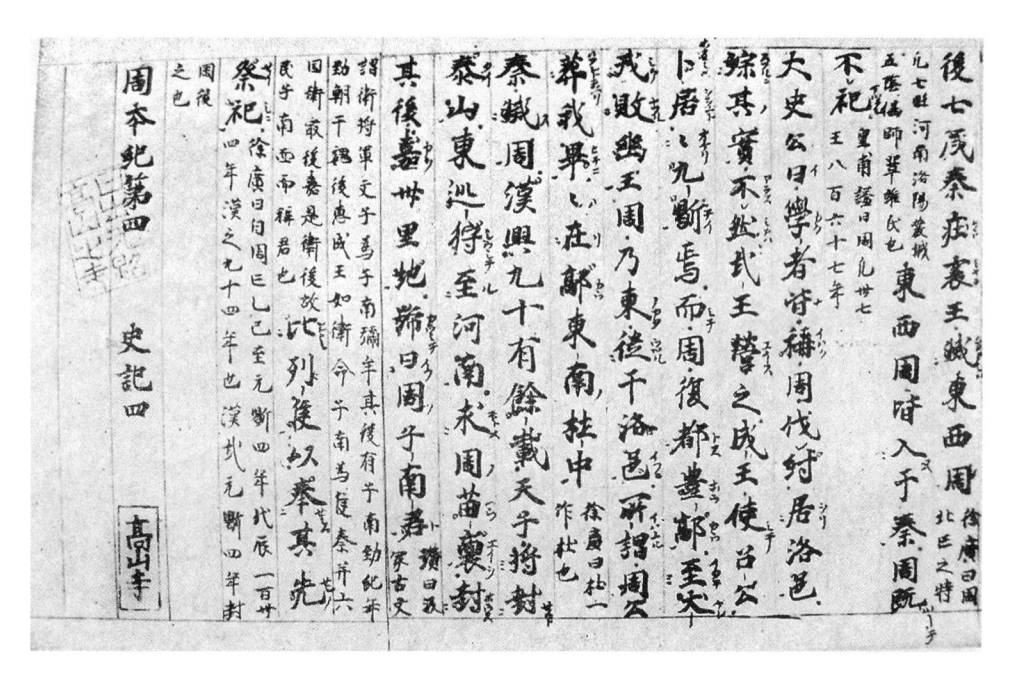

此圖爲《史記會注考證校補》卷首圖版四

---

① 水澤利忠亦言此爲墨印,不確。(見《史記會注考證校補》附録,頁 54)
② 水澤利忠言十三四字,築島裕《解説》言行十三字,不確。(參見《史記會注考證校補》附録,頁 67;《高山寺藏史記解題》,頁 275)
③ 參見《史記書録》,頁 20—23;《史記會注考證校補》附録,頁 67—70。

307

勞來定我西土",與《索隱》本及《册府元龜》卷一三引《史記》同,刊本多脱"定"字。凡此種種足資校定,而寫本固有訛脱,無心之誤,易於辨明。

上兩卷書寫加點筆迹當出同一人之手,所謂博士家點本①。二卷同爲日本天保七年(1836)由藤原朝永重新裝裱②。

18. 慶應義塾大學斯道文庫藏《秦本紀》殘葉

卷子本,零紙一張,紙質不明。全長 47.5 釐米,高約 29 釐米,烏絲欄,界高 23.9 釐米,界幅 2.7 釐米。共 18 行,正文滿行 14 至 17 字不等,計 258 字左右,小注雙行。存秦惠文君後七年"韓趙魏燕齊帥匈奴"句之"齊帥"以下,至秦武王元年"伐義渠"終。

卷中有朱筆句讀,墨筆訓點,並標四聲。殘頁雖無提行,但"魚、矣、差、莊、句"等多俗寫,又"二十"作"廿",可知所據底本爲唐鈔本系統。以書風論,當屬平安末日人鈔本③。殘紙存字不多,但亦有與今本不同之文,如"張儀復相",今本作"張儀

此圖爲慶應義塾大學附屬斯道文庫複製本

① 此筆劃書風爲日人手筆,賀次君稱之爲唐人手抄,恐不確。(見《史記書録》,頁 20)
② 以上參見《高山寺藏史記解題》,頁 274—275。
③ 參《慶應義塾大學附屬研究所斯道文庫貴重書蒐選:圖録解題》第 89《史記零簡》解題,東京:慶應義塾大學附屬研究所斯道文庫,1997 年,頁 109;(日)小沢賢二《古抄本『史記』「秦本紀」の断簡について》,《汲古》第 29 號,1996 年 7 月。

復相秦",前已言張儀相秦,此言"復相",文意已足,今本多"秦"字,當衍。殘紙今藏日本慶應義塾大學附屬斯道文庫。

19. 臺灣"國家圖書館"藏《夏本紀》殘卷

卷子裝。日本寶治二年(1248)安倍時貞抄寫,有章太炎題記①,後藏臺灣"國立中央圖書館"(編號：01290)。首頁鈐有"張繼之印"(陰文)"溥泉"(陽文)(張繼字)方印,卷末有"張繼之印"(陽文)"溥泉"(陰文)印鑒。據森立之《經籍訪古志》,此本爲求古樓舊藏②,上世紀七十年代阿部隆一發現③。

楮交斐紙,共21紙,351行,987.5釐米。卷高29.2釐米,匡高23.6釐米④；界高23.7釐米,界幅2.8釐米。小題在上,并有尾題。正文每行大字13字,有朱墨點。寫卷前缺,起《集解》"作䋣駰案孟康曰橇",迄於卷末。凡涉及每一帝皆提行另寫。卷中多異寫俗字,如"葬"作❖、"砥"作❖,"殺"多作"煞",又多用連寫、省文符號、點讀符號與日語訓讀,知所據底本爲寫本。與今通行本相校,多有異文,如"命后稷予衆庶難得之食",寫本"命"作"令"；"草繇木條",寫本作"厥草惟繇,厥木惟條"；"賦貞",寫本作"厥賦貞"等,與《尚書·禹貢》更爲一致。寫卷天頭及卷背偶有音釋及補注文字。卷末識語如下：

　　　　文和三年(1354)應鐘廿七日　　讀合畢
　　　　　　　　　　　　　　　　　　大監物惟宗守俊
复三
　　　　寶治二年(1248)五月三日書寫了
　　　　　　　　　　　同五日移點了
　　　　　　　　　　　　太史大丞あへ時貞
　　　　　　　　　　　一交了
　　　　　　　　　　　又校或證本了(朱筆)
　　　　建長八年(1256)七月卅日　　受菅家之説了
　　　　　　　　　　　　匠作少尹あへ為貞

---

① 此卷承蒙南京師範大學蘇芃先生於2015年惠賜電子文本,謹致謝忱。
② (日)澁江全善、森立之等撰《經籍訪古志》,杜澤遜、班龍門點校,上海：上海古籍出版社,2017年,頁93—94。
③ 李由《〈史記·夏本紀〉日本安倍時貞鈔本考述》,《南京師範大學文學院學報》2016年第3期。
④ (日)池田證壽、小助川貞次等《"國家圖書館"(臺北)所藏本史記夏本紀とその訓點》,《訓點語と訓點資料》第115輯,2005年;《〈史記·夏本紀〉日本安倍時貞鈔本考述》。

《史記》的寫本時代——公元十世紀前《史記》的傳寫與閱讀

本云

桑門良曉給此書三字之點改直了

菅家淳高

以索隱史記加裏書了

讀了　菅在町

承久第二歲(1220)無射初六日受嚴訓了

菅原龜丸

嘉禄年中(1225—1227)以菅説讀了　　在御判

仁治三年(1242)四月十三日受嚴訓了

菅原在匡

弘安十一年(1288)蕤賓八日受家訓了

隱陽大屬あへ有雄

正安二年(1300)無射廿五日受庭訓了

主殿權助安倍重章

惟宗家族鎌倉時代熱衷於《史記》的研讀,識語中文和三年惟宗守俊與日本女子實踐大學山岸德平氏舊藏《孝景本紀》讀者散位惟宗康俊當屬同一家族,兩卷抄寫時間相隔35年[①]。

又東京國立博物館法隆寺寶物館藏"佛畫寫經帖交屏風"[列品番號N-3(1)][②],東京國立博物館出版的《法隆寺獻納寶物特別調查概報ⅩⅨ仏畫寫經貼交屏風2》有介紹[③]。此紙實爲臺灣藏本《夏本紀》殘卷正文的前一紙。界高23.6釐米,界幅2.7~2.8釐米。起於"可親其言可信",訖於"徐廣曰他書或"。池田證壽、小助川貞次等《"國家圖書館"(臺北)所藏本史記夏本紀とその訓點》首次揭示二者之間的聯繫,故應爲寶治二年五月安倍時貞所寫。關於斷簡由來,《佛畫寫經帖交屏風》記:"自延曆十一年壬申至天保七年丙申經一千四十四年,今兹從東室經藏探出,而全卷者納櫃,以魚蠹糊付,而加展觀,有眼之輩,可賞古色。"[④]

---

① 《史記會注考證校補》附録,頁46—47。
② 李由《東京国立博物館法隆寺宝物館藏「史記夏本紀」斷簡について》,《中國文學論集》第44號,2015年12月。
③ 《法隆寺獻納寶物特別調查概報ⅩⅨ仏畫寫經貼交屏風2》,東京:東京國立博物館,1999年。
④ 轉引自《東京国立博物館法隆寺宝物館藏「史記夏本紀」斷簡について》。

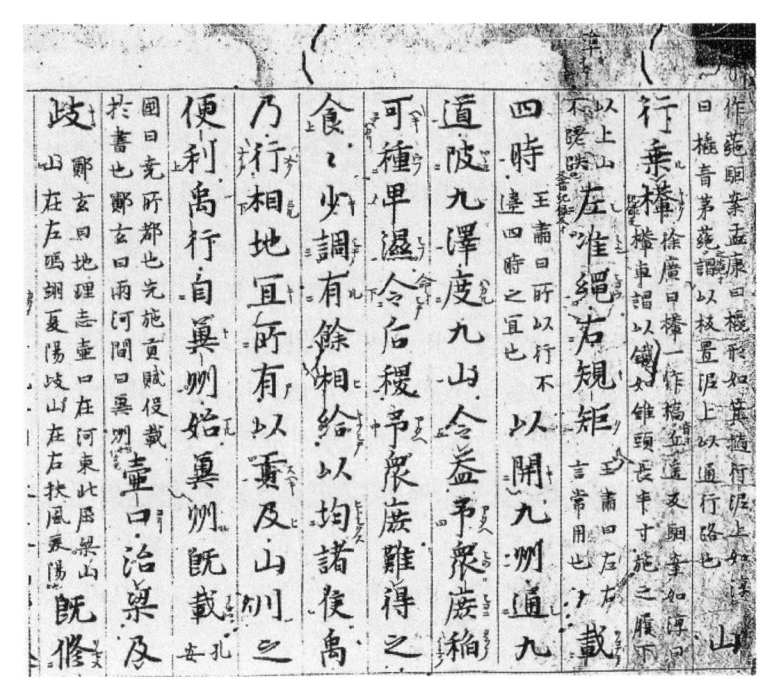

此圖爲臺灣"國家圖書館"藏本複製本

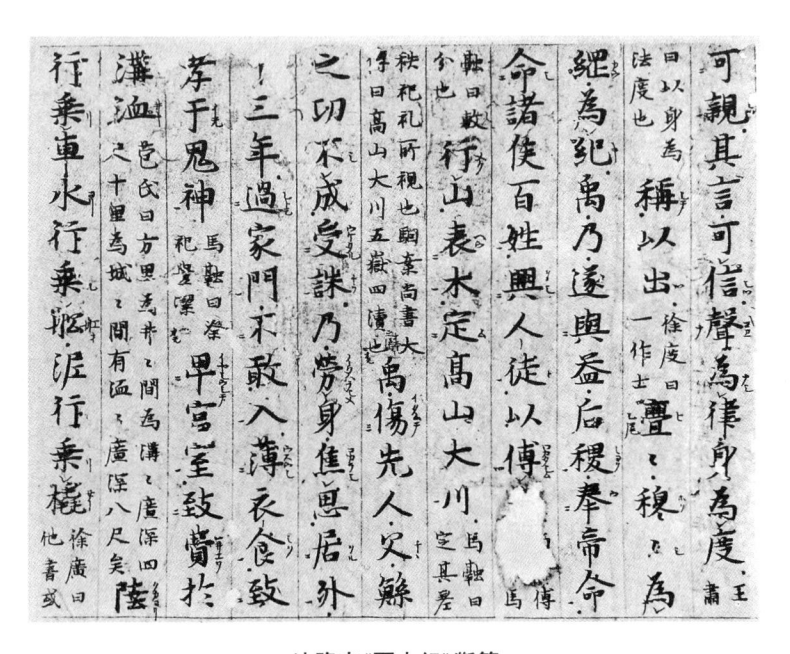

法隆寺《夏本紀》斷簡

20. 宮内廳書陵部藏《范雎蔡澤列傳》

卷軸裝，首題"范雎蔡澤列傳第十九　史記七十九"，尾題並同。卷高30.1釐米，界高24.1釐米，楮交斐紙。四周單邊，有界欄，每行14、15字，小注雙行，行18、19字。字畫與高山寺所藏諸本類似。《圖書寮漢籍善本書目》稱"審其書體，殆鎌倉初期所寫"。水澤氏以爲，按照紙墨狀態推測，其説大抵可信。

鈔本第二十四紙至二十五紙及第二十九紙至三十紙接縫處有"水光/卯青"長方陽文朱印（1.8×3釐米）各一①。幻雲（月舟壽桂，1460—1533）、南化玄興、直江兼續舊藏，上杉氏藏南宋慶元黃善夫刊本《史記》俱有此印，當曾入同一人之手。以幻雲生前舊藏推定，則鈔本抄寫年代及黃善夫本傳入日本的年代的下限可以確定。

此鈔本亦標句讀，並有假名訓點。行間及欄外有與正文相同筆迹批註，引文有盧注《春秋後語》、劉伯莊《史記音義》、鄒誕生《史記音》、陸善經《史記注》等多已亡佚的古書古注。該本爲《集解》本。另有較爲少見的情況是，寫卷背面相同位置頗有《正義》及《索隱》文字，筆畫工穩，記錄詳密，他卷中未見，似中國六朝隋唐時期"音隱""背隱義"類標注方式。

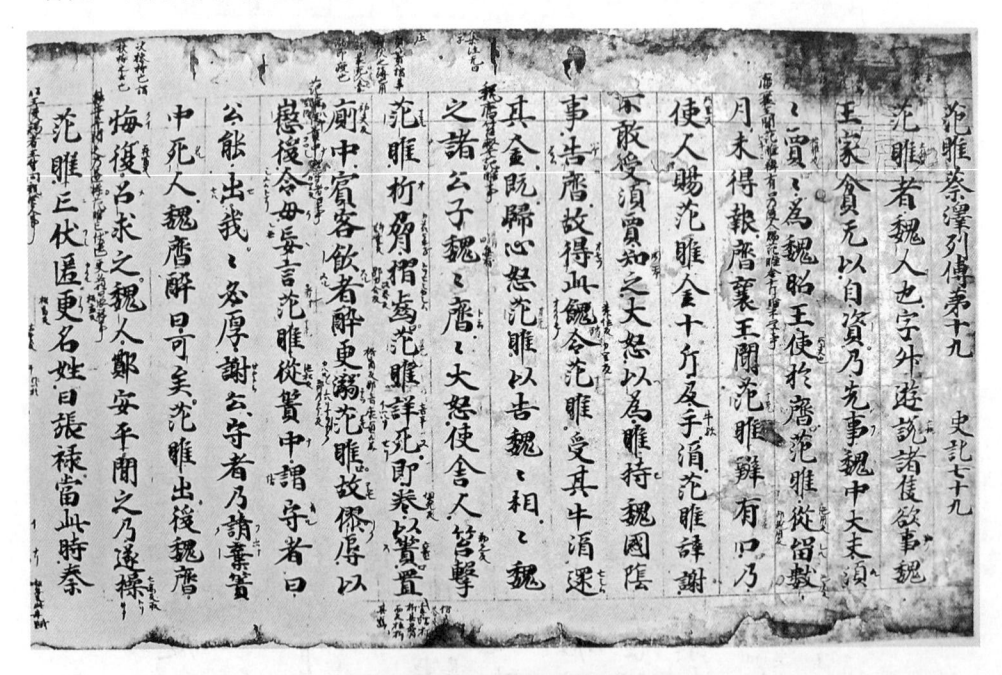

此圖爲宮内廳書陵部複製本

---

① 水澤利忠言爲墨印，當爲所見複製本故。（見《史記會注考證校補》附録，頁74）

此本多有異字，如"溺""砥""害""旅""肉""廟""亦""殺""操""備""怨""率""其""孺""鐵"等，數字有"卅、卌"散見，所據底本當亦古寫本。所有正文及注文多與《戰國策》及唐宋類書相合。勝於今本者，水澤氏舉二十餘條[①]，另青木五郎有較詳細校記[②]，並可參見。

據卷末"明治四十年九月修補。圖書寮"識語，知爲1907年修補，該本今存日本宮內廳書陵部。

21. 宮內廳書陵部藏《高祖本紀》

卷軸裝，卷高27.1釐米，界高23.3釐米。上下單邊，無界欄。每行15、16字，小注雙行，行25至27字不等。卷末有識語，紙墨極新。字畫與高山寺所藏諸本不類，與同屬書陵部之《范雎蔡澤列傳》亦有不同。前者筆致較爲圓潤，橫細豎粗，較

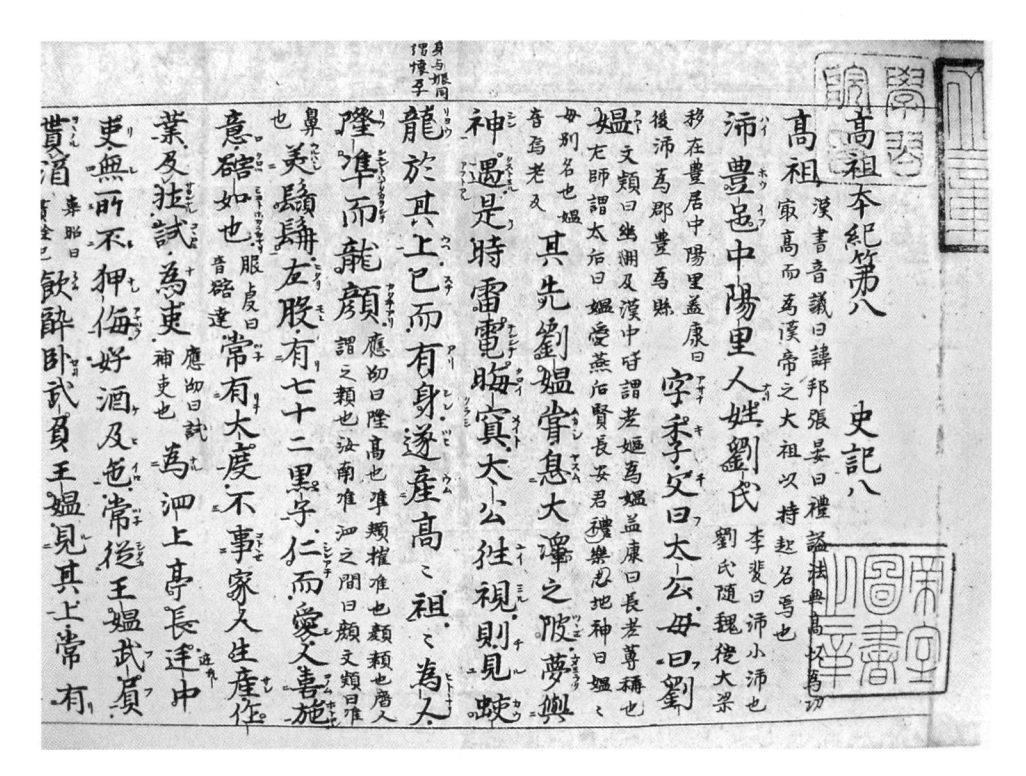

此圖爲宮內廳書陵部複製本

---

① 《史記會注考證校補》附錄，頁74—78。
② （日）青木五郎《宮內庁書陵部藏 史記古鈔本范雎蔡澤列伝の書き入れ校記について》，《東京工業高等專門學校研究報告書》第3號，1972年3月。

明顯；此卷橫豎粗細無大差異，且結體較方，略近趙體。封面有"傳來寫"三字，並有蟲蠹痕迹。首題"高祖本紀第八　史記八"，尾題並同。首題上鈐"學習館印""祕閣圖書之章"方印，下鈐"帝室圖書之章"方印。抄寫年代大致在江户時代以前。

卷中亦多朱墨標點，並有細圈標示讀音，大抵依中國傳統之四聲標調法。卷中另有較多日文訓讀，而較少批註《正義》與《索隱》文字，與此前寫本略有不同。"吏民自以爲降必死""諸吏民皆案堵如故""秦民大喜""不欲費民，民又益喜""秦民大失望"等處皆不避"民"諱。"葬""殺""怨""曹""莊""舊""亦""底""暴""操""帥""率""休"等多異寫俗字，數字多作"廿、卅、卌"等。原則上每年提行另寫，與敦煌本、石山寺本、大江家國鈔本大致相同，知其底本爲古寫本無疑。水澤利忠以爲這些鈔本的祖本都應是唐太宗即位以前（627）所抄之《集解》本[1]。水澤氏另校出異文近三十條，多以寫本勝[2]。

---

[1]　《史記會注考證校補》附録，頁79。
[2]　《史記會注考證校補》附録，頁78—84。

附錄 現存《史記》古寫本敘錄

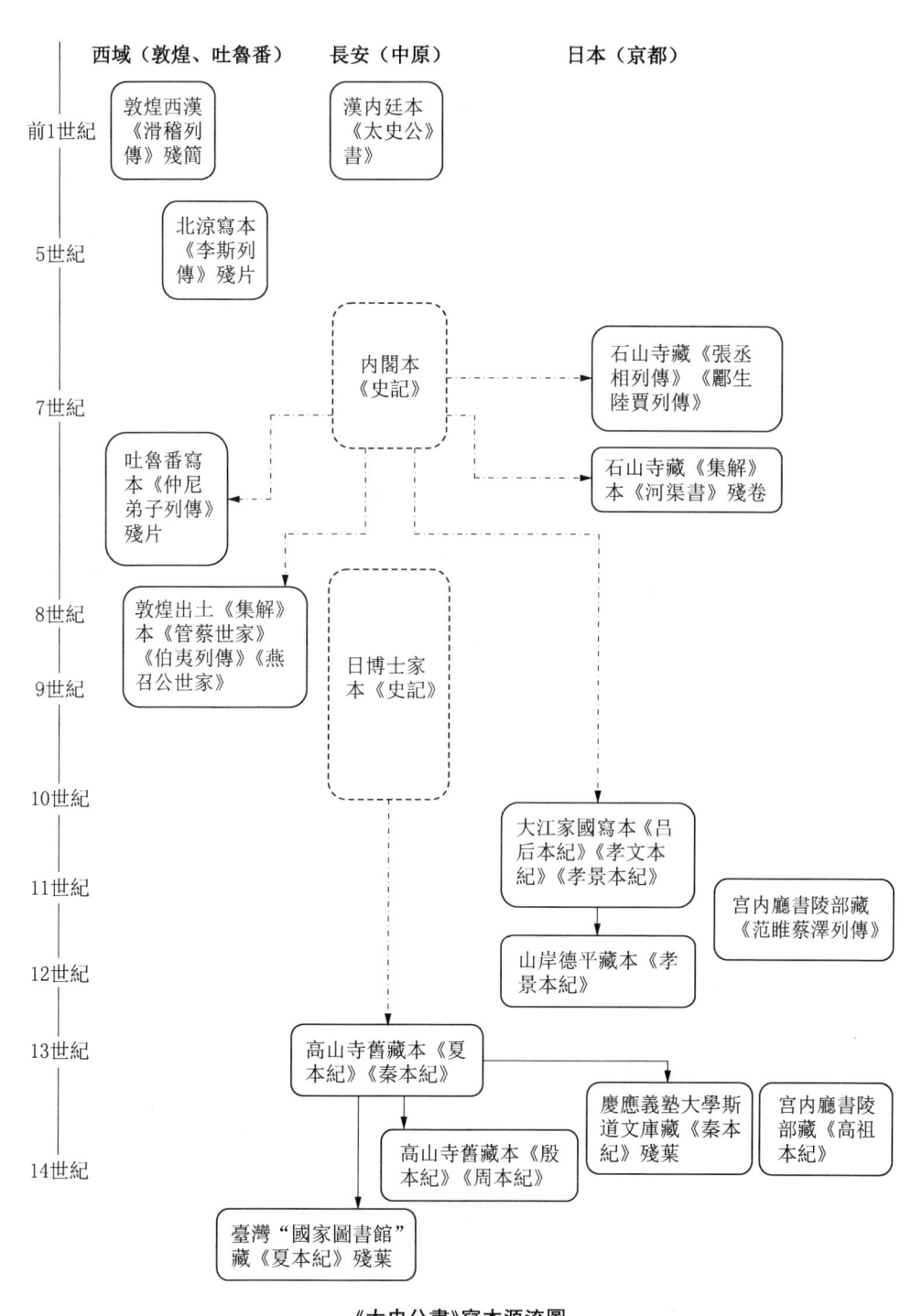

	西域（敦煌、吐魯番）	長安（中原）	日本（京都）
前1世紀	敦煌西漢《滑稽列傳》殘簡	漢內廷本《太史公書》	
5世紀	北涼寫本《李斯列傳》殘片		
7世紀		內閣本《史記》	石山寺藏《張丞相列傳》《酈生陸賈列傳》
	吐魯番寫本《仲尼弟子列傳》殘片		石山寺藏《集解》本《河渠書》殘卷
8世紀	敦煌出土《集解》本《管蔡世家》《伯夷列傳》《燕召公世家》	日博士家本《史記》	
9世紀			
10世紀			大江家國寫本《呂后本紀》《孝文本紀》《孝景本紀》
11世紀			宮內廳書陵部藏《范睢蔡澤列傳》
12世紀			山岸德平藏本《孝景本紀》
13世紀		高山寺舊藏本《夏本紀》《秦本紀》	慶應義塾大學斯道文庫藏《秦本紀》殘葉
14世紀		高山寺舊藏本《殷本紀》《周本紀》	宮內廳書陵部藏《高祖本紀》
		臺灣"國家圖書館"藏《夏本紀》殘葉	

《太史公書》寫本源流圖

315

徵 引 文 獻

一、古籍之屬

(一) 經部文獻

〔漢〕鄭玄注,〔唐〕孔穎達正義《尚書正義》,《十三經注疏》本,北京:中華書局,1980年。

〔清〕孫詒讓撰,王文錦、陳玉霞點校《周禮正義》,北京:中華書局,1987年。

〔晉〕杜預注,〔唐〕孔穎達正義《春秋左傳正義》,《十三經注疏》本,北京:中華書局,1980年。

〔漢〕何休注,〔唐〕徐彦疏《春秋公羊傳注疏》,《十三經注疏》本,北京:中華書局,1980年。

〔魏〕何晏注,〔宋〕邢昺疏《論語注疏》,《十三經注疏》本,北京:中華書局,1980年。

〔漢〕趙岐注,〔宋〕孫奭疏《孟子注疏》,《十三經注疏》本,北京:中華書局,1980年。

〔清〕焦循撰,沈文倬點校《孟子正義》,北京:中華書局,1987年。

〔漢〕許慎《説文解字》,北京:中華書局,1963年。

(二) 史部文獻

1.《史記》諸版本

(1) 寫本

《史記·滑稽列傳》,漢簡,羅振玉、王國維編著《流沙墜簡》,北京:中華書局,1993年。

《史記·李斯列傳》,北涼寫本,俄羅斯科學院東方研究所聖彼得堡分所、俄羅斯科學出版社東方文學部、上海古籍出版社編《俄藏敦煌文獻》⑨,上海:上海古籍出版社、莫斯科:俄羅斯科學出版社東方文學部,1998年。

《史記·仲尼弟子列傳》,唐吐魯番寫本,榮新江《〈史記〉與〈漢書〉——吐魯番出土文獻劄記之一》,《新疆師範大學學報》(哲學社會科學版)2004年第1期。

《史記·張丞相列傳、酈生陸賈列傳》,日本滋賀縣石山寺舊藏古寫本,《史記》,東京:古典保存會,1938年。

《史記·河渠書》,日本滋賀縣石山寺舊藏古寫本,《海東古籍叢殘》,1918年。

《史記·管蔡世家》,敦煌出土唐寫本,黃永武博士主編《敦煌寶藏》第122冊,臺北:新文豐出版股份有限公司,1985年。

《史記·伯夷列傳》,敦煌出土唐寫本,黃永武博士主編《敦煌寶藏》第122冊,臺北:新文豐出版股份有限公司,1985年。

《史記·燕召公世家》,敦煌出土唐寫本,黃永武博士主編《敦煌寶藏》第122冊,臺北:新文豐出版股份有限公司,1985年。

《史記·吕后本紀》,日本平安時代大江家國寫本,《吕后本紀第九》,東京:古典保存會,1935年。

《史記·孝文本紀》,日本平安時代大江家國寫本,《孝文本紀第十》,東京:貴重古典籍刊行會,1954年。

《史記·孝景本紀》,日本平安時代大江家國寫本,大東急記念文庫藏本。

《史記·孝景本紀》,日本大治二年寫本,實踐女子大學山岸文庫藏本。

《史記·夏本紀》,日本平安時代後期寫本,東洋文庫附屬岩崎文庫藏本。

《史記·秦本紀》,日本天養二年寫本,東洋文庫附屬岩崎文庫藏本。

《史記·殷本紀》,日本鎌倉時代初期寫本,羅振玉《吉石盦叢書四集》,1917年。

《史記·周本紀》,日本平安時代後期寫本,京都國立博物館藏本。

《史記·秦本紀》,日本平安時代後期寫本,慶應義塾大學斯道文庫藏本。

《史記·夏本紀》,日本寶治二年安倍時貞寫本,臺灣"國立中央圖書館"藏本;東京國立博物館法隆寺寶物館。

《史記·范雎蔡澤列傳》,日本鎌倉時代初期寫本,日本宮內廳書陵部藏本。

《史記·高祖本紀》,日本江戶時代初期寫本,日本宮內廳書陵部藏本。

(2) 刻本

〔漢〕司馬遷撰,裴駰集解《史記》,影印南宋紹興十四行本,北京:文學古籍刊行社,1955年。

《史記》,影印北宋景祐監本(《集解》本),臺北:二十五史編刊館,1955年。

〔漢〕司馬遷撰,〔南朝宋〕裴駰集解,〔唐〕司馬貞索隱,〔唐〕張守節正義《史記》,《中華再造善本》影印南宋淳熙三年張杅桐川郡齋刻八年耿秉重修本,北京：北京圖書館出版社,2003年。

〔漢〕司馬遷撰,〔南朝宋〕裴駰集解,〔唐〕司馬貞索隱,〔唐〕張守節正義《史記》,《中華再造善本》影印南宋建安黃善夫家塾刻本,北京：北京圖書館出版社,2003年。

〔漢〕司馬遷撰,〔南朝宋〕裴駰集解,〔唐〕司馬貞索隱《史記》,《中華再造善本》影印南宋乾道七年蔡夢弼東塾刻本,北京：北京圖書館出版社,2003年。

〔漢〕司馬遷撰,〔南朝宋〕裴駰集解,〔唐〕司馬貞索隱,〔唐〕張守節正義《史記》,《中華再造善本》影印元至元二十五年彭寅翁崇道精舍本,北京：北京圖書館出版社,2005年。

(3) 整理本

〔漢〕司馬遷《史記》,北京：中華書局,1959年。

〔漢〕司馬遷撰,〔宋〕裴駰集解,〔唐〕司馬貞索隱,〔唐〕張守節正義《史記》,北京：中華書局,2013年。

2. 其他史部文獻

〔漢〕班固《漢書》,北京：中華書局,1962年。

〔宋〕范曄撰,〔唐〕李賢等注《後漢書》,北京：中華書局,1965年。

〔晉〕陳壽撰,陳乃乾校點《三國志》,北京：中華書局,1959年。

〔唐〕房玄齡等《晉書》,北京：中華書局,1974年。

〔梁〕沈約撰《宋書》,北京：中華書局,1974年。

〔唐〕姚思廉《梁書》,北京：中華書局,1973年。

〔唐〕魏徵、令狐德棻《隋書》,北京：中華書局,1973年。

〔後晉〕劉昫等《舊唐書》,北京：中華書局,1975年。

〔宋〕歐陽修、宋祁《新唐書》,北京：中華書局,1975年。

〔元〕脫脫等《宋史》,北京：中華書局,1977年。

〔宋〕洪遵《訂正史記真本》,清道光十一年六安晁氏木活字《學海類編》本。

〔宋〕呂祖謙《大事記》,《叢書集成初編》本,北京：中華書局,1991年。

〔清〕王元啓《史記三書正譌》,《叢書集成初編》本,北京：中華書局,1985年。

〔清〕丁晏《史記毛本正誤》,《叢書集成初編》本,北京：中華書局,1985年。

〔清〕張文虎《校刊史記集解索隱正義札記》,北京：中華書局,1977年。

〔清〕梁玉繩《史記志疑》,北京：中華書局,1981年。

崔適著,張烈點校《史記探源》,北京:中華書局,1986年。

〔清〕方苞《史記注補正》,張舜徽主編《二十五史三編》,長沙:岳麓書社,1994年。

〔清〕王筠《史記校》,北平:國立北平故宫博物院圖書館,1935年。

〔清〕姚振宗《隋書經籍志考證》,二十五史刊行委員會編集《二十五史補編》,上海:開明書店,1937年。

王恒傑輯《春秋後語輯考》,濟南:齊魯書社,1993年。

徐元誥撰,王樹民、沈長雲點校《國語集解》,北京:中華書局,2002年。

諸祖耿編撰《戰國策集注匯考》(增補本),南京:鳳凰出版社,2008年。

〔清〕姚振宗輯《七略別録佚文》,《師石山房叢書》本,上海:開明書店,1936年。

〔東漢〕劉珍等撰,吴樹平校注《東觀漢記校注》,鄭州:中州古籍出版社,1987年。

〔清〕孫星衍等輯,周天游點校《漢官六種》,北京:中華書局,1990年。

〔晉〕葛洪《西京雜記》,北京:中華書局,1985年。

〔晉〕常璩《華陽國志》,《叢書集成初編》本,北京:中華書局,1985年。

〔清〕湯球《十六國春秋輯補》,《叢書集成初編》本,北京:中華書局,1985年。

〔宋〕高似孫輯《史略》,《叢書集成初編》本,北京:中華書局,1985年。

〔唐〕杜佑撰,王文錦、王永興、劉俊文、徐庭雲、謝方點校《通典》,北京:中華書局,1988年。

〔唐〕劉知幾著,〔清〕浦起龍通釋,王煦華整理《史通通釋》,上海:上海古籍出版社,2009年。

〔宋〕王溥《唐會要》,北京:中華書局,1960年。

〔宋〕王應麟輯《玉海》,南京:江蘇古籍出版社、上海:上海書店,1987年。

〔元〕馬端臨《文獻通考》,上海:商務印書館,1936年。

〔清〕徐松輯《宋會要輯稿》,北京:中華書局,1957年。

〔清〕章學誠著,葉瑛校注《文史通義校注》,北京:中華書局,1985年。

〔清〕錢大昕著,方詩銘、周殿傑校點《廿二史考異》,上海:上海古籍出版社,2004年。

〔清〕趙翼著,王樹民校證《廿二史劄記校證》,北京:中華書局,1984年。

〔宋〕蘇軾撰,孔凡禮整理《仇池筆記》,朱易安、傅璇琮等主編《全宋筆記》第一編第九册,鄭州:大象出版社,2003年。

〔宋〕宋敏求撰,誠剛點校《春明退朝錄》,北京:中華書局,1980年。

〔宋〕葉夢得撰,〔宋〕宇文紹奕考異,侯忠義點校《石林燕語》,北京:中華書局,1984年。

〔宋〕程俱撰,張富祥校證《麟臺故事校證》,北京:中華書局,2000年。

〔宋〕洪邁撰,孔凡禮點校《容齋隨筆》,北京:中華書局,2005年。

〔宋〕陸游撰,李劍雄、劉德權點校《老學庵筆記》,北京:中華書局,1979年。

〔宋〕王明清《揮麈錄》,北京:中華書局,1961年。

〔宋〕吳曾《能改齋漫錄》,上海:上海古籍出版社,1979年。

〔清〕張文虎撰,魏得良校点《舒藝室隨筆》,瀋陽:遼寧教育出版社,2003年。

〔清〕錢泰吉《甘泉鄉人稿》,沈雲龍主編《近代中國史料叢刊》第九十六輯,臺北:文海出版社,1973年。

〔清〕王念孫《讀書雜志》,南京:江蘇古籍出版社,2000年。

〔清〕葉德輝《書林清話》,北京:中華書局,1957年。

〔宋〕王堯臣等編次,錢東垣等輯釋《崇文總目》,《叢書集成初編》本,北京:中華書局,1985年。

〔宋〕尤袤《遂初堂書目》,《叢書集成初編》本,北京:中華書局,1985年。

〔宋〕陳振孫撰,徐小蠻、顧美華點校《直齋書錄解題》,上海:上海古籍出版社,1987年。

〔明〕晁瑮《晁氏寶文堂書目》,上海:古典文學出版社,1957年。

〔清〕李慈銘撰,由雲龍輯《越縵堂讀書記》,北京:中華書局,1963年。

〔清〕永瑢等《四庫全書總目》,北京:中華書局,1965年。

〔清〕瞿鏞編纂,瞿果行標點,瞿鳳起覆校《鐵琴銅劍樓藏書目錄》,上海:上海古籍出版社,2000年。

〔清〕周中孚《鄭堂讀書記》,《續修四庫全書》本,上海:上海古籍出版社,2002年。

〔清〕陸心源《皕宋樓藏書志》,《續修四庫全書》本,上海:上海古籍出版社,2002年。

〔清〕張金吾《愛日精廬藏書志》,《續修四庫全書》本,上海:上海古籍出版社,2002年。

〔清〕黃丕烈《士禮居藏書題跋記》,《續修四庫全書》本,上海:上海古籍出版社,2002年。

〔清〕丁丙《善本書室藏書志》,《續修四庫全書》本,上海:上海古籍出版社,2002年。

(三) 子部文獻

〔清〕郭慶藩撰,王孝魚點校《莊子集釋》,北京:中華書局,2004年。

〔清〕王先謙撰,沈嘯寰、王星賢點校《荀子集解》,北京:中華書局,1988年。

〔秦〕呂不韋輯,〔清〕畢沅輯校《呂氏春秋》,《叢書集成初編》本,北京:中華書局,1991年。

何寧《淮南子集釋》,北京:中華書局,1998年。

汪榮寶撰,陳仲夫點校《法言義疏》,北京:中華書局,1987年。

黃暉《論衡校釋》,北京:中華書局,1990年。

〔漢〕蔡邕《獨斷》,《四部叢刊三編》本,上海:商務印書館,1936年。

〔漢〕孔鮒《孔叢子》,《叢書集成初編》本,北京:中華書局,1985年。

〔南朝宋〕劉義慶撰,〔梁〕劉孝標注,楊勇校箋《世說新語校箋》(修訂本),北京:中華書局,2006年。

〔梁〕蕭繹撰,許逸民校箋《金樓子校箋》,北京:中華書局,2011年。

〔梁〕僧祐《釋迦譜》,《大正新修大藏經》本,東京:大正一切經刊行會,1927年。

〔清〕王夫之《讀通鑑論》,北京:中華書局,1975年。

〔清〕顧炎武著,陳垣校注《日知錄校注》,合肥:安徽大學出版社,2007年。

〔清〕安岐《墨緣彙觀錄》,《粵雅堂叢書三編》本。

(四) 集部文獻

〔漢〕蔡邕《蔡中郎文集》,《四部叢刊》本,上海:商務印書館,1922年。

〔梁〕蕭統編,〔唐〕李善注《文選》,上海:上海古籍出版社,1986年。

〔梁〕劉勰著,范文瀾注《文心雕龍注》,北京:人民文學出版社,1958年。

李逸安點校《歐陽修全集》,北京:中華書局,2001年。

孔凡禮點校《蘇軾文集》,北京:中華書局,1986年。

〔宋〕晁說之《嵩山文集》,《四部叢刊續編》本,上海:商務印書館,1934年。

〔金〕元好問《遺山先生文集》,《四部叢刊》本,上海:商務印書館,1922年。

〔清〕龔自珍《龔自珍全集》,上海:上海人民出版社,1975年。

二、近人著作

羅振玉輯《鳴沙石室佚書》,上虞:羅氏宸翰樓,1913年。

羅振玉《雪堂校刊群書敘録》,1918年。

張鳳編《漢晉西陲木簡彙編》,上海:有正書局,1931年。

黄文弼《羅布淖爾考古記》,北京:國立北京大學出版部,1948年。

康有爲著,章錫琛校點《新學僞經考》,北京:古籍出版社,1956年。

張秀民《中國印刷術的發明及其影響》,北京:人民出版社,1958年。

賀次君《史記書録》,上海:商務印書館,1958年。

王國維《觀堂集林》,北京:中華書局,1959年。

楊向奎《中國古代社會與古代思想研究》,上海:上海人民出版社,1962年。

朱文鑫遺著《十七史天文諸志之研究》,北京:科學出版社,1965年。

潘重規《敦煌詩經卷子研究論文集》,香港:新亞研究所,1970年。

魏隱儒編《古籍版本鑒定叢談》,太原:山西省圖書館,1978年。

劉國鈞著,鄭如斯訂補《中國書史簡編》,北京:書目文獻出版社,1982年。

張舜徽《中國文獻學》,鄭州:中州書畫社,1982年。

楊樹達《漢書窺管》,上海:上海古籍出版社,1984年。

王重民《敦煌遺書論文集》,北京:中華書局,1984年。

徐邦達《古書畫僞訛考辨》,南京:江蘇古籍出版社,1984年。

程金造《史記管窺》,西安:陝西人民出版社,1985年。

陸侃如《中古文學繫年》,北京:人民文學出版社,1985年。

屈萬里、昌彼得著,潘美月增訂《圖書板本學要略》,臺北:中國文化大學出版部,1986年。

張亞初、劉雨《西周金文官制研究》,北京:中華書局,1986年。

余英時《士與中國文化》,上海:上海人民出版社,1987年。

張光直《中國青銅時代(二集)》,北京:生活·讀書·新知三聯書店,1990年。

林聰明《敦煌文書學》,臺北:新文豐出版公司,1991年。

王重民《冷廬文藪》,上海:上海古籍出版社,1992年。

汪籛《漢唐史論稿》,北京:北京大學出版社,1992年。

曹之《中國古籍版本學》,武漢:武漢大學出版社,1992年。

吳宗國《唐代科舉制度研究》,瀋陽:遼寧大學出版社,1992年。

朱立元主編《現代西方美學史》,上海:上海文藝出版社,1993年。

曹之《中國印刷術的起源》,武漢:武漢大學出版社,1994年。

程焕文編《中國圖書論集》,北京:商務印書館,1994年。

朱東潤《史記考索(外二種)》,上海:華東師範大學出版社,1996年。

鄭之洪《史記文獻研究》,成都:巴蜀書社,1997年。

程千帆、徐有富《校讎廣義·版本編》,濟南:齊魯書社,1998年。

李人鑒《太史公書校讀記》,蘭州:甘肅人民出版社,1998年。

陳啓雲著,高專誠譯《荀悦與中古儒學》,瀋陽:遼寧大學出版社,2000年。

徐俊纂輯《敦煌詩集殘卷輯考》,北京:中華書局,2000年。

陳寅恪《金明館叢稿初編》,北京:生活·讀書·新知三聯書店,2001年。

李笠著,李繼芬整理《廣史記訂補》,上海:復旦大學出版社,2001年。

徐復觀《兩漢思想史》,上海:華東師範大學出版社,2001年。

閻步克《樂師與史官:傳統政治文化與政治制度論集》,北京:生活·讀書·新知三聯書店,2001年。

榮新江《敦煌學十八講》,北京:北京大學出版社,2001年。

張玉春《〈史記〉版本研究》,北京:商務印書館,2001年。

毛春翔《古書版本常談》(插圖增訂本),上海:上海古籍出版社,2002年。

榮新江《敦煌學新論》,蘭州:甘肅教育出版社,2002年。

楊海崢《漢唐〈史記〉研究論稿》,濟南:齊魯書社,2003年。

張新科《史記學概論》,北京:商務印書館,2003年。

白壽彝主編《中國史學史》,北京:北京師範大學出版社,2004年。

錢存訓編著《書於竹帛:中國古代的文字記錄》,上海:上海書店出版社,2004年。

李零《簡帛古書與學術源流》,北京:生活·讀書·新知三聯書店,2004年。

韓兆琦編著《史記箋證》,南昌:江西人民出版社,2004年。

顧頡剛《秦漢的方士與儒生》,上海:上海古籍出版社,2005年。

黃永年《古籍版本學》,南京:江蘇教育出版社,2005年。

孫常敘《古—漢語文學語言詞彙概論》,上海:上海辭書出版社,2005年。

袁傳璋《太史公生平著作考論》,合肥:安徽人民出版社,2005年。

葛兆光《中國思想史》,上海:復旦大學出版社,2005年。

顧頡剛《當代中國史學》,上海:上海古籍出版社,2006年。

張弓主編《敦煌典籍與唐五代歷史文化》,北京：中國社會科學出版社,2006年。

方廣錩《中國寫本大藏經研究》,上海：上海古籍出版社,2006年。

李更《宋代館閣校勘研究》,南京：鳳凰出版社,2006年。

張興吉《元刻〈史記〉彭寅翁本研究》,南京：鳳凰出版社,2006年。

趙生群《〈史記〉編纂學導論》,南京：鳳凰出版社,2006年。

金毓黻《中國史學史》,北京：商務印書館,2007年。

余嘉錫《余嘉錫論學雜著》,北京：中華書局,2007年。

余嘉錫《古書通例》,北京：中華書局,2007年。

余嘉錫《四庫提要辨證》,北京：中華書局,2007年。

嚴紹璗編著《日藏漢籍善本書錄》,北京：中華書局,2007年。

王叔岷《史記斠證》,北京：中華書局,2007年。

李致忠《中國出版通史・宋遼西夏金元卷》,北京：中國書籍出版社,2008年。

逯耀東《抑鬱與超越：司馬遷與漢武帝時代》,北京：生活・讀書・新知三聯書店,2008年。

應三玉《〈史記〉三家注研究》,南京：鳳凰出版社,2008年。

復旦大學文史研究院編《從周邊看中國》,北京：中華書局,2009年。

榮新江《辨偽與存真——敦煌學論集》,上海：上海古籍出版社,2010年。

唐長孺《山居存稿續編》,北京：中華書局,2011年。

李零《待兔軒文存・讀史卷》,桂林：廣西師範大學出版社,2011年。

張大可《史記研究》,北京：商務印書館,2011年。

余欣《中古異相——寫本時代的學術、信仰與社會》,上海：上海古籍出版社,2011年。

孫猛《日本國見在書目錄詳考》,上海：上海古籍出版社,2015年。

（日）水澤利忠《史記會注考證校補》,東京：史記會注考證校補刊行會,1957年。

（日）藤枝晃《敦煌學導論》,天津：南開大學歷史系,1981年。

大阪市立美術館編《唐鈔本》,京都：同朋舍,1981年。

（日）小野玄妙著,楊白衣譯《佛教經典總論》,臺北：新文豐出版公司,1983年。

（日）尾崎康《正史宋元版の研究》,東京：汲古書院,1989年。

（日）尾崎康著,陳捷譯《以正史爲中心的宋元版本研究》,北京：北京大學出版社,1993年。

史記正義研究會編著《史記正義の研究》,東京:汲古書院,1994年。

(日)吉本道雅《史記を探る:その成り立ちと中國史學の確立》,東京:東方書店,1996年。

(日)井上進《中國出版文化史:書物世界と知の風景》,名古屋:名古屋大學出版會,2002年。

(日)島田翰《漢籍善本考》,北京:北京圖書館出版社,2003年。

(日)清水茂著,蔡毅譯《清水茂漢學論集》,北京:中華書局,2003年。

(日)藤枝晃著,李運博譯《漢字的文化史》,北京:新星出版社,2005年。

(日)井上進《書林の眺望:傳統中國の書物世界》,東京:平凡社,2006年。

(日)内藤湖南著,馬彪譯《中國史學史》,上海:上海古籍出版社,2008年。

(日)吉川忠夫著,王啓發譯《六朝精神史研究》,南京:江蘇人民出版社,2010年。

(日)狩野直喜著,周先民譯《中國學文藪》,北京:中華書局,2011年。

(法)謝和耐、蘇遠鳴等著,耿昇譯《法國學者敦煌學論文選萃》,北京:中華書局,1993年。

(法)米歇爾·福柯著,謝强、馬月譯,顧嘉琛校《知識考古學》,北京:生活·讀書·新知三聯書店,2007年。

(聯邦德國)H.R.姚斯、(美)R.C.霍拉勃著,周寧、金元浦譯,滕守堯審校《接受美學與接受理論》,瀋陽:遼寧人民出版社,1987年。

俄羅斯科學院東方研究所聖彼得堡分所、俄羅斯科學出版社東方文學部、上海古籍出版社編《俄藏敦煌文獻》⑨,上海:上海古籍出版社,莫斯科:俄羅斯科學出版社東方文學部,1998年。

(俄)孟列夫(Л.H.緬希科夫)主編,西北師範大學敦煌學研究所袁席箴、陳華平翻譯《俄藏敦煌漢文寫卷敘録》,上海:上海古籍出版社,1999年。

(英)杜希德著,黃寶華譯《唐代官修史籍考》,上海:上海古籍出版社,2010年。

(美)卡特著,吳澤炎譯《中國印刷術的發明和它的西傳》,北京:商務印書館,1957年。

(美)費正清著,張沛、張源、顧思兼譯《中國:傳統與變遷》,北京:世界知識出版社,2002年。

(美)M.H.艾布拉姆斯著,酈稚牛、張照進、童慶生譯,王寧校《鏡與燈:浪漫主義文論及批評傳統》,北京:北京大學出版社,2004年。

(美)羅伯特・達恩頓著,葉桐、顧杭譯《啓蒙運動的生意:〈百科全書〉出版史(1775—1800)》,北京:生活・讀書・新知三聯書店,2005年。

(美)周紹明(Joseph P. McDermott)著,何朝輝譯《書籍的社會史——中華帝國晚期的書籍與士人文化》,北京:北京大學出版社,2009年。

D. F. McKenzie, *Bibliography and the Sociology of Text*, Cambridge: Cambridge University Press, 1999.

三、論文之屬

劉光漢《論古學出於史官》,《國粹學報》第一年乙巳第一號,1905年。

楊守敬《古寫本河渠書殘卷跋》,《圖書館學季刊》第一卷第四期,1926年12月。

衛聚賢《史記殘卷校》,《國立中山大學語言歷史學研究所週刊》第五集第五十三、五十四期合刊,1928年11月。

靳德峻《史記名稱之由來及其體例之商榷》,《師大國學叢刊》第一卷第一期,1931年。

趙澄《史記板本考》,《史學年報》第三期,1931年。

呂思勉《蒿廬史札・太史公書亡篇》,《光華大學半月刊》第三卷第六期,1935年3月。

楊明照《太史公書稱史記考》,《燕京學報》第二十六期,1939年12月。

黃文弼《史記源流及其體例》,《説文月刊》第四卷合刊"吳稚暉先生八十大慶紀念專號",1944年5月。

傅斯年《北宋刊南宋補刊十行本史記集解跋》,《國立中央研究院歷史語言研究所集刊》第十八本,1948年。

勞榦《北宋刊南宋補刊十行本史記集解後跋》,《國立中央研究院歷史語言研究所集刊》第十八本,1948年。

曲穎生《〈史記〉八書存亡真僞疏辨》,《大陸雜誌》第九卷第十二期,1954年12月。

郭沫若《"太史公行年考"有問題》,《歷史研究》1955年第6期。

劉際銓《司馬遷生年爲建元六年辨》,《歷史研究》1955年第6期。

郭沫若《關於司馬遷之死》,《歷史研究》1956年第4期。

陳直《太史公書名考》,《文史哲》1956年第6期。

陳直《漢晉人對史記的傳播及其評價》,《四川大學學報》(社會科學版)1957年第3期。

喬衍琯《敦煌卷子本史記殘卷跋》,《臺灣省立師範大學國文研究所集刊》第二號,1958年6月。

施之勉《〈史記〉之名當起班叔皮父子考》,《大陸雜誌》第二十卷第六期,1960年3月。

程金造《〈史記正義〉、〈索隱〉關係證》,《文史哲》1962年第6期。

海屏《〈史記〉的補續與改竄問題》,《學宗》第四卷第一期,1963年3月。

陳宗敏《讀日本古寫本史記殷本紀殘卷》,《大陸雜誌》第二十七卷第二期,1963年7月。

孫欽善《賈誼〈過秦論〉分篇考》,《文史》第三輯,1963年10月。

程金造《汲古閣單本〈史記索隱〉的一些問題》,《文史》第四輯,1965年6月。

王叔岷《〈史記〉名稱探源》,《新潮》第16期,1967年12月。

王叔岷《論日本古抄〈史記·殷本紀〉》,《書目季刊》第二卷第三期,1968年3月。

高葆光《〈史記〉終止時期及僞篇考》,《東海學報》第十四期,1973年7月。

金發根《論史漢兩書之傳布》,《簡牘學報》第五期"勞貞一先生七秩榮慶論文集",1977年1月。

王紅元《三十年來的考古發現與書史研究》,《文獻》1979年第1期。

金惠《揭開〈史記·今上本紀〉(〈武帝本紀〉)闕失之謎》,《東方雜誌》第十三卷第五期,1979年11月。

傅斯年《與顧頡剛論古史書》,傅斯年《傅斯年全集》第四册,臺北:聯經出版事業公司,1980年。

賀次君《日本〈史記會注考證〉增補〈史記正義〉的真僞問題》,《文史》第十四輯,1982年7月。

王堯、陳踐《敦煌吐蕃文書P.t.1291號〈戰國策〉藏文譯文證補》,《青海民族學院學報》(社會科學版)1983年第3期。

白壽彝《説"成一家之言"》,《歷史研究》1984年第1期。

邵毅平《漢明帝詔書與班固》,《復旦學報》(社會科學版)1985年第6期。

安平秋《〈史記〉版本述要》,《古籍整理與研究》1987年第1期。

易孟醇《"史記"版本考索》,《出版工作》1987年第1—3期。

康世昌《〈春秋後語〉研究》,《敦煌學》第16輯,1990年9月。

李學勤《〈稱〉篇與〈周祝〉》,《道家文化研究》第三輯"馬王堆帛書專號",1993

年8月。

王博《老子思維方式的史官特色》,《道家文化研究》第四輯,1994年3月。

榮新江《〈寫本時代（十世紀以前）的中國藏書〉評介》,《九州學刊》第六卷第四期"敦煌學專號",1995年3月。

袁傳璋《從書體演變角度論〈索隱〉〈正義〉的十年之差：兼爲司馬遷生於武帝建元六年説補證》,《大陸雜誌》第九十卷第四期,1995年4月。

易平《劉向班固所見〈太史公書〉考》,《大陸雜誌》第九十一卷第五期,1995年11月。

易平《楊惲與〈太史公書〉》,《大陸雜誌》第九十三卷第一期,1996年7月。

胡適《諸子不出於王官論》,胡適《胡適文存》一集,合肥：黃山書社,1996年。

沈文倬《略論宗周王官之學（上）》,王元化主編《學術集林》卷十,上海：上海遠東出版社,1997年。

施萍婷《俄藏敦煌文獻經眼錄（二）》,《敦煌吐魯番研究》第二卷,1997年10月。

朱希祖《漢唐宋起居注考》,北京大學中國傳統文化研究中心編《北京大學百年國學文粹·史學卷》,北京：北京大學出版社,1998年。

胡寶國《經史之學與文史之學》,《文史》第四十七輯,1998年12月。

黃麗麗《試論〈漢書·藝文志〉"諸子出於王官"説（上）》,《中國歷史博物館館刊》1999年第1期。

榮新江《德藏吐魯番出土〈春秋後語〉注本殘卷考釋》,《北京圖書館館刊》1999年第2期。

阮芝生《論史記中的孔子與春秋》,《臺大歷史學報》第二十三期,1999年6月。

易平《張晏〈史記〉亡篇之説新檢討》,《臺大歷史學報》第二十三期,1999年6月。

王于飛《張晏〈史記〉十篇亡佚説質疑》,《東南學術》2000年第2期。

鄧文寬《敦煌三篇具注曆日佚文校考》,《敦煌研究》2000年第3期。

易平《褚少孫補〈史〉新考》,《臺大歷史學報》第二十五期,2000年6月。

雷聞《唐代的"三史"與三史科》,《史學史研究》2001年第1期。

陸離《俄藏敦煌寫本〈春秋後語〉殘卷探識》,《文獻》2001年第2期。

黃懷信《譙周與〈古史考〉》,《古籍整理研究學刊》2001年第5期。

蔣文燕《關於〈封禪文〉〈劇秦美新〉和〈典引〉的一點思考》,《寧夏大學學報》（人文社會科學版）2002年第2期。

易平、易寧《〈史記〉早期文獻中的一個根本問題——〈太史公書〉"藏之名山，副在京師"考》，《南昌大學學報》（人文社會科學版）2004年第1期。

榮新江《〈史記〉與〈漢書〉——吐魯番出土文獻劄記之一》，《新疆師範大學學報》（哲學社會科學版）2004年第1期。

陸慶夫、陸離《俄藏敦煌寫本〈春秋後語〉殘卷再探——對Дx.11638號與Дx.02663、Дx.02724、Дx.05341、Дx.05784號文書的綴合研究》，《敦煌學輯刊》2004年第1期。

鄭阿財《論敦煌俗字與寫本學之關係》，《敦煌研究》2006年第6期。

易平《日本高山寺藏裴注〈史記·殷本紀〉文本源流考》，《史學史研究》2007年第3期。

李零《從簡帛古書看古書的經典化》，清華大學歷史系、三聯書店編輯部合編《清華歷史講堂初編》，北京：生活·讀書·新知三聯書店，2007年。

辛德勇《唐人模勒元白詩非雕版印刷説》，《歷史研究》2007年第6期。

易平《"江南本"〈史記〉考略》，《安徽史學》2007年第6期。

李紀祥《〈太史公書〉由"子"入"史"考》，《文史哲》2008年第2期。

張宗品《東觀考論》，南京大學文學院碩士論文，2008年。

吕世浩《從〈史記〉到〈漢書〉——轉折過程與歷史意義》，"國立臺灣大學"博士論文，2008年。

安平秋、張興吉《〈史記〉校勘史述論》，《文獻》2009年第2期。

易平《法藏敦煌〈漢書〉節鈔本殘卷研究》，《北京師範大學學報》（社會科學版）2009年第6期。

喬秀岩《古籍整理的理論與實踐》，《版本目錄學研究》第一輯，2009年10月。

范景中《書籍之爲藝術——趙孟頫的藏書與〈汲黯傳〉》，《新美術》2009年第4期。

張湧泉《古書雙行注文抄刻齊整化研究》，《敦煌吐魯番研究》第十二卷，2011年7月。

張宗品《俄藏敦煌文獻所見存世最早的〈史記〉寫本殘片及其綴合》，《敦煌研究》2011年第5期。

（日）市村瓚次郎《寫本時代和版本時代中國書籍的存亡聚散》，《史學雜誌》第十三編第一、三號,1904 年。

（日）桑原騭藏《カーター氏著『支那に於ける印刷の起源』: Carter; *The Invension of Printing in China*. pp. XVIII, 282. 1925.》,《史林》第十一卷第一號,1926 年 1 月。

（日）那波利貞《舊鈔本史記孝景本紀第十一解説》,京都帝國大學文學部編《舊鈔本史記孝景本紀第十一》,京都：京都帝國大學,1935 年。

（日）武内義雄《東北大學所藏國寶史記孝文本紀解説》,《貴重古典籍刊行會叢書》第一期第三回配本,東京：貴重古典籍刊行會,1954 年。

（日）水沢利忠《史記古鈔本孝景本紀について》,《かがみ》第七號,1962 年 3 月。

（日）青木五郎《宮内庁書陵部藏史記古鈔本范雎蔡澤列伝の書き入れ校記について》,《東京工業高等專門學校研究報告書》第三號,1972 年 3 月。

（日）寺岡龍含《史記三注合刻の創始時代和版本系統の考究》,《漢文學》第十六輯,1979 年。

（日）吉川忠夫《裴駰の史記集解》,加賀博士退官記念論集刊行會《中國文史哲學論集：加賀博士退官記念》,東京：講談社,1979 年。

（日）小沢賢二《古抄本『史記』「秦本紀」の断簡について》,《汲古》第二十九號,1996 年 7 月。

（日）村上昭子《宮内庁書陵部藏三十五冊本前漢書の書入れについて——史記抄·漢書抄との関係より》,《松阪大學短期大學部論叢》第三十八號,2000 年。

（日）石塚晴通《敦煌的加點本》,（日）石塚晴通編《敦煌學·日本學——石塚晴通教授退職紀念論文集》,上海：上海辭書出版社,2005 年。

（美）田曉菲《塵几：陶淵明與手抄本文化問題初探》,《中國學術》2004 年第 1 輯。

（法）戴仁著,陳健偉譯《文字作品的創作、傳播及管理》,《法國漢學》第六輯"科技史專號",2002 年 4 月。

（法）戴仁著,陳健偉譯《十世紀敦煌的基礎教育教材與學校文化》,《法國漢學》第八輯"科技史專號",2003 年 12 月。

後　　記

　　小書是在本人博士論文的基礎上修改而成的。回首求學經歷,小書的撰作頗感偶然。

　　二〇〇五年秋,我從皖西的偏遠鄉村來到南京,第一次知道古典文獻學這個專業。在徐師有富先生及程章燦、武秀成、徐雁平、張宗友等諸位老師的關心和鼓勵下,我纔略識門徑,並鼓起勇氣繼續求學。

　　二〇〇八年秋,我有幸進入北大中文系古典文獻學專業攻讀博士學位。在導師安師平秋先生的指導下,我最終以《〈史記〉的寫本時代——公元十世紀前〈史記〉的傳寫與閱讀》作爲博士論文選題。在此期間,安先生對本文從材料蒐集到寫作方法都傾注了很多心力。記憶中的談話裏,先生經常鼓勵我大膽嘗試。二〇一〇年夏天,安先生與曹亦冰、吳國武兩位老師到日本開會,還專程到足利學校爲我複製日藏《史記》古寫本,令我感愧非常。在論文寫作和答辯過程中,楊忠、曹亦冰、賈二強、廖可斌、劉玉才、顧永新、楊海崢等諸位先生也多有批評指正,使我獲益匪淺。

　　《史記》寫本材料的蒐集,受惠於諸多師友。早稻田大學博士生原田信君,時在日本京都大學交流的吳海,金澤大學的陳小遠,臺灣大學的徐奉先、付佳等諸位學友以及南京師範大學的蘇芃先生、江蘇社科院的李由女史在文獻資料上多有襄助,謹此並申謝忱。

　　我和學術結緣較晚,當初的博士論文從立意到用語,今天看來難免有故作驚人之語的嫌疑,或許這就是"學術青春期"的通病吧。從二〇一二年博士畢業至今,寫本研究乃至文獻研究的思路和方法遞有推進,新成果不斷湧現。《史記》新校本的出現,出土資料的更新,以及近十年來專家學者的創見也極爲豐富,小書的思考有些已經過時。爲儘量保持原貌,除内容疏誤之外,不多作補充更定。除删減内容之外,對於之後撰寫的部分章節,這裏略作説明。

　　二〇一二年夏,我來到《史記》的誕生地——司馬遷的故鄉陝西,跟隨賈二強先生從事博士後研究。賈老師是我博士論文的答辯主席,先生建議我繼續完善《史記》寫本文獻的相關研究。長安十年，逐漸發現愚鈍如我，無論是對《史記》還是對文獻學都缺乏深入透徹的理解。不禁懷疑自己的研究能否與這部偉大著作展開有價值的對話。時易世變，滄海桑田。先天稟賦、知識背景、人生經歷和生命體驗天差地別，彼此理解何以可能？我聲稱的理解或許只能是理解自認爲理解的内容，與太史公以及文獻本身並無太多關涉。作爲一個遙遠而渺小的眺望者，遂簡單梳理了《史記》閱讀史，總結了《史記》讀者的幾種類型，草成《〈史記〉閱讀的四個向度》一章。

二〇一七年至二〇一八年秋，我受國家留學基金委員會資助到威斯康星大學麥迪遜分校亞洲系訪學。訪學期間，我需要定期與倪豪仕（William H. Nienhauser, Jr.）先生學習討論《史記》文本英譯的工作。研討之餘，我也常去學校的紀念圖書館（Memorial Library）翻看一些國内不常見的圖書。有一次我借到了日本學者長澤規矩也、阿部隆一編著的《日本書目大成》，其中的《二中歷·經史歷》居然載有八十卷集解本《史記》目録。經與寫本文獻和傳世注家文本核對，我認爲其正是六朝裴注的基本樣貌，遂將相關思考補録書中。後又結合大江家國寫本，初步完成了平安時期日本學者《史記》閱讀的相關探討。

完美的理論構想在付諸實踐之際難免會有各種走樣和變形，甚至遠離初心。小書與導論的設計也頗有距離。自己也一如既往地愚鈍而惶惑。歲月蹉跎，深懷愧悚。

十餘年來，南北西東，不遑寧居，感謝家人一直以來的理解與支持。

感謝陝西師範大學歷史文化學院將小書列入出版計劃。上海古籍出版社對小書進行了細緻編校，讓拙著避免了更多的訛誤。在此併致謝忱。

是爲記。

張宗品
2022 年 12 月 25 日草於西安雁塔疫中

圖書在版編目(CIP)數據

《史記》的寫本時代：公元十世紀前《史記》的傳寫與閱讀 / 張宗品著. —上海：上海古籍出版社，2023.10(2024.5重印)
ISBN 978-7-5732-0780-7

Ⅰ.①史… Ⅱ.①張… Ⅲ.①《史記》-研究 Ⅳ.①K204.2

中國國家版本館 CIP 數據核字(2023)第 138786 號

《史記》的寫本時代
——公元十世紀前《史記》的傳寫與閱讀
張宗品 著
上海古籍出版社出版發行
(上海市閔行區號景路 159 弄 1-5 號 A 座 5F 郵政編碼 201101)
(1) 網址：www.guji.com.cn
(2) E-mail：guji1@guji.com.cn
(3) 易文網網址：www.ewen.co
啟東市人民印刷有限公司印刷
開本 787×1092 1/16 印張 21.25 插頁 2 字數 368,000
2023 年 10 月第 1 版 2024 年 5 月第 2 次印刷
印數：2,101—3,600
ISBN 978-7-5732-0780-7
K·3415 定價：98.00 元
如有質量問題，請與承印公司聯繫